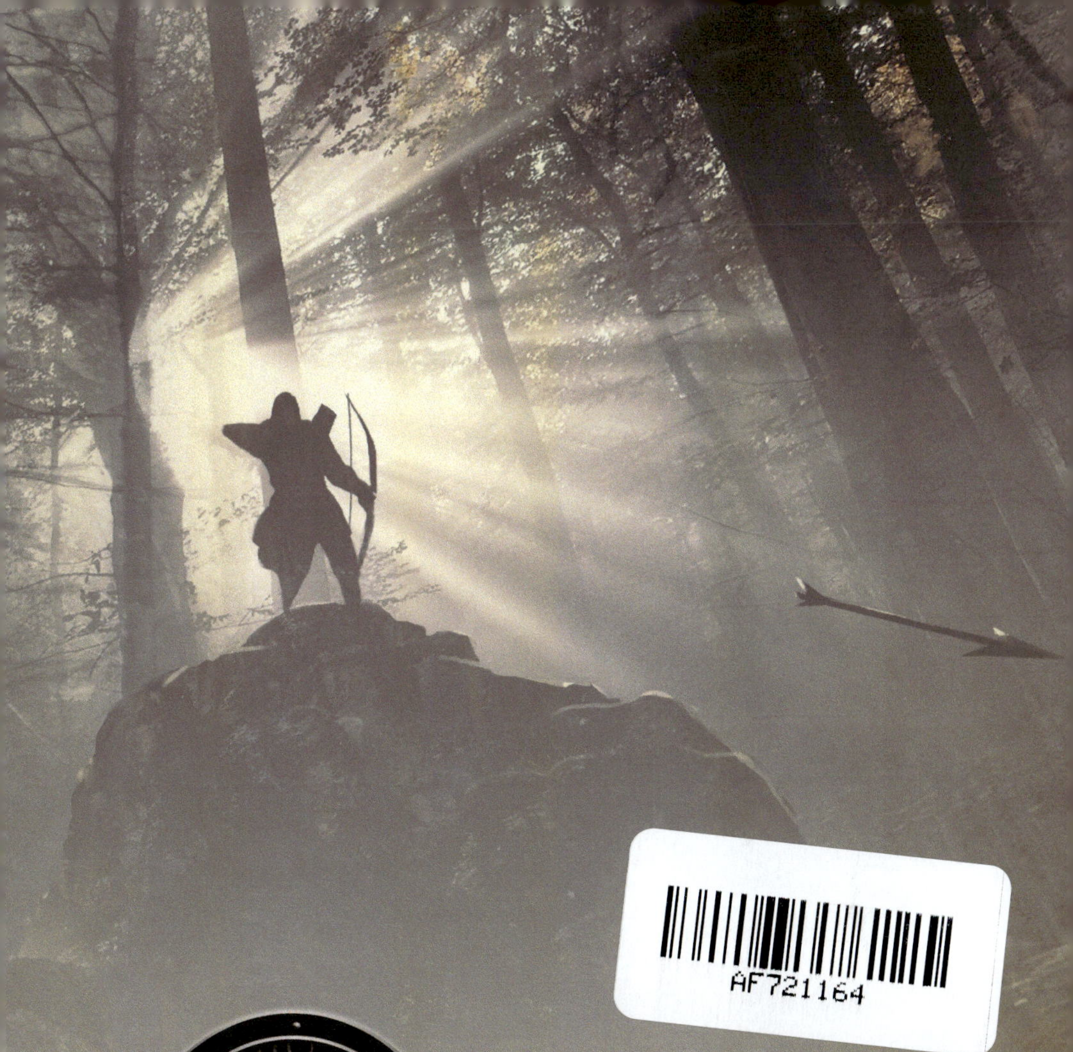

AF721164

Medieval Dynasty

DER OFFIZIELLE GUIDE

Verlag:
BILDNER Verlag GmbH
Bahnhofstraße 8
94032 Passau

http://www.bildner-verlag.de
info@bildner-verlag.de

ISBN: 978-3-8328-0673-6
Bestellnummer: 100689

Autor Gaming Guide: Andreas Zintzsch

Autor Kapitel-Story: Ivan Ertlov

Herausgeber: Christian Bildner

Besonderen Dank an: Teresa Steidele, Xhyla Musliu, Martin Donaubauer

Druck: CPI Clausen & Bosse GmbH, Birkstr. 10, 25917 Leck

Bildquellen: Mit freundlicher Genehmigung von Toplitz Productions

© 2024 BILDNER Verlag GmbH Passau

Die Informationen in diesen Unterlagen werden ohne Rücksicht auf einen eventuellen Patentschutz veröffentlicht. Warennamen werden ohne Gewährleistung der freien Verwendbarkeit benutzt. Bei der Zusammenstellung von Texten und Abbildungen wurde mit größter Sorgfalt vorgegangen. Trotzdem können Fehler nicht vollständig ausgeschlossen werden. Verlag, Herausgeber und Autoren können für fehlerhafte Angaben und deren Folgen weder eine juristische Verantwortung noch irgendeine Haftung übernehmen. Für Verbesserungsvorschläge und Hinweise auf Fehler sind Verlag und Herausgeber dankbar.

Fast alle Hard- und Softwarebezeichnungen und Markennamen der jeweiligen Firmen, die in diesem Buch erwähnt werden, können auch ohne besondere Kennzeichnung warenzeichen-, marken- oder patentrechtlichem Schutz unterliegen.

Das Werk einschließlich aller Teile ist urheberrechtlich geschützt. Es gelten die Lizenzbestimmungen der BILDNER Verlag GmbH Passau.

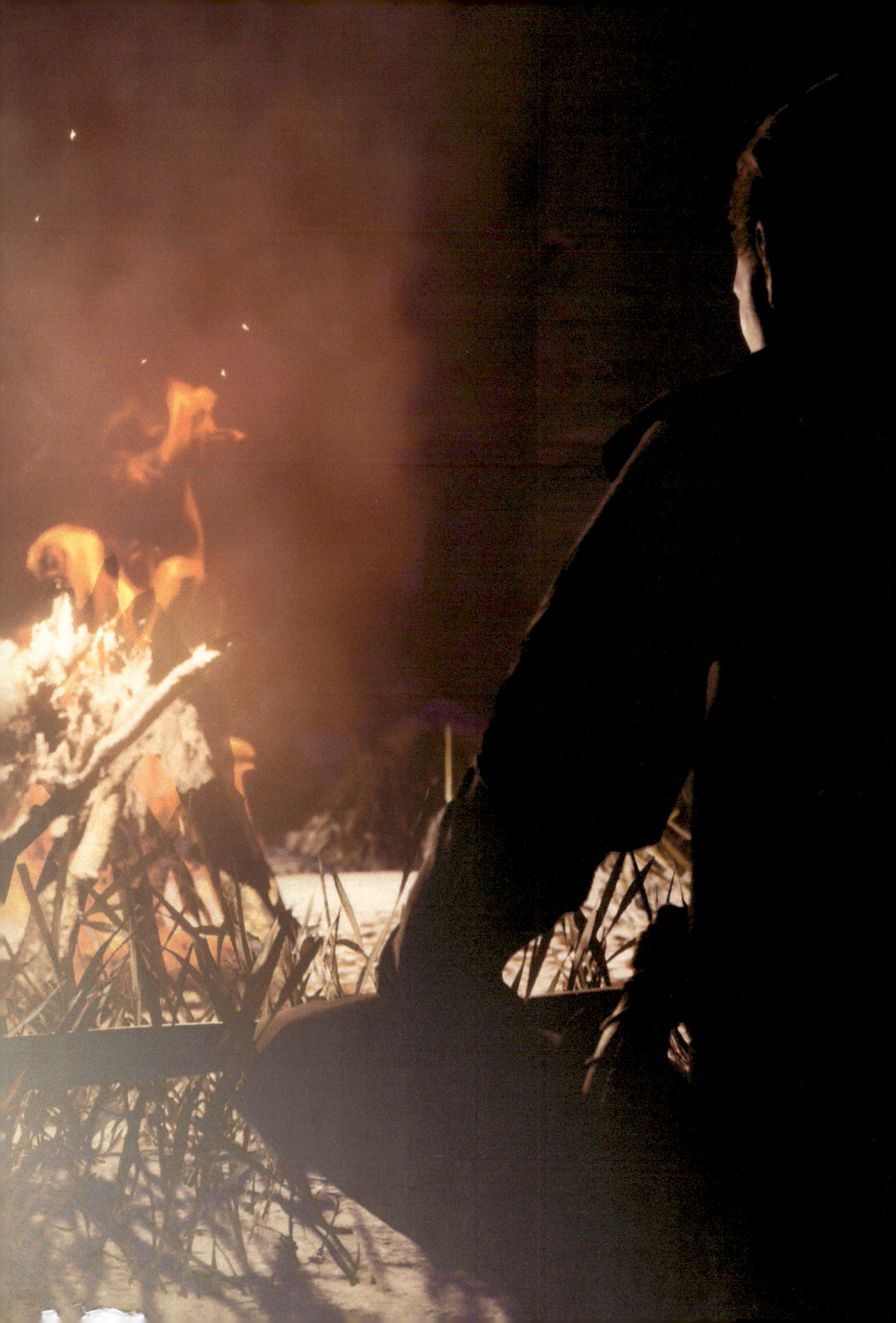

Medieval Dynasty überraschte als „Early Access"-Spiel im September 2020 mit einer gelungenen Mischung aus verschiedenen Genres und fand schnell viele Liebhaber. Das Game überzeugte sowohl optisch als auch inhaltlich zahlreiche Fans, die gespannt auf die Neuerungen in den Updates warteten.

Ein Jahr später, im September 2021, gab es endlich das lang ersehnte Full Release der Version 1.0, das Gesetzlose, Kräutertränke als Neuerungen brachte und eine komplett neue Geschichte erzählt.

Wir durften Medieval Dynasty durch seinen Entstehungsprozess begleiten und dabei sein, als aus einigen guten Ideen ein rundes und stimmiges Spiel wurde. Dank der Erfahrung des Programmierteams bei Render Cube und den Spieleenthusiasten beim Publisher Toplitz Productions wurde ein Spiel geschaffen, das viele Gamer begeistern dürfte. Wir bedanken uns an dieser Stelle für die gute Zusammenarbeit und freuen uns, den offiziellen Guide zu Medieval Dynasty präsentieren zu dürfen.

Der Erfolgsautor Ivan Ertlov lässt mit seinen Geschichten, die ihr am Anfang eines jeden Kapitels findet, die mittelalterliche Welt des Protagonisten Racimir noch lebendiger erscheinen.

Mit seinem Mix aus RPG, Survival, Crafting, Simulation und vielem mehr bietet Medieval Dynasty genügend Stoff, bei dem der ein oder andere Gamer sicher noch Hilfe oder ein praktisches Nachschlagewerk wie dieses benötigt.

Die Screenshots aus dem Spiel können aus verschiedenen Spielversionen stammen, die Informationen und Werte wurden aber auf den neuesten Stand der Version 2.1.0.8 vom Juli 2024 gebracht. Alle Informationen entstammen der PC-Steam-Version.

Das Game wird auch weiterhin mit Updates versorgt, um eventuelle Bugs zu beseitigen und die Spielerfahrung zu verbessern. Daher sind leichte Abweichungen zwischen den hier gesammelten Informationen und zukünftigen Spielversionen durchaus möglich (z. B. falls die Preise bei Händlern in einem Update angepasst werden).

Im Buch werden wichtige oder interessante Tipps und Informationen in farbigen Kästen dargestellt.

*Befehle, Symbole, Buttons oder Namen von wichtigen Personen oder Gegenständen werden im Text farblich hervorgehoben, wie z. B. das Dorf **Gostovia**, das Werkzeug **Eisenhacke** oder der Bildschirm für **Fertigkeiten**.*

Und nun wünschen wir euch viel Spaß mit dem Spiel und dem Buch.

Die Autoren und das Team des BILDNER Verlags

Inhaltsverzeichnis

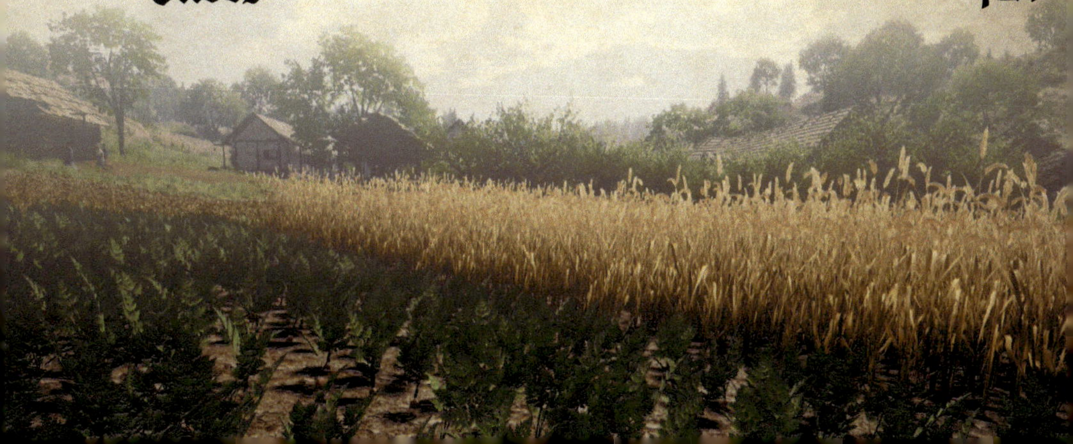

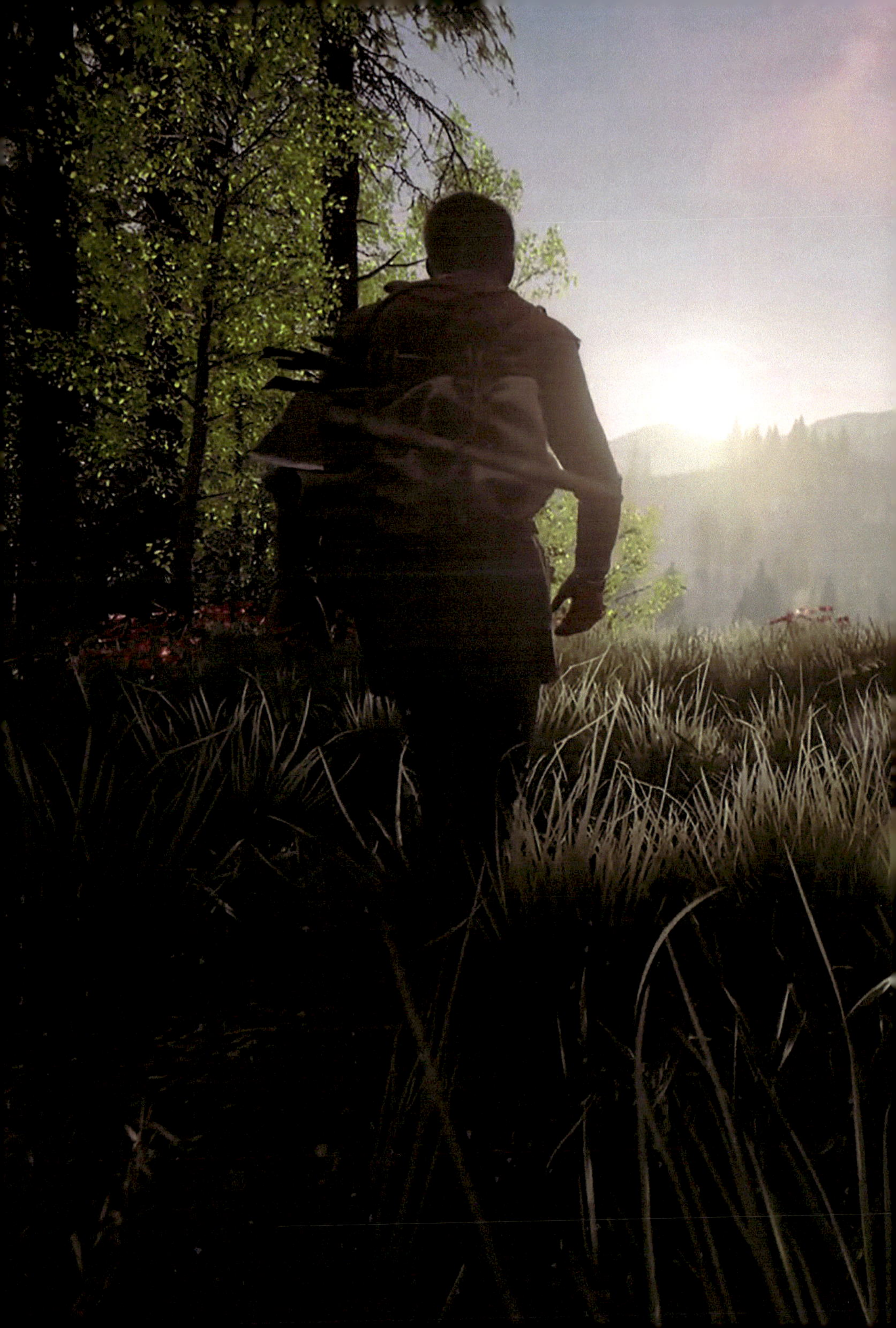

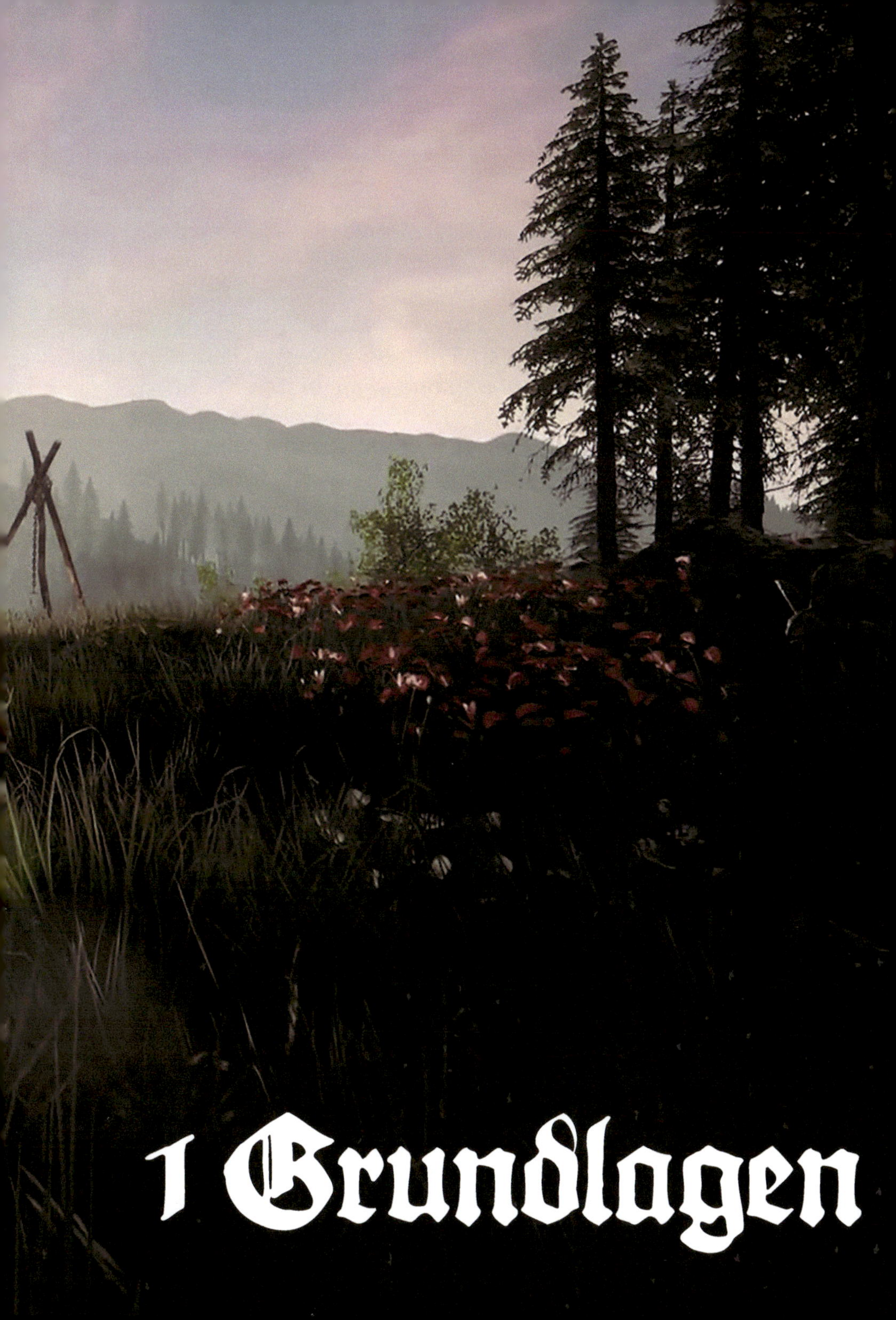

1 Grundlagen

Nun, da ich alt und grau geworden bin, habe ich beschlossen, der Nachwelt zu erzählen, wie es mir hier im Norden, in meiner neuen Heimat ergangen ist. Der arbeitsame Frühling ist, ebenso schnell vorübergegangen,wie der Sommer, ehe der Herbst mit einer reichen Ernte begann und in die ersten Nachtfröste und Schneeflocken des Winters überging. Es ist seltsam, wie die Zeit hier im Tal vergeht – manchmal scheint sie regelrecht zu verfliegen, dann wieder beinahe still zu stehen, innezuhalten, die Schönheit der Natur und die Fruchtbarkeit des Bodens mit geradezu himmlischer Stille zu würdigen.

Nun mag ich zwar alt geworden sein, und meine Felder muss ich schon lange nicht mehr selbst bestellen, aber das ist doch kein Grund für Müßiggang, nicht wahr? Es gibt immer etwas zu tun, und meine Hände sind noch gut zu gebrauchen, auch wenn das Zittern in manchen kalten Nächten stärker zu fühlen ist als noch vor einem Jahr oder zwei. Vor zwei Wochen habe ich meinem jüngsten Enkelspross das Bogenschießen beigebracht, was für eine Freude! Seine Mutter, ebenso stur wie ihr Vater – ja, das bin dann wohl ich – hatte wohl gemeint, dass es zu früh für ihn sei, damit zu beginnen, aber ich sage euch, für den Hammer, den Bogen und den Pflug ist man niemals zu jung!

Seltsam, wie leicht mir das Schreiben von der Hand geht, ich muss darauf achten, die Tinte meiner vorigen Worte nicht zu verwischen, wenn ich weitererzähle. Schreiben? Ja, wer hätte das gedacht, dass ich eines Tages diese hohe Kunst erlerne, Worte und Zahlen male wie einst nur die Hafenmeister am Meer im Süden! Soviel ich weiß, bin ich der Einzige im Tal, der dies beherrscht – zumindest so lange, bis ich das Wissen an meine Kinder weitergebe, dann, wenn deren Kinder ihnen den größten Teil der Feldarbeit abnehmen.

Monat für Monat reiste ich in das Nachbartal, über den alten, gefährlichen Pass im Westen, besuchte Edgar, seines feisten Wanstes Zeichen Abt in dem Kloster, das sie dort in den Berg gehauen haben. Viele Schalen Honig, und noch mehr Krüge mit dem daraus gewonnenen, süßen Met musste ich ihm liefern, als Dank dafür, dass er mir das Lesen und Schreiben lernte. Aber wie sich das gelohnt hat! Eine neue Welt öffnete sich meinen alten Augen, und ich kann etwas für die Nachwelt hinterlassen, das vielleicht mehr Bestand hat als die Häuser, die ich im Tal errichtete.

Ja, ich weiß, den Mönchen trauen viele meiner Freunde nicht – insbesondere jene, die noch den alten Glauben pflegen, zum vollen Mond ihre Opferschalen auf die wackelnden Steine legen oder das Heiligtum ihrer Vorfahren tief im Wald aufsuchen. Ich kann es ihnen nicht verdenken! Aber, im Vertrauen gesagt – so übel sind die Klosterbrüder nicht, auch wenn ihnen in den dunklen Stuben wohl manchmal der Odem ihrer Tinte zu Kopfe steigt und sie seltsame Dinge sehen lässt. Das sollte ich dann wohl vermeiden, nicht wahr?

Ja, es ist Zeit von meinem Schreibpult aufzustehen, aber nicht nur deswegen. Gerade hat es an meiner Tür geklopft – und ehrlich, ich erwarte heute keine Besucher mehr. Nicht so spät am Abend ...

1 Grundlagen

1.1 Das Spiel & Hauptmenü

In Medieval Dynasty schlüpfst du im *Tal* in die Rolle des 18-jährigen *Racimir*, der vor dem Krieg in ein entlegenes Tal ohne weiteren Namen flieht und sich dort ein neues Leben aufbaut. Im ***Oxbow*** wachst du auf, nachdem du gerade noch dem Tod entkommen bist. Zuerst musst du überleben, um dir nach und nach ein eigenes Dorf aufzubauen, zu heiraten und eine eigene Dynastie zu erschaffen. Das Spiel ist ein Mix aus verschiedenen Gamegenres:

Survival: Du musst Essen und Trinken zu dir nehmen, um nicht zu verhungern oder zu verdursten. Das Essen will durch Jagen, Sammeln, Landwirtschaft oder Viehzucht erworben werden, alternativ kannst du gegen bare Münze alles bei Händlern kaufen, aber auch dein Gold muss erst einmal verdient sein. Vergiftungen, aggressive Tiere und Banditen erschweren einem das Überleben.

RPG: Rollenspieltypisch erledigst du Quests für deine Mitbewohner und für den König des Landes (im Tal), der ab und zu seine Boten entsendet. Je nach Aufgabe kannst du Gegenstände, Geld, Erfahrung und Ansehen (Dynasty Reputation) gewinnen oder auch verlieren.

Crafting: Fast alle verfügbaren Werkzeuge, Waffen und Gegenstände können selbst hergestellt werden (exotische Waren bspw. nicht). Du hast auch die Möglichkeit, deinen Dorfbewohnern entsprechende Berufe zuzuweisen; diese fertigen dann für dich die Gegenstände an, vorausgesetzt du kannst ihnen alle benötigten Materialien und Werkzeuge zur Verfügung stellen.

Bauen: Du kannst Wohnhäuser, Herstellungsgebäude, Ställe und Lager errichten, Wege anlegen und viele Objekte und Dekorationsgegenstände wie z. B. Zäune, Lampen oder Tische bauen. Ob du einen kleinen Bauernhof am Waldrand baust, eine Minensiedlung bei einer Höhle in den Bergen, ein großes Dorf mit weitläufigen Feldern oder alles zusammen, liegt ganz bei dir.

Simulation: Je höher dein Ansehen (die Dynasty Reputation) wird, desto mehr Bewohner kannst du in deinem neu errichteten Dorf aufnehmen. Du bist derjenige, der ihnen Wohnungen und Arbeiten zuweist und der darauf achtet, dass ihre Grundbedürfnisse wie Essen, Trinken und Feuerholz gestillt werden. Du musst so das ganze Dorf managen, auf Ereignisse reagieren (wenn z. B. eine Frau wegen eines Kindes für zwei Jahre als Arbeitskraft ausfällt) und deine kleine Gemeinschaft am Laufen halten und expandieren.

Zeit und Ort der Handlung

Das Game ist um das Jahr 1.000 n. Chr. im mittelalterlichen Europa angesiedelt. Das Gebiet wird nicht näher angegeben, aber einige Hinweise gibt es:

Der Ort des Geschehens ist ein Tal mit einem Fluss und See in Osteuropa, vermutlich im polnisch-litauischen Raum. Dafür sprechen nicht nur die Namen der Dörfer, der Bewohner und des Königs, auch die Gegend mit ihren Wildtieren ist für diese Region typisch.

Ritter, Burgen, Klöster, Kirchen, Priester, Mönche und größere Städte wirst du im Spiel daher auch vergeblich suchen. Für das mitteleuropäische Mittelalter wäre das sehr untypisch. Polen dagegen wurde erst im Jahr 966 katholisch christianisiert und bei den Litauern dauerte es noch länger. Die Christianisierung ist also im Spiel noch nicht weit fortgeschritten, so dass in einem entlegenen Tal noch nicht viel von der Kirche zu sehen sein dürfte und sich heidnischer Glaube noch erhalten hat. Selbst bei der Heiratszeremonie im Spiel sehen wir zwar einen Priester, der uns vermählt, aber es wird nicht eindeutig, welcher Glaube hier praktiziert wird (was für das Spiel auch nicht wichtig ist). Burgen waren in Osteuropa zu dieser Zeit auch noch nicht so viele vorhanden wie in West- und Mitteleuropa.

Boleslaus I. der Tapfere aus dem Haus der Piasten wurde wahrscheinlich im Jahr 1.000 der erste polnische König.

Ziel des Spiels

Du kannst entweder die klassische Einzelspielervariante von Medieval Dynasty im „*Tal*" spielen oder die die Co-op Karte „***Der Oxbow***". „***Das Tal***" kannst du nur im Einzelspielermodus und nur als Racimir (männlich) spielen. „***Der Oxbow***" kannst du allein oder mit 3 Mitspielern im Co-op spielen und deinen Charakter anpassen (männlich oder weiblich).

Zuerst musst du überleben und dir eine Lebensgrundlage schaffen. Danach erringst du Jahr für Jahr bei deinen Nachbarn im Tal Ansehen und wirbst Bewohner und Arbeiter für dein Dorf an. Du suchst dir einen Ehepartner, bekommt ein Kind und damit den ersehnten Stammhalter.

Spätestens in seinen 60ern wird dein Held sterben; wenn sein Nachkomme zu diesem Zeitpunkt bereits 18 Jahre oder älter ist, kannst du dessen Rolle übernehmen und weiterspielen. Ebenso werden Dorfbewohner sterben, aber durch deren Kinder und Neuzugänge wächst dein Dorf weiter.

Ein endgültiges, festes Ziel gibt es in diesem Sandboxspiel nicht. Du sollst deine eigene Dynastie gründen und das Dorf deiner mittelalterlichen Träume errichten, wie groß und mächtig oder klein und schnuckelig es auch sein mag.

Mit den Standardeinstellungen hat ein Jahr im Game vier Jahreszeiten mit je drei Spieltagen. Ein Spieltag (12 Stunden am Tag ohne Nacht) dauert 24 echte Minuten. Da du mit einem Spielercharakter ca. 40 - 50 Jahre spielen kannst, hast du damit mehr als genügend Zeit, um dein Traumdorf errichtet. Bis dahin ist wahrscheinlich deine Sohn erwachsen geworden, mit dem du weiterspielen kannst. Und vielleicht ist es dann an der Zeit, das Spiel neu zu starten und diesmal an ganz anderer Stelle zu bauen und ein weiteres Dorf komplett neu zu gestalten. Du kannst mehrere Spielstände gleichzeitig haben, um unterschiedliche Herangehensweisen auszuprobieren.

Der Hauptbildschirm

Nach dem Start des Spiels siehst du folgendes Menü:

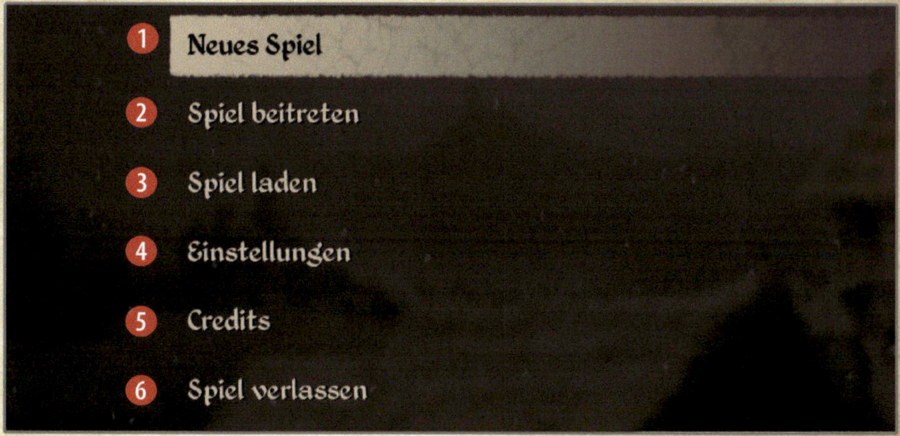

1. **Neues Spiel**: Hier startest du ein neues Spiel und kannst Anpassungen für dieses vornehmen.
2. **Spiel beitreten**: Mit dieser Option kannst du einer Multiplayer-Partie beitreten. Mehr dazu erfährst du in **Kapitel 4.**
3. **Spiel laden**: Hier findest du alle Speicherstände des Spiels und kannst diese laden oder auch löschen.
4. **Einstellungen**: Hier findest du alle Einstellungen zu Grafik, Sound und Tastaturbelegung.
5. **Credits**: Du siehst den Abspann des Spiels und alle am Spiel beteiligten Personen.
6. **Spiel verlassen**: Das Spiel wird beendet.

Rechts vom Menü findest du die neuesten Nachrichten und Updates rund um das Thema Medieval Dynasty.

1.2 Ein Spiel starten

Um ein neues Spiel zu beginnen, wähle im Hauptmenü ***Neues Spiel*** aus. Vorher solltest du noch deine ***Einstellungen*** überprüfen.

Einstellungen

In den Einstellungen kannst du folgende Punkte anpassen:

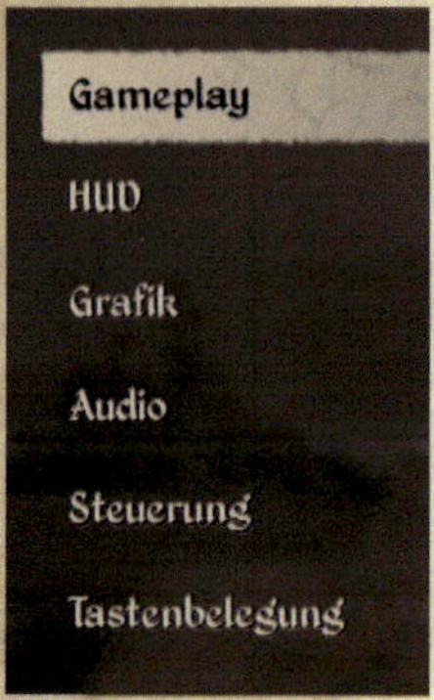

Gameplay

Unter ***Gameplay*** kannst du die Sprache des Spiels verändern. Außerdem kannst du entscheiden, ob du im Spiel Blut sehen möchtest oder nicht. Auch das Wackeln des Kopfes oder der Kamera bei der Bewegung kann hier ein- und ausgeschaltet werden. Das kann bei Motion-Sickness, also Schwindel und Übelkeit, die manche Spieler in First-Person-Spielen erleben, helfen. Sogar über die Atmung des Spielcharakters kannst du bestimmen.

Ein weiterer wichtiger Punkt sind die Intervalle der Autosave-Funktion. Standardmäßig wird alle 30 Minuten und nach jeder Quest automatisch gespeichert.

HUD

In diesem Bereich kannst du das Heads-up-Display des Spiels einstellen. Bspw. kannst du hier den Kompass oder das Fadenkreuz ein- bzw. ausschalten.

Grafikeinstellungen

Die Grafikeinstellungen beeinflussen, wie flüssig das Spiel bei dir läuft. Ruckelt das Spiel, solltest du einige Punkte niedriger stellen.

Hier sind einige Einstellungen für die PC-Version näher erklärt. Konsolen bieten diese Einstellungen nicht an, da sie bereits optimierte Grafikeinstellungen benutzen:

Fenstermodus: Das Spiel sieht am schönsten im ***Vollbild***-Modus aus. ***Fenster-Vollbild*** solltest du verwenden, wenn du häufig während des Spiels auf andere Anwendungen zugreifen willst. Allerdings kann dieser Modus (selten) Grafikfehler verursachen. Der ***Im Fenster***-Modus ist nur sinnvoll, wenn du eine Auflösung benutzt, die niedriger ist, als die, die du in Windows verwendest. Dann wird das Spiel verkleinert in einem Fenster dargestellt.

Auflösung: Du solltest für eine schöne Darstellung die native Auflösung deines Monitors wählen. Du kannst die Leistung verbessern, indem du eine niedrigere Auflösung einstellst.

Seitenverhältnis: Die meisten Monitore verwenden heutzutage 16:9. Ein Breitbildschirm kann auch 21:9 oder sogar 32:9 darstellen.

Sichtbares Feld: Die Standardsicht beträgt 90°. Möchtest du rechts und links etwas mehr von deiner Umgebung sehen, erhöhe diesen Wert. Ein weiteres sichtbares Feld hilft auch bei Motion Sickness.

V-Sync: gleicht die FPS (Frames per Second) mit der Bildwiederholrate deines Monitors ab und sorgt für eine flüssigere Darstellung. Es ist nur sinnvoll, dies einzuschalten, wenn die Grafikleistung deines Rechners gut genug ist, dass die FPS diesen Wert auch konstant erreichen können.

Fernsicht: bestimmt, wie weit du im Spiel sehen kannst. Natürlich muss mehr Landschaft berechnet werden, umso weiter du siehst. Stelle diese Option niedriger, falls das Spiel ruckelt.

Laub und Bodenbewuchs: Die Darstellung von viel Laub und Gras sieht zwar schön aus, kostet aber auch viel Rechenleistung. Du kannst mit einer niedrigeren Einstellung einiges an Leistung sparen.

Alle anderen Einstellungen: hängen sehr von deiner Grafikkarte ab. Je moderner und hochwertiger deine Grafikkarte ist, desto höher kannst du die Optionen stellen. Probiere ein wenig, um die Einstellungen zu finden, die dir ein flüssiges Spielen ermöglichen.

Soundeinstellungen

Unter ***Audio*** kannst du die Lautstärke der einzelnen Elemente verändern.

Tastenbelegung

Wir verwenden hier im Buch für Beschreibungen die Standardeinstellungen des Spiels für PC- und Controllersteuerung. Du kannst dir aber auch eine alternative PC-Tastenbelegung einrichten, die du parallel zur Standardbelegung verwenden kannst. Klicke dazu mit der linken Maustaste doppelt auf einen Eintrag und tippe die gewünschte neue Taste ein.

> Vergiss nicht, die Änderungen am Schluss zu übernehmen! Du kannst auch die Standardeinstellungen wiederherstellen.

Spiel anpassen

Wenn du ein neues Spiel startest, kannst du unter ***Spieleinstellungen anpassen*** die Regeln für das neue Spiel festlegen:

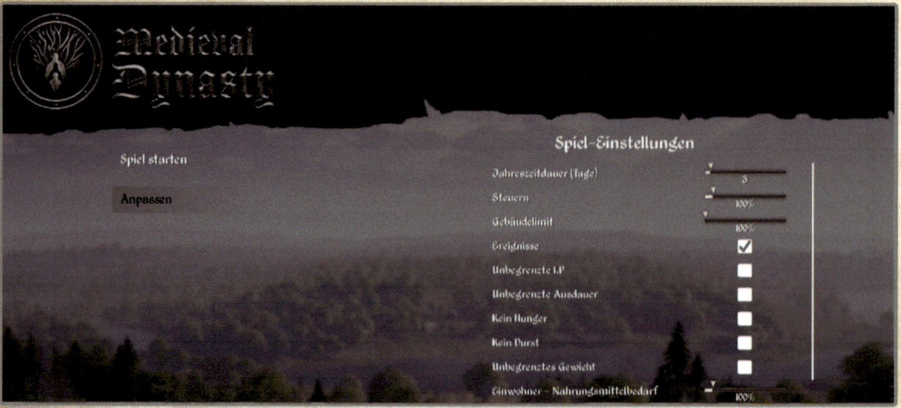

Die meisten dieser Einstellungen erklären sich von selbst, so kannst du z. B. ein- oder ausschalten, ob dein Charakter unbegrenzt Leben und Ausdauer haben soll. Du kannst mit Schiebereglern auch bestimmen, wie hoch die Steuern sein sollen und ob Tiere mehr Lebenspunkte haben oder du mehr Erfahrung bekommst. Je weiter nach rechts ein Schieberegler geschoben wird, desto höher wird der Wert.

Die Startwerte sind von den Entwicklern für ein spannendes Spiel mit allen Facetten optimiert. Wir empfehlen für dein erstes Spiel die Standardeinstellungen zu verwenden!

Willst du mehr Herausforderung, kannst du die ***Steuerrate*** erhöhen (du musst dann mehr Steuern bezahlen – 200 % bedeutet, dass doppelt so viel Steuern am Jahresanfang zu entrichten sind!), die ***Lebenspunkte*** und den verursachten ***Schaden*** wilder Tiere heben und den ***Bedarf*** deiner Bewohner höher stellen.

Möchtest du einfach nur viel bauen und möglichst wenig andere Spielelemente nutzen, dann aktiviere am besten ***unbegrenztes Gewicht***, ***Leben*** und ***Ausdauer***, sowie ***keinen Hunger*** und ***Durst***. Entscheide dich außerdem für das ***schnelle Handwerken*** und setzte alle ***Erfahrungs-Multiplier*** und das ***Gebäudelimit*** auf Maximum und die ***Bedarfsregler*** deiner Bewohner auf das Minimum. Aktiviere auch ***Fallengelassene Nahrungsmittel verderben nicht***, um damit dein Dorf dekorieren zu können.

Jahreszeitdauer (Tage)

Normalerweise dauert eine Jahreszeit drei Tage. Diese Einstellung funktioniert sehr gut. Bedenke, dass eine Erhöhung auch bedeutet, dass du für viele Dinge länger brauchst (z. B. Zeit von Aussaat zur Ernte) und mehr Ressourcen (Nahrung) benötigst!

1.3 Einen Controller nutzen

Wir geben dir in diesem Guide die Infos und Tipps anhand der Steuerung für PC / Xbox / PlayStation. Natürlich kannst du auch Controller am PC verwenden. Hier die wichtigsten Einstellungen.

Controller Einstellungen

Um den Controller einzurichten, musst du in den Einstellungen ***Steuerung*** wählen.

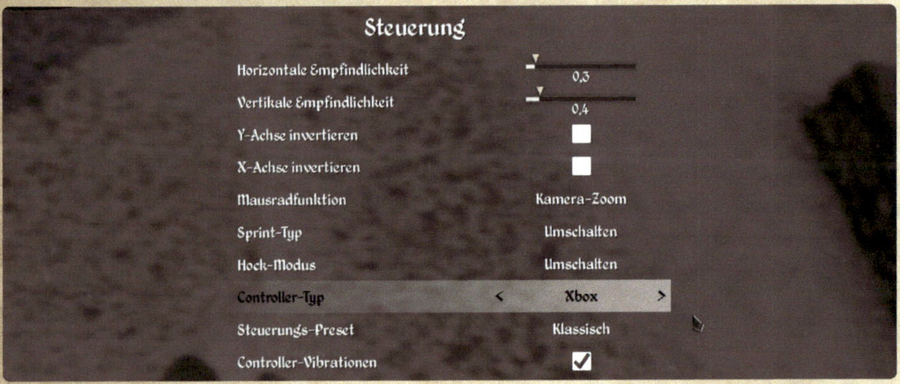

Danach wählst du bei ***Controller-Typ*** deinen Controller aus und übernimmst diese Einstellung. Es gibt 4 vordefinierte Steuerungskombinationen, die du unter ***Steuerungs-Preset*** auswählen kannst. Die Steuerung der ausgewählten Kombination kannst du dann unter ***Tastenbelegung*** sehen.

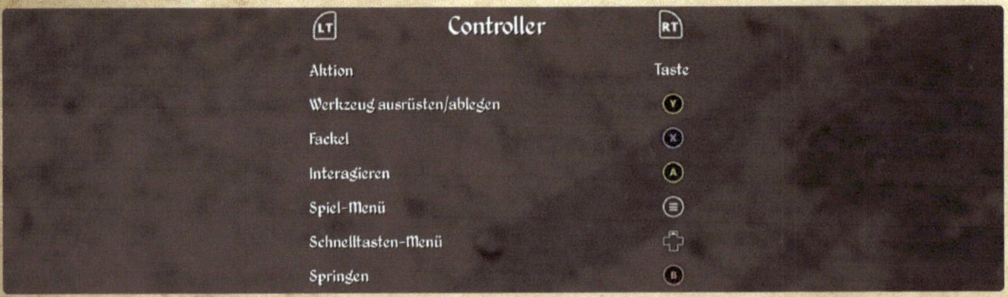

Mit einem Controller spielen

In jedem Menü werden dir rechts unten die verwendbaren Tasten angezeigt. Mit diesen steuerst du durch das Menü und nimmst Einstellungen vor.

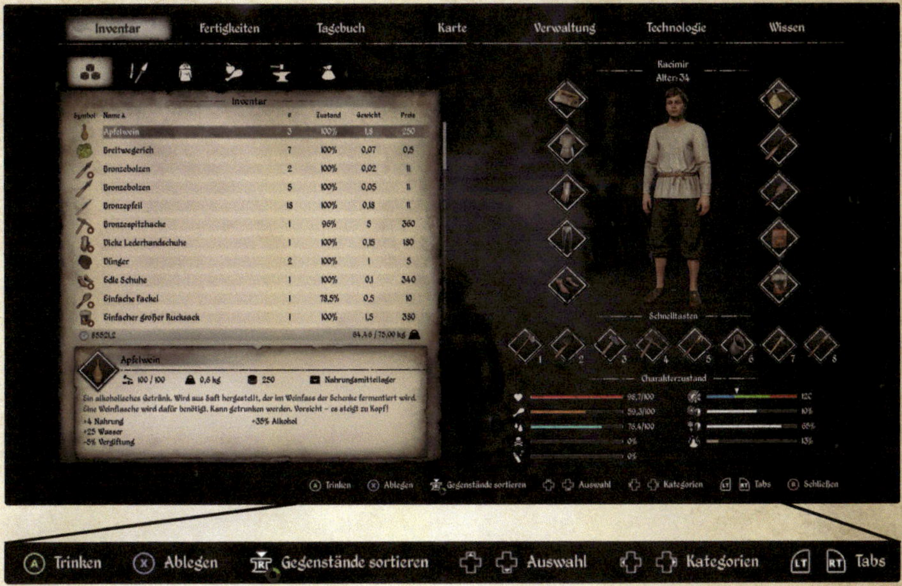

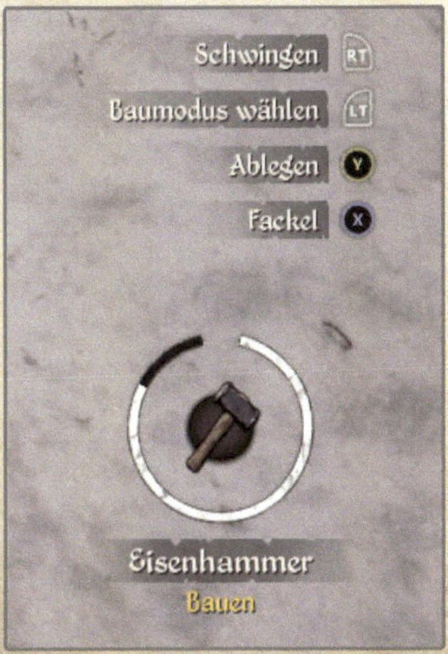

Auch die Werkzeuganzeige im rechten unteren Teil deines HUDs zeigt dir die jeweiligen Controllertasten an, die du mit dem gewählten Werkzeug nutzen kannst.

1.4 Spielbildschirm

Sobald du das Spiel gestartet hast, siehst du den Spielbildschirm mit dem HUD (Head Up Display) vor dir. Das HUD zeigt dir einzelne Informationen auf dem Hauptbildschirm, also direkt im Spiel, an. Es lässt sich im Menü anpassen. Du kannst über verschiedene Tasten weitere Bildschirme öffnen, die wir dir im Folgenden vorstellen:

HUD

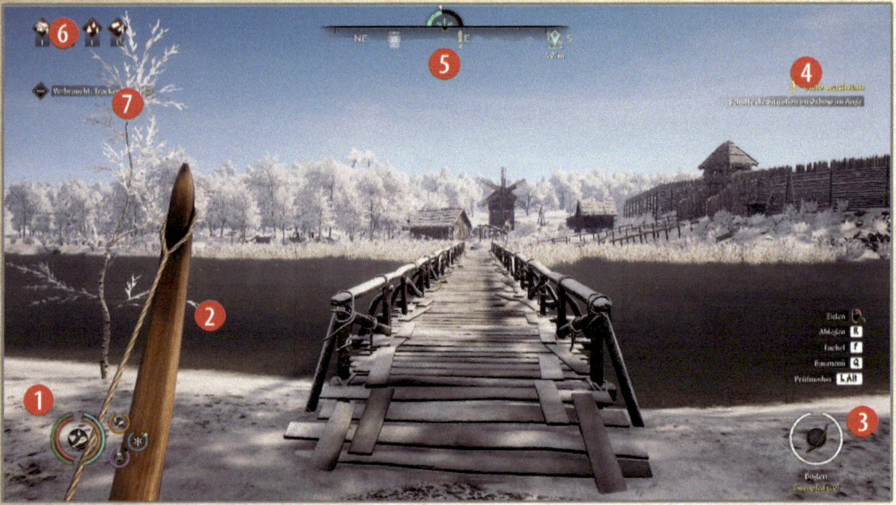

1. Anzeige für Leben, Ausdauer und weitere Effekte
2. Dein ausgewähltes Werkzeug / Waffe
3. Dein Werkzeug oder deine Waffe mit Status und Name
4. Die aktuell verfolgte Quest / Aufgabe
5. Kompass mit Wegweisern und Jahreszeitenuhr
6. Warnung bei mangelnder Versorgung deiner Einwohner
7. Hinweise (z. B. erhaltene oder verlorene Gegenstände)

Links unten im Eck hast du eine detaillierte Anzeige zu deinem Leben und weiteren Effekten:

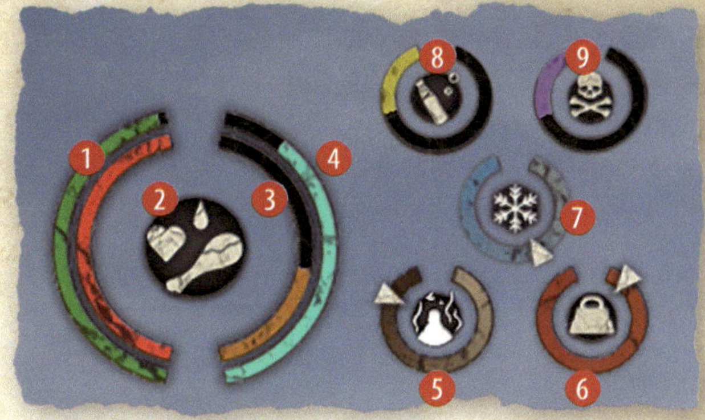

1. ***Ausdauer*** – regeneriert sich durch Warten oder langsames Gehen.
2. ***Leben*** – regeneriert sich durch Schlafen, Heiltränke und den Verzehr von Breitwegerich.
3. ***Hunger*** – Benutze Essen im Inventar.
4. ***Durst*** – Trinke aus Gewässern, aus dem Brunnen, benutze Getränke oder iss Früchte und wasserhaltige Gerichte wie Suppen.
5. ***Verschmutzung*** – Steig in einen See oder Fluss, um dich zu waschen oder benutze einen Waschzuber.
6. ***Überladen*** – Wirf Gegenstände weg oder benutze Rucksäcke, Taschen oder den Gewichtstrank für mehr Tragekapazität.
7. ***Temperatur*** – Wechsle deine Kleidung entsprechend der Jahreszeit oder trinke einen Temperaturtrank.
8. ***Alkoholisiert*** – Trinke einen Ausnüchterungstrank. Vergeht mit der Zeit.
9. ***Vergiftet*** – Benutze einen Entgiftungstrank oder esse Johanniskraut, um die Vergiftung zu heilen. Ist nach einer Weile ausgestanden.

Werkzeuganzeige

Im rechten unteren Eck wird dir dein aktuell ausgewähltes Werkzeug oder deine Waffe angezeigt. Du hast im Inventar die Möglichkeit den Tasten 1 - 8 Werkzeuge und Waffen zuzuweisen. In der PC-Version kannst du jederzeit mit diesen Tasten dein Werkzeug auswählen. Bei der Controller-Steuerung hast du mit der Taste LB / L1 jederzeit schnellen Zugriff auf deine hinterlegten Waffen bzw. Werkzeuge und kannst auf einen anderen Gegenstand wechseln .

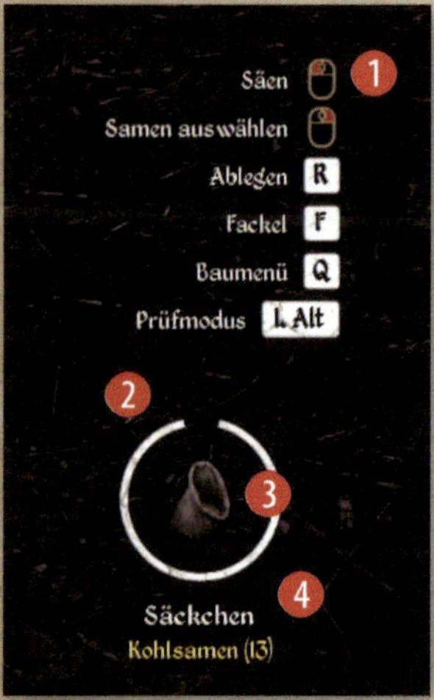

1 Hinweis, welche Tasten und Funktionen du mit diesem Werkzeug (oder Waffe) benutzen kannst.

2 Der weiße Ring zeigt den Zustand des Werkzeugs an. Ist der weiße Ring komplett verschwunden, ist das Werkzeug zerstört. Werkzeuge können nicht repariert werden!

3 Das Bild des Werkzeugs.

4 Der Name des Werkzeugs. Bei manchen Werkzeugen und Waffen stehen hier zusätzliche Informationen. Im Beispiel links hast du 13 Kohlsamen zur Aussaat im Beutel.

Tastenhinweise

Die Tastenhinweise in der Werkzeuganzeige sind eine gute Hilfe, wenn du noch nicht weißt, wie du ein Werkzeug verwenden kannst. Z. B. siehst du im Bild oben, dass du bei einem ausgewähltem Beutel mit der rechten Maustaste den Samen auswählen kannst!

Der Kompass

Am oberen Bildschirmrand in der Mitte siehst du den Kompass. Hier ein paar der häufigsten Icons erklärt:

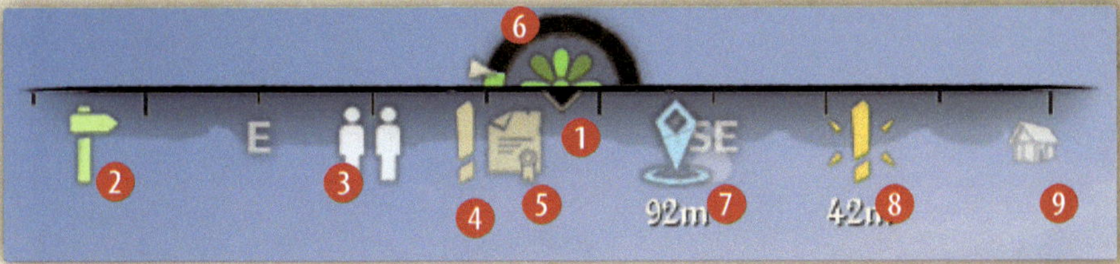

1. Die Richtung, in die du schaust.
2. Der Fuhrmann, der dich in ein anderes Dorf bringen kann.
3. Ein Lagerfeuer mit Reisenden
4. Ein blasses gelbes Ausrufezeichen zeigt dir eine potenzielle Quest an.
5. Der Kastellan, bei dem du deine Steuern zahlen musst.
6. Die Jahreszeitenanzeige. Du siehst am farbigen Balken, wie weit die aktuelle Jahreszeit bereits fortgeschritten ist.
7. Dieses Symbol zeigt den von dir selbst auf der Karte gesetzten Wegpunkt und dessen Entfernung an.
8. Ein gelbes Ausrufezeichen zeigt dir den Ort für deine aktuelle Quest. Darunter ist die Entfernungsangabe.
9. Dein Wohnhaus.

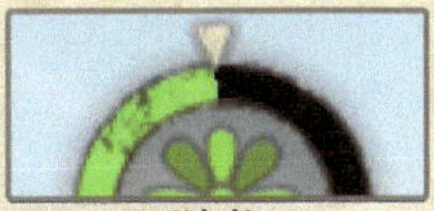
Frühling

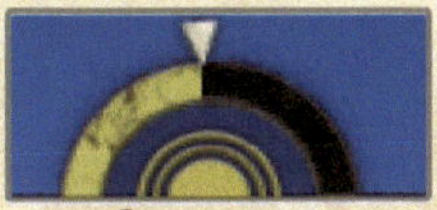
Sommer

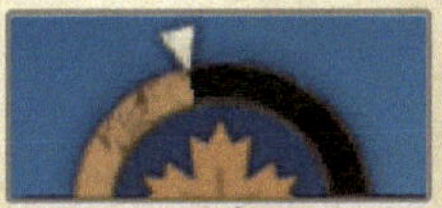
Herbst

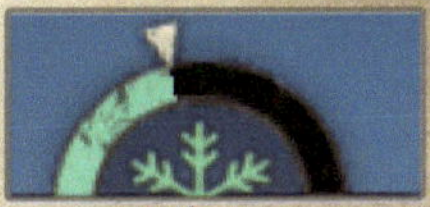
Winter

Es gibt noch weitere Icons, z. B. für Händler oder die Anschlagtafel (im Oxbow).

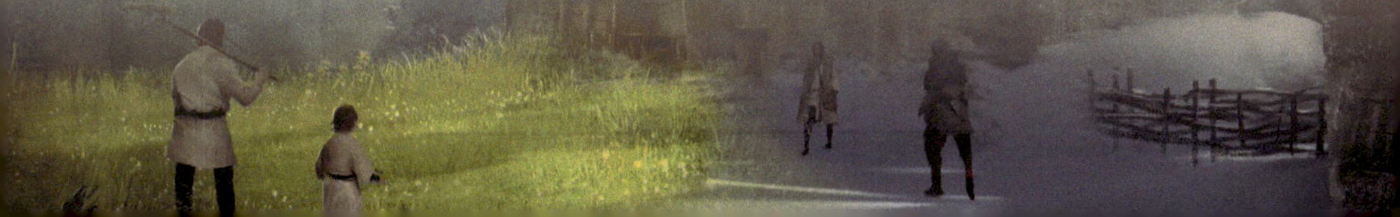

Inventar

Mit der Taste I / ◎ / Cr öffnest du den Inventarbildschirm:

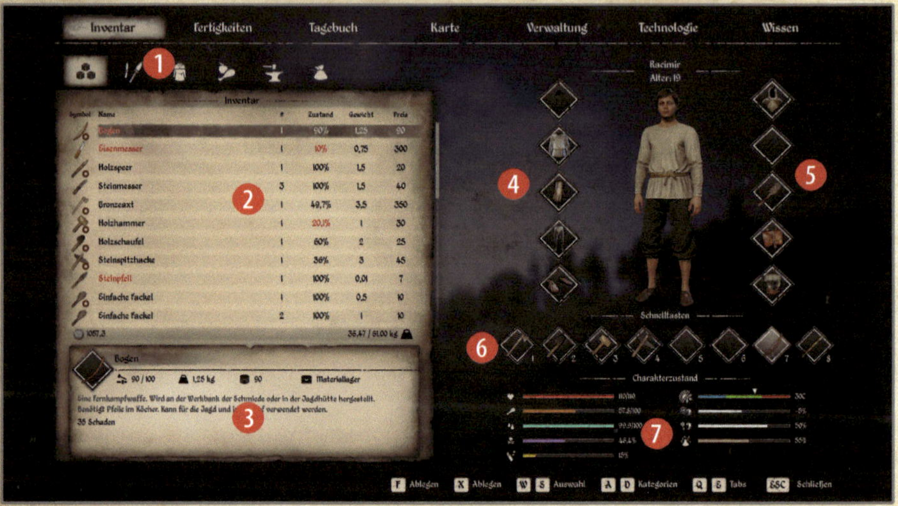

1 In dieser Leiste kannst du zwischen verschiedenen Inventaransichten für den Bereich 2 umschalten: Alle Gegenstände, nur Werkzeuge/Waffen, Kleidung, Nahrung, Rohstoffe, Sonstige und Questgegenstände.

2 Hier siehst du alle Gegenstände im Inventar mit Bild, Namen, Anzahl, Zustand in %, Gewicht in kg und Basispreis. Du kannst alle Gegenstände nach diesen Einstellungen sortieren: alphabetisch, Preis auf- absteigend usw.

3 In diesem Feld erhältst du zu dem Gegenstand, den du im Bereich 2 selektiert hast, zusätzliche Informationen, wie etwa die genaue Haltbarkeit, den Nährwert von Lebensmitteln oder wie effizient ein Werkzeug ist.

4 Klicke im Bereich 2 mit der linken Maustaste doppelt auf ein Kleidungsstück (Alternative: Taste F bei selektierter Kleidung) und es wird angezogen/ausgerüstet oder auch wieder abge-

legt. Bei der Controller-Steuerung brauchst du hierfür die Taste A/X. Im Inventarbereich 2 wird das Symbol mit einem kleinen roten Kreis versehen, wenn das Kleidungsstück ausgerüstet ist. Links neben dem Personenumriss 4 wird es dann angezeigt.

5 In diesem Bereich werden zusätzliche Ausrüstungsgegenstände wie Pfeile, Fackeln, Rucksäcke und Taschen angezeigt. Sie werden genau wie Kleidungsstücke an- und abgelegt.

6 Diese Zeile ist deine Ausrüstungsleiste mit 8 Slots. Drücke die Taste ***F***/A/X, um einen selektierten Gegenstand im Bereich 2 auszuwählen (PC-Alternative: Doppelklick linke Maustaste). Mit ***F***/A/X wird das ausgewählte Feld mit diesem Objekt belegt. Am PC kannst du auch die linke Maustaste oder eine der Tasten von ***1*** - ***8*** drücken. Im Spiel stellen die Tasten ***1*** - ***8*** einen Schnellzugriff dar. Steuerst du das Spiel mit dem Controller, brauchst du hierfür die Taste LB/L1.

7 Hier siehst du die Werte, die deinen Charakter beeinflussen:

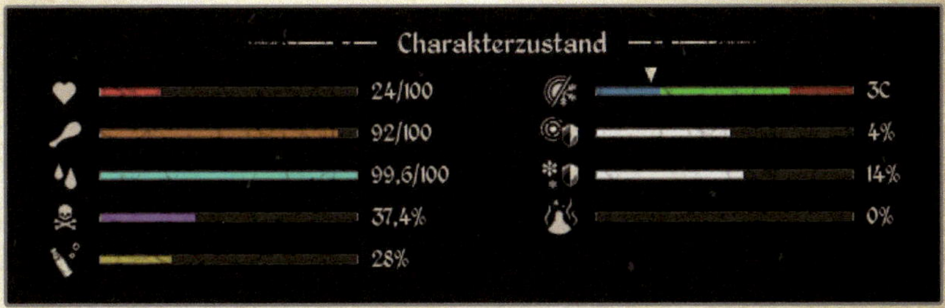

In der linken Spalte von oben nach unten: deine Lebenspunkte, deine Sättigung (Essen), dein Durst, Grad der Vergiftung und Grad der Alkoholisierung.

In der rechten Spalte die von dir gefühlte Temperatur inklusive der Kleidungseffekte, darunter deinen Schutz vor Hitze und dann vor Kälte und darunter am Ende den Grad deiner Verschmutzung.

Fertigkeiten

Mit ***K*** / ◎ / ⧉ öffnest du eine Übersicht deiner Fertigkeiten:

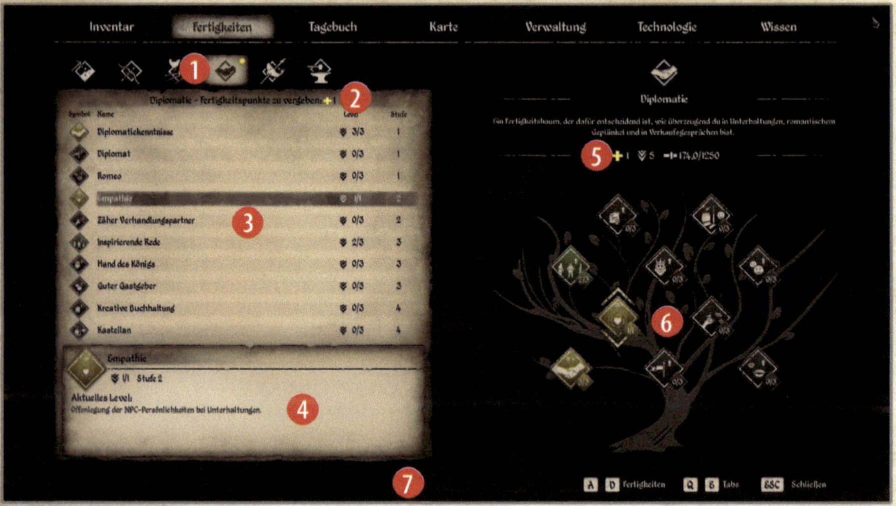

Es gibt sechs verschiedene Fertigkeitsbereiche: ***Gewinnung***, ***Jagen***, ***Landwirtschaft***, ***Diplomatie***, ***Überleben*** und ***Produktion***. Für jede Tätigkeit in den sechs Bereichen bekommst du Fertigkeitserfahrung. Hast du genug Erfahrung gesammelt, bekommst du einen Fertigkeitspunkt, für den du dir eine weitere Fertigkeit kaufen kannst, die deine Leistung in dem jeweiligen Bereich verbessert.

1. In dieser Leiste kannst du durch Anklicken der Symbole bzw. durch Drücken der Tasten ***A & D*** / ◂✚ ✚▸ / ◂⬬ ⬬▸ zwischen den sechs verschiedenen Fertigkeitsbereichen wechseln.
2. An dieser Stelle stehen die verfügbaren Fertigkeitspunkte für diesen Bereich.
3. Eine Auflistung der verschiedenen Fertigkeiten für diesen Bereich. Das Symbol zeigt dir, ob eine Fertigkeit erworben wurde (grün), auswählbar ist (grau) oder noch nicht wählbar ist

(schwarz). Außerdem siehst du, wie viele Level du bereits erworben hast, wie viele verfügbar sind (z. B. 2/3) und die Stufe der Fertigkeit.

4 Hast du im Bereich 3 eine Fertigkeit ausgewählt, erhältst du hier eine genaue Beschreibung derselben.

5 In dieser Zeile siehst du deine verfügbaren Fertigkeitspunkte, deine erreichte Stufe (maximal 10) und wie viel Erfahrung du für die nächste Stufe gesammelt hast (Beispiel: 467,5/500). Alle 2 Level stehen dir 2 Punkte zur Verfügung: Level 1 = 1 Punkt, Level 2 = 2 Punkte, Level 3 = 1 Punkt usw. Du kannst insgesamt 15 Fertigkeitspunkte in einem Fertigkeitsbereich bekommen und ausgeben.

6 Der Fertigkeitsbaum: Es gibt von unten nach oben aufsteigend vier Stufen. Du musst zuerst eine Fertigkeit der Stufe 1 erlernen, ehe du eine der Stufe 2 erlernen kannst und so weiter. Wähle eine Fertigkeit aus, um im Feld 4 eine nähere Beschreibung zu bekommen. Willst du einen Bereich steigern, so mache dies mit einem Doppelklick auf das Symbol der Fertigkeit im Baum bzw. im Feld 3 oder durch Drücken der Taste F/A/X.

Manche Fertigkeiten haben drei Steigerungsstufen und manche nur eine einzige. Diejenigen, die nicht mehr aufgewertet werden können, erhalten eine blassgrüne Farbe.

7 In der unteren Leiste siehst du die Tasten für alle verfügbaren Befehle.

Trank der unbegrenzten Möglichkeiten

Mit einem ***Trank der unbegrenzten Möglichkeiten*** werden alle Fertigkeiten in allen Bereichen gelöscht und du erhältst alle Fertigkeitspunkte zurück. Du kannst diese nun neu ausgeben und so deine Fertigkeiten komplett neu gestalten.

Tagebuch

Mit der Taste J / ◎ / ▢ öffnest du das Tagebuch:

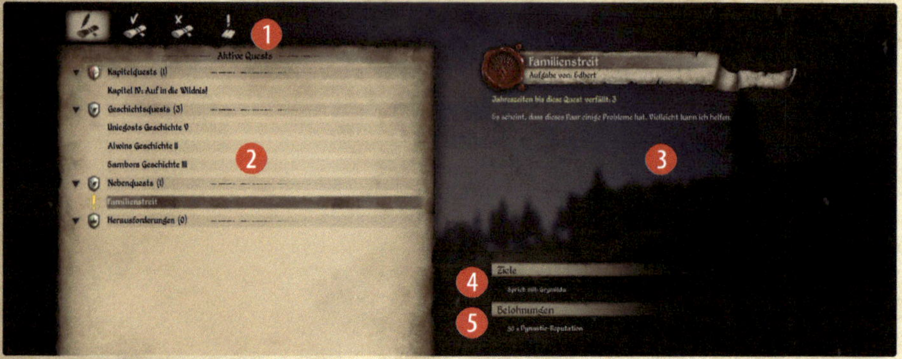

Hier findest du eine Übersicht aller bisher erhaltenen Quests.

1. In dieser Zeile kannst du zwischen den verschiedenen Übersichten auswählen:
   - aktive Quests
   - erfolgreich abgeschlossene Quests
   - gescheiterte Quests
   - Übersicht über die letzten Ereignisse

2. In diesem Bereich siehst du alle Quests aufgelistet. Du kannst durch Doppelklick/Drücken der Taste F / Ⓐ / ⓧ die aktive Quest auswählen. Diese wird dir im Spielbildschirm am Kompass als gelbes Ausrufezeichen angezeigt. Außerdem werden die noch erforderlichen Questziele am rechten oberen Bildschirmrand eingeblendet (siehe *HUD* Punkt 4 und 5).

   Die Quests und Aufgaben werden im Tal in vier Teilbereiche aufgeteilt:

   - **Kapitelquests**: sind zu Beginn die wichtigsten Aufgaben, die du alle erfüllen solltest. Deren Erfüllung bringt am meisten Dynasty Reputation und erhöht die maximale Anzahl an Gebäuden, die du errichten darfst.

- **Geschichtsquests**: Quests und Aufgaben einzelner Bewohner, wie z. B. Uniegost oder Alwin, die eine Geschichte erzählen und sich über Jahre erstrecken können. Im Gegensatz zu Kapitelquests sind sie freiwillig.
- **Nebenquests**: Diese Quests bekommst du von beliebigen Bewohnern des Tals. Durch sie erhältst du viele unterschiedliche Belohnungen wie verschiedene Erfahrung, Dynasty Reputation, Technologiepunkte, Gegenstände oder Geld.
- **Herausforderungen** bekommst du nur vom Herold des Königs, der zufällig in einer Jahreszeit auftauchen kann. Du findest ihn via des Fanfarensymbols im Kompass, falls er anwesend sein sollte – er hält sich immer in einer Schenke auf. Erfolgreiche Herausforderungen bringen Dynasty Reputation, Ansehen beim König und einen Stimmungswandel der Bevölkerung: positiv oder negativ, je nach König.

Im ***Oxbow*** funktionieren Quests etwas anders:

- **Story-Quests**: einzelne, einzigartige Quests für jedes Dorf, die nur erscheinen, wenn der Spieler genügend Nebenquests in einer bestimmten Siedlung abgeschlossen hat. Sie verändern die Situation im Dorf.
- **Nebenquests**: Einzigartige Quests, die in jeder Saison zufällig erscheinen. Sie ermöglichen es, Story-Quests freizuschalten.
- **Allgemeine Quests**: Zufällige, wiederholbare Aufgaben, die von den Bewohnern des Spielerdorfes zugewiesen werden können.
- **Quests an der Anschlagtafel**: Das Äquivalent zu den Nebenquests aus dem Tal.

3 Hast du eine Quest im Bereich 2 ausgewählt, wird hier eine genaue Beschreibung angezeigt.

4 Die Ziele der Quest werden hier noch einmal eindeutig aufgelistet. Du siehst auch, welche schon von dir erledigt wurden.

5 Hier siehst du die Belohnung, die dich erwartet.

Karte

Mit der Taste ***M*** / / öffnest du die Karte:

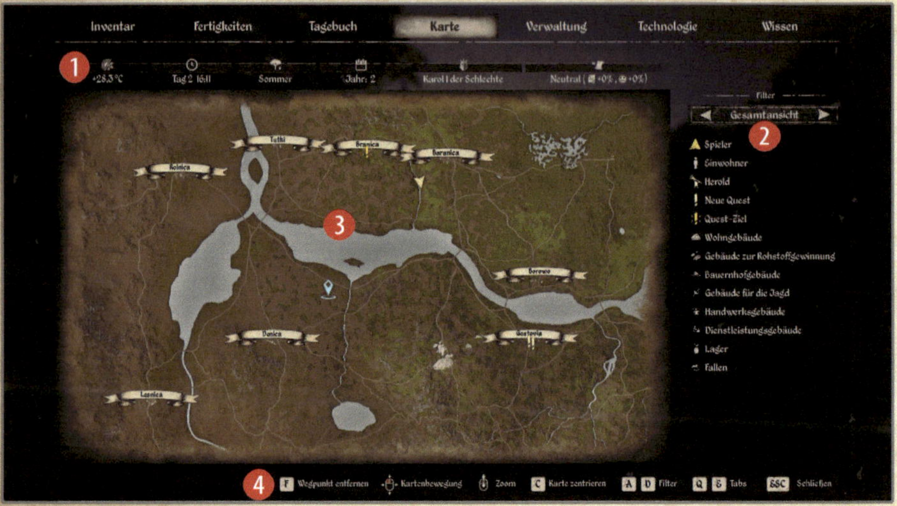

1. Diese Informationszeile zeigt dir die aktuelle Temperatur, die Uhrzeit, die Jahreszeit, das Spieljahr, den aktuellen König und dein Ansehen beim König.

2. Durch Drücken der Tasten ***A & D*** / / kannst du zwischen verschiedenen Kartenansichten durchschalten. Alternativ kannst du auch mit der Maus auf die Pfeile klicken. Was dir jeweils angezeigt wird, steht direkt darunter mit Symbol und Text beschrieben.

3. Die Karte des Tals (oder des Oxbow). Die Symbole auf der Karte werden am rechten Rand (2) erläutert.

   » Halte die ***linke Maustaste*** gedrückt und ziehe in eine Richtung oder bewege (R) / (R3), um die Karte zu verschieben.

   » Benutze das ***Mausrad*** / / um in die Karte zu zoomen oder auch wieder heraus.

- Zeige auf einen Punkt der Karte und benutze den ***Doppelklick*** oder drücke die Taste ***F***/Ⓐ/Ⓧ um einen Wegpunkt zu setzen, der dir auch im HUD auf dem Kompass angezeigt wird.
- Drücke ***C***/Ⓨ/△, um die Karte auf deine aktuelle Position zu zentrieren.

❹ Die wichtigsten Befehle zur Karte werden in dieser Zeile angezeigt.

Hier ein Zoom auf das Dorf Piastovia im Oxbow:

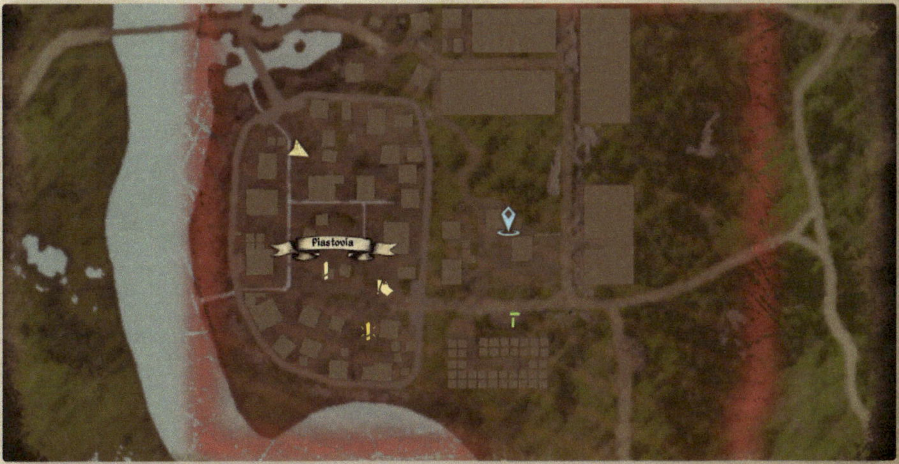

Zu sehen sind:

- 1 aktive Quest (gelbes !)
- 1 mögliche Questgeber (hellgelbes !)
- der Fuhrmann
- Die Anschlagtafel
- die Spielerposition mit Blickrichtung (dreieckiger Pfeil)
- vom Spieler gesetzter Wegpunkt
- die rote Sperrzone, in der weder gebaut noch abgebaut werden kann

Verwaltung

Mit der Taste N/◎/Ⓒ öffnest du den Verwaltungsbildschirm:

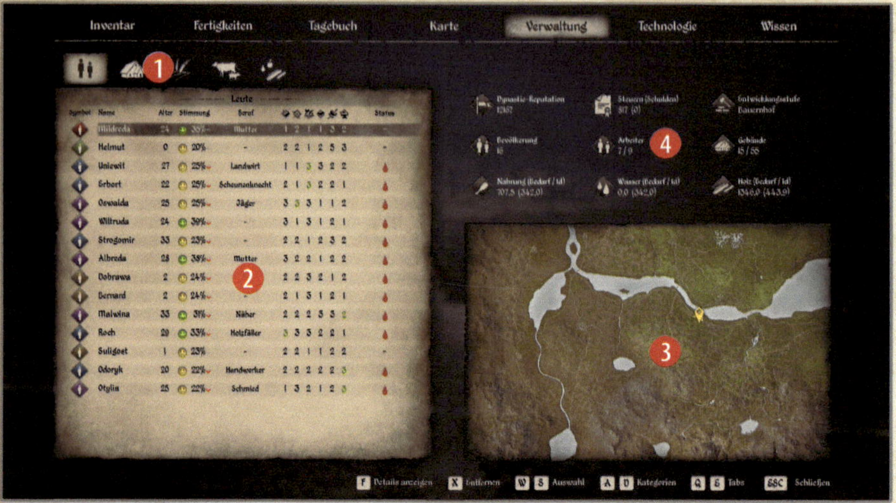

Im Verwaltungsbildschirm kannst du deine Dorfbewohner, Häuser, Produktionsstätten, Felder und Tierställe verwalten. Diese Ansicht ist für die Verwaltung deines Dorfes und die Planung von Verbrauch und Produktion unerlässlich. Daher wird die Dorfverwaltung detailliert in **Kapitel 9.2 Dorfverwaltung** beschrieben.

❶ In dieser Zeile wechselst du zwischen den verschiedenen Verwaltungsposten im Bereich ❷: Leute (Personenverwaltung), Gebäude, Nutzpflanzen (Feldverwaltung), Tiere und Verbrauchskontrolle.

❷ Hier siehst du eine Auflistung aller Objekte, die dir in einem Bereich zur Verfügung stehen (z. B. Personen oder Häuser), zusammen mit den wichtigsten Informationen. Klickst du hier ein Objekt doppelt mit der Maustaste an oder drückst die Taste F/Ⓐ/⊗, öffnet sich auf der rechten Seite ein Fenster mit Details zum jeweiligen Objekt.

3 Auf der Karte wird das in 2 markierte Objekt hervorgehoben. Zusätzlich siehst du auch die Position deiner Spielfigur als gelbes Dreieck.

4 In diesem Bereich erhältst du zahlreiche Informationen, z. B. wie viele Bewohner und welche Nahrungsvorräte du hast. Die Zahlen in Klammern bei Nahrung, Wasser und Holz zeigen dir an, wie viel du pro Tag für die Versorgung deiner gesamten Bevölkerung benötigst.

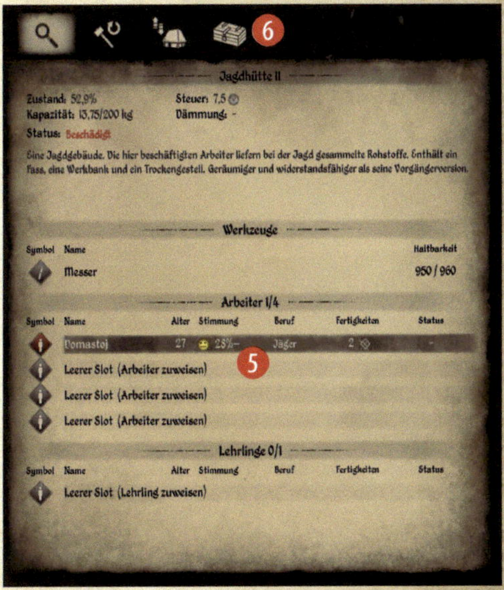

Im geöffneten Detailfenster kannst du durch ***Doppelklick*** oder mithilfe der Taste ***F***/Ⓐ/Ⓧ Personen einem Haus oder einer Arbeitsstelle zuweisen 5. Auch die Detailansicht unterteilt sich in verschiedene Bereiche, abhängig vom gewählten Objekt. Klicke in die Leiste oben 6 oder benutze die Tasten ***A & D*** / ◂✚ ✚▸ / ◂⬬ ⬬▸, um die Ansichten umzuschalten.

Im Beispiel rechts siehst du die Detailansicht eines Gebäudes, einer Jagdhütte Stufe 2. Im unteren Bereich siehst du die zugewiesenen Arbeiter und Detailinfos 5. Durch ***Doppelklick*** auf den Namen oder mittels Taste ***F***/Ⓐ/Ⓧ kannst du einen schon angestellten Arbeiter wechseln oder neue einteilen.

In den weiteren Fenstern 6 kannst du ändern, welche Gegenstände bevorzugt produziert werden sollen und im dritten und vierten Bildschirm siehst du, wie viel hergestellt wurde und was alles im Gebäude gelagert ist.

Technologie

Mit der Taste *T* / / öffnest du den Technologiebildschirm:

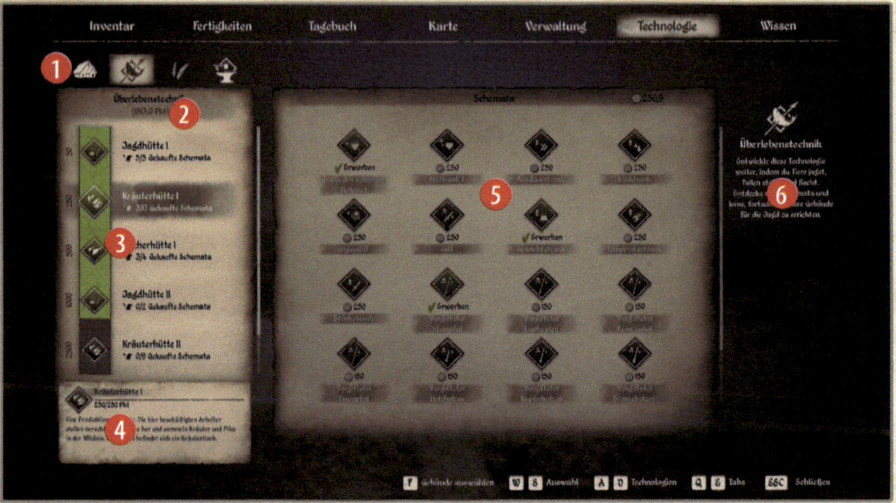

Es gibt vier Technologiebereiche, in denen du Erfahrung sammeln kannst: Bautechnik, Überlebenstechnik, Landwirtschaftstechnik und Produktionstechnik. Diese Erfahrung ist unabhängig von den Fertigkeiten. Gehst du z. B. auf die Jagd, erhältst du einerseits Erfahrung für die Fertigkeit Jagd und andererseits auch Erfahrung in der Technologie Überlebenstechnik. NPCs sammeln ebenfalls Technologiepunkte.

1. In dieser Zeile kannst du zwischen den vier Technologien umschalten.
2. Hier siehst du die im angezeigten Bereich gesammelte Erfahrung.
3. In dieser Liste werden von oben nach unten die Gebäude aufgelistet, die du mit Erfahrung freischaltest. Die benötigte Erfahrung, um dieses Gebäude automatisch freizuschalten,

steht am linken Rand und der grüne Balken zeigt dir, wie viel Erfahrung du bereits gesammelt hast.

4 Wählst du im Bereich 3 ein Gebäude aus, erhältst du hier eine genauere Beschreibung von diesem.

5 Gebäude werden automatisch freigeschaltet, sobald die benötigten Erfahrungspunkte erreicht wurden. Viele Gebäude stellen dir Schemata zum Herstellen von Gegenständen zur Verfügung, die du kaufen musst. Ist ein Gebäude im Bereich 3 grau hinterlegt, kannst du es mit der Taste **F** / Ⓐ / ⊗ (alternativ: Doppelklick) auswählen, damit hier 5 die verfügbaren Schemata inklusive Kosten angezeigt werden. Ein grünes Symbol bedeutet, dass dieses Schema bereits erworben wurde. Durch ***Doppelklick*** bzw. mittels Taste **F** / Ⓐ / ⊗, kaufst du das ausgewählte Schema, vorausgesetzt du besitzt genügend Geld.

6 Hier siehst du genauere Informationen zum ausgewählten Haus oder zum ausgewählten Schema. So werden dir unter anderem auch die benötigten Ressourcen zur Herstellung des jeweiligen Gegenstandes angezeigt.

Planlos?

Schemata solltest du erst kaufen, sobald du den Gegenstand auch wirklich benötigst. Gerade zu Beginn ist Geld noch rar und du solltest dir gut überlegen, für was du es ausgibst.

So kannst du z. B. zu Beginn des Spiels Bögen finden (oder klauen) und dir ein paar hochwertige Eisenpfeile kaufen. Im Gegenzug kannst du dann lange auf den Kauf von Schemata für Bögen und Steinpfeile verzichten, da die Eisenpfeile lange halten und deutlich effektiver als die Steinpfeile sind.

Bedenke außerdem, dass du auch die Ressourcen benötigst, um die Gegenstände zu fertigen. Das Schema alleine ist nutzlos.

Wissen

Mit der Taste **L** / ◎ / Cr öffnest du die Wissensbibliothek:

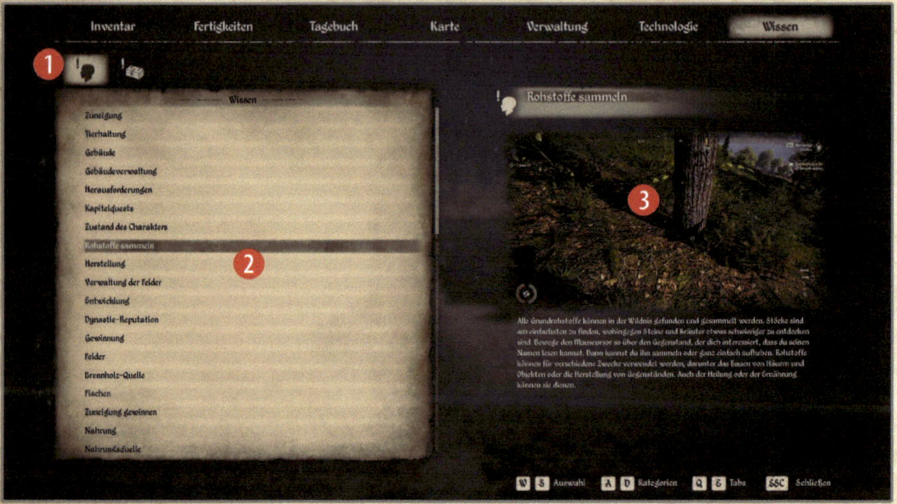

1. Du kannst zwischen allgemeinem Wissen (z. B. Flirten, Gebäude etc.) und Wissen zu Ressourcen und Gegenständen wechseln.

2. In diesem Bereich werden dir alle Themen aufgelistet. Du kannst mit den Tasten **W & S** / ✥ ✥ / ◖ ◗ oder dem **Mausrad** durch die Liste blättern. Ist ein Thema grau hinterlegt, wird es dir rechts ③ angezeigt.

3. Hier erhältst du alle Informationen zum gewählten Thema. Es gibt eine genaue Erklärung zu Tätigkeiten oder eine Beschreibung von Gegenständen oder Ressourcen inklusive Informationen darüber, was deren Herstellung kostet oder wo man sie finden kann. Zu manchen Themen gibt es außerdem auch kurze Videos.

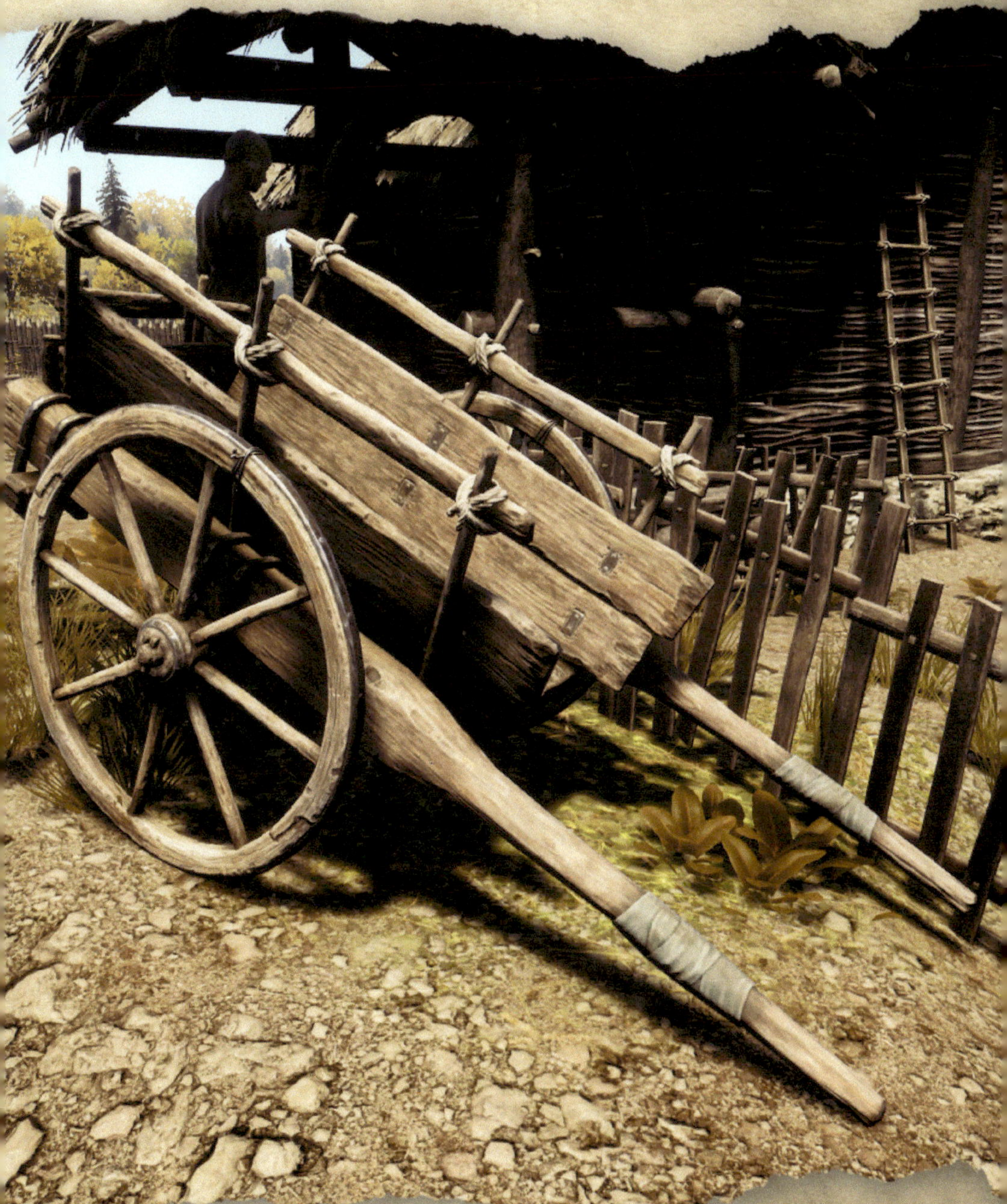

1.5 Jahreszeiten

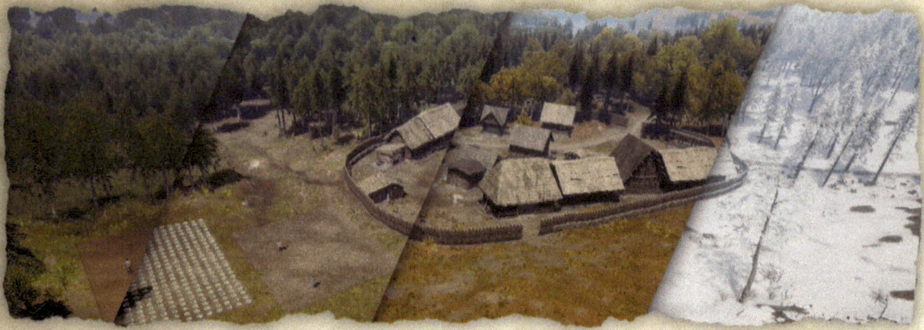

Das Besondere an Medieval Dynasty ist der Wechsel der Jahreszeiten und sein Einfluss auf das Spiel. Optisch sieht man deutliche Unterschiede in der Landschaft: Das helle Grün des Frühlings weicht im Sommer einem satten, saftigen Grün mit dichtem Bewuchs und reifen Beeren. Im Herbst sprießen im Wald viele Pilze und die Bäume färben die Landschaft golden. Im Winter legt sich Schnee über das Land und nichts wächst mehr.

Eine Jahreszeit dauert mit der Standardeinstellung drei Spieltage. Man kann diese jederzeit anpassen, aber bedenke: Wenn du weniger Tage wählst, wird es hektischer, um alles in einer Jahreszeit zu erledigen, und mehr Tage bedeuten auch mehr Ressourcenaufwand und längere Wartezeiten (z. B. bis zur nächsten Ernte).

Die Jahreszeit wechselt am dritten Tag um 24:00 Uhr. Du wirst dann automatisch zu deinem Bett teleportiert und erwachst am nächsten Morgen in deinem Haus. Hast du kein Haus, wachst du am Lagerfeuer des nächsten Dorfes auf.

Transportprobleme?

Sammle kurz vor Mitternacht des letzten Tages alles auf, bis du restlos überladen bist. Um Mitternacht wirst du mit deinem Inventar in dein Haus teleportiert.

Auswirkungen des Jahreszeitenwechsels

» Du wirst um 24:00 Uhr in dein Haus teleportiert und erwachst am Morgen des nächsten Tages in deinem Bett.

» Nebenquests enden mit dem Wechsel. Schließe diese vor dem Jahreszeitenwechsel komplett ab, sonst scheitern sie!

» Die Haltbarkeit von Lebensmitteln nimmt ab, abhängig vom jeweiligen Lebensmittel und dessen Lagerort.

» Das Pflanzenwachstum verändert sich, im Wald sind andere Pflanzen oder Pilze zu finden (im Winter gar keine).

» Viele Ressourcen regenerieren sich: z. B. sind erschöpfte Stein-, Salz- und Metallvorkommen wieder abbaubar, Stöcke und Steine respawnen. Baumstümpfe wachsen erst nach zwei Jahren nach, ausgegrabene Baumstümpfe gar nicht.

» Zufällige Orte werden neu generiert: Umgekippte Wägen, liegengelassene Rucksäcke und verlassene Lager werden zufällig neu erstellt. Dort sind dann auch Gegenstände und Ressourcen zu finden. Die Orte, an denen diese erscheinen können, sind fix, aber ob sie generiert werden, ist zu jeder Jahreszeit zufällig. Wurde dort etwas gebaut, spawnen sie nicht.

» Händler erhalten wieder ihr volles Verkaufsinventar und ihr Geld wird auf den Standardwert gesetzt. An Händler verkaufte Gegenstände verschwinden aus deren Inventar. Ihr Standardinventar und ihr Geldvorrat sind festgelegt, die Menge variiert jedoch zufällig in einem gewissen Rahmen.

» Neue reisende Dorfbewohner können an den Lagerfeuern erscheinen und Kinder werden in den Dörfern geboren. Auch bei den Tieren kann es Nachwuchs geben.

» Der Herold des Königs kann im Tal in einer Schenke auftauchen.

» Ein Ereignis kann stattfinden (nur im Tal).

» Der Händler für seltene Waren wechselt in ein zufälliges Dorf, in dem eine Schenke vorhanden ist (nur im Tal).

Frühling

Die Steuern für das Jahr sind fällig. Zahle sie im Frühling beim Kastellan Uniegost in Gostovia im Tal oder bei Mirogod in Piastovia im Oxbow. Du kannst dies auch von deinem Ehepartner erledigen lassen. Ansonsten verlierst du Ansehen und sammelst Schulden. Mit unbezahlten Schulden sinkt das Ansehen immer weiter, bis sie bezahlt sind. Hast du zu wenig Ansehen, -10 000, endet das Spiel.

Sammeln von Pflanzen:

- unreife Beeren
- Speisemorchel
- Johanniskraut
- Breitwegerich
- Gänseblümchen
- Löwenzahn
- Wegwarte

Aussaat Felder:

- Weizen (Ernte im Herbst)
- Hafer (Ernte im Herbst)
- Leinsamen (Ernte im Sommer)
- Karotten (Ernte im Herbst)
- Kohl (Ernte im Sommer)
- Zwiebeln (Ernte im Sommer)
- Rote Bete (Ernte im Herbst)
- Mohn (Ernte im Herbst)

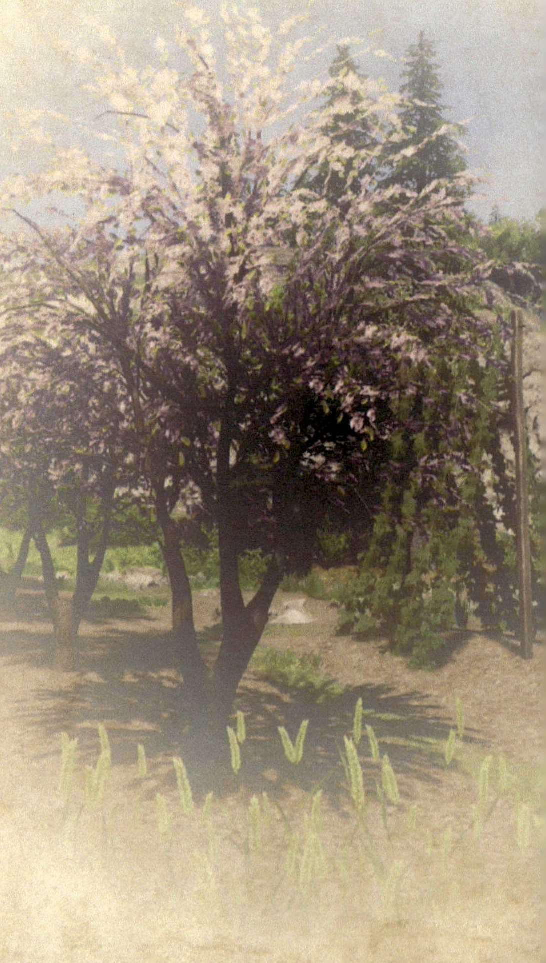

Ernte:

- Roggen (gesät im Herbst)

Sommer

Die Erntezeit, evtl. musst du deinen Arbeitern bei der Ernte oder beim Sammeln von Pflanzen helfen.

Sammeln von Pflanzen:

- reife Beeren
- Johanniskraut
- Breitwegerich
- Gänseblümchen
- Löwenzahn
- Distel
- Wegwarte
- Bilsenkraut
- Tollkirsche

Aussaat Felder:

- Kohl (Ernte im Herbst)

Ernte:

- Kohl (gesät im Frühling)
- Karotten (gesät im Winter)
- Weizen (gesät im Herbst)
- Flachs (gesät im Frühling)
- Zwiebeln (gesät im Frühling)
- Alle Obstbäume

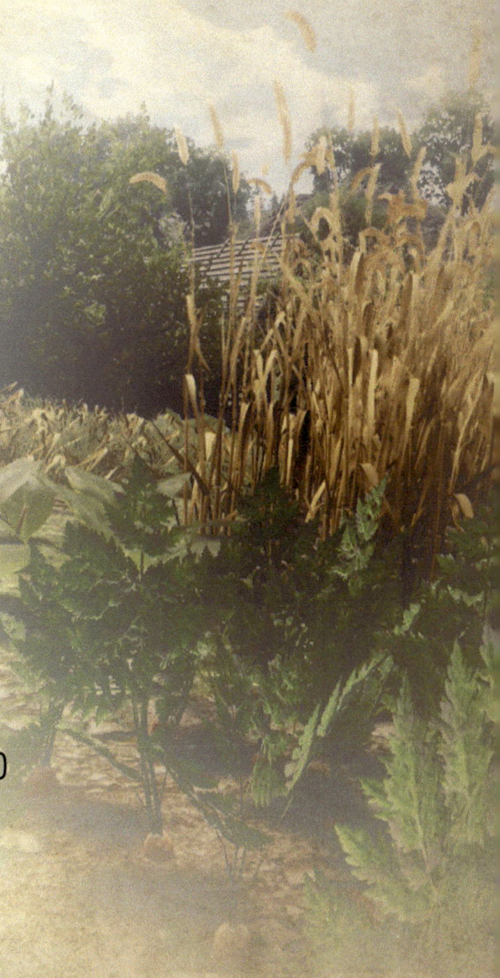

Herbst

Die Vorbereitung für den Winter läuft, sammle genug Brennholz und bring die restliche Ernte ein.

Sammeln von Pflanzen:

- Johanniskraut
- Breitwegerich
- Wegwarte
- Pilz: Edelreizker
- Pilz: Birken-Milchling
- Pilz: Steinpilz
- Pilz: Gallenröhrling
- Pilz: Riesenschirmling
- Pilz: Fliegenpilz

Aussaat Felder:

- Roggen (Ernte im Frühling)
- Weizen (Ernte im Sommer)

Ernte:

- Weizen (gesät im Frühling)
- Hafer (gesät im Frühling)
- Rote Bete (gesät im Frühling)
- Karotten (gesät im Frühling)
- Kohl (gesät im Sommer)
- Mohn (gesät im Frühling)
- Hopfen

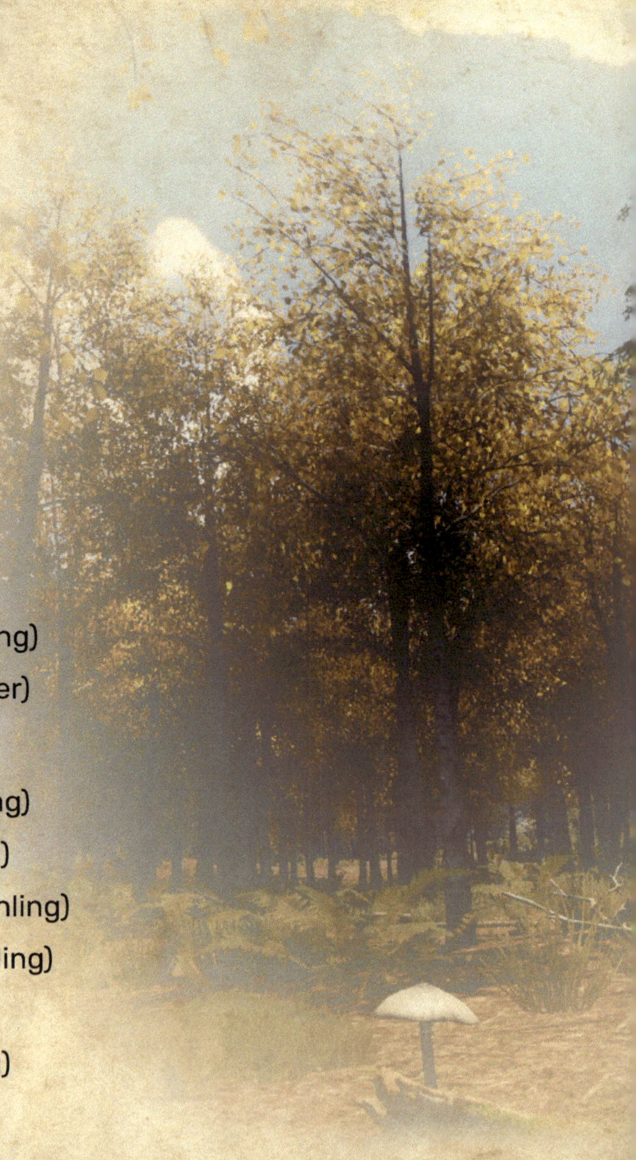

Winter

Die ruhige Zeit, da es fast keine Aussaat und Ernte gibt. Nutze die Zeit zum Jagen, Sammeln von anderen Ressourcen und vergiss nicht, warme Kleidung zu tragen!

Baue dein Dorf aus, erledige Quests, erkunde die Landschaft - in dieser Jahreszeit hast du für viele andere Dinge Zeit.

Hast du Nahrungsprobleme, dann kannst du dich und deine Dorfbewohner gut durch zusätzliche Jagd ernähren.

Sammeln von Pflanzen:

- nichts

Aussaat Felder:

- Karotten (Ernte im Sommer)

Ernte:

- nichts

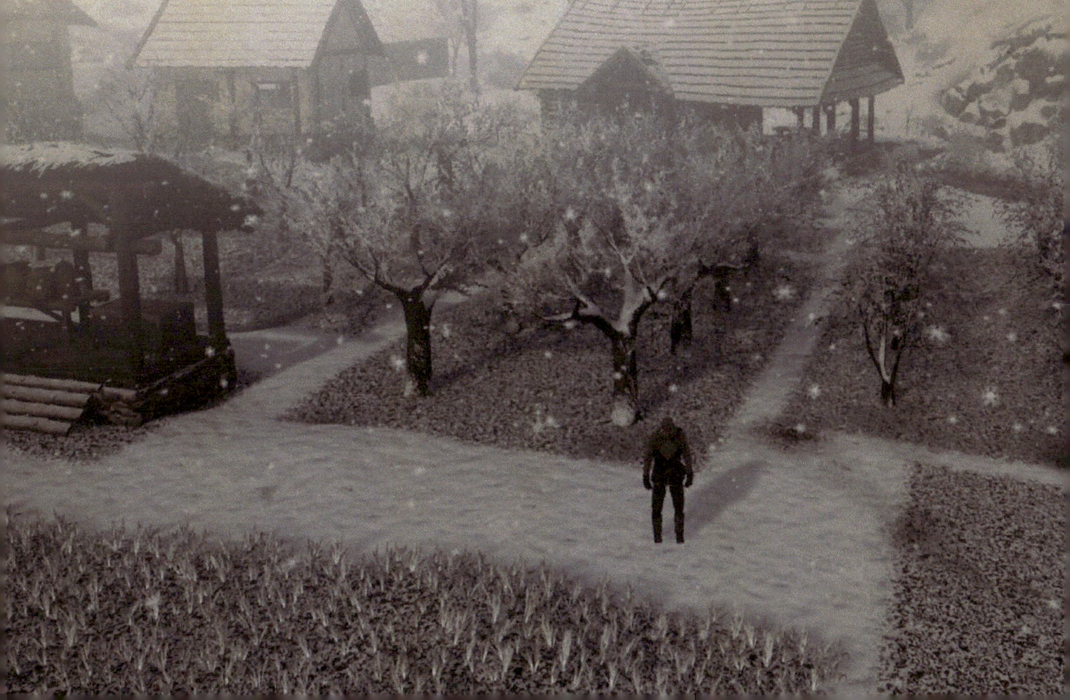

1.6 Die ersten Jahre im Tal erleben

An dieser Stelle möchten wir dich durch deine ersten Stunden im *Tal* geleiten und dir für die ersten Jahre ein paar Tipps geben. Aufgrund der Quests und der Orte sind diese Tipps nur bedingt für den *Oxbow* anwendbar:

- Du startest im Wald. Blicke dort nach links, mit etwas Glück findest du gleich neben dir einen verunglückten Wagen (Zufallsspawn) mit einem Werkzeug und einem Strohhut.

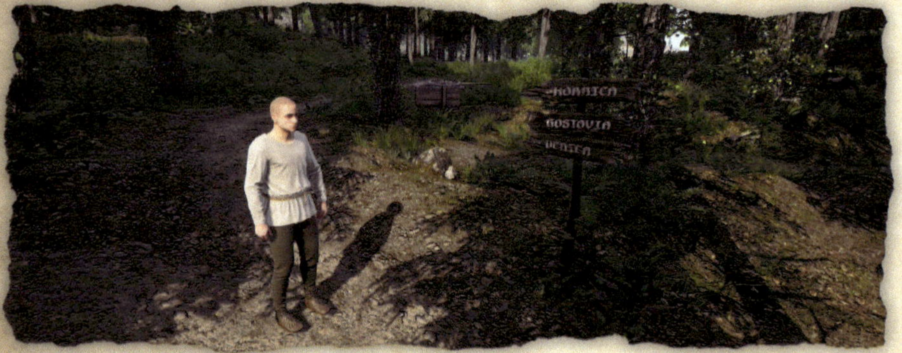

- Begib dich nach Norden in das Dorf ***Gostovia***. Sammle auf deinem Weg bereits Steine und Stöcke. Eine Steinaxt und ein Steinmesser wirst du schon bald benötigen! Rede im Dorf mit Uniegost, dem Kastellan (gelbes Ausrufezeichen im Kompass, da es eine aktive Quest ist!) und erhalte deine nächste Kapitelquest. Für etwas Kleingeld: Stelle aus den übrigen Stöcken und Steinen Werkzeuge her und verkaufe sie im Ort.
- Dein vorrangigstes Ziel sollte ab jetzt die Erledigung der Kapitelquests sein, da dich diese in das Spiel einführen und du nur durch Abschluss der einzelnen Kapitel mehr Gebäude und damit größere Dörfer bauen kannst.
- Verlasse das Dorf Gostovia in Richtung Osten und folge dem Weg am Fluss bis zu einer Brücke. Mit etwas Glück findest du

dort an einer Weggabelung mit Wegweiser einen umgestürzten Karren (Zufallsspawn) mit einer Bronzeaxt.

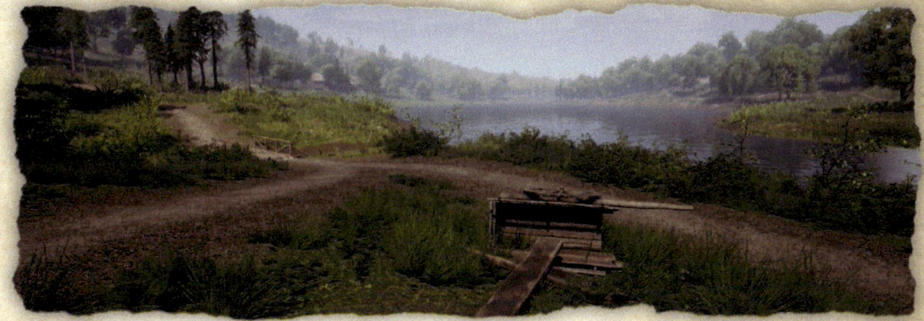

» Such dir nun einen möglichst flachen Bauplatz für dein Haus und dein späteres Dorf. Für dein erstes Spiel empfehlen wir dir einen Ort nahe am Wasser und nicht so weit von Gostovia entfernt, da du dort regelmäßig deine Steuern zahlen musst und dort auch viele Quests erhältst. In der Nähe sollte ***Ried*** im Wasser zu finden sein, dann musst du für die Ressource Stroh nicht so weit gehen (später erhältst du Stroh auch durchs Dreschen von Getreide oder vom Arbeiter im Grabungsschupen.).

» Baue dein erstes Haus aus Holzstämmen, Stöcken und Stroh (Ried) – das geht schnell und ist günstig. Spätere Wohnhäuser solltest du aus Stein mit Holzschindeln errichten, da diese besser isoliert sind und weniger Feuerholz verbrauchen! Aber für den Anfang genügt das kleine Häuschen.

» Nicht zu schlafen hat keinerlei Nachteile, außer der Dunkelheit der Nacht. Mit einer Fackel kannst du also weiterhin aktiv sein!

» Nach dem Bau deines Hauses und der Erledigung des Kapitels Neuanfang verstaue alles Unnötige in der Kiste im Haus, nimm dein Geld mit und begib dich zuerst nach Gostovia. Rede dort mit ***Dobroniega***. Danach setze im Tagebuch Dobroniegas Geschichte als aktive Quest und folge dieser Quest. Auf dem Weg nach Rolnica kannst du Rohstoffe sammeln. Ein Umweg über

Denica bietet dir die Möglichkeit, gesammelte Sachen zu verkaufen. In Rolnica folge der Quest weiter. Achte ab jetzt darauf einen ***Breitwegerich*** im Inventar zu haben! Den vermissten Boten mit dem Roggen findest du übrigens im Suchgebiet südlich am Bach unterhalb des Wasserfalls. Versorge ihn mit dem Breitwegerich und zurück in Rolnica solltest du Nadars Belohnung annehmen (300 Goldmünzen!). Nun noch flugs zurück nach Gostovia und bei Dobroniega erhältst du nochmal 200 Goldmünzen als Belohnung! Insgesamt 500 Goldmünzen machen diese Quest sehr lukrativ!

» Nun benötigen wir etwas bessere Ausrüstung. Durch Dobroniegas Quest und deine Verkäufe solltest du ca. 600 bis 700 Goldmünzen besitzen. Nun begibst du dich am besten nach ***Hornica***, denn dort gibt es einen ***Schmied*** sowie eine ***Schneiderin***. Sammle und jage unterwegs. Kommst du durch ein anderes Dorf, verkaufe alles Gesammelte, aber verarbeite es am besten vorher. Werkzeuge oder gebratenes Fleisch bringen dir mehr Geld als die Rohstoffe und Geld benötigt weniger Tragekapazität!

» Inzwischen dürftest du schon Fertigkeitspunkte erhalten haben. Steigere zuerst in der ersten Stufe den ***Erfahrungspunktegewinn*** in ***Überleben***. Mit deinem zweiten Punkt in ***Überleben*** steigere ***Überlebenssinn***. Du siehst nun mit gedrückter ***Alt*** / LB / L1 -Taste auch Pflanzen, Stöcke und Steine deutlich hervorgehoben – zusätzlich zu liegengebliebener Ausrüstung, wie z. B. verschossenen Pfeilen oder geworfenen Speeren.

» In Hornica angekommen, verkaufe alles unnötige und gehe zum dortigen Schmied. Kaufe einen ***Bogen*** und einige ***Pfeile*** und lege beides an. Diese vereinfachen die Jagd, die nun folgt, enorm. Hast du noch Geld oder Zeit übrig, kannst du bei der Kleidungshändlerin in Hornica ***Taschen*** oder ***Rucksäcke*** kaufen, die deine maximale Traglast deutlich erhöhen und dir so das Sammeln vereinfachen.

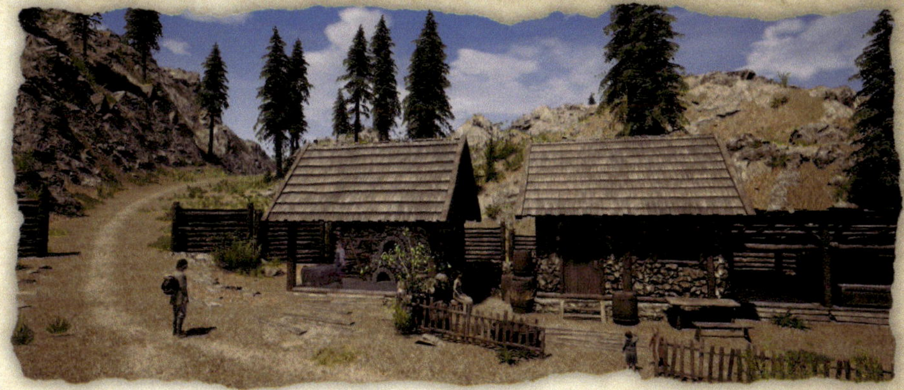

» Nun kannst du jagen gehen. Die Gegend um Hornica bietet sich dafür an – oder du kehrst zu deiner Wohngegend zurück. Hirschkühe kannst du schnell mit 1-2 Treffern erlegen. Verfolge angeschossene Tiere, denn sie verbluten mit der Zeit und bieten bei der Verfolgung auch immer wieder neue Schussmöglichkeiten. Denke daran, dass du verschossene Pfeile wieder einsammeln kannst und sie mit gedrückter **Alt** / LB / L1 -Taste einfach wiederfindest! Wenn die Pfeile verschwinden, sind sie zerbrochen.

» Das restliche Jahr kannst du mit Jagen und Ressourcen sammeln verbringen. Solltest du Zeit haben, kannst du natürlich einen der nachfolgenden Schritte auch jetzt schon durdchführen! Denke daran, dass im Winter keine Pflanzen zum sammeln wachsen, aber gejagtes Wild sollte genügend Nahrung liefern! Nun muss nur noch das Jahr zu Ende gehen und du solltest das Kapitel II abgeschlossen haben.

» In Kapitel III musst du einige Quests erfüllen. Am besten gehst du zu Uniegost in Gostovia und erledigst zuerst seine erste Questreihe. Diese führt dich zum Einsiedler Sambor im Nordosten der Karte, der dir die Geschichte deines Onkels, von Uniegost und ihrer Gruppe, weitererzählt. Auf dem Weg dorthin kommst du an einem durchbrochenen Zaun vorbei.

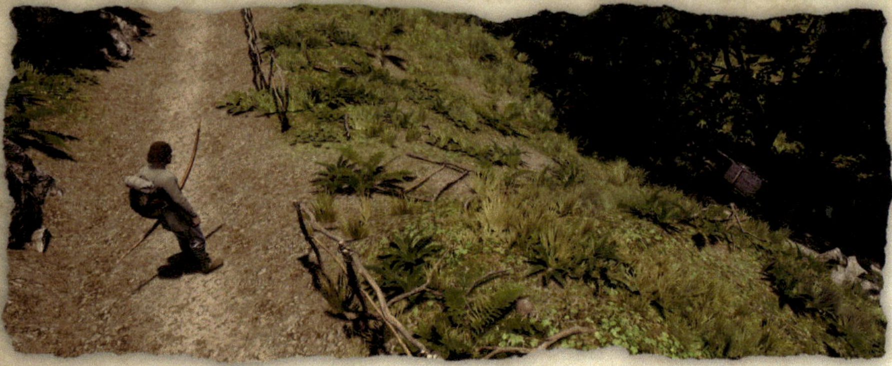

Dort kannst du mit Glück einen umgestürzten Wagen entdecken (Zufallsspawn). Als zweite Quest empfehlen wir die Questreihe von **Alwin** in Gostovia zu starten. Die Geschichtsquests von Uniegost und Alwin ziehen sich über mehrere Kapitel und sogar Jahre, daher solltest du sie frühzeitig beginnen. Sie haben außerdem ein „Ablaufdatum". Das ist großzügig bemessen, aber es existiert. Als dritte Quest such dir eine Aufgabe in einem der Dörfer aus und flirte an einem Lagerfeuer mit einer Frau.

» In den nächsten Kapiteln musst du einige Gebäude bauen und weiter jagen (Bronze- oder Eisenspeere sind zwar teuer im Einkauf, aber mit zwei erledigst du auch jedes Wisent problemlos). Außerdem musst du deine ersten Dorfbewohner anwerben.

» Gehe zu einem Lagerfeuer in einem Dorf und halte die Taste **Alt** / LB / L1 gedrückt, während du die potenziellen Dorfbewohner begutachtest. Über ihren Köpfen siehst du dann ihre Fertigkeiten. Als erste Dorfbewohner empfehlen sich Jäger und Holzfäller, da du auch die dazugehörigen Arbeitsgebäude schon errichten kannst. Außerdem ist die Nahrungs- und Holzversorgung dann schon einmal gesichert.

» Du musst für deine Dorfbewohner ein Wohnhaus bauen (am besten mit Steinwänden) und ihnen Nahrung (egal welche), Wasser (in einem Wassereimer oder Trinkschlauch) und Brennholz zur Verfügung stellen. Bevor du einen Brunnen, ein Material- und Nahrungsmittellager besitzt, musst du alle diese Gegenstände noch in jedes Wohnhaus in die dortige Kiste legen.

» Dorfbewohner musst du über den ***Verwaltungsbildschirm*** Wohnhäusern und einem Gewerbehaus zuweisen. Nur ein Mann und eine Frau können in dem selben Haus wohnen. Je nachdem, welchem Gewerbegebäude du sie zuordnest, üben sie, deinen Einstellungen entsprechend, ihre Tätigkeit aus.

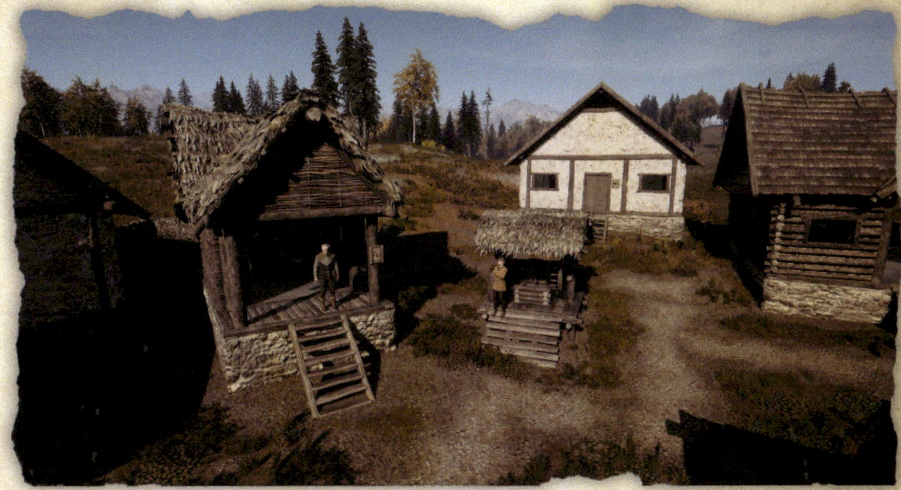

» Ein Brunnen mit einem Wasserträger und eine Küche mit Koch runden deine Dorfversorgung erst einmal ab. Denke daran, dass der Wasserträger Eimer benötigt. Diese kannst du anfangs kaufen, stehlen oder in der Werkstatt herstellen.

» Baue sobald wie möglich ein ***Materiallager*** und ein ***Nahrungsmittellager***. Du musst dann Essen, Trinken, Feuerholz und benötigte Werkzeuge und Materialien für die Berufe nicht mehr in jedes einzelne Haus legen, sondern es genügt, alles im jeweiligen Lager aufzubewahren. Deine Dorfbewohner holen, was sie benötigen, dann aus den Lagern.

» Nun liegt es ganz an dir, wie du dein Dorf weiterentwickeln willst.

1.7 Dein erstes Jahr im Oxbow

Der generelle Fortschritt im Spiel und welche Gebäude du nach und nach errichten solltest, wurde schon im vorherigen Kapitel zum *Tal* erklärt. Dies erklären wir hier nicht noch einmal.

Wir schreiben diese kurze Einführung aus der Sicht eines Einzelspielers, geben aber Anmerkungen zum Co-op-Spiel. Wenn ihr mehrere Spieler seid, könnt ihr einige Arbeiten und Erkundungen natürlich parallel machen und seid so deutlich schneller!

Erste Schritte - erste Ausrüstung

Sobald du in der Hütte des Heilers erwachst, solltest du den ***Bader Sedowin*** suchen und mit ihm reden, meist ist er außerhalb der Hütte bei seinem Tagwerk zu finden. Die Einführungsquest, die er dir anbietet solltest du machen, wenn du Medieval Dynasty noch gar nicht oder vor langer Zeit gespielt hast, ansonsten kannst du sie ruhig überspringen.

Sobald du mit dem jungen ***Kastellan Mirogod*** (was für ein arroganter ****) und danach mit ***Quartiermeister Derwan*** gesprochen hast, findest du in der Truhe außerhalb des Heilerhauses an der Palisade einige Werkzeuge und Hilfsmittel, die dir den Start deutlich leichter machen werden.

Nimm nicht alles mit – du kannst benötigte Werkzeuge auch später holen. Seid ihr mehrere Spieler, dann teilt die Werkzeuge am besten auf, je nachdem welcher Spieler welche Arbeiten verrichten wird.

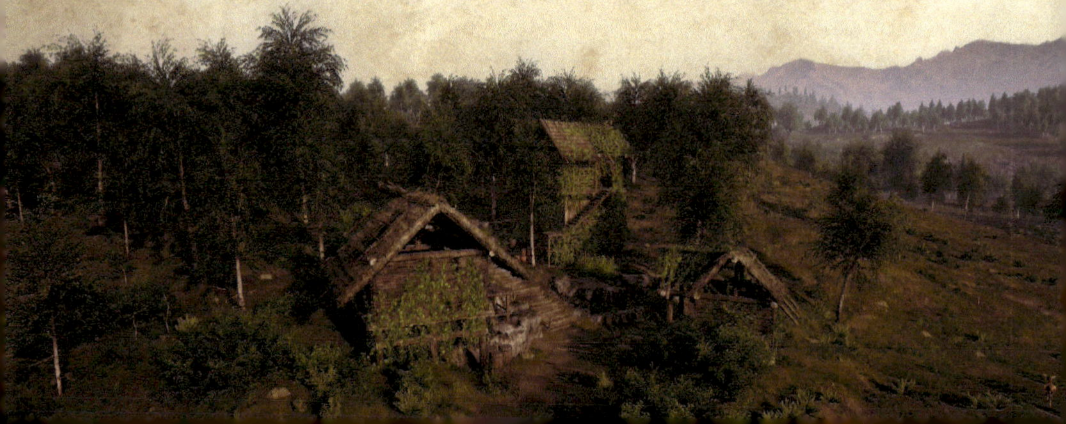

Die ersten Probleme

Die Aufgaben, die im ersten Jahr auf dich zukommen:

- » Eine erste Wohnhütte für dich und jeden Mitspieler errichten
- » Warme Kleidung besorgen, um den Winter zu überstehen
- » Ausrüstung und vor allem Geld bekommen

Denk daran, dass du in Medieval Dynasty keiner linearen Handlung folgen musst. Du kannst machen, wozu du Lust hast. Daher kannst du die folgenden Punkte in beliebiger Reihenfolge (oder auch gar nicht) ausführen.

Die erste Hütte

Mit einer Steinaxt und etwas Sammeleifer sind innerhalb eines Tages genügend Steine, Stämme und Zweige gesammelt, um ein Haus zu errichten. Wir würden für uns selbst sogar gleich ein Steinhaus errichten, das muss aber nicht zwingend sein.

Die viel wichtigere Frage ist jedoch: Wo erichtest du dein Haus und wo soll dein Dorf entstehen? Diese Frage kannst du am besten durch umfangreiches Erkunden beantworten. Beim Ausrüstungsfarmen wirst du in der Gegend rumkommen und einiges sehen – halte dabei direkt Ausschau nach deinem Lieblingsort zum Bauen.

Wir empfehlen für ein erstes Spiel im Oxbow einen Platz nahe ***Piastovia***. Schöne Plätze sind direkt nördlich oder westlich von Piastovia in der Flussbiegung. Im Süden erstreckt sich ein Bach an dem man ebenfalls gut bauen kann, eine Höhle für eine spätere Mine ist gar nicht weit entfernt. Durch die Nähe zu Piastovia sind die Wege zu Händlern und Aufgaben (Anschlagtafel) kurz.

Wintervorbereitung

Der Winter naht, auch in Medieval Dynasty. Winterkleidung wirst du entweder finden oder kaufen müssen, an Herstellen ist im ersten Jahr wohl noch nicht zu denken.

Finden: einige Kleidungsstücke kannst du in den Ruinen, verlassenen Lagern und Unglücksstätten finden. Unter anderem findest du:

- Hütte im Sumpf - Lederstiefel
- Fischerhütte im Nordosten - Strohhut.
- Jagdhütte Nord-norost von Piastovia - Gugel mit langer Pelzkapuze
- Windmühle in Piastovia - Lederhandschuhe (stehlen)

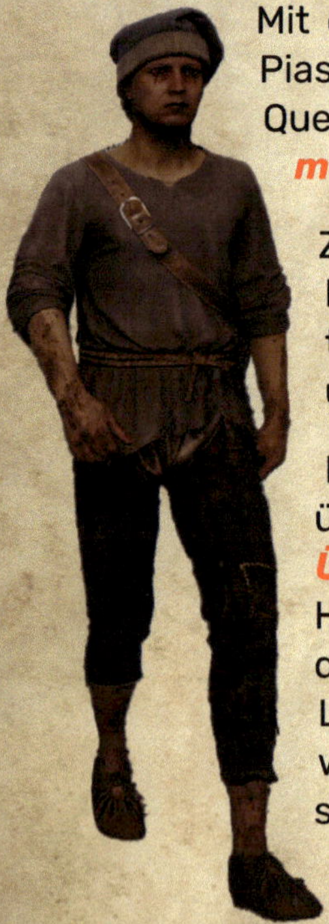

Mit etwas Glück triffst du an der Anschlagtafel in Piastovia den etwas wirren ***Swir***. Erledigst du seine Quest „***Das Ende ist nah!***", erhältst du 4 ***Schlauchmützen*** (Also genug für die ganze Mannschaft).

Zu kaufen findest du alles benötigte an Kleidung bei ***Imislawa*** in ***Piastovia***. Der günstigste Kälteschutz ist: Pelzumhang, Lederhandschuhe und Bundhaube.

Eine weitere Möglichkeit, den Winter gut zu überstehen, ist die ***Fertigkeit Unempfindlich*** in ***Überleben*** zu steigern. Bereits im Sommer oder Herbst solltest du so viel gesammelt haben, dass du genug Erfahrung hast um diese Fertigkeit auf Level 2 oder 3 zu steigern. Natürlich empfehlen wir immer als zweites den ***Überlebenssinn*** zu steigern.

Geld und Ausrüstung

Ruinen und verlassene Häuser plündern: Dursuche verlassene Häuser immer gründlich. Hebe alles auf und schau in jedes Eck. In jeder dieser Ruinen findest du ein oder mehrere Münzsäckchen und viel brauchbare Ausrüstung. Teure Ausrüstung, teure Getränke und Geschenke kannst du auch verkaufen um noch mehr Münzen zu bekommen.

Oft sind Münzsäckchen unter anderen Gegenständen verborgen oder im Gebälk stecken Äxte, Pfeile, Speere. Suche gründlich!

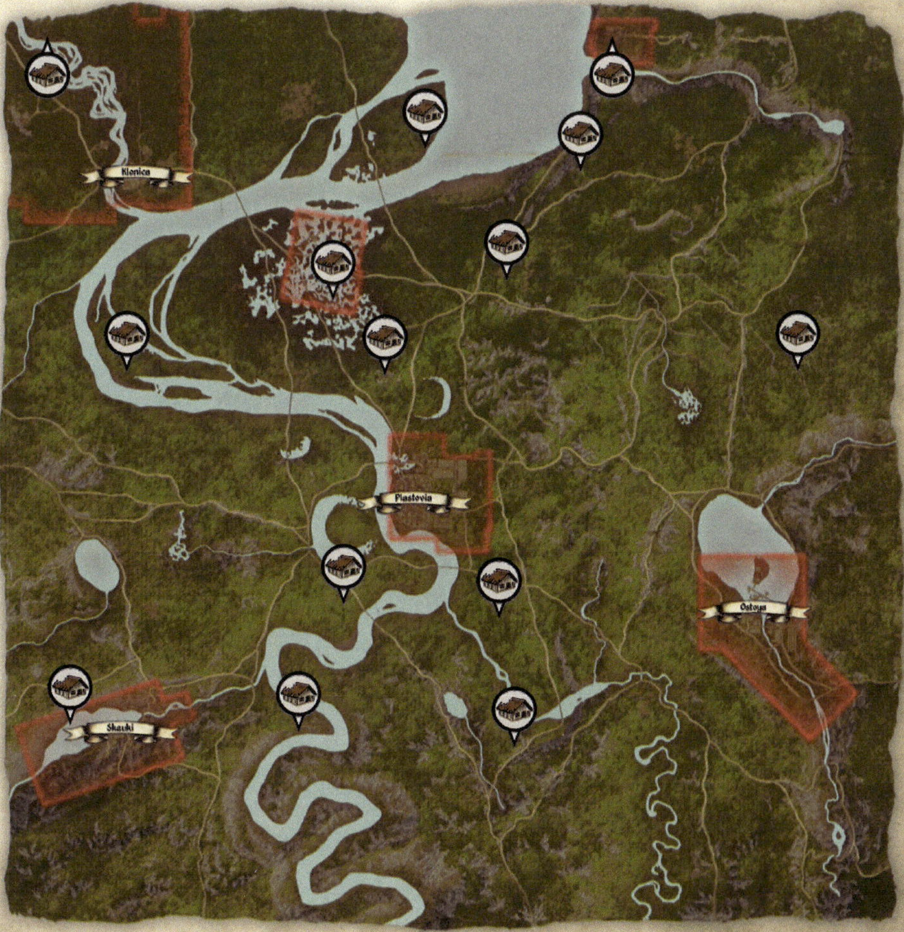

Verlassene Lager und Unglücksstätten: Diese tauchen zufällig auf der Karte auf und wechseln jede Saison. Aber wenn du viel umherwanderst, wirst du an den Strassen einige davon finden. Etwas abseits der Wege gibt es mit etwas Glück Holzfällerlager und ähnliches zu finden. Folge auch den Flussläufen: bei Brücken und an Stränden findest du häufig angeschwemmtes Treibgut.

Nach zwei Tagen Erforschung der Gegend um Piastovia hatten wir zahlreiche wertvolle Gegenstände, Metallwerkzeuge und Metallwaffen, eine Handvoll vergifteter Pfeile, drei Bögen und einiges an Münzen gefunden. Nach dem Verkauf nicht benötigter Dinge hatten wir satte 3000 Münzen auf unserem Konto – und wir hätten bei Bedarf noch mehr verkaufen können.

Damit hast du einen guten Grundstock für deine erste verbesserte Ausrüstung (z.B. Rucksäcke oder Taschen, eine gute Waffe oder für dich wichtiges Werkzeug) – vergiss aber nicht, dass du nach dem Winter im neuen Jahr Steuern an den Kastellan zahlen musst, gib also nicht alles aus!

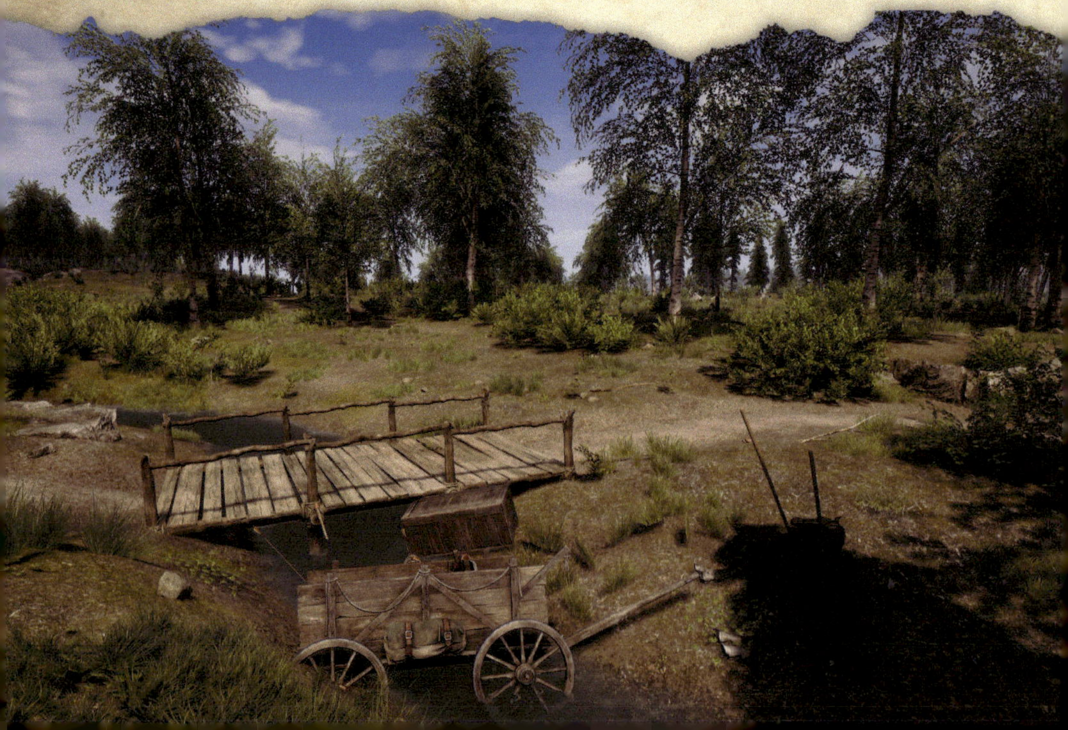

Stehlen

In den Häusern findest du oft brauchbare Dinge – verkaufen kannst du sie allerdings nur bei einem Händler in einer **anderen** Stadt. In Piastovia lohnt sich Mirogods Haus (500 Münzen und viele wertvolle Gegenstände) und Derwans Haus (100 Münzen und einiges an Ausrüstung). Vorsicht: Wirst du erwischt, verlierst du Reputation.

Weiteres Vorgehen

1-3 Tage erforschen und plündern, dann 1-3 Tage Häuser bauen bedeutet, dass du bis zum Ende des Jahres noch einige Tage übrig hast. Was machst du mit diesen am sinnvollsten? Hier einige Möglichkeiten:

Questen: In jedem Dorf gibt es eine eigene Questreihe, die dir Reputation und Münzen einbringt.

Ebenso wechseln in jeder Jahreszeit die Aufträge am Aushang. Quests zu erledigen, ist eine gute Möglichkeit deine Reputation zu erhöhen, damit du mehr Dorfbewohner anheuern kannst und nebenbei meist auch noch Münzen oder Gegenstände als Belohnung bekommst.

Landwirtschaft starten: Je nach Jahreszeit kannst du erste Felder anlegen. Für den ersten Winter empfehlen sich Kohlköpfe, da die Samen günstig sind, sie innerhalb einer Saison wachsen und eine gute Nahrungsgrundlage darstellen. Ebenso kannst du natürlich alle gefunden Körner anbauen und für gefundene Setzlinge Obstgärten anlegen.

Dorf ausbauen: Die ersten Bewohner kannst du bereits anheuern. Also bietet sich auch eine Jagd-oder Holzfällerhütte an, damit du etwas Unterstützung beim Ressourcensammeln bekommst.

Erforschung: Die weitere Umgebung erforschen und noch mehr Ressourcen sammeln. Vielleicht findet sich ja noch ein schönerer Bauplatz als dein aktueller.

1.8 Allgemeine Tipps

- Lass dir Zeit und stresse dich nicht wegen der Jahreszeiten. Durch Sammeln oder Jagd findest du immer genügend Nahrung, um zu überleben. Du musst auch nicht unbedingt sofort im ersten Jahr mit großer Landwirtschaft beginnen. Du kannst dies ruhig auf später verschieben.
- Es ist nicht erforderlich, sofort Gebäude für alle Berufszweige in deinem Dorf zu bauen. Viele Berufe erzeugen genug Überschuss, den du verkaufen kannst. Mit dem Geld kannst du auch fehlende Güter kaufen und musst diese nicht unbedingt selbst produzieren.
- Baue dein Dorf nicht zu schnell zu groß. Sobald nämlich die ersten Frauen Kinder bekommen und für zwei Jahre wegen Mutterschaft als Arbeitskräfte ausfallen, musst du deren Aufgaben neu besetzen oder für sie einspringen. Hast du zu viele Dorfbewohner, kann es beim Ausfall einiger Arbeiter schnell zu Engpässen kommen, die du dann alleine nicht so schnell beheben kannst!
- Suche den richtigen Platz für dein Dorf. Zu Beginn des Spiels ist dein Dorf zwar noch klein, aber bedenke, dass du bis zu 70 Gebäude errichten kannst (140 mit 200% Gebäudelimit). Wenn du Landwirtschaft mit Feldern und Obstgärten betreiben möchtest, dann benötigst du einiges an Platz und am besten viel ebene Flächen!

1.9 Updates

Dieses Buch wurde ursprünglich für die PC-Version 1.0 des Spiels vom September 2021 geschrieben. Seitdem wurden zahlreiche Updates veröffentlicht, die dem Spiel einiges Neues hinzugefügt haben. Im Oktober 2022 kamen dann endlich auch die lang ersehnten Konsolenversionen des Spiels und im Dezember 2023 das Multiplayer Co-op Update mit einer neuen spielbaren Karte. Damit neue Spieler oder auch alte Hasen, die zum Spiel seit längerer

Abwesenheit zurückkehren, sehen, wie sich das Spiel entwickelt hat, geben wir hier einen kleinen Überblick über die wichtigsten Updates und Veränderungen seit der Version 1.0 für PC.

Alle Werte, Preise, Namen und Mechanismen, die im Buch beschrieben werden, wurden aktualisiert und befinden sich auf dem Stand der PC-Spielversion 2.1.0.8 vom Juli 2024. Dies ist das Crossplay Update, dass gemeinsames Spielen auf der Multiplayerkarte mit verschiedenen Spielsystemen (PlayStation 5, Xbox Series X/S, Steam, Epic Games, Microsoft Game Pass und GOG.com) ermöglicht.

Es sind noch weitere Spielupdates mit Neuerungen geplant.

Wichtige Neuerungen seit Version 1.0

» Ansicht zwischen ***erster Person*** (First Person) und ***dritter Person*** (Third Person) wechseln. Benutze für den Wechsel die entsprechende Taste (siehe ***Einstellungen*** - ***Steuerung***) So sieht man endlich, wie die Kleidung aussieht, die Racimir trägt.

» ***Spieleinstellungen*** können nun auch im laufenden Spiel verändert werden (z. B. Dauer der Jahreszeiten, Gebäudelimits oder das Auftauchen von Gesetzlosen). Öffne im laufenden Spiel das Menü und wähle dort den Punkt ***Spieleinstellungen anpassen*** um die einzelnen Punkte abzuändern.

» Die ***Windmühle*** wurde als neues Gebäude im Bereich ***Landwirtschaft*** hinzugefügt. Sie stellt einen verbesserten Mahlstein (Mühlstein) zur Verfügung und bietet Platz für einen Arbeiter (Müller). Der Mahlstein in der ***Scheune*** bleibt aber weiter bestehen. Die Mühle verdoppelt die Menge an Mehl, die man für dieselbe Menge an Getreide bekommt.

» Fünf ***Vogelarten*** kamen als jagdbares Wild ins Spiel: ***Tauben***, ***Enten***, ***Krähen***, ***Falken*** und ***Seeadler***. Erlegt man einen Vogel erhält man Fleisch und Federn. Man kann außerdem Nester mit Eiern und Federn finden. Bei den Jägern in ***Lesnica*** und

Tutki kann man sich gegen Bezahlung die Fundorte der jeweiligen Vögel auf seiner Karte einzeichnen lassen. Die Spawnpunkte der Tiere werden aber auch automatisch eingetragen, wenn man daran vorbeikommt. Dies gilt für alle Tiere.

- Über 100 neue mögliche interessante **Zufallsorte** wurden der Welt hinzugefügt. So gibt es nun viel mehr verlassene Lager, liegengebliebene Karren oder vergrabene Kisten zu finden. Es sind inzwischen so viele geworden, dass es keinen Sinn machen würde, diese zusätzlichen Orte auf den vorhandenen Karten einzuzeichnen, da diese dann durch die vielen Symbole nicht mehr lesbar wären.

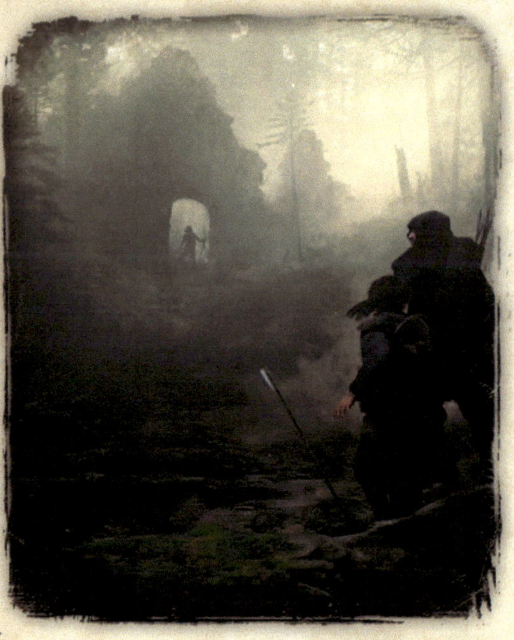

- Ebenso wurde die Zahl der Standorte von möglichen **Banditenlagern** deutlich erhöht. Auch hier wurde die Karte im Buch aufgrund der Menge an neuen möglichen Lagerpositionen nicht angepasst.
- Das Besiegen von **Banditen** erhöht nun deinen Dynastie Reputation.
- **Umfallende Bäume** können dem Spieler schaden und ihn sogar K.O. schlagen und vom Pferd werfen.
- Im **Hausbau** wurde ein weiterer **Zwischenschritt** eingefügt: zuerst kannst du entscheiden, wo das Gebäude gebaut werden

soll. Dies kostet dich nichts, da du dafür keine Materialien benötigst. Danach wird das Fundament aus Stein oder Holz gebaut, dann erst der Rohbau, gefolgt von den Wänden und dem Dach.

» ***Wohnhäuser*** können nun außen und innen ***eingerichtet*** werden (z. B. mit Regalen, Kerzen, Laternen oder Trophäen an den Wänden, Teppichen für den Boden, Vorhängen für die Fenster oder Laternen und Himmeli für den Dachboden). Zusätzlich gibt es verschiedene Fensterläden und Türen, um Häuser noch individueller zu gestalten.

» Es können nun auch die Module anderer Häuser (z. B. Schmiede oder Werkstätte) aufgewertet werden (z. B. die Wände mit Putz versehen, sobald die Fertigkeit gelernt wurde).

» Der ***Esel*** hat seinen eigenen Unterstand bekommen. Damit kann man den Esel nun deutlich ***früher kaufen*** und unterstellen als ein Pferd. Diese haben dafür nun den Pferdestall exklusiv für sich.

» Über Fuhrwerke bei den Dörfern ist nun eine ***Schnellreise*** zu anderen Dörfern möglich. Die Fahrpreise sind zu Beginn des Spiels noch recht teuer. Das ist ein subtiler Hinweis darauf, sich

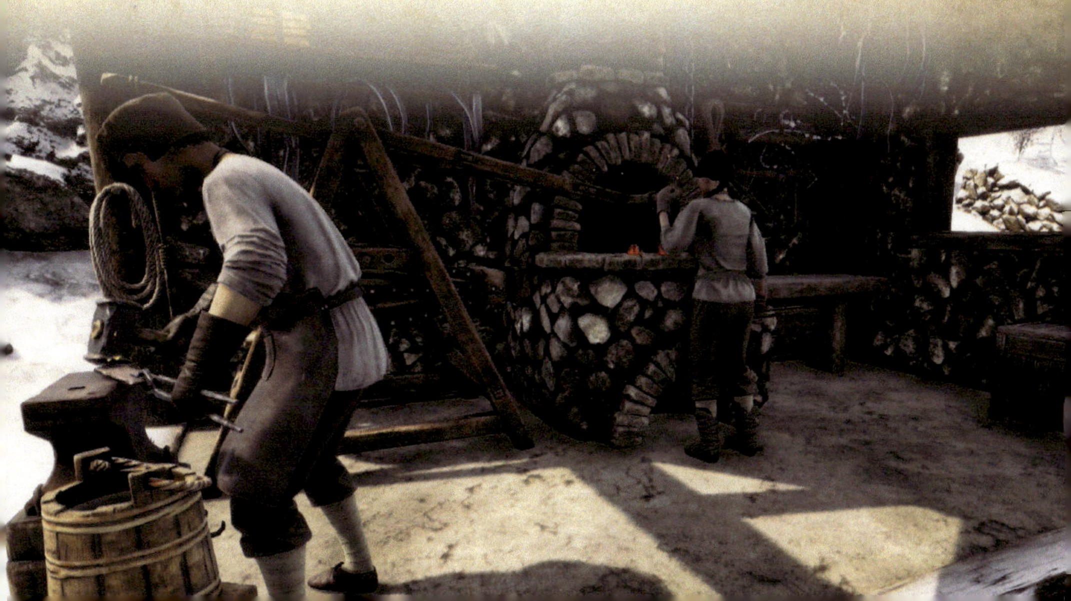

am Anfang doch erst einmal genauer umzuschauen. Später erspart der Fuhrmann dann lästige und schon ausgekundschaftete Wege.

- Das ***Familiensystem*** wurde komplett überarbeitet. Frau und Sohn bieten nun im ***Tal*** Familienquests an, in denen man einzigartige neue Dorfbewohner für seine Siedlung bekommen kann.
- Wie die Ehefrau des Spielers hat jetzt auch der ***Sohn*** eine ***Persönlichkeit***. Die Haarschnittzeremonie legt fest, wie sich der Junge weiter entwickelt. Die Lehre nimmt nun auch einen größeren Platz ein und bestimmt den weiteren Lebensweg des Nachwuchses.
- Ab dem 14. Lebensjahr können alle Kinder in die ***Lehre*** geschickt werden, so verbessern sie ihre Fähigkeit im erlernten Beruf.
- ***Geschenke*** für Kinder animieren sie zum Spielen und erhöhen deine Dynastie Reputation.
- Eine komplett neue Karte mit Namen „***Der Oxbow***" wurde für das Co-op Spiel eingeführt.
- ***Das Tal*** bietet die alte Einzelspieler Story um Racimir. Auf ***Der Oxbow*** kann man entweder alleine oder mit bis zu 4 Spielern im Co-op spielen, seinen Charakter anpassen und als Mann oder Frau spielen.
- ***Der Oxbow*** bietet eine komplett eigene Storyline mit neuen Quests und einer eigenen Geschichte.
- Das neue Gebäude ***Feldschuppen*** beherbergt nun die ***Landwirte***. Dort weist man nun die Aufgaben zum Bewirtschaften der Felder zu.
- In der ***Scheune*** arbeiten nur noch die ***Scheunenknechte***. Diese sind für die Weiterverarbeitung des Ernteguts zuständig (z.

B. Dreschen des Getreides oder die Herstellung von ***Tonbewurf*** oder ***Tierfutter***).

- Man kann nun ***Brücken*** und ***Stege*** bauen.
- ***Barden*** und Spielleute besuchen Tavernen.
- ***Multiplayer Crossplay*** ist nun möglich.

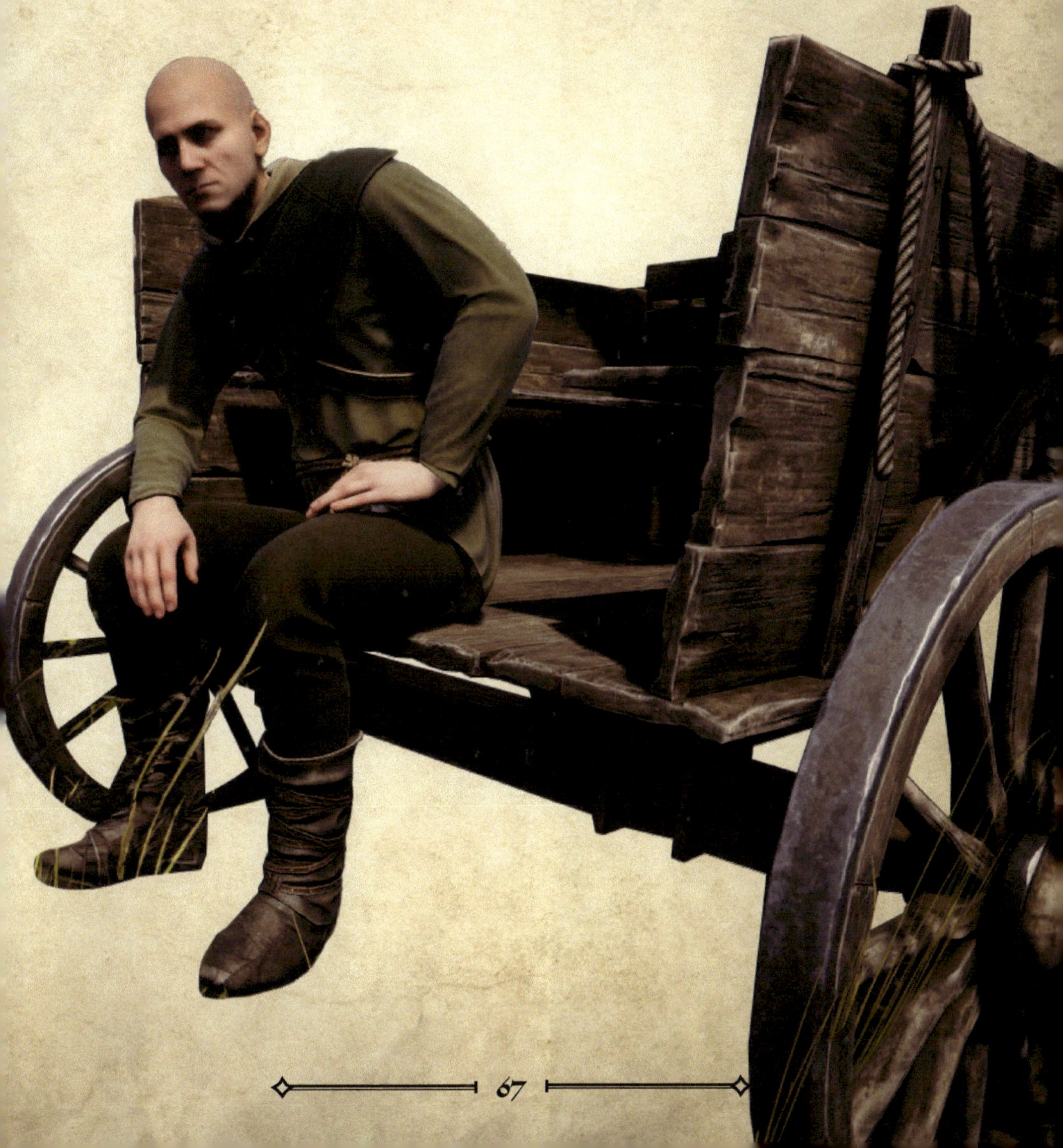

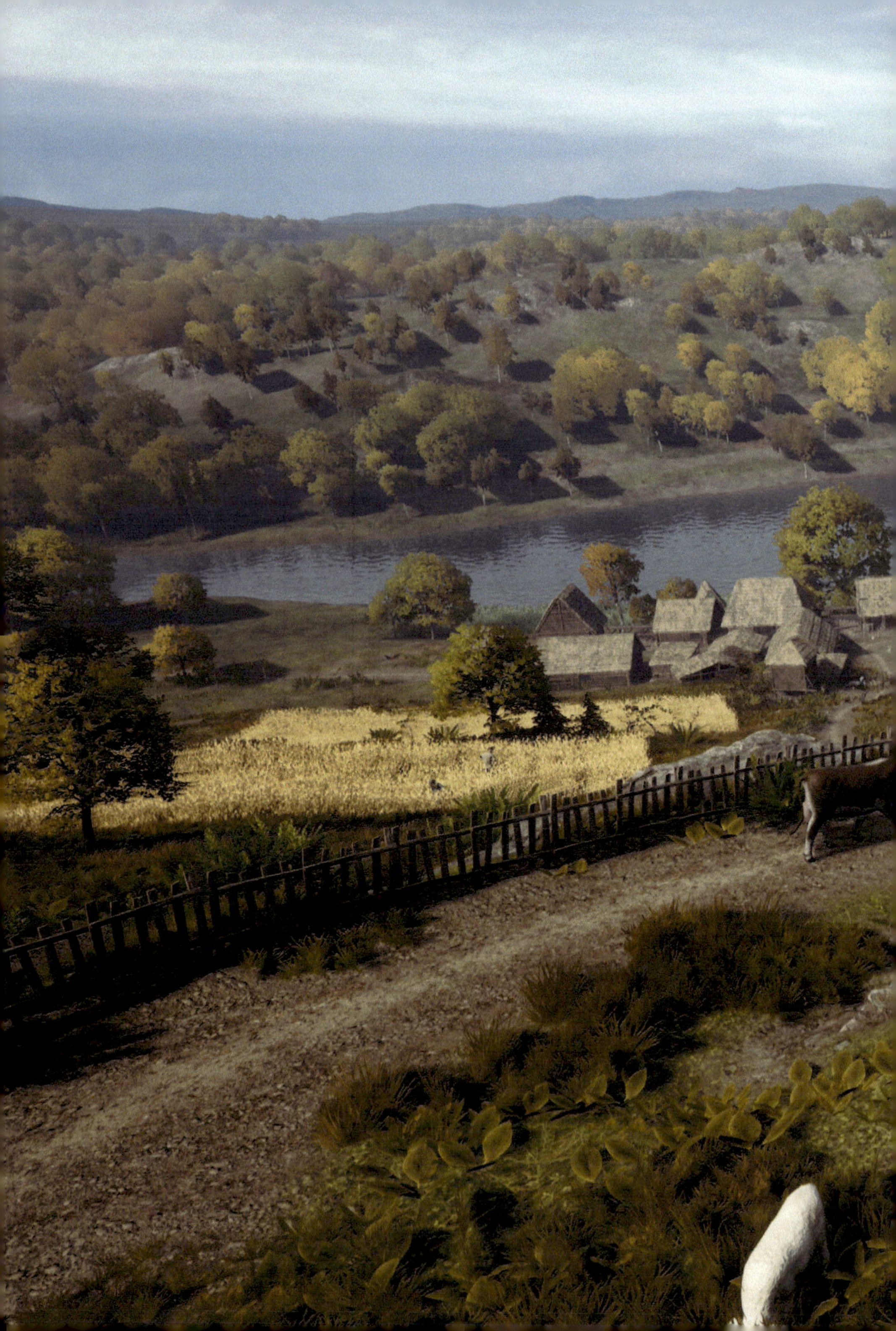

2 Die Spielwelt

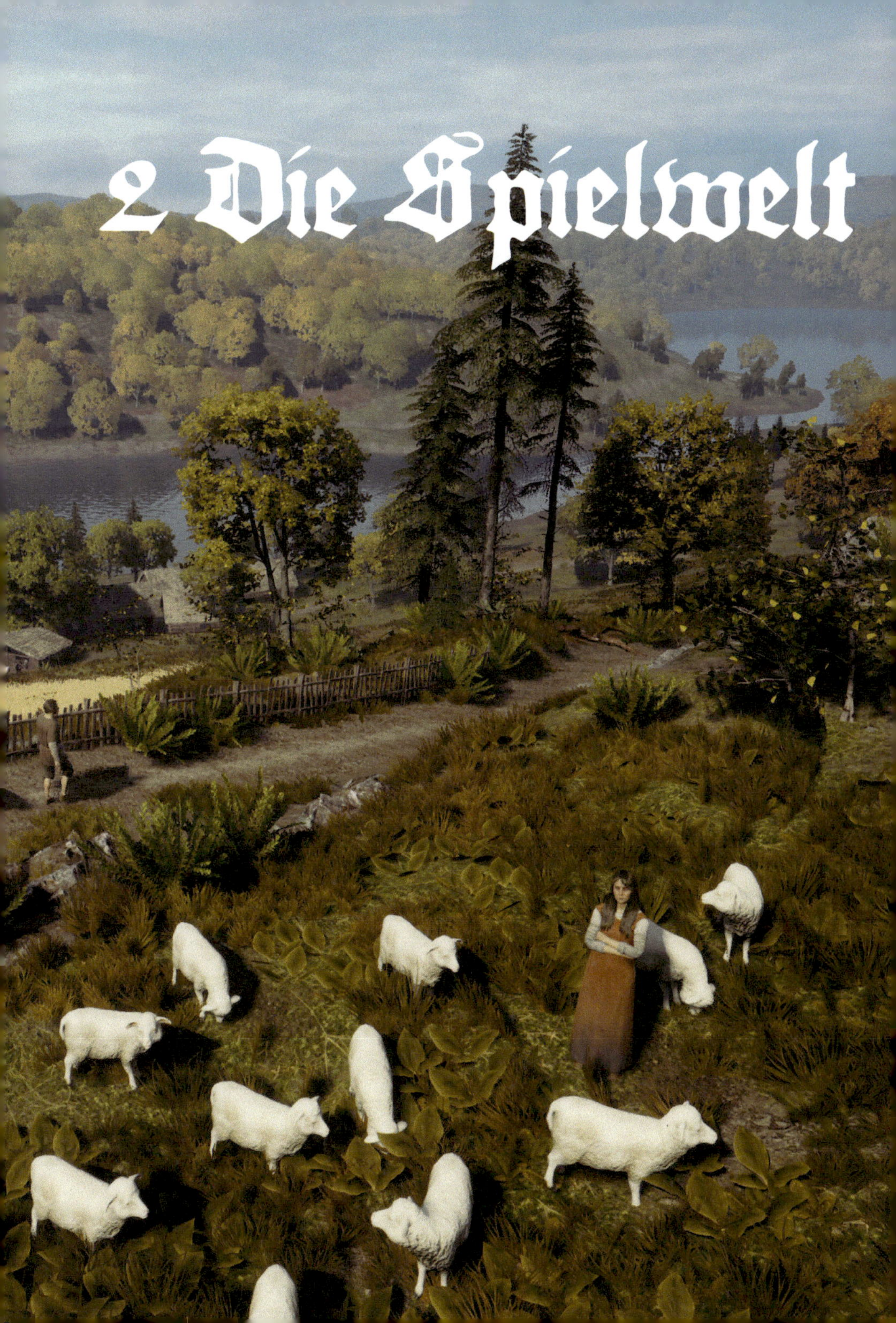

2 Die Spielwelt

Als Medieval Dynasty veröffentlicht wurde, gab es nur eine einzige Karte und zwar Das Tal. Dort spielt man einen jungen Mann namens Racimir und verfolgt seine Geschichte.

Der Dezember 2023 brachte in der Version 2.0 eine ganz neue Karte mit sich – den Oxbow. Auf dieser Karte kann man einen eigenen Charakter erstellen und allein oder mit bis zu drei anderen Spieler spielen.

Jede Karte ist einzigartig und verfügt über eigene NPCs, unterschiedliche Landschaften und einzigartige Städte. Doch einige Spielmechaniken sind für beide Karten gleich und über diese reden wir in diesem Kapitel.

2.1 Quests

Bewohner des Oxbows und des Tals können und werden dir verschiedene Quests geben, die du für sie erledigen musst. Es gibt auf jeder Karte mehrere Arten von Quests. Da das Tal die deutlich storylastigstere Karte ist, haben wir alle Quest-Typen im entsprechenden Kapitel Das Tal erklärt.

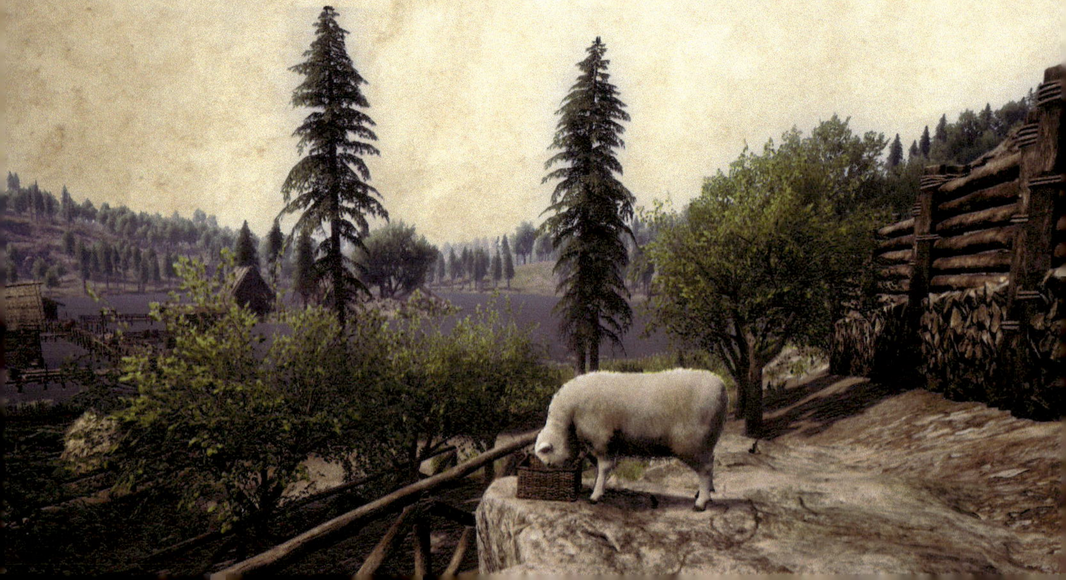

2.2 Ressourcen

Für das Bauen und die Herstellung von Gegenständen benötigst du natürlich Rohstoffe, die du verarbeiten kannst. Diese Materialien findest du überall auf den Karten. Du kannst jeden Rohstoff und auch jedes weiterverarbeitete Produkt bei den verschiedenen Händlern im Tal kaufen und verkaufen.

Wir zeigen dir hier, wo du die grundlegenden Ressourcen abbauen oder sammeln kannst. Weiterverarbeitete Produkte listen wir hier nicht auf (z. B. werden aus Holzstämmen Brennholz oder Bretter für die weitere Verwendung gefertigt).

Icon	Rohstoff	Sammeln durch	Bemerkung
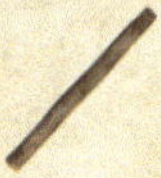	**Holzstamm**	Axt: Bäume fällen Schaufel: Baumstümpfe Holzschuppen	Birke: 2 Fichte: 3 Ahorn: 4
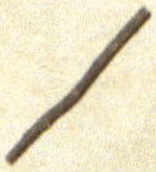	**Stock**	vom Boden sammeln Bäume fällen Holzschuppen Zweige brechen	Birke: viel Fichte: mittel Ahorn: wenig
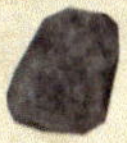	**Stein**	vom Boden sammeln Spitzhacke: Felsen, Salz- oder Erzvorkommen abbauen Mine oder Grabungsschuppen	
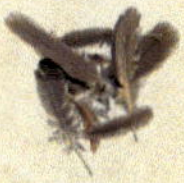	**Federn**	Bäume fällen, Vogelfallen, Vogeljagd Hühner- oder Gänseställe Nester und Jagdhütte	
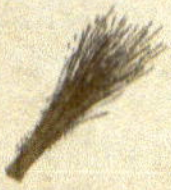	**Stroh**	Ried (Reet / Schilf) sammeln Getreide in Scheune verarbeiten Grabungsschuppen	
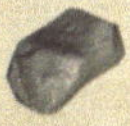	**Kalkstein**	Spitzhacke: Felsen abbauen, Grabungsschuppen	

Icon	Rohstoff	Sammeln durch	Bemerkung
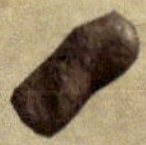	**Ton**	mit Schaufel Tonvorkommen ausgraben Grabungsschuppen	
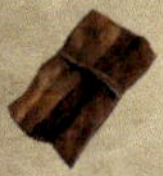	**Leder**	Jagd auf Tiere Jagdhütte	
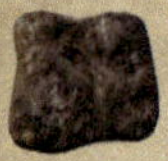	**Pelz**	Jagd auf Tiere Jagdhütte Kaninchenfalle	
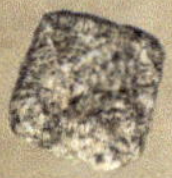	**Wolle**	Schafe im Pferch	
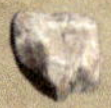	**Salz**	Spitzhacke in Höhlen Mine	
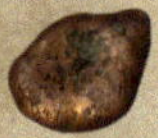	**Kupfererz**	Spitzhacke in Höhlen Mine, Grabungsschuppen	
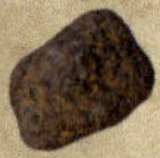	**Zinnerz**	Spitzhacke in Höhlen Mine	
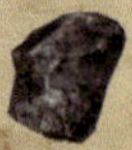	**Eisenerz**	Spitzhacke nur in Mine	
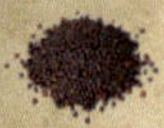	**Samen (alle)**	vom entsprechenden Feld	erster Samen muss gekauft oder gefunden werden
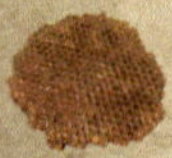	**Bienenwabe**	Bienenstock	

Respawn von Ressourcen

Rohstoffe, die du abgebaut hast, werden nach einiger Zeit wieder verfügbar, sie respawnen.

» Fast alle abbaubaren und sammelbaren Ressourcen respawnen mit dem Jahreszeitenwechsel: Abgebaute Steine, Erze und Salz in Höhlen und Minen, gejagte Tiere und Fische sowie Tonvorkommen. Ried und Zweige haben eine Jahreszeit Pause, ehe sie respawnen. Stöcke und Steine am Boden benötigen 1 Jahr.

» Beeren, Kräuter und Pilze sind jahreszeitenabhängig. Du kannst sie nur in bestimmten Jahreszeiten finden und sammeln. Auch die Feldfrüchte wie Weizen oder Kohl sind an Jahreszeiten gebunden. Mehr dazu findest du in den Kapiteln zu Kräuterkunde und Landwirtschaft.

» Gefällte Bäume regenerieren sich nach zwei Jahren, wenn der Baumstumpf stehen bleibt. Gräbst du den Stumpf mit einer Schaufel aus, wächst kein neuer Baum nach.

Höhlen und Minen

Es gibt nur 5 Höhlen im Tal (und 6 im Oxbow). Deren Position siehst du auf den Karten auf den Seiten 138 und 190 eingezeichnet.

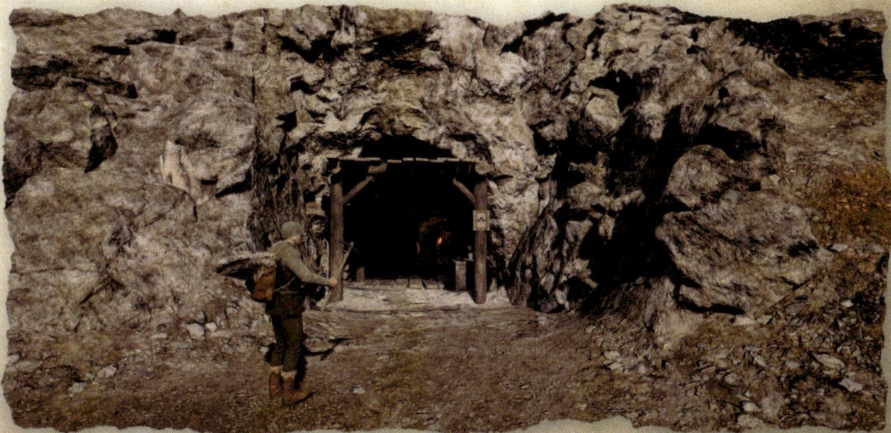

Im Umkreis von Höhlen findest du häufig Bären und vor dem Eingang auch oft zurückgelassenes Werkzeug (z. B. eine Spitzhacke).

In den Höhlen selbst kannst du Salz, Zinnerz und Kupfererz abbauen. Beim Abbauen bekommst du automatisch Stein dazu. Zinn und Kupfer werden in der Schmiede zu Barren weiterverarbeitet oder du stellst damit Bronze her. Die Barren kannst du dann in der Schmiede zu Waffen und Werkzeugen verarbeiten.

Höhlen sind sehr dunkel und selbst eine Fackel beleuchtet die Gänge nur unzureichend.

Sobald du 5000 Erfahrung in ***Bautechnik*** gesammelt hast, kannst du eine ***Mine*** errichten. Das „Minengebäude" wird einfach in den Eingang einer Höhle gebaut und die Höhle wird zu einer Mine mit folgenden Vorteilen:

- Du kannst der Mine Arbeiter zuweisen.
- In der Mine gibt es nun auch Eisenvorkommen.
- Die Mine ist beleuchtet und Holzschilder zeigen den Ausgang.

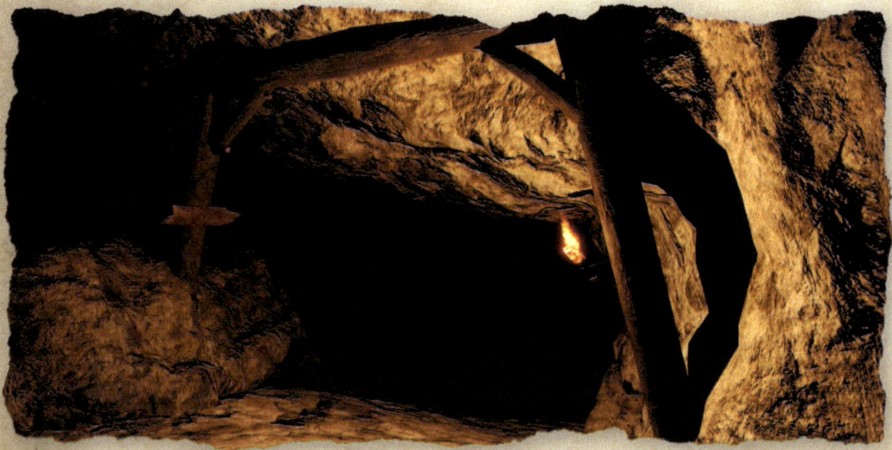

Metallwerkzeuge sind teuer im Einkauf und können auch für gutes Geld verkauft werden. Daher lohnt sich der Betrieb einer Mine zusammen mit einer Schmiede durchaus.

2.3 Fuhrmänner

In der Nähe jedes Dorfes wirst du einen Mann mit einem Pferdewagen finden. Diese Fuhrmänner bieten dir an, dich gegen Geld zu einem anderen Dorf zu befördern. Allerdings kann sich das, vor allem am Anfang des Spieles, nicht jeder leisten; die Preise sind ziemlich hoch.

Im Tal kostet die Reise von Gostovia nach Borowo nur 40 Münzen, was du dir zwar leicht leisten kannst, aber sinnlos ist, weil du zu Fuß fast genauso schnell bist. Von Rolnica nach Hornica, eine der längsten Strecken, verlangt der Fuhrmann 330 Münzen. Das Geld investierst du am Anfang lieber in Werkzeug und Waffen.

Wenn du nicht quer durch das ganze Tal, sondern nur zu näher gelegenen Orten reisen möchtest, kostet dich das meistens einen Preis zwischen 300 und 500 Münzen zahlen. Diese Schnellreisen sind absichtlich so teuer, du sollst ja schließlich am Anfang die Welt um dich kennen lernen; Tiere, Pilze, Kräuter und besondere Orte finden können. Später im Spiel, wenn bei dir das Geld fließt, wird es keine große Sache sein, den Fahrpreis zu berappen.

Im Oxbow sind die Fahrten deutlich billiger. Die längste Strecke im Oxbow, nämlich von Ostoya nach Klonica, kostet 280 Münzen. Von der Hauptstadt Piastovia kann man für 130 bis 160 Münzen in jede andere Stadt fahren.

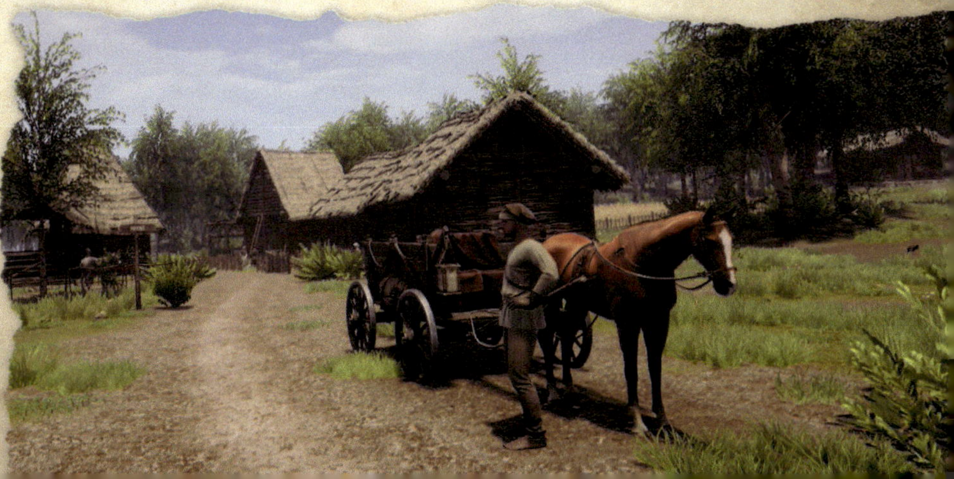

2.4 Händler

In jedem Dorf findest du verschiedene Händler. Die einen haben ein sehr begrenztes Angebot, die anderen wiederum eine große Palette an Waren.

Die ersten Werkzeuge und Materialien wirst du wahrscheinlich kaufen müssen, bevor du alle weiteren selbst herstellen kannst. So z. B. musst du deine ersten Samen für die Landwirtschaft kaufen, auch deine ersten Tiere für die Zucht.

Metallwerkzeuge kannst du zu Beginn auch nicht fertigen, aber der Kauf lohnt sich, denn sie sind länger haltbar und beschleunigen das Arbeiten (z. B. benötigt eine Eisenaxt nur drei Schläge, um einen Baum zu fällen, die Steinaxt dagegen sieben).

Händler allgemein

Jeder Händler eines Typs hat immer das gleiche Angebot zu den gleichen Preisen. Es macht also keinen Unterschied, in welcher Stadt du den Schmied aufsuchst oder wo du deine Kleidung kaufst.

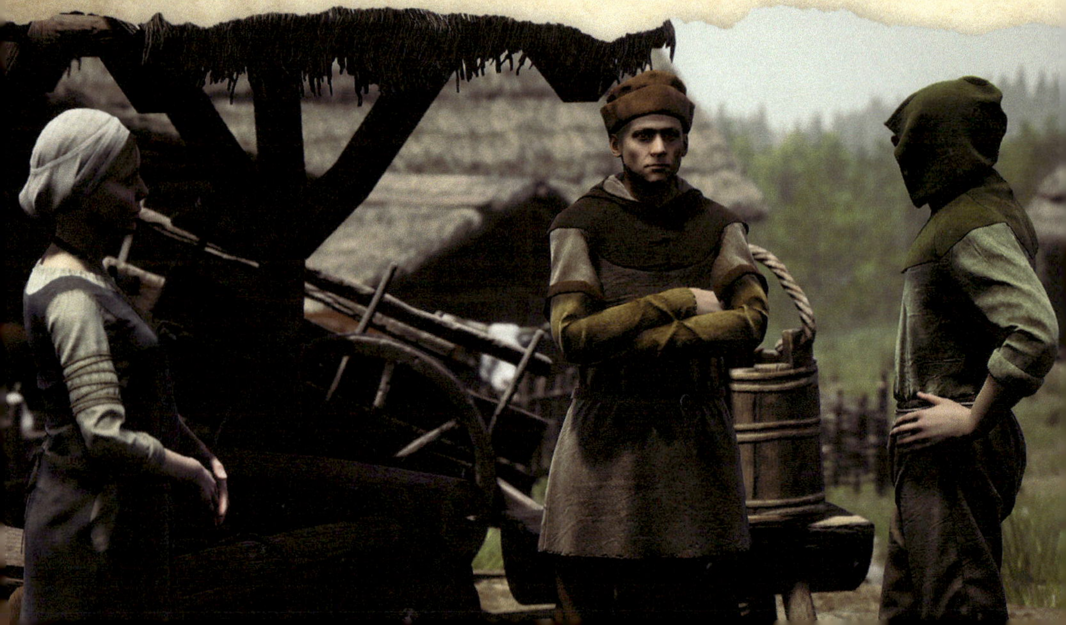

Die Warenliste ist stets gleich, aber die Warenmenge und der Geldvorrat werden innerhalb eines bestimmten Rahmens zu jeder neuen Jahreszeit zufällig generiert. Die meisten Händler haben zwischen 1000 und 2500 Münzen. Ein Händler kann nicht mehr kaufen, als er sich leisten kann.

Im Einkauf ist ein Gegenstand immer um 50 % teurer als der angegebene Wert beim Gegenstand selbst. Im Verkauf bekommst du standardmäßig immer die Hälfte des Wertes. Beispiel: Eine Bienenwabe hat einen Wert von 10 Münzen. Du kannst sie für 5 Münzen verkaufen oder für 15 Münzen bei einem Händler erwerben.

Die Preise sind bei jedem Händler gleich. Den Preis kannst du nur durch die Fertigkeit ***Zäher Verhandlungspartner*** in der Gruppe ***Diplomatie*** um 10 %, 20 % oder 30 % verbessern.

Du kannst jeden Gegenstand an jeden Händler verkaufen. Du musst also, um deine Schuhe zu verkaufen, nicht extra eine Näherin aufsuchen. Die Schuhe werden in der Schenke genau so gerne genommen wie vom Holzfäller.

Verkaufst du Waren, die der Händler nicht in seinem Angebot hat, bleiben diese bis zum Jahreszeitenwechsel in seinem Angebot oder bis sie (zum vollen Einkaufspreis) zurückgekauft werden. Zum Jahreszeitenwechsel wird das Inventar und damit auch der Geldvorrat jedes Händlers zurückgesetzt.

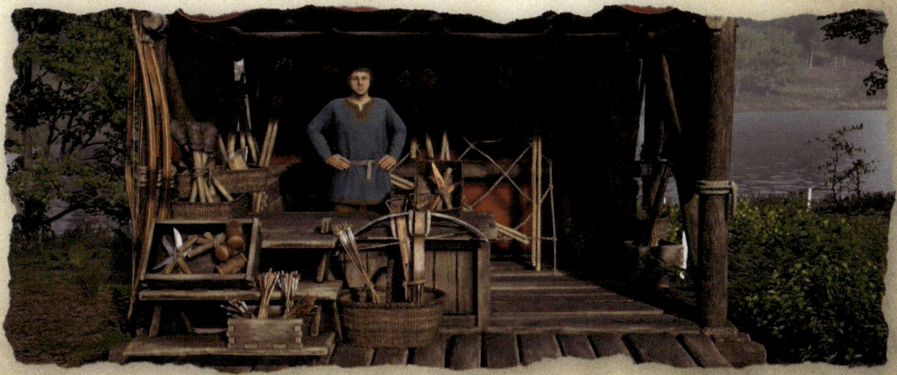

Liste der Händler

Welcher Händler in einem bestimmten Dorf anzutreffen ist, kannst du in den jeweiligen Dorfbeschreibungen nachlesen.

Hier siehst du, welche Händler es gibt. Viele haben immer einen eindeutigen Namen, es gibt aber auch Händler, deren Namen von Spiel zu Spiel unterschiedlich ist. Zuchttiere kaufst du nicht beim Händler, sondern kannst sie direkt durch Auswählen des Tieres erwerben. Beim dazugehörigen Händler kannst du nur Zubehör für die Zucht und durch die Tiere erzeugte Produkte kaufen (z. B. Tierfutter, Dung oder Sättel).

Im Buch werden wir in Listen und Aufzählungen die Städte des Tals grün und die des Oxbow blau markieren, um sie auf den ersten Blick unterscheiden zu können.

Allgemeine Händler

Schankwirt:	Gostovia, Jezerica, Hornica, Piastovia
Koch:	Gostovia, Denica, Hornica, Piastovia, Skauki
Holzfäller:	Branica, Lesnica
Bergarbeiter:	Hornica, Lesnica
Kräuterkundler:	Baranica, Rolnica, Piastovia, Klonica
Schmied:	Lesnica, Hornica, Skauki
Näherin:	Branica, Denica, Hornica, Piastovia, Klonica
Handwerker:	Borowo, Klonica
Landwirt:	Rolnica, Gostovia, Denica, Ostoya
Jäger:	Lesnica, Tutki, Klonica
Fischer:	Jezerica, Ostoya
Geschenke:	Gostovia, Piastovia

Tierzüchter oder nur Tiere

Schafe:	Baranica, Ostoya
Schweine:	Rolnica, Klonica
Pferde:	Hornica, Piastovia
Esel:	Tutki, Skauki
Hühner:	Borowo, Rolnica, Skauki
Kühe:	Gostovia, Piastovia
Gänse:	Gostovia, Piastovia
Ziegen:	Denica, Ostoya

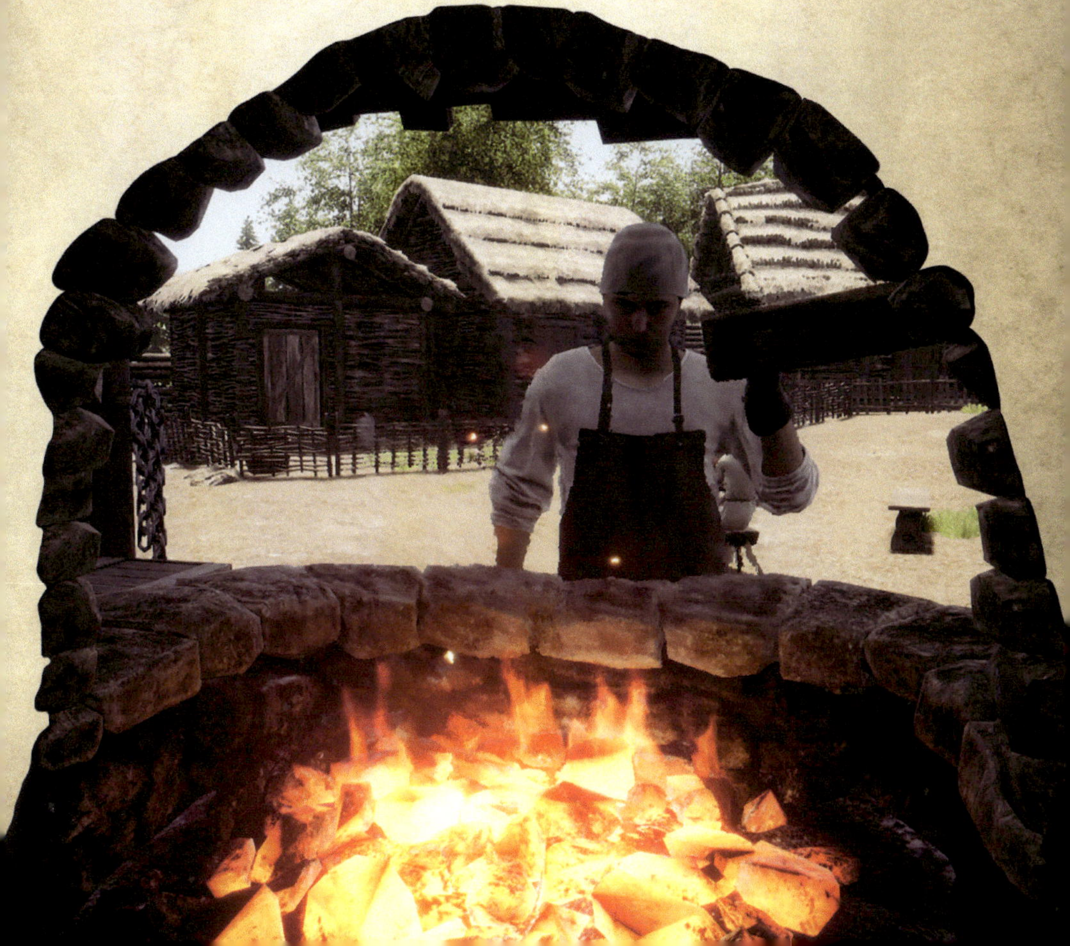

Schankwirte:

Dobroniega in Gostovia | Nieluba in Jezerica | Helga in Hornica |
Poznomir in Piastovia (Koch mit Getränken) | Barlim in Piastovia

Gegenstand	Gewicht	Wert
Apfel	0,09	4
Apfelsaft	1	60
Apfelwein	1	140
Beere	0,05	0,2
Beerensaft	1	20
Beerenwein	1	60
Bierflasche	0,3	5
Birne	0,1	4
Birnensaft	1	90
Birnenwein	0,6	240
Ei	0,05	1
Eimer mit Wasser 10/10	4	6
Fischfilet	0,2	10
Fleisch	0,2	4

Gegenstand	Gewicht	Wert
Haferale	1	80
Haferbier	1	140
Honigwabe	0,1	10
Hopfen	0,02	2
Karotte	0,1	2
Kirsche	0,05	3
Kirschsaft	1	120
Kirschwein	0,6	310
Kohl	0,2	3
Met	1	190
Metflasche	0,3	5
Pflaume	0,07	3
Pflaumen-saft	1	120
Pflaumen-wein	0,6	310

Gegenstand	Gewicht	Wert
Roggenbier	1	160
Rote Bete	0,15	3
Salzfleisch	0,2	10
Trinkschlauch mit Wasser 4/4	0,5	32

Gegenstand	Gewicht	Wert
Trockenfleisch	0,2	8
Weinflasche	0,3	5
Weizenbier	1	130
Zwiebel	0,1	3

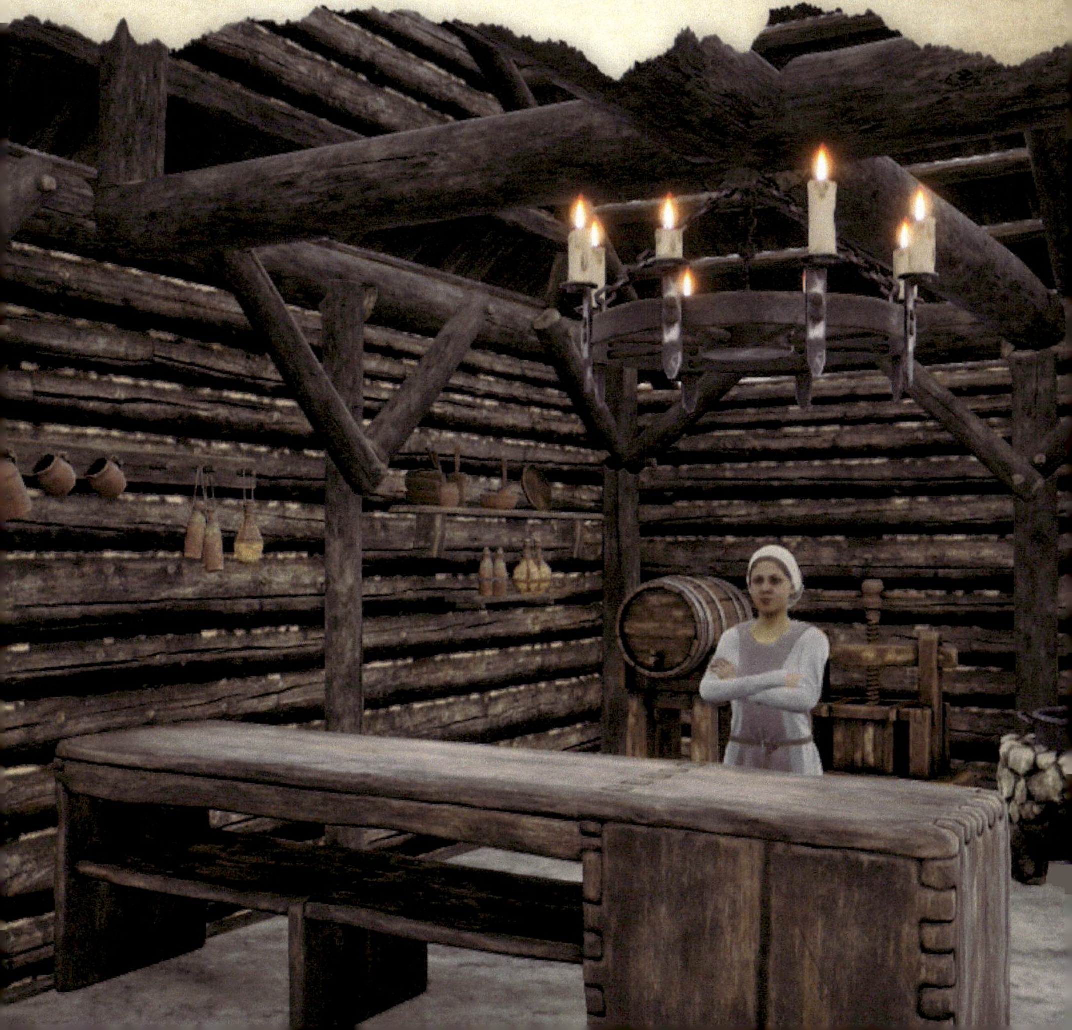

Köche:

Adelina in Gostovia | Kinga in Denica | Hornica |
Bozena in Skauki | Poznomir in Piastovia

Gegenstand	Gewicht	Wert
Apfel	0,09	4
Apfelbrei	0,25	40
Beere	0,05	0,2
Beerenbrei	0,25	27
Birne	0,1	4
Birnentarte	0,3	70
Ei	0,05	1
Eimer mit Wasser 10/10	4	6
Eintopf	0,75	18
Fischfilet	0,2	10
Fischtarte	0,3	120
Fladenbrot	0,2	9
Fladenbrot mit Zwiebeln	0,2	13
Fleisch	0,2	4
Fleisch mit Soße	0,55	17
Fleischpastete	1	120
Fleischtarte	0,3	60
Gebratenes Fischfilet	0,2	19
Gebratenes Fleisch	0,2	8
Gemüsesuppe	0,8	40
Gesalzenes Fischfilet	0,2	22
Getrocknetes Fischfilet	0,2	20
Haferbrei	0,2	17
Haferbrötchen	0,2	20
Honigwabe	0,1	10
Hopfen	0,02	2
Karotte	0,1	2
Käse	0,2	50
Kirsche	0,05	3
Kirschkuchen	1	130
Kohl	0,2	3
Kohlsuppe	0,7	40

Gegenstand	Gewicht	Wert
Mehl	0,01	4
Mehrkorn-brot	0,4	50
Mohn	0,05	4
Mohnkuchen	1	110
Obstkuchen	1	60
Obsttarte	0,3	40
Pflaume	0,07	3
Pflaumen-tarte	0,3	90
Pilzsuppe	0,2	12
Quark	0,2	17
Roggenbrei	0,2	17
Roggenbrot	0,4	30

Gegenstand	Gewicht	Wert
Rote Bete	0,15	3
Rote Bete-Suppe	0,75	50
Rühreier	0,2	7
Rühreier mit Pilzen	0,2	12
Salzfleisch	0,2	10
Trinkschlauch mit Wasser 4/4	0,5	32
Trocken-fleisch	0,2	8
Weißbrot	0,4	22
Weizenbrot	0,4	40
Weizenbröt-chen	0,2	22
Zwiebel	0,1	3

Siabora in Klonica

Gegenstand	Gewicht	Wert
Salzbrezn	0,2	10
Saltztaler	0,2	10

Gegenstand	Gewicht	Wert
Saltzstangen	0,2	10

Schmiede:

Teobald in Lesnica | Jan in Hornica |
Wojciech in Skauki | Unislawa in Piastovia (keine Erze und Barren)

Gegenstand	Gewicht	Wert
Bogen	1,25	160
Bronzeaxt	3,5	630
Bronzebarren	2	90
Bronzebolzen	0,02	31
Bronzehacke	2	310
Bronzehammer	2	320
Bronzemesser	0,75	320
Bronzepfeil	0,03	31
Bronzeschaufel	3	550
Bronzeschurschere	1	140
Bronzesense	4	560
Bronzesichel	1,5	320
Bronzespeer	2	440
Bronzespitzhacke	5	630
Eimer	2	8
Eisenarmbrust	3	1230
Eisenbarren	1	60
Eisenbolzen	0,02	36
Eisenerz	1	15
Eisenhacke	2	450
Eisenhammer	2	430
Eisenmesser	0,75	340
Eisenpfeil	0,03	36
Eisenschaufel	3	670
Eisenschurschere	1	170
Eisensense	4	680
Eisensichel	1,5	430
Eisenspeer	2	510
Eisenspitzhacke	5	870
Fischspeer	2,5	50
Holzarmbrust	2	330
Holzbolzen	0,02	3

Gegenstand	Gewicht	Wert
Eisenaxt	3,5	870
Holzhammer	1	9
Holzschaufel	2	7
Holzspeer	1,5	4
Hufeisen	4	340
Kupferaxt	3	190
Kupferbarren	1	27
Kupferbolzen	0,02	13
Kupfererz	1	6
Kupferhacke	2	100
Kupferhammer	2	100
Kupfermesser	0,5	100
Kupferpfeil	0,03	13
Kupferschaufel	3	190
Kupfersichel	1	100
Kupferspeer	2	180

Gegenstand	Gewicht	Wert
Holzhacke	2	7
Langbogen	1,5	330
Recurvebogen	1,5	550
Spielzeugschwert	0,75	45
Stachelbes. Knüppel	2	170
Steinaxt	2,5	7
Steinhacke	2,5	9
Steinmesser	0,5	5
Steinpfeil	0,03	3
Steinsichel	0,75	6
Steinspeer	2,5	80
Steinspitzhacke	3	7
Wurfstein	0,2	0,2
Zinnbarren	1	40
Zinnerz	1	10

Näherinnen:

Lubomira in Branica | Karolina in Hornica | Matylda in Denica | Niemila in Ostoya | Imislawa in Piastovia

Gegenstand	Gewicht	Wert
Bundhaube	0,05	240
Dicke Lederhandschuhe	0,15	220
Edle Schuhe	0,1	890
Edle Stiefel	0,2	1010
Einfache Schuhe	0,15	270
Einfache Tunika	0,5	550
Einfacher großer Rucksack	1,5	740
Einfacher kleiner Rucksack	0,5	200
Einfacher Rucksack	1	370
Einfaches Leinenhemd	0,25	300
Einfaches Säckchen	0,15	14
Filzhut	0,15	1410
Filzweste	0,7	1100
Flacher Strohhut	0,15	300

Gegenstand	Gewicht	Wert
Flachs	0,05	5
Flachshalm	0,04	3
Gesteppte Weste	0,8	1330
Große Gürteltasche	1	400
Große Satteltasche	4	1020
Gugel	0,3	410
Gugel mit langer Kapuze	0,4	630
Gugel mit langer Pelzkapuze	0,4	1310
Gugel mit Pelzbesatz	0,35	810
Gürteltasche	0,5	190
Hose	0,3	300
Hose mit Manschetten	0,35	480
Hut mit hoher Krempe	0,1	1230
Kappe	0,05	440

Gegenstand	Gewicht	Wert
Kappe mit Haube	0,1	1080
Kleine Gürteltasche	0,25	70
Kleine Satteltasche	2	390
Kniehose	0,4	810
Kurzärmlige Tunika	0,45	700
Leinengarn	0,1	17
Leinen-gewebe	0,1	28
Leinenhemd	0,25	530
Mütze	0,1	730
Pelzschuhe	0,25	240
Pelzstiefel	0,35	830
Pelzumhang	0,25	130
Säckchen	0,5	180
Sattel	4	730
Satteltasche	3	950
Schicke Schuhe	0,15	710
Schlauch-mütze	0,2	800
Schuhe	0,15	290
Stiefel	0,25	430
Stoffpuppe	0,15	60
Strohhut	0,2	150
Trink-schlauch	0,25	32
Tunika	0,5	840
Wolle	0,1	5
Wollgarn	0,5	70
Wollstoff	0,5	120
Wollstrumpf-hose	0,5	1000

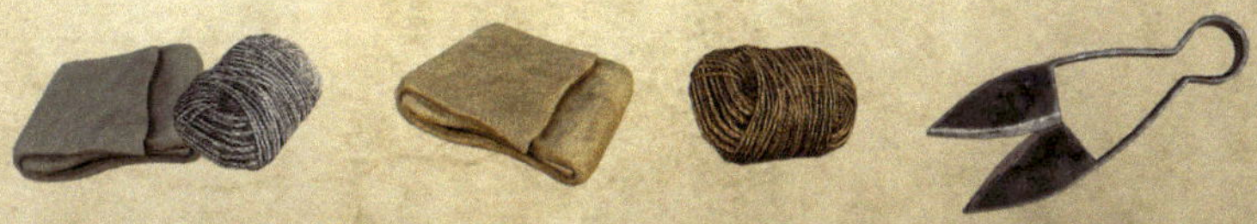

Holzfäller:

Bogdan in Branica | Lesnica | Markuslaw in Piastovia (keine Axt)

Gegenstand	Gewicht	Wert
Brennholz	0,5	0,8
Brett	1	2
Holzstamm	2	1

Gegenstand	Gewicht	Wert
Steinaxt	2,5	7
Stock	0,1	0,3

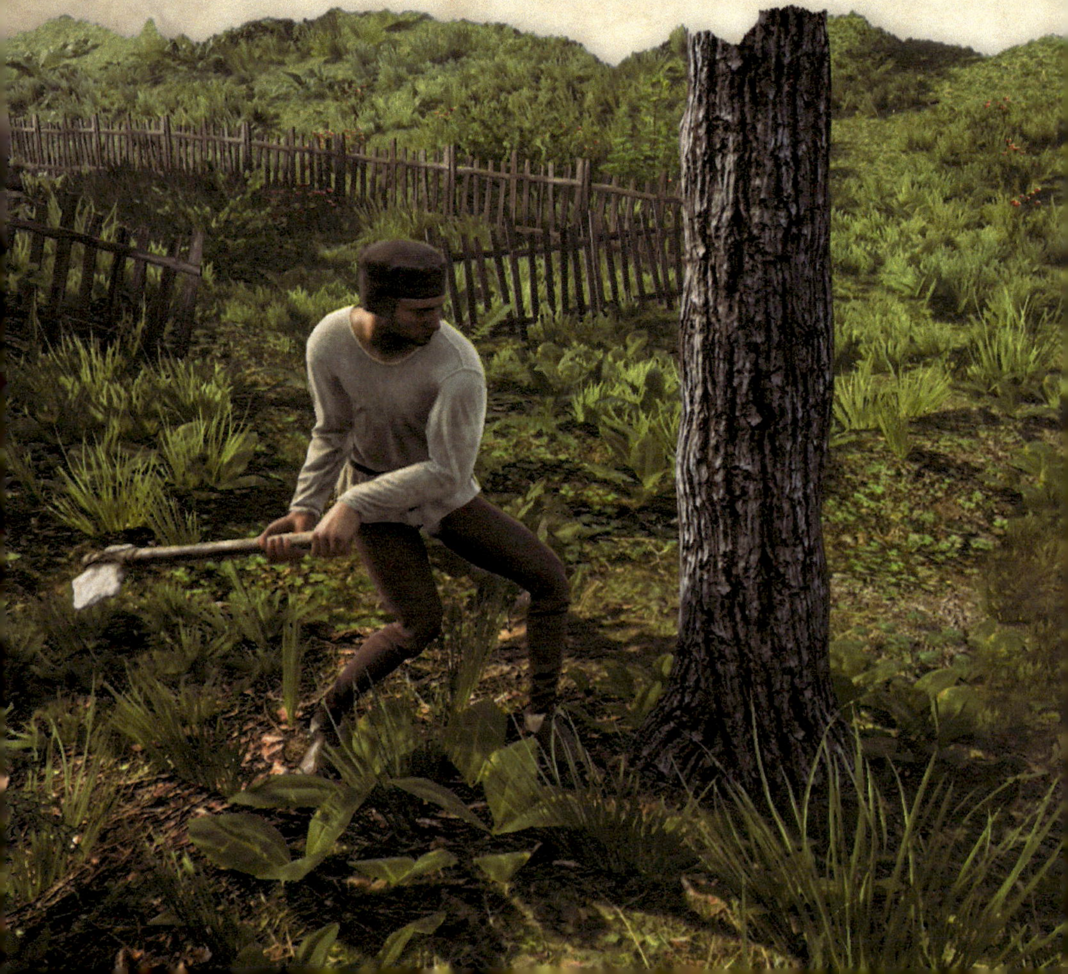

Bergarbeiter:

Lesnica | Hornica | Markuslaw in Piastovia (kein Werkzeug)

Gegenstand	Gewicht	Wert
Bronzebarren	2	90
Einfache Fackel	0,5	3
Eisenerz	1	15
Fackel	0,5	33
Holzschaufel	2	7
Kalkstein	1	2
Kupferbarren	1	27
Kupfererz	1	6
Salz	0,5	6
Stein	1	0,4
Steinspitzhacke	3	7
Ton	0,5	0,4
Zinnbarren	1	40
Zinnerz	1	10

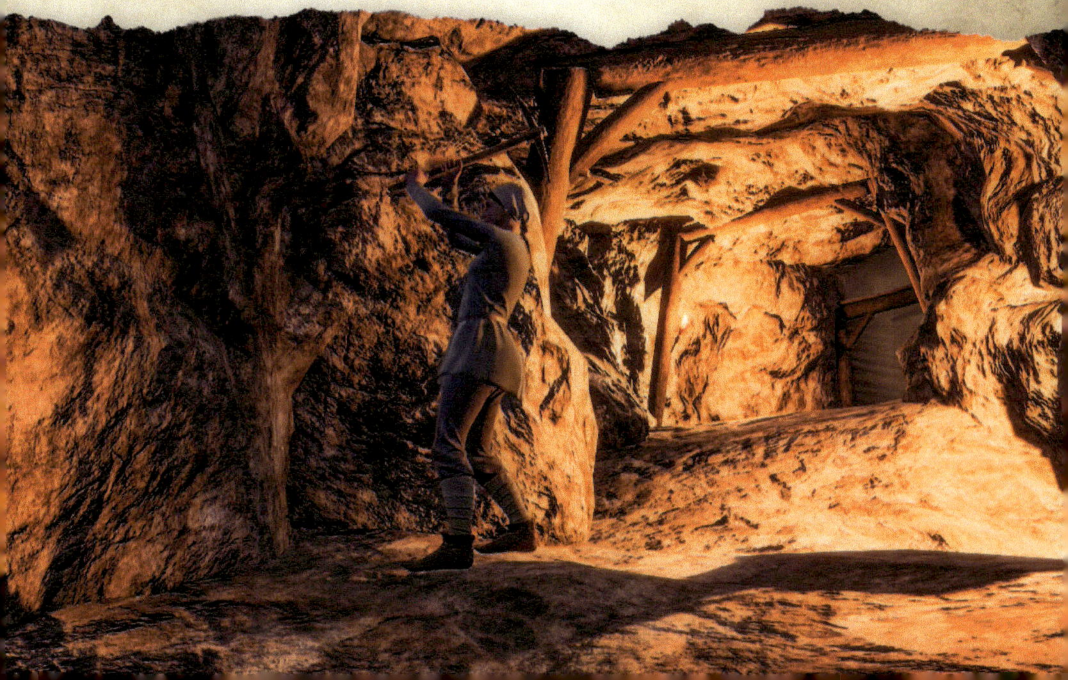

Landwirte:

Nadar in Rolnica | Edwin in Gostovia | Dagobert in Denica | Zywia in Ostoya | Markuslaw in Piastovia (Nur Samen und Getreide)

Gegenstand	Gewicht	Wert
Apfel	0,09	4
Apfelbaum-Setzling	1	13
Birnbaum-Setzling	1	17
Birne	0,1	4
Dung	0,25	0,9
Dünger	0,5	3
Einfaches Säckchen	0,15	14
Flacher Strohhut	0,15	300
Flachs	0,05	5
Flachshalm	0,04	3
Hafer	0,05	5
Haferkorn	0,02	4
Holzhacke	2	7
Hopfen	0,02	2

Gegenstand	Gewicht	Wert
Karotte	0,1	2
Karottensamen	0,01	5
Kirschbaum-Setzling	1	17
Kirsche	0,05	3
Kohl	0,2	3
Leinsamen	0,02	6
Kohlsamen	0,01	5
Mehl	0,01	4
Mohn	0,05	4
Mohnsamen	0,01	3
Pflaume	0,07	3
Pflaumenbaum-Setzling	1	17
Roggen	0,05	5
Roggenkorn	0,02	4

Gegenstand	Gewicht	Wert
Hopfensetzling	1	18
Rote Bete-Samen	0,01	5
Säckchen	0,5	180
Steinhacke	2,5	9
Steinsichel	0,75	6
Stroh	0,04	0,1
Strohhut	0,2	150

Gegenstand	Gewicht	Wert
Rote Bete	0,15	3
Tierfutter	0,2	14
Tonbewurf	0,5	0,8
Weizen	0,06	6
Weizenkorn	0,03	5
Zwiebel	0,1	3
Zwiebelsamen	0,01	5

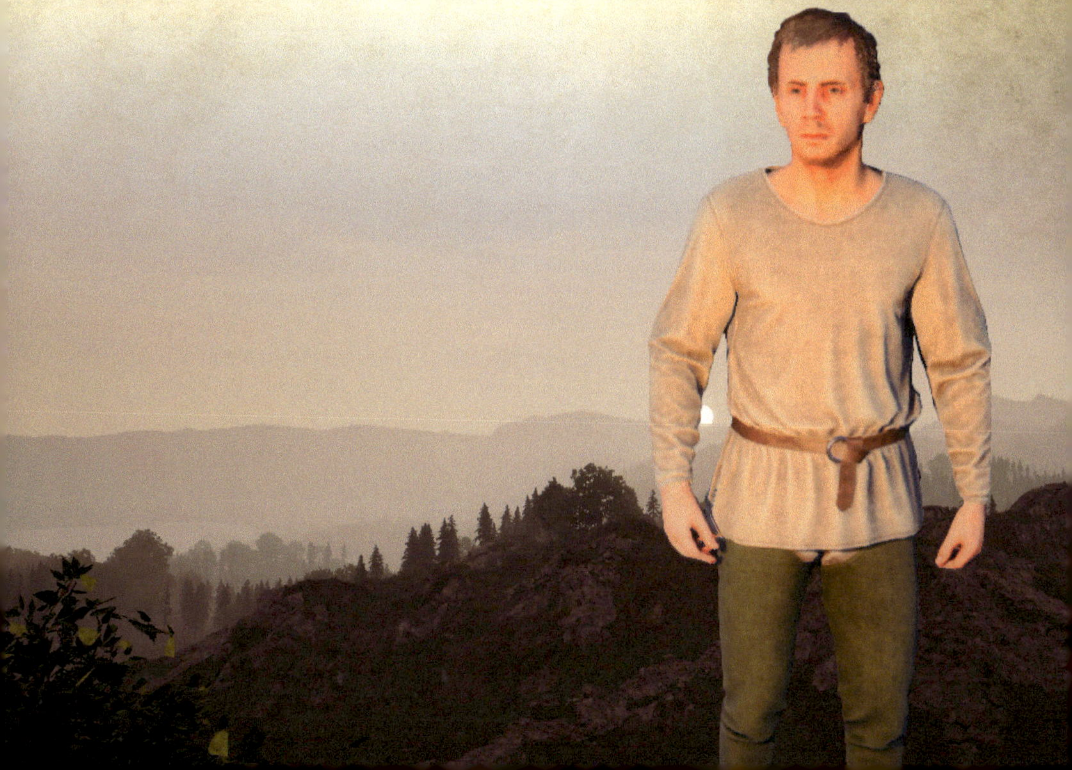

Fischer:

Bytomir in Jezerica | Siezyr in Ostoya

Gegenstand	Gewicht	Wert	Gegenstand	Gewicht	Wert
Barsch	0,8	21	Getrocknetes Fischfilet	0,2	20
Fischfilet	0,2	10	Hecht	1,4	16
Fischspeer	2,5	50	Rotauge	0,2	3
Gesalzenes Fischfilet	0,2	22	Salz	0,5	6

Tierzüchter Schafe:

Alina in Baranica

Gegenstand	Gewicht	Wert	Gegenstand	Gewicht	Wert
Bronzeschurschere	1	140	Eimer mit saurer Milch 10/10	4	96
Dung	0,25	0,9	Tierfutter	0,2	14
Eimer mit Milch 10/10	4	68	Wolle	0,1	5

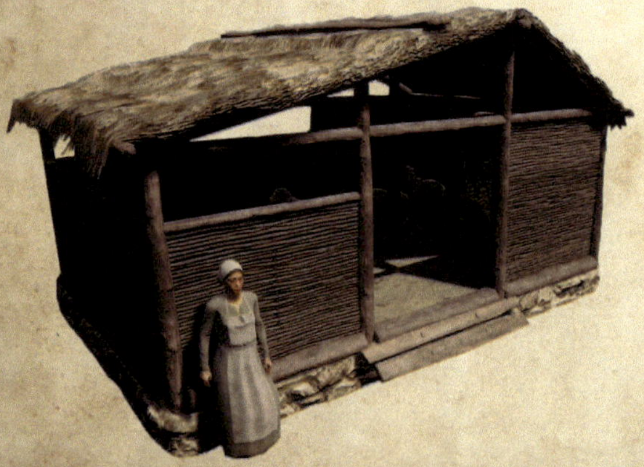

Tierzüchter Pferde:
Leonard in Hornica

Gegenstand	Gewicht	Wert
Dung	0,25	0,9
Große Satteltasche	4	1020
Hufeisen	4	340
Kleine Sat-teltasche	2	390

Gegenstand	Gewicht	Wert
Sattel	4	730
Satteltasche	3	950
Tierfutter	0,2	14

Tierzüchter Schweine:
Irmina in Rolnica

Gegenstand	Gewicht	Wert
Dung	0,25	0,9
Fleisch	0,2	4

Gegenstand	Gewicht	Wert
Tierfutter	0,2	14

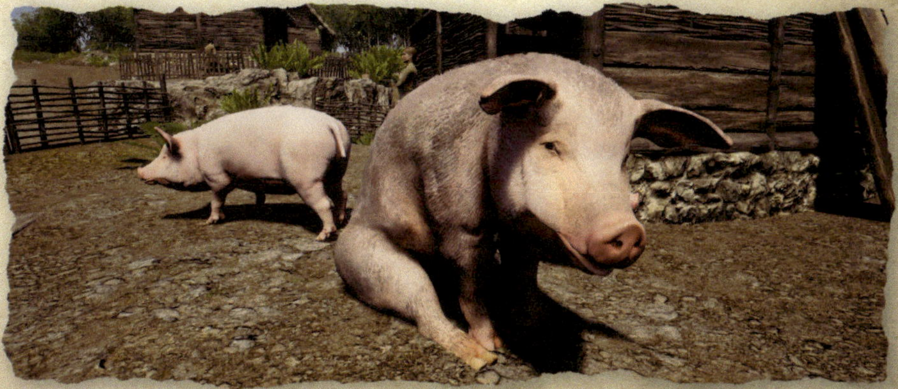

Tierzüchter Geflügel:

Inga in Borowo

Gegenstand	Gewicht	Wert
Dung	0,25	0,9
Ei	0,05	1
Feder	0,01	0,9
Tierfutter	0,2	14

Tierzüchter Esel:

Tutki | Waclawa in Skauki

Gegenstand	Gewicht	Wert
Dung	0,25	0,9
Große Satteltasche	4	1020
Hufeisen	4	340
Kleine Satteltasche	2	390
Sattel	4	730
Satteltasche	3	950
Tierfutter	0,2	14

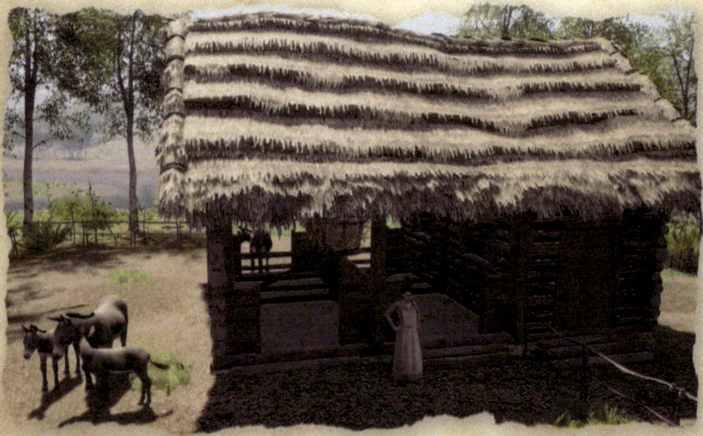

Tierzüchter Kühe:

Sobiemir in Gostovia

Gegenstand	Gewicht	Wert
Dung	0,25	0,9
Eimer mit Milch 10/10	4	68
Eimer mit saurer Milch 10/10	4	96
Tierfutter	0,2	14

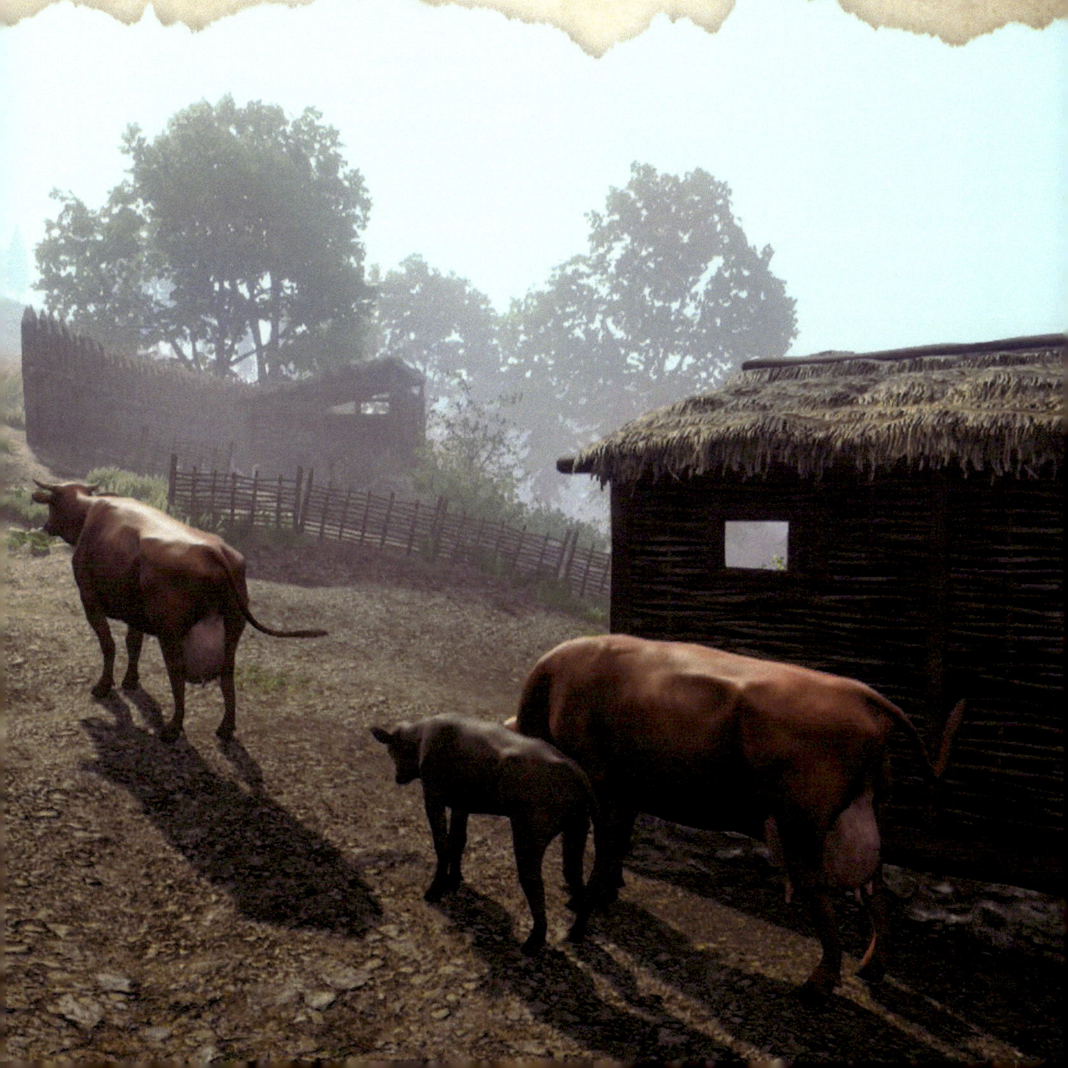

Handwerker:

Falibor in Borowo | Milobor in Klonica (keine Flaschen und Ton Produkte) | Markuslaw in Piastovia (keine Fackeln)

Gegenstand	Gewicht	Wert
Bierflasche	0,3	5
Einfache Fackel	0,5	3
Fackel	0,5	33
Großer Weidenkorb	1,2	8
Holzbecher	0,2	0,7
Holzfläschchen	0,1	0,4
Holzlöffel	0,07	1
Holzrad	4	13
Holzschale	0,2	0,7
Holzteller	0,2	0,7
Kleiner Weidenkorb	0,5	3
Metflasche	0,3	5
Mittlerer Weidenkorb	0,8	5
Schöpfkelle	0,07	0,5
Tonbecher	0,2	0,7
Tonfläschchen	0,2	0,8
Tonflasche	0,5	3
Tonkanne	0,5	3
Tonkrug	0,25	2
Tonschale	0,4	2
Tonvase	0,5	3
Tonvase mit Blumen	0,5	5
Weidenkiste	1,6	11
Weinflasche	0,3	5

Jäger:

Gizela in Lesnica | Rajmund in Tutki | Czebor in Klonica

Gegenstand	Gewicht	Wert
Bogen	1,25	160
Feder	0,01	0,9
Fleisch	0,2	4
Holzspeer	1,5	4
Langbogen	1,5	330
Leder	0,25	8
Pelz	0,25	4
Recurvebogen	1,5	550

Gegenstand	Gewicht	Wert
Salz	0,5	6
Salzfleisch	0,2	10
Steinmesser	0,5	5
Steinpfeil	0,03	3
Steinspeer	2,5	80
Trinkschlauch	0,25	32
Trockenfleisch	0,2	8

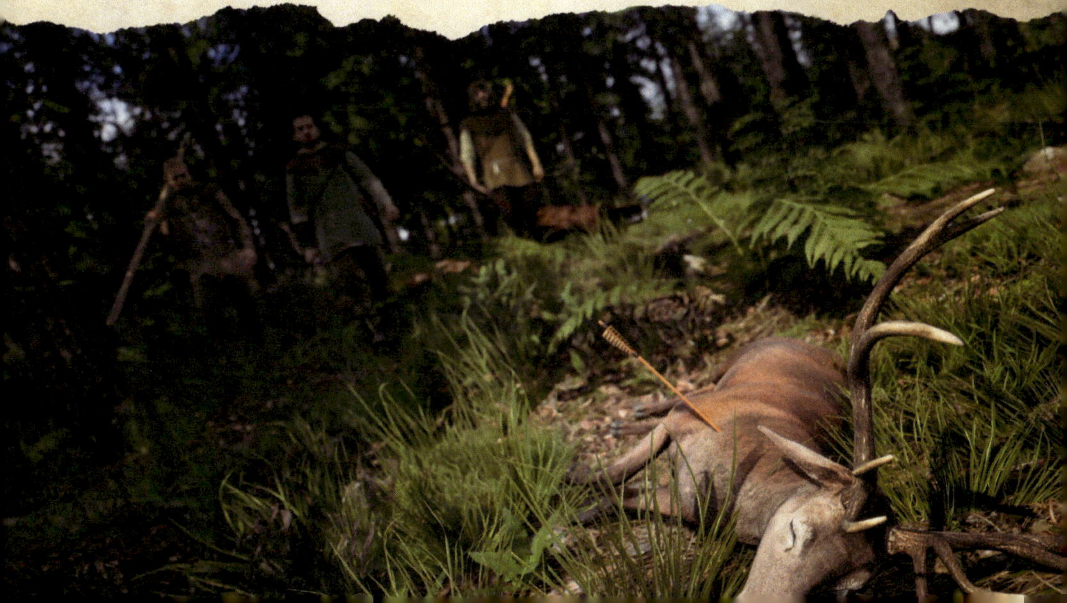

Kräuterkundler:

Norbert in Baranica | Tomira in Rolnica |
Pezyrka in Klonica | Ludomila in Piastovia

Gegenstand	Gewicht	Wert
Ausdauer-trank	0,2	12
Ausnüchte-rungstrank	0,2	8
Beere	0,05	0,2
Bilsenkraut	0,01	0,7
Birken-Milchling	0,1	0,6
Breitwege-rich	0,01	0,7
Distel	0,01	0,7
Edelreizker	0,1	0,6
Entgiftungs-trank	0,2	12
Fliegenpilz	0,1	0,6
Gallenröhr-ling	0,1	0,6
Gänse-blümchen	0,01	0,6
Gegengift	0,2	10
Gesund-heitstrank	0,2	34

Gegenstand	Gewicht	Wert
Gewichts-trank	0,2	37
Gift	0,2	8
Heiltrank I	0,2	14
Heiltrank II	0,2	29
Johannis-kraut	0,01	0,5
Löwenzahn	0,01	0,6
Nachtsicht-trank	0,2	24
Riesen-schirmling	0,1	0,6
Sattmacher-trank	0,2	12
Speise-morchel	0,1	0,6
Stärketrank	0,2	8
Steinpilz	0,1	0,6
Tarntrank	0,2	13
Temperatur-trank	0,2	33

Gegenstand	Gewicht	Wert
Tollkirsche	0,01	0,7
Trank des schnellen Heilens I	0,2	5
Trank des schnellen Heilens II	0,2	13
Trinktrank	0,2	11
Vergifteter Bronzebolzen	0,02	70
Vergifteter Bronzepfeil	0,03	70
Vergifteter Eisenbolzen	0,02	80

Gegenstand	Gewicht	Wert
Vergifteter Eisenpfeil	0,03	80
Vergifteter Holzbolzen	0,02	7
Vergifteter Kupferbolzen	0,02	26
Vergifteter Kupferpfeil	0,03	26
Vergifteter Steinpfeil	0,03	8
Wegwarte	0,01	0,5

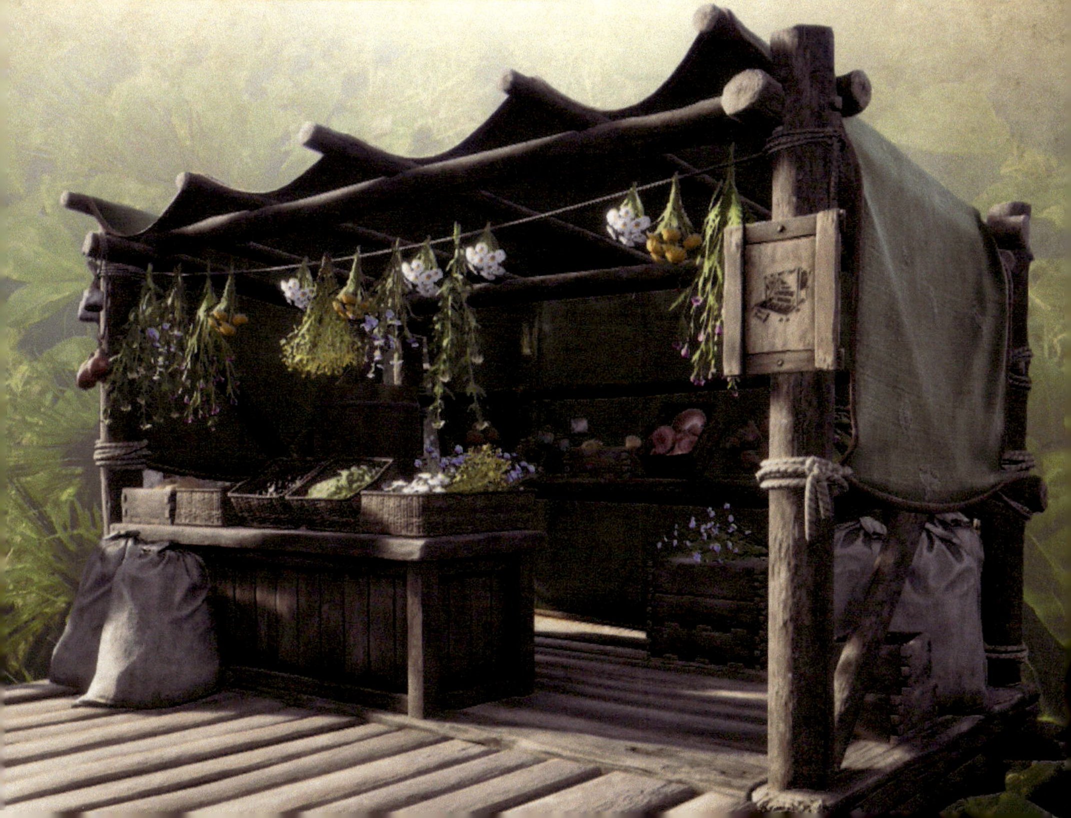

Händler für exotische Waren

Domazyr in Piastovia

Gegenstand	Gewicht	Wert
Astrolabium	0,4	500
Bernstein-figur	0,09	750
Bernstein-halskette	0,07	500
Bettdecke	0,2	500
Elfenbein-messer	0,3	1000
Fibel	0,1	750
Fingerhut	0,1	500
Flöte	0,9	500
Getrocknete Datteln	0,06	750
Getrocknete Feigen	0,06	750
Gewürz-beutel	0,09	1250
Glasflasche	1,1	750
Glasperlen	0,07	500
Goldener Ring	0,05	750
Gummiharz	0,05	500
Handfächer	0,6	500
Hnefatafl	1	500
Holzrehchen	0,1	30
Kaptorga	0,4	1000
Kernseife	0,2	500
Klappbare Waage	1	1000
Kleiner Holzbär	0,1	30
Kleiner Holzdachs	0,1	30
Kleiner Holzvogel	0,1	30
Kleiner Holzwolf	0,1	30
Kleines Holz-kaninchen	0,1	30
Lavendel-honig	0,15	50
Leder-armband	0,2	500

Gegenstand	Gewicht	Wert
Lunula	0,1	750
Madeirawein	1,2	1000
Magnetstein	0,5	750
Nadelbüchlein	0,07	750
Olivenöl	0,7	750
Panflöte	0,3	750
Parfüm	1	500
Pfeife	0,2	500
Raubtierzahnkette	0,1	500
Schmuckschatulle	1,5	1000

Gegenstand	Gewicht	Wert
Seidenschal	0,05	750
Sesam-Honig-Riegel	0,15	500
Silberne Ohrringe	0,06	500
Trinkhorn	0,5	750
Verzierte Werkzeugkiste	1	1000
Verzierter Bierkrug	0,5	1000
Weihrauch	1	750
Werkzeuggürtel	0,4	750
Würfelset	0,2	750

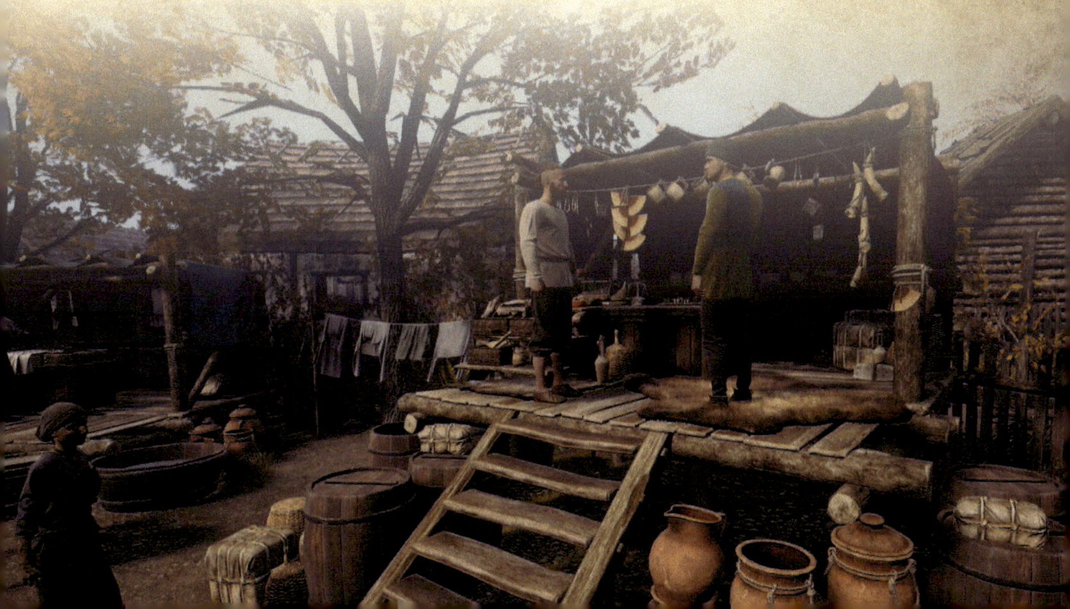

2.5 Gesetzlose

Räuberlager

Wenn du im Tal unterwegs bist, wirst du von Zeit zu Zeit auf kleine Räuberlager treffen. Die üblen Kerle werden dich sofort angreifen und dir neben deinem Hab und Gut auch dein Leben nehmen wollen! Ihre Lager sind meist in der Nähe von Wegen, jedoch können sie auch manchmal etwas abgelegen sein.

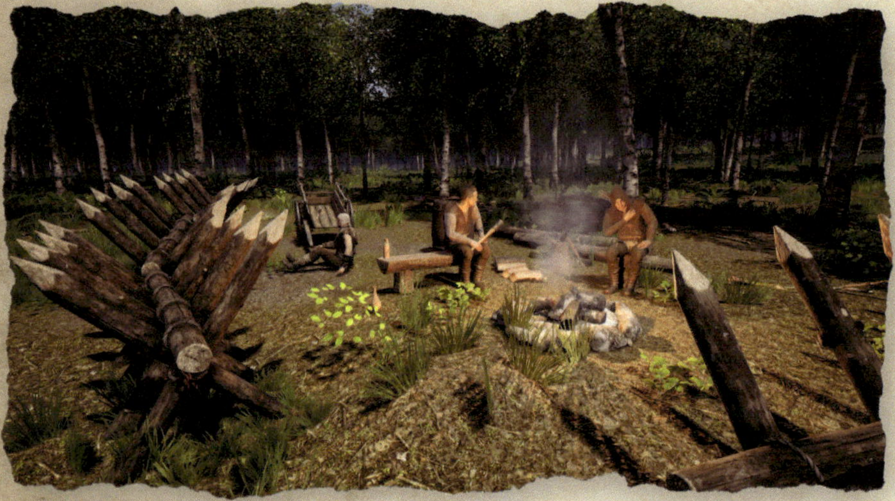

Ob, wo und wie viele Räuberlager es auf der Karte gibt, wird bei jedem Jahreszeitenwechsel neu bestimmt. Sind es im ersten Jahr noch wenige nimmt Ihre mögliche Anzahl mit der Zeit zu.

Es gibt Lager mit einem bis fünf Gesetzlosen und sie können unterschiedlich bewaffnet sein:

- **Armbrustschütze**: Sehr gefährlich. Er hat auch Nahkampfwaffen. Der Loot ist dafür immer sehr gut.
- **Bogenschütze**: Ebenfalls durch seine Reichweite sehr gefährlich und hat auch Nahkampfwaffen.

- **Speerträger**: Er verursacht mit seinem Speer eine Menge Schaden.
- **Axtkämpfer**: Mit seiner Axt kann er zwar viel Schaden anrichten, attackiert aber nicht so schnell wie der Speerkämpfer.
- **Keulenkämpfer**: Mit der Keule ist dieser Wegelagerer etwas schneller als der Axtkämpfer und verursacht etwas weniger Schaden. Man sollte ihn aber dennoch nicht unterschätzen!
- **Messerkämpfer**: Dieser Bandit hat nur ein Messer - schnell, aber weniger Schaden.
- **Faustkämpfer**: Ein armer Schlucker und unbewaffnet. Wenn du bewaffnet und bei voller Gesundheit bist, sollte dieser Gegner kein Problem sein.

Kampftaktik

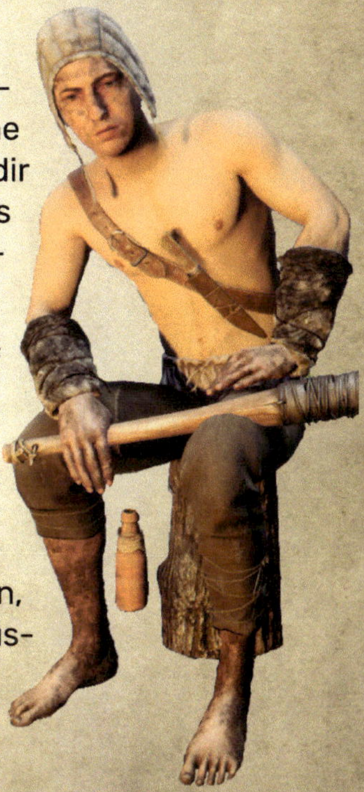

Du solltest eigentlich immer eine Fernkampfwaffe (Bogen/Armbrust) und eine Nahkampfwaffe (bevorzugt Speer) bei dir haben. Ebenso solltest du immer zwei bis vier Heiltränke mitnehmen, sobald du diese herstellen oder dir leisten kannst.

Wirst du in einem plötzlichen Kampf überrascht und verletzt, kannst du jederzeit das Inventar (Taste I / ◎ / Cr) öffnen und dich mit den Heiltränken sofort heilen!

Wie deine Kampftaktik aussehen kann, hängt vor allem davon ab, wie du ausgerüstet bist:

Unbewaffnet:

Lauf! Ohne Waffen solltest du dich nicht mit bewaffneten Räubern anlegen. Wenn du fliehst, werden dich die Banditen einige Zeit verfolgen, aber dann von dir ablassen und in ihr Lager zurückkehren.

Wenn du vor Banditen, die mit Armbrust oder Bogen bewaffnet sind, fliehst, dann versuche im Zickzack zu laufen und hinter Hügeln und Bäumen Deckung zu suchen.

Nahkampf:

Im Nahkampf solltest du dich nur mit einem Gegner gleichzeitig beschäftigen. Renne ein Stück weg, bis dich nur noch ein Gesetzloser verfolgt. Erledige ihn und heile dich mit Heiltränken, dann kümmere dich um den nächsten.

Fernkampf:

Die beste Möglichkeit, Gesetzlosenpack zu erledigen, ist aus der Ferne. Mit Langbogen und Metallpfeilen genügt oft schon ein Kopftreffer, um einen Gegner auszuschalten. Mit einer Armbrust ist das Zielen im Laufen deutlich einfacher! Du willst schnell schießen? Dann wähle den Recurvebogen!

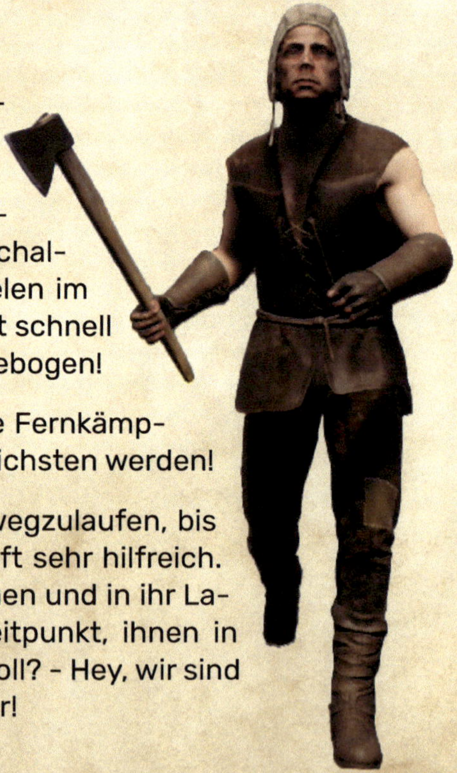

Erledige immer zuerst gegnerische Fernkämpfer, denn sie können dir am gefährlichsten werden!

Auch im Fernkampf ist die Taktik wegzulaufen, bis man nur noch einen Gegner hat, oft sehr hilfreich. Wenn sich die Gesetzlosen umdrehen und in ihr Lager zurückgehen, ist ein guter Zeitpunkt, ihnen in den Rücken zu fallen. Nicht ehrenvoll? - Hey, wir sind schließlich keine ehrenhaften Ritter!

Beute

Gesetzlose können lästig sein, aber dafür bieten sie dir immer einiges an Beute, wenn du sie erledigst und bringen dir Reputationspunkte:

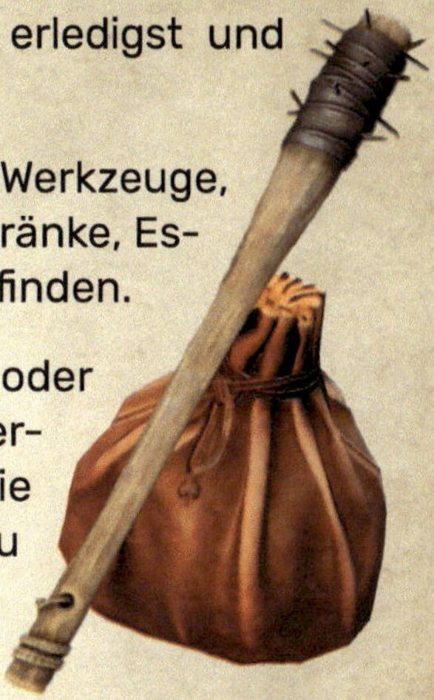

- In ihrem Lager kann man Fackeln, Werkzeuge, Waffen, Pfeile, Bolzen, Rucksäcke, Getränke, Essen und noch viel mehr Gegenstände finden.
- Achte in den Lagern auch auf Säcke oder Truhen, die du öffnen kannst! Und übersieh nicht die kleinen Geldsäckchen, die auf braunem Boden oft nur schwer zu sehen sind.
- Gesetzlose greifen dich an, sobald sie dich bemerken, aber sie haben immer ein Lager. Such dort, wo die Gesetzlosen herkamen.
- Die Gesetzlosen selbst kannst du auch plündern. Du findest meist ihre Waffen, etwas Verpflegung, Alkohol und ein paar Münzen. Vor allem die Armbrust- und Bogenschützen liefern dir oft reiche Beute und Nachschub an Pfeilen oder Bolzen!

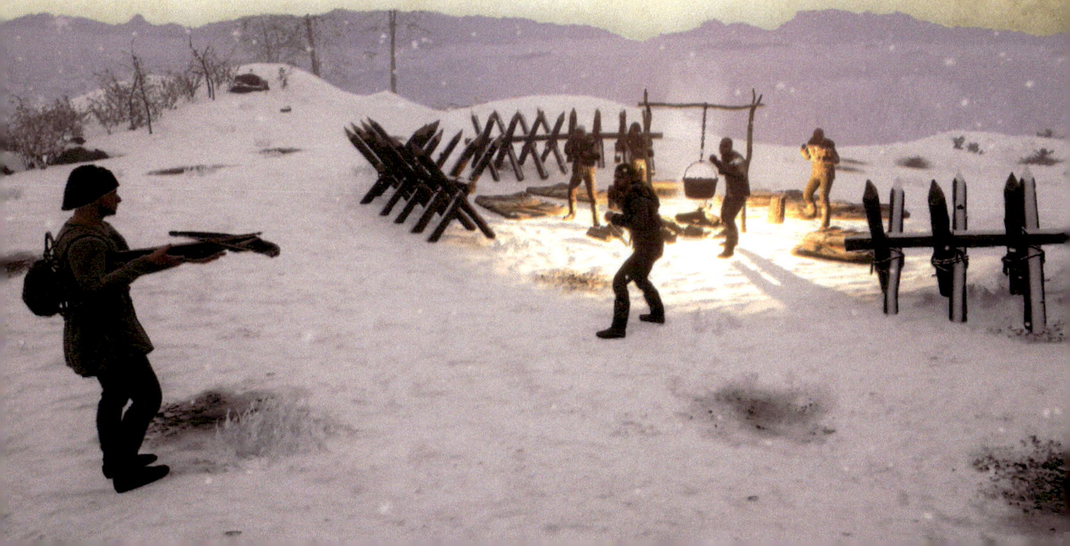

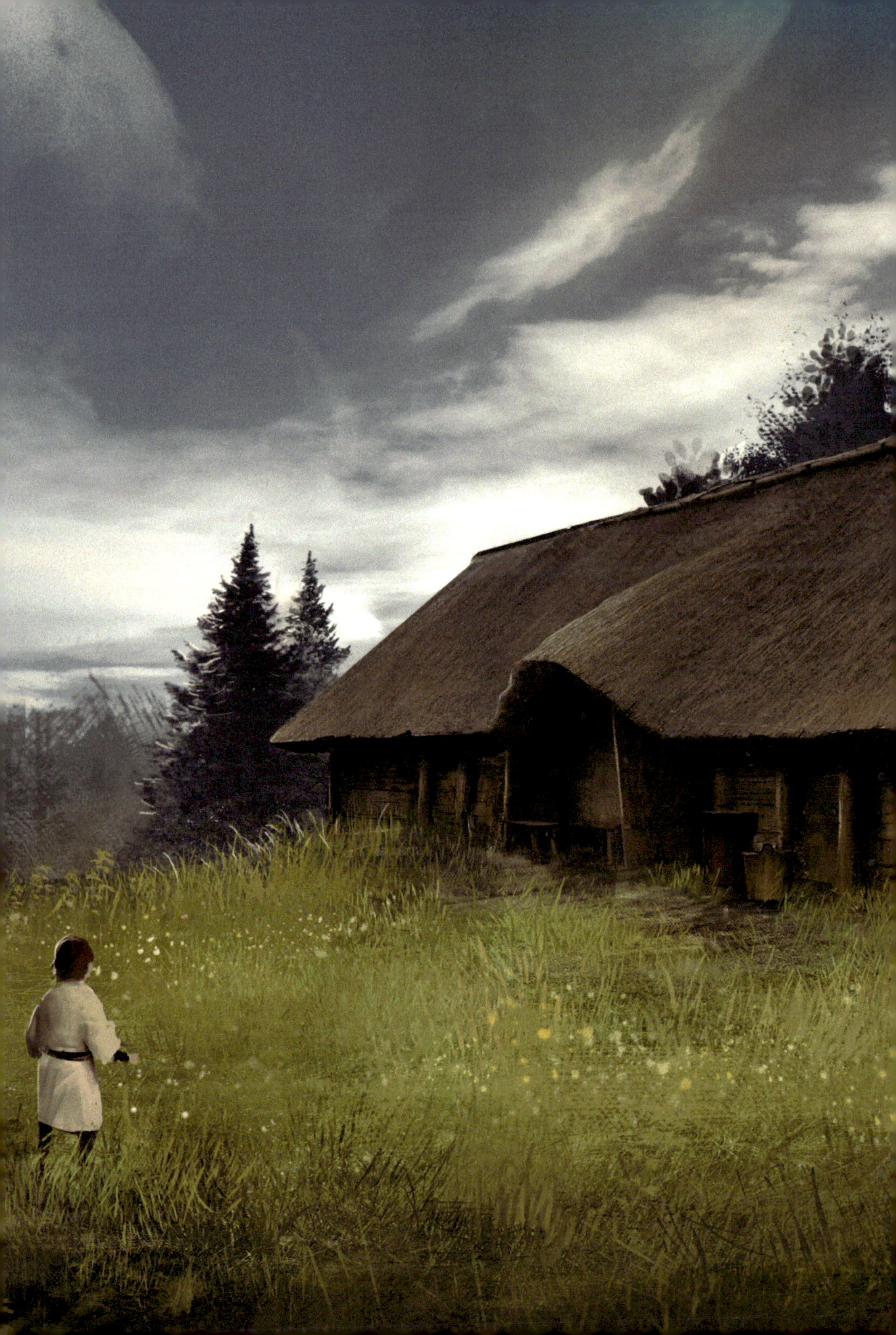

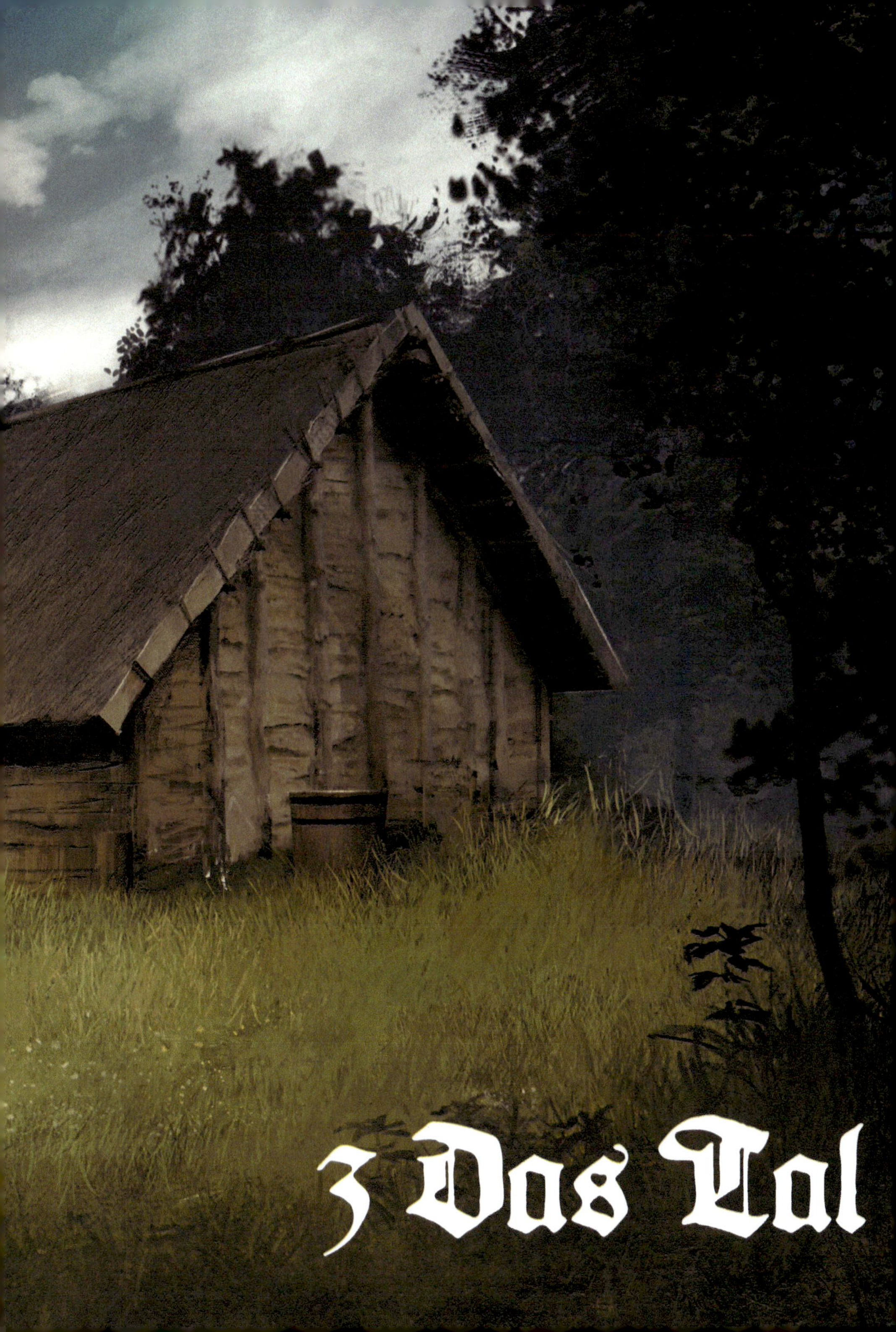

3 Das Tal

Ah, ein Besucher? So spät am Abend? Nun, werter Fremder, hereinspaziert, hereinspaziert! Mache es dir am Feuer gemütlich, und lange ruhig kräftig bei der Suppe zu, die noch am Herde köchelt! Die Nacht wird kalt, und du siehst aus, als ob du Wärme und Stärkung gut vertragen könntest. Wenn ich mir dein Gesicht so ansehe – du kommst aus dem Süden, nicht wahr? Deine Hautfarbe hat es mir verraten, nur die Menschen weit unten am Meere tragen ein solches Bronze mit sich. Aber du wirst es mit der Zeit verlieren, so wie auch ich es verloren habe. Denn, lass mich dir ein Geheimnis anvertrauen: Auch ich kam einst den weiten Weg nach Norden, alleine, hungernd, frierend und arm wie ein Bettler in den Straßen der Stadt! Aber alles hat sich zum Guten gewandt – nun, fast alles. Aber mein eigentliches Leben begann erst, als ich dieses Tal hier betrat.

Ich erinnere mich, als wäre es erst gestern gewesen – die letzten Schritte, die ich über den Pass ging, nein, mehr taumelte als ging! Müde und hungrig, noch immer halb erfroren von den kalten Nächten in den Alpen, die ich durchqueren musste, um hierher zu kommen. Gezeichnet von dem Grauen des Krieges, das mich aus meiner Heimat vertrieben hatte, hier siehst du diese Narbe an meinem linken Arm? Nein, die hat keiner der Soldaten geschlagen, die mein Elternhaus niederbrannten, meine Familie …

… verzeih, wir wollen nicht von so düsteren Dingen sprechen, nicht wahr? Nein, die Narbe verdanke ich einem Banditen, der mir meine letzte Habe nahm, auf einem engen, dunklen Waldpfad irgendwo zwischen der Donau und Prag. Doch halt, mit der Habe alleine gab er sich

nicht zufrieden! Er wollte auch mein Leben, wohl, damit ich den Stadtschergen im nächsten Ort nicht berichten konnte, was mir widerfahren war. Aber das hat er nicht bekommen, wie du siehst! Ich habe ihn schlimmer zugerichtet als er mich, das kannst du mir glauben. Aber er floh mit den wenigen Kupfermünzen und dem letzten Silberstück, das ich noch hatte …

Wo war ich noch mal stehengeblieben? Ah, ja, meine Ankunft im Tal, als Fremder auf der Suche nach einem Neuanfang, einer Zukunft, Heim und Herd. Das erschien mir damals ebenso ein schöner Traum wie das Tal selbst. Ich lief den Hügel hinunter, konnte meinen Augen kaum trauen, als ich die Idylle hier sah! Der Fluss, im Sonnenlicht schimmernd. Dichte Wälder, in denen starke, gesunde Bäume Holz für Haus und Hof liefern würden. Und dann die Dörfer! Nun gut, das ist vielleicht übertrieben, es waren kleine Weiler, wenige Häuser, selten mehr als drei oder vier Familien.

Aber, dennoch: Dörfer! Menschen, die mich willkommen hießen, so wie ich dich heute willkommen heiße. Eine Taverne mit Speis und Trank, Händler, die ihre Waren feilboten! Und schon bald erfuhr ich, dass es mehr solche Weiler im ganzen Tal verstreut gab – und dazu wortkarge, aber tüchtige Schmiede, einen erfahrenen Jäger in seiner Waldhütte und einen ehemaligen Freund meines Onkels.

Nun, zumindest glaubte ich das damals noch, also das mit der Freundschaft. Die Wahrheit jedoch …

… aber das ist eine andere Geschichte.

3 Das Tal

Die Landschaft, in der du dich im Spiel bewegst, wird einfach nur *Das Tal* genannt. Etwas nördlich der Mitte zieht sich ein Fluss von Ost nach West und bildet damit das Tal. Nördlich und südlich vom Fluss steigt die Landschaft an. Im Süden wird die Gegend schließlich bergig mit einigen Gipfeln und im Norden steigt sie etwas sanfter zu einem bewaldeten Hochland an.

Es gibt zahlreiche Bäche, der Fluss bildet in seinem Verlauf drei bis vier größere Seen und es sind auch noch drei kleinere Seen auf der Karte zu finden. Alle Gewässer im Spiel sind so seicht, dass man durch sie hindurchgehen kann. Du kannst nicht ertrinken und musst auch nicht schwimmen. Die Bewegung ist im tieferen Wasser nur deutlich langsamer als an Land.

Auf der Karte im Spiel sieht man mehr, als man auch wirklich betreten kann. Der spielbare Bereich ist ein ca. 2 × 2 km großer, quadratischer Bereich:

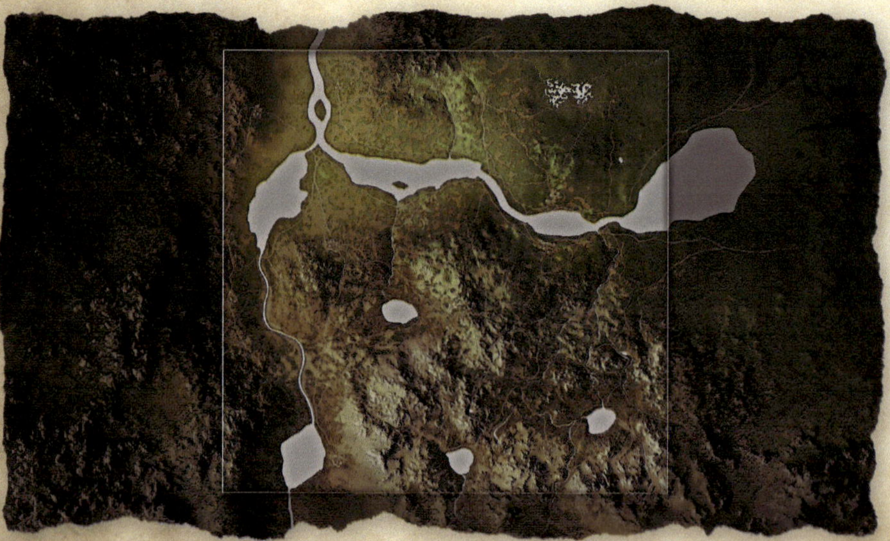

Verlässt du das Spielfeld, wirst du ca. 10 m zurückteleportiert und Racimir sagt, dass er das Tal nicht verlassen möchte, da dies nun seine Heimat ist.

Um ungefähr 1 km im Spiel zurückzulegen, benötigst du in Laufgeschwindigkeit ca. 3 Minuten reale Zeit. Dies entspricht in etwa der Entfernung zwischen ***Gostovia*** und ***Denica*** oder der Reise von ***Rolnica*** nach ***Baranica***.

Eine Minute reale Zeit entspricht 30 Minuten Ingame-Zeit. Der 24 Stunden lange Ingame-Tag dauert also 48 reale Minuten, wenn du ohne Pause durchspielst. Öffnest du ein Menü (z. B. die Karte oder das Inventar), wird die Spielzeit pausiert und alle Aktionen eingefroren. Wirst du attackiert, kannst du ohne Sorge und in aller Ruhe in dein Inventar wechseln und die benötigten Waffen auswählen.

Im Tal gibt es insgesamt zehn bewohnte Dörfer und den Einsiedler Sambor. Die Dörfer sind unterschiedlich groß. Einige von ihnen sind nur größere Höfe, andere wiederum mit Palisade umgeben und es gibt dort mehrere Händler.

Außerdem kannst du immer wieder auf kleine Lagerstätten, verlorene Rucksäcke oder verunglückte Handkarren stoßen, bei denen meist ein paar Gegenstände zu finden sind. Diese Orte werden bei jedem Jahreszeitenwechsel zufällig generiert.

Die zahlreichen Tiere spawnen immer in festgelegten Gebieten, die Fundorte aller Ressourcen (Wälder, Höhlen, Tongruben, Ried etc.) sind fix.

Im weiteren Kapitel stellen wir dir die jeweiligen Fundorte und Ereignisse, die im Tal vorkommen können, näher vor.

Wir beginnen mit einer größeren Karte des Tals und den Dörfern und Höhlen, die du besuchen kannst:

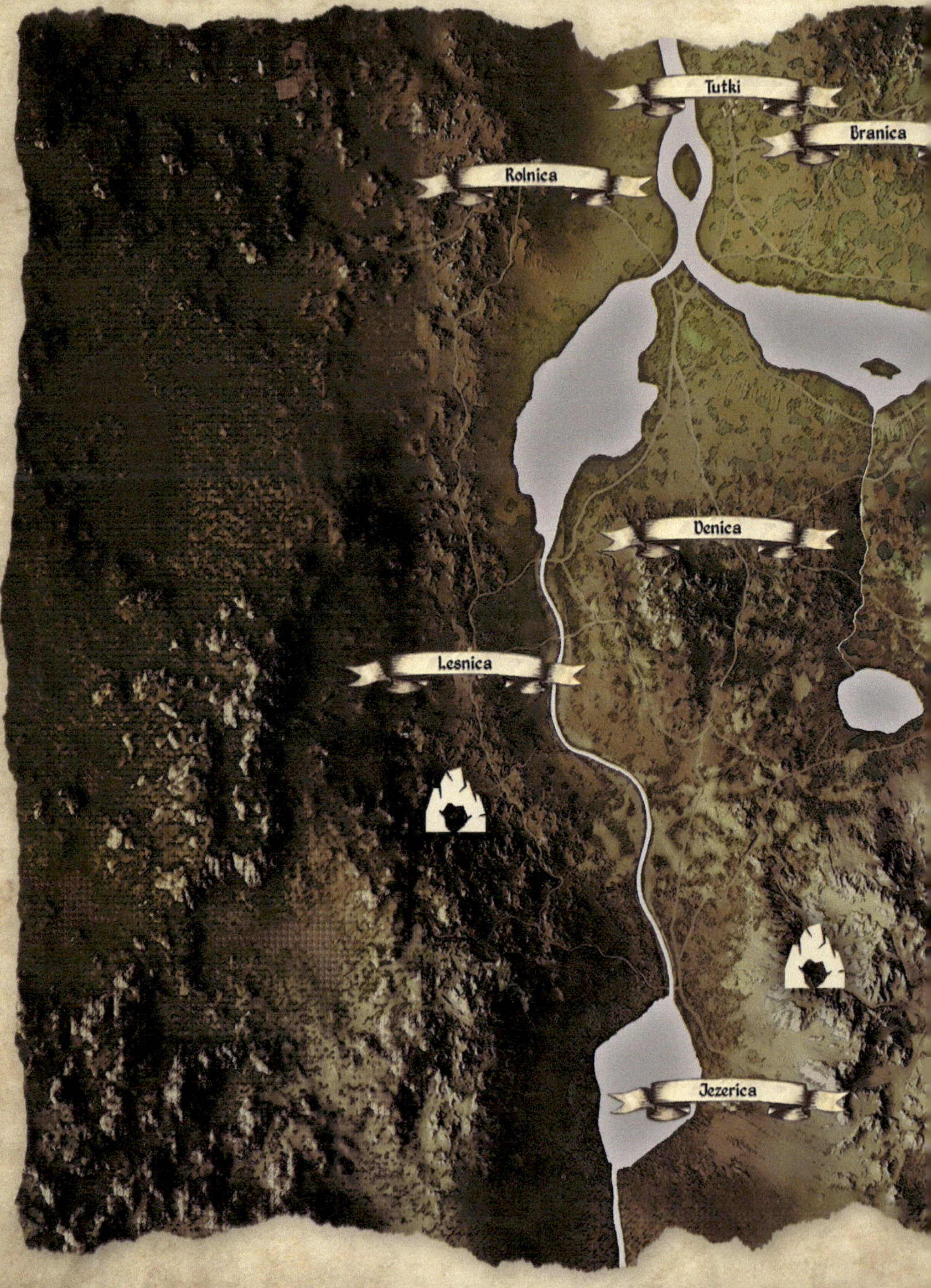
Tutki
Branica
Rolnica
Denica
Lesnica
Jezerica

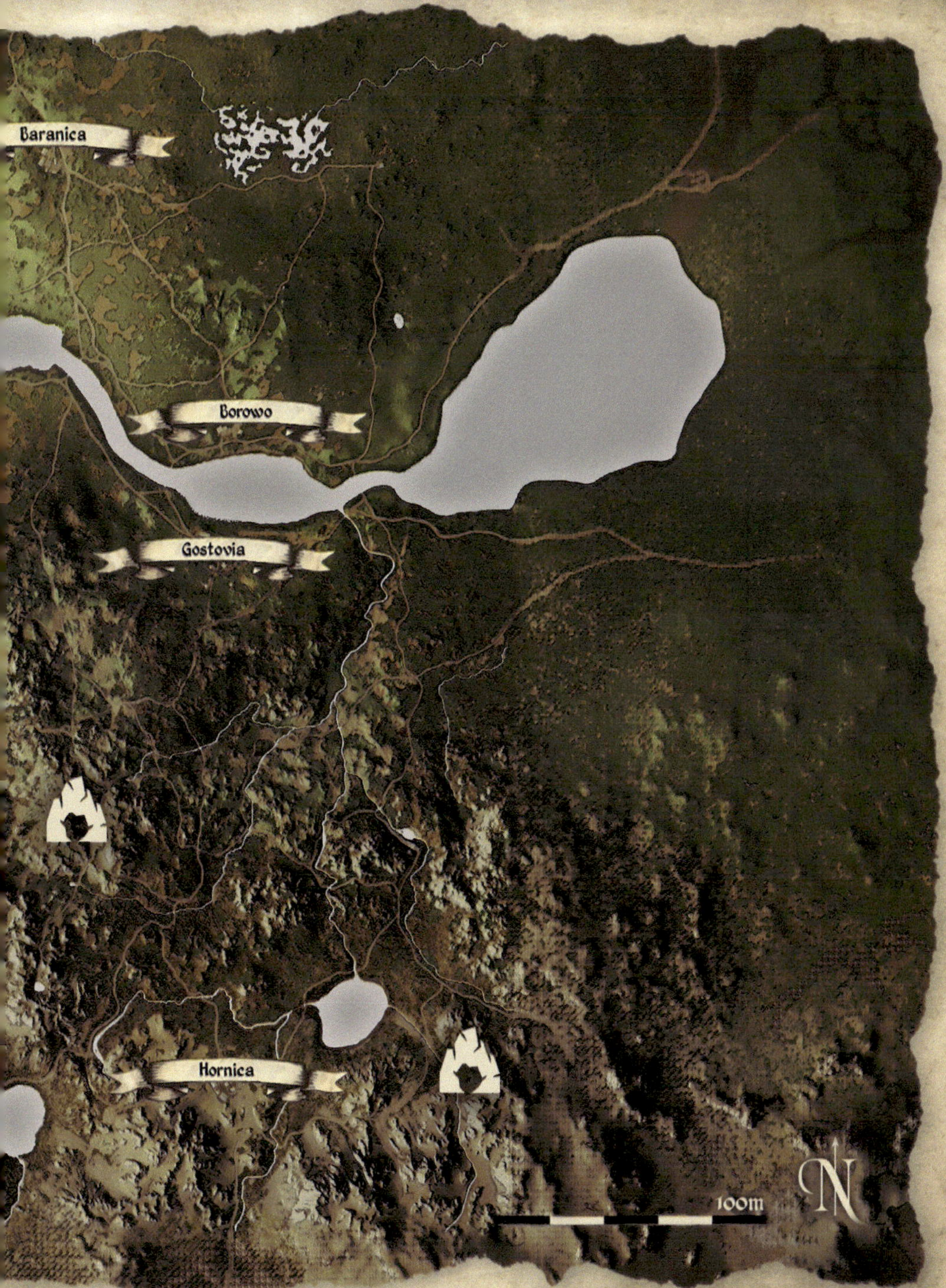
Baranica
Borowo
Gostovia
Hornica
100m
N

3.1 Dörfer

Gostovia

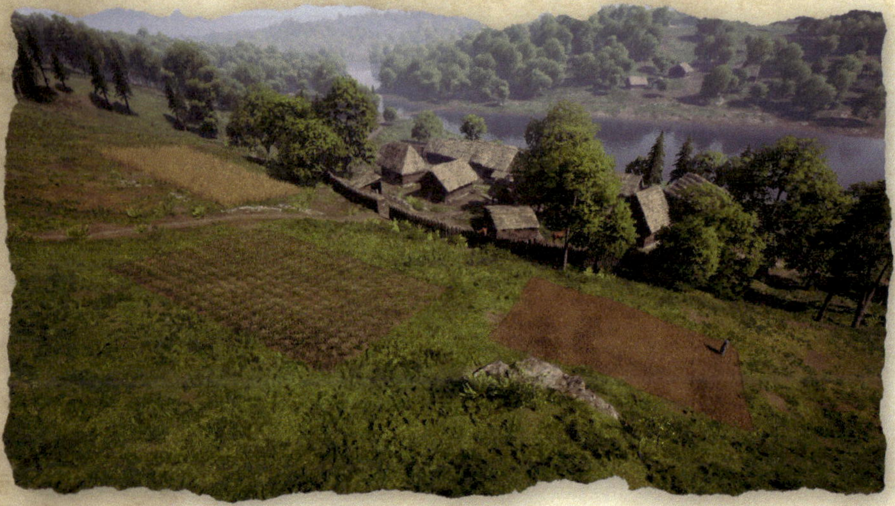

Beschreibung

Gostovia ist wahrscheinlich das erste Dorf, das du in Medieval Dynasty betreten wirst. Zugleich ist es ein wichtiges Zentrum im Tal, da dort der Kastellan ***Uniegost*** wohnt. Diesem muss man jeden Frühling die Steuern bezahlen. Außerdem hält er für ***Racimir*** (den Spieler) einige Aufgaben bereit, die seine Geschichte und die von ***Racimirs Onkel Iordan*** näher beleuchten.

Die zweite Person in Gostovia, die dich mit mehreren Quests versorgen wird, ist der junge Landwirt ***Alwin***. Du hilfst ihm dabei, über den Tellerrand seines Bauerndaseins zu schauen.

Da Gostovia relativ groß ist, findest du viele Gegenstände im Dorf rumliegen, die du klauen kannst. Aber Vorsicht: Sieht man dich dabei, verlierst du einiges an Ansehen (Dynasty Reputation) - der Versuch allein genügt schon (z. B. das Öffnen von Truhen)!

In Gostovia kannst du ***Rinder*** und ***Gänse*** für deinen Hof erwerben.

Händler

- Schankwirtin Dobroniega: Getränke, Obst, Fleisch
- Köchin Adelina: Essen
- Landwirt Edwin: Samen, Landwirtschaftsgeräte, Dünger
- Rinderzüchter Sobiemir: Rinder, Dung, Tierfutter, Eimer

In der näheren Umgebung

Das Dorf ***Borowo*** ist gleich gegenüber von Gostovia und über zwei Brücken schnell zu erreichen. Am Fluss bei Gostovia wächst viel Ried (Schilf). Östlich an der Straße bei der Brücke über den Fluss kann ein umgestürzter Wagen liegen, ebenso wenn man der Straße ein Stück westlich von Gostovia in den Wald folgt, am linken Straßenrand.

Ebenfalls westlich im Wald befindet sich ein Ort, wo man Tongruben für Ton mitsamt einer vergessenen Schaufel finden kann – wie praktisch! Die Schaufel ist ein zufälliger Spawn.

Die Gegend um Gostovia bietet sich für ein neues Dorf an, da fast alle Ressourcen in der Nähe sind und der Weg in die nächsten Dörfer extrem kurz ist. Außerdem muss man ja immer wieder dort seine Steuern bezahlen und bekommt im Ort auch viele Quests.

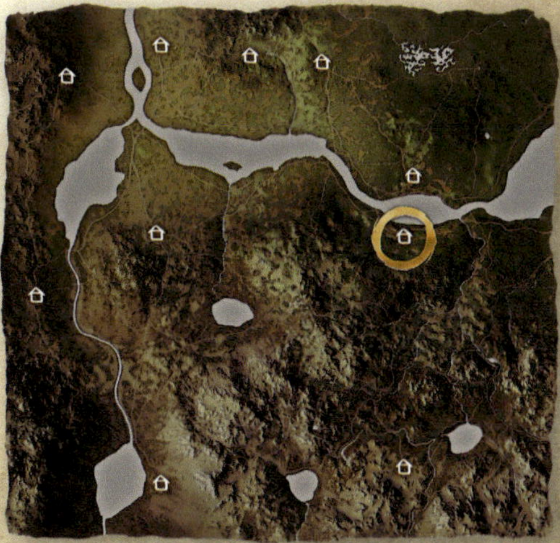

Südöstlich von Gostovia findet man etwa einen malerischen kleinen Wasserfall, an dem man ein hübsches Dorf in schöner Umgebung anlegen kann.

Borowo

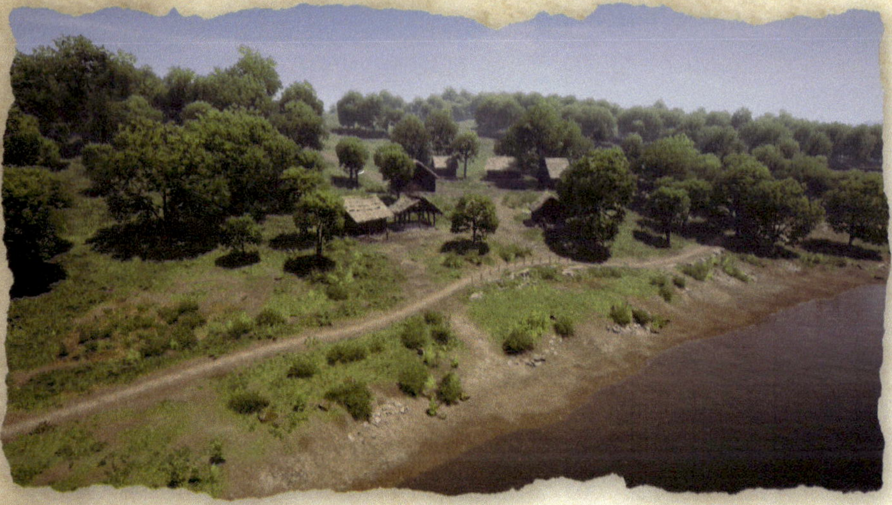

Beschreibung

Borowo liegt direkt gegenüber von ***Gostovia*** und ist schnell über eine der zwei Brücken zu erreichen. Der Ort ist deutlich kleiner und bietet nicht viel Interessantes.

Allerdings kann man hier ***Hühner*** kaufen und ein Hühnerstall ermöglicht dir normalerweise die erste Tierzucht, die man betreiben kann. Bei ***Inga*** bekommst du alles, was du dafür brauchst.

Den Händler ***Falibor*** wirst du bei mancher Quest besuchen.

Wenn du sehr viele Sachen zu verkaufen hast und das Geld der Händler in Gostovia dafür nicht ausreicht, dann bist du schnell in Borowo, um die restlichen Güter zu veräußern.

Händler

- Hühnerzüchterin Inga: Eier, Dung, Federn, Tierfutter
- Handwerker Falibor: Körbe, Krüge, Becher, Teller, Fackeln

In der näheren Umgebung

In den Wäldern nordöstlich von Borowo triffst du auf Wisente, sei also vorsichtig - diese europäischen Bisons sind durchaus aggressiv und gefährlich!

Gehst du östlich am Fluss entlang, kommst du zum großen See. Dort gibt es viel Ried und eine größere ebene Fläche, die sich für ein schönes großes Dorf geradezu anbietet. Gostovia und Borowo liegen in unmittelbarer Nähe, allerdings bist du weit von den anderen Dörfern entfernt.

Folgst du dem östlich von Borowo gelegenen Pfad nach Norden, kommst du zum Einsiedler Sambor - auf dem Weg dorthin findest du einen durchbrochenen Zaun mit einem Spawnort, wo du einen liegengebliebenen Wagen unten in der Böschung finden kannst.

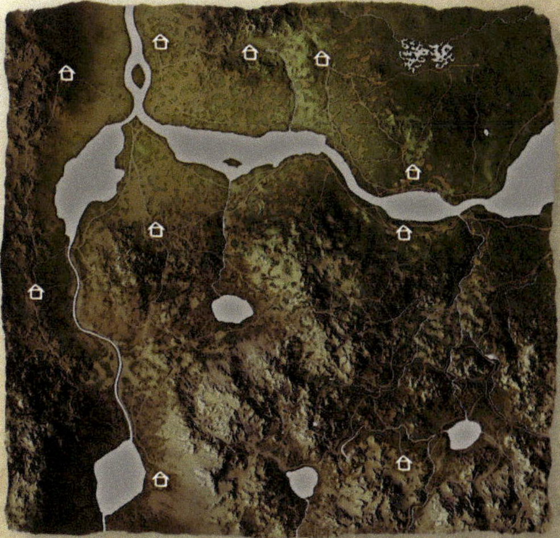

Baranica

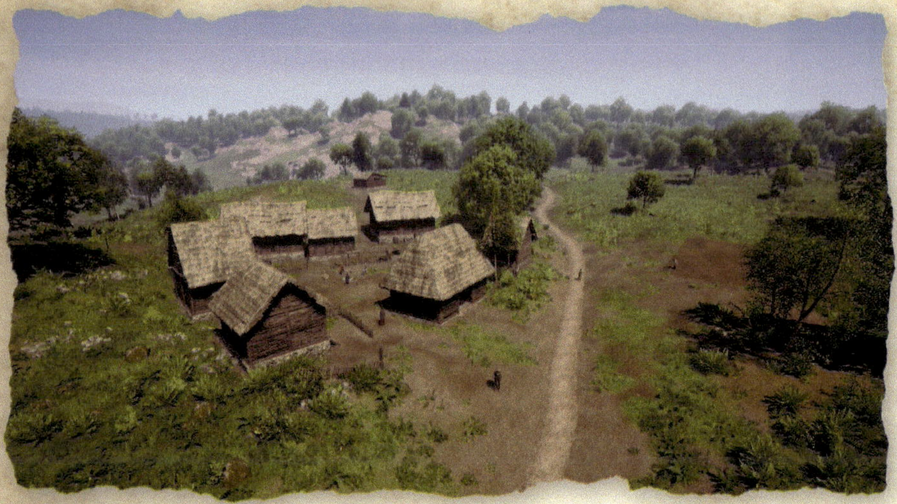

Beschreibung

Baranica ist ein kleines, auf einem Höhenkamm gelegenes Dorf. Der ***Kräuterhändler Norbert*** hat sich dort niedergelassen. Bei ihm kannst du günstig Tränke erwerben, falls du diese nicht selber herstellen kannst.

Willst du ***Schafe*** züchten, musst du die Züchterin ***Alina*** etwas nördlich vom Dorf bei ihrem Schafstall besuchen. Sie bietet dir alles, was du dafür benötigst.

Neben dem obligatorischen Lagerfeuer mit Reisenden auf der Suche nach einer Heimat hat das Dorf sonst nicht viel Interessantes zu bieten.

Händler

- Kräuterkundler Norbert: Kräuter, Pilze, Tränke
- Schäferin Alina: Dung, Tierfutter, Wolle, Eimer, Schurschere

In der näheren Umgebung

Östlich von Baranica findest du ein Tonvorkommen.

Außerdem gibt es dort im Osten weitläufige, ebene Flächen - ideal für ein sehr großes Dorf. Allerdings solltest du ausreichend Äxte und Spaten mitbringen - dazu müssen einige Bäume entfernt werden.

Noch weiter östlich befindet sich ein Sumpfgebiet (deutlich auf der Karte zu sehen) und dahinter findest du Sambor in seiner Einsiedelei.

Die Höhle bei ***Branica*** ist nur knapp 250 m von Baranica entfernt und liegt in nordwestlicher Richtung. Bei der Höhle kannst du Erze und eine Spitzhacke finden.

Folge von Baranica aus dem Weg nach Norden und du kommst zu einer Weggabelung mit Wegweiser. Dort ist öfter ein umgestürzter Wagen zu finden. Direkt südlich von Baranica findest du am Fluss eine große Menge Ried.

Auf den ersten Blick wirkt Baranica als Siedlungsgebiet nicht so verlockend, aber du findest dort alles, was du benötigst: Holz, Ton, Ried und Metalle (in der nordwestlichen Höhle).

Östlich von Baranica findest du ein hervorragendes Jagdgebiet; von Wildschweinen über Elche und Wölfe, bis hin zu Luchsen.

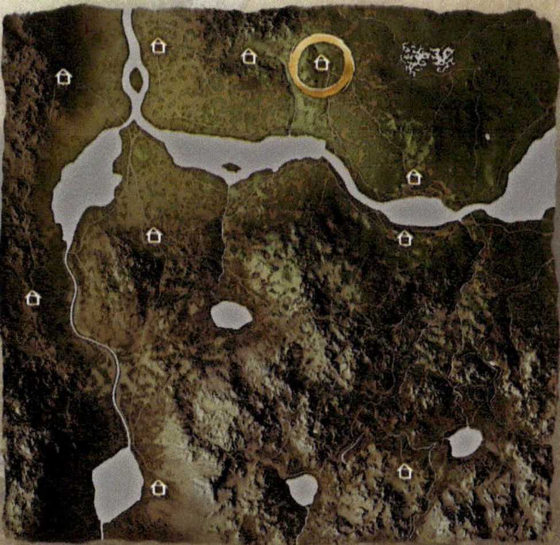

Branica

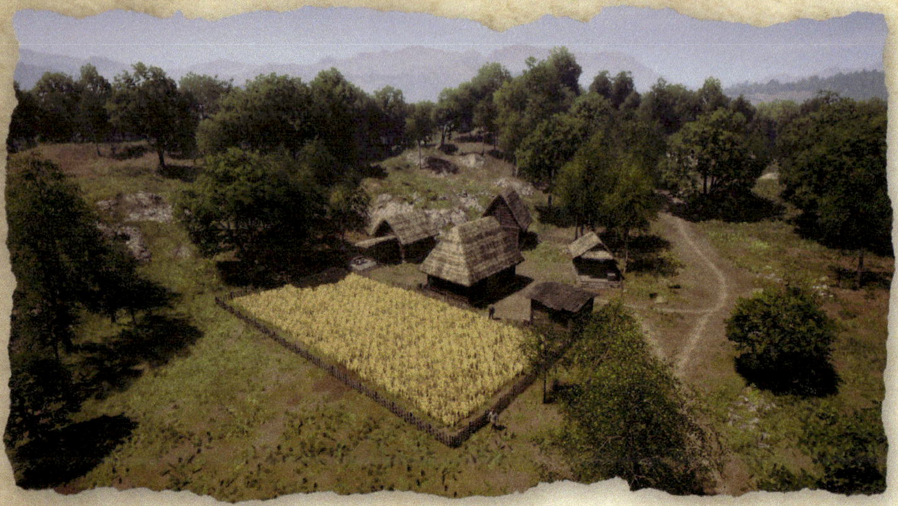

Beschreibung

Branica ist ein kleiner Bauernhof im Hochland, nicht weit von ***Baranica*** entfernt.

Die Näherin ***Lubomira*** befindet sich in einem kleinen Wettstreit mit der anderen Näherin im Tal – ***Karolina*** aus ***Hornica***. Es kann sein, dass du in einer Quest zwischen ihnen vermittelst oder zwischen ihre Fronten gerätst. Entscheidest du dich richtig, kannst du umsonst teure Schuhe erhalten. Diese kleine Quest kann auch mit der Näherin aus ***Denica*** oder der Näherin aus deinem eigenen Dorf starten!

Bogdan bietet dir Bretter an, falls du diese noch nicht selbst herstellen kannst.

Aus einigen Kisten kannst du ein bisschen Stoff, Garn und Münzen klauen, aber lass dich nicht erwischen!

Händler

- Holzfäller Bogdan: Bretter, Holz, Steinäxte
- Näherin Lubomira: Kleidung, Schuhe, Taschen, Garn

In der näheren Umgebung

Du findest gleich nordöstlich in Sichtweite von Branica eine Höhle. Viele andere Höhlen liegen in unwegsamem Gelände, in deren Nähe man nur schwer oder wenig bauen kann. Hier hast du südlich der Höhle genügend Platz für eine Siedlung und außerdem zwei Dörfer in unmittelbarer Nähe - für eine Bergbausiedlung also ein interessanter Ort.

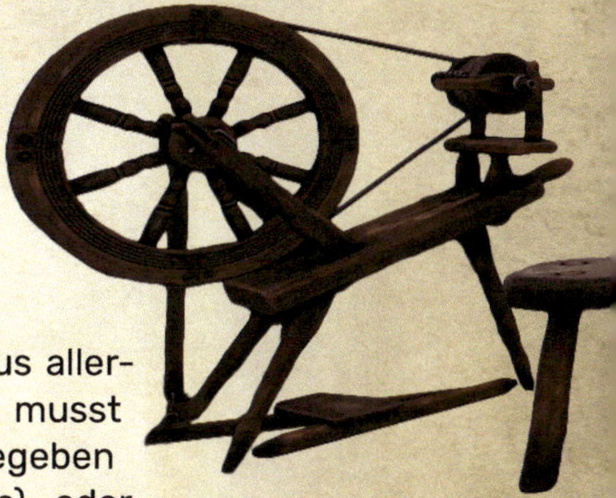

Folge der Straße nach Westen Richtung ***Tutki***. Östlich einer kleinen Weggabelung kann ein umgestürzter Wagen liegen, in dem allerdings nur etwas Wolle oder Felle zu finden sind.

Jagdgebiete sind von Branica aus allerdings etwas weiter entfernt. Du musst dich südlich zu den Flussauen begeben (Wildschweine, Füchse, Wisente) oder westlich zwischen ***Tutki*** und ***Branica*** auf Hirschjagd gehen.

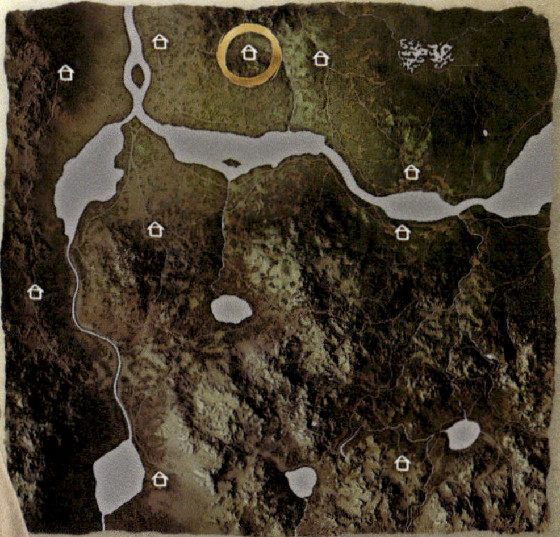

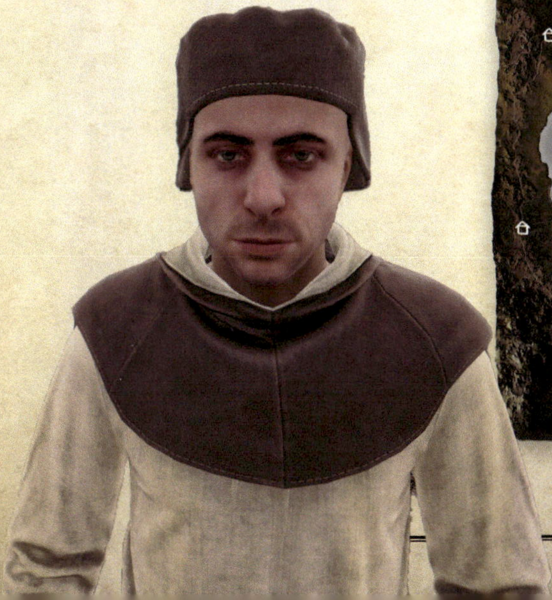

Tutki

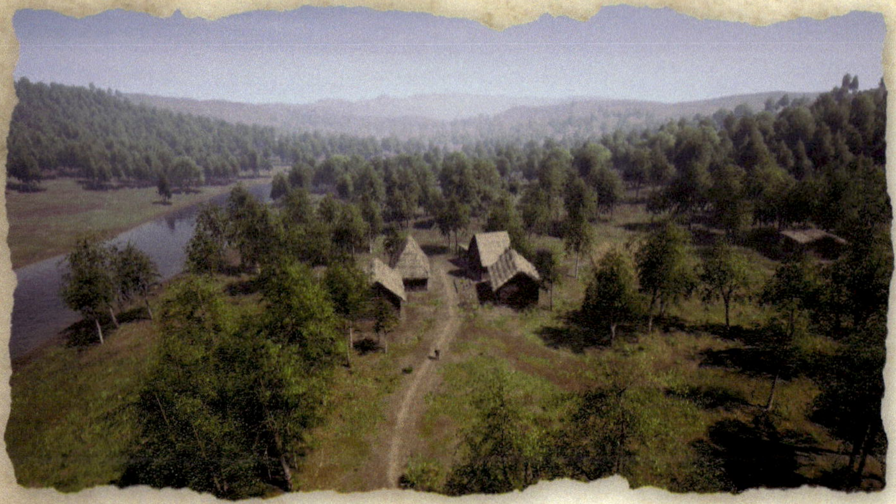

Beschreibung

Tutki ist ein noch kleines und relativ junges Dorf. In einer sehr frühen Entwicklungsphase des Spiels war Tutki der Startpunkt und der Bauer ***Rajmund*** der erste Anlaufpunkt für den Spieler. Doch dies hat sich im Laufe der Entwicklung grundlegend geändert.

In Tutki findest du in einer kleinen Jagdhütte, etwas abseits der anderen Gebäude bei einem Feld, einen Bogen und ein paar Steinpfeile in einer Truhe. Diese erleichtern dir die Jagd zu Beginn des Spiels schon einmal deutlich.

Die ***Esel***, die du bei Amanda kaufen kannst, haben mehr Tragekapazität als Pferde.

Wolrad, der Mitglied der Gruppe deines ***Onkels Iordan*** war, lebt in Tutki. (Siehe sein Bild auf der rechten Seite)

Händler

- Eselzüchterin Amanda: Sättel, Dung, Tierfutter, Hufeisen
- Jäger Rajmund: alle Bögen, Steinpfeile, Messer, Speer, Trinkschlauch, Fleisch, Leder, Felle, Salz. Rajmund kann dir, gegen eine kleine Bezahlung, die Fundorte von Vögeln und anderen Wildtieren auf deiner Karte einzeichnen.

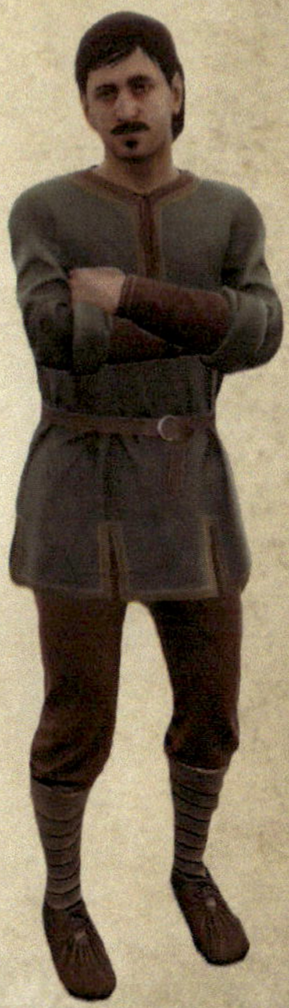

In der näheren Umgebung

Nördlich und nordöstlich von Tutki sind in den lichten Birkenwäldern Hirsche zu finden. Weiteres jagdbares Wild kann man südöstlich zum Fluss hin (Wisente, Wildschweine) und östlich Richtung Branica (Wölfe, Hirsche) aufstöbern.

Südwestlich bietet sich eine kleine Insel im Fluss als idyllischer Bauplatz für einen kleinen Hof an.

Ried ist bei der südlichen Brücke über den Fluss zu finden.

Die Höhle bei ***Branica*** ist nicht zu weit entfernt.

Ton gibt es westlich über den Fluss auf halbem Weg nach Rolnica oder in der Nähe des Flusses südlich von Branica.

In der Nähe befinden sich zahlreiche Luchse, Dachse und Elche.

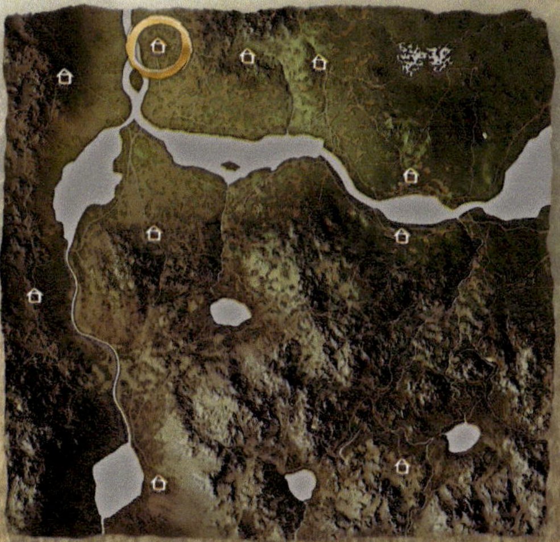

Rolnica

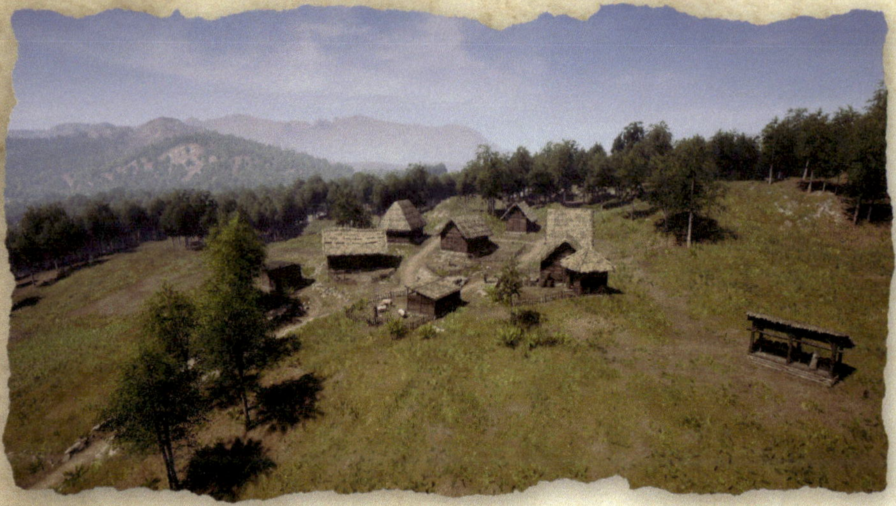

Beschreibung

Rolnica ist ein größeres Bergdorf sehr weit im Nordwesten der Karte gelegen. In den Häusern gibt es in Truhen ein wenig zu stehlen und auch im Dorf selbst stehen einige Gegenstände herum, falls du diese klauen möchtest.

Bei Landwirt ***Nadar*** und Schweinezüchterin ***Irmina*** kannst du fast alles kaufen, was du als Bauer benötigst. Nur in Rolnica bekommst du ***Schweine*** für deine eigene Schweinezucht.

Außerdem ist in Rolnica mit ***Tomira*** eine von zwei Kräuterhändlern im Tal zu finden. Der zweite lebt in Baranica.

Da es hier drei Händler gibt, ist Rolnica ein guter Anlaufpunkt im Nordwesten der Karte, um viele Waren zu verkaufen.

Eine Quest der Schankwirtin ***Dobroniega*** aus ***Gostovia*** führt dich auf der Suche nach einer vermissten Roggenlieferung zu Nadar nach Rolnica. Nadars vermissten Boten findest du verletzt am Wasserfall am Bach östlich von **Denica**!

Händler

- Landwirt Nadar: Samen, Dünger, Tierfutter, Gemüse, Obst, Getreide, Stroh, landwirtschaftliches Werkzeug, Setzlinge
- Kräuterkundlerin Tomira: Kräuter, Pilze, Tränke
- Schweinezüchterin Irmina: Fleisch, Dung, Tierfutter

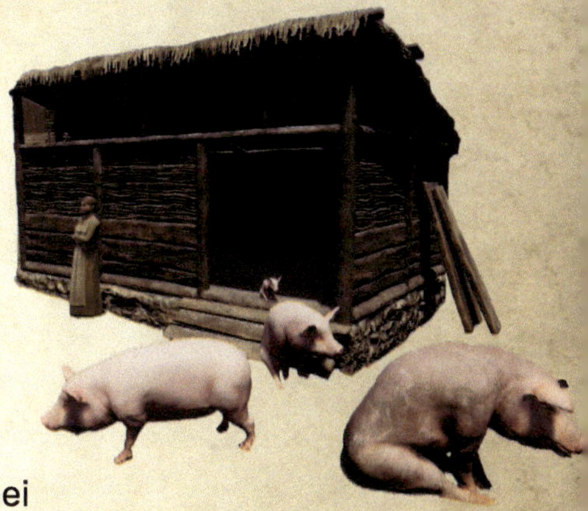

In der näheren Umgebung

Ton findet sich östlich in Richtung des Flusses.

Für jagdbares Wild musst du ein wenig laufen, aber es findet sich ausreichend rund um das Dorf.

Höhlen sind allerdings weit entfernt von Rolnica. (Östlich bei **Branica** und südlich bei **Lesnica**).

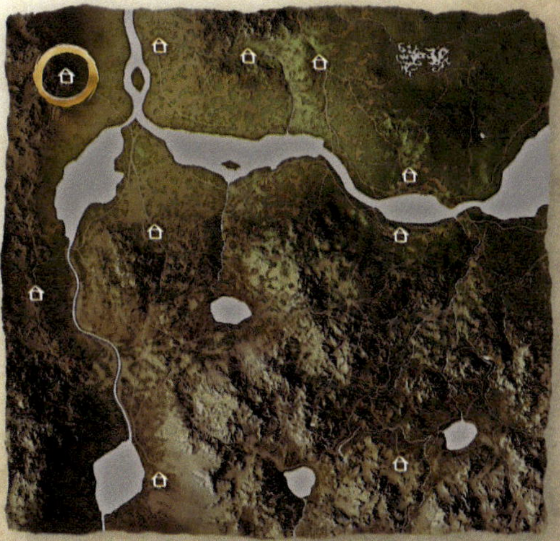

Die Gegend im Dreieck von **Tutki**, **Rolnica** und **Denica** bietet schöne Landschaften am Fluss, Brücken und ausreichend Platz, um deine Traumsiedlung zu verwirklichen.

Kleiner Nachteil: Die dort hauptsächlich vorkommenden Birken bringen nur 2 Stämme pro Baum.

Denica

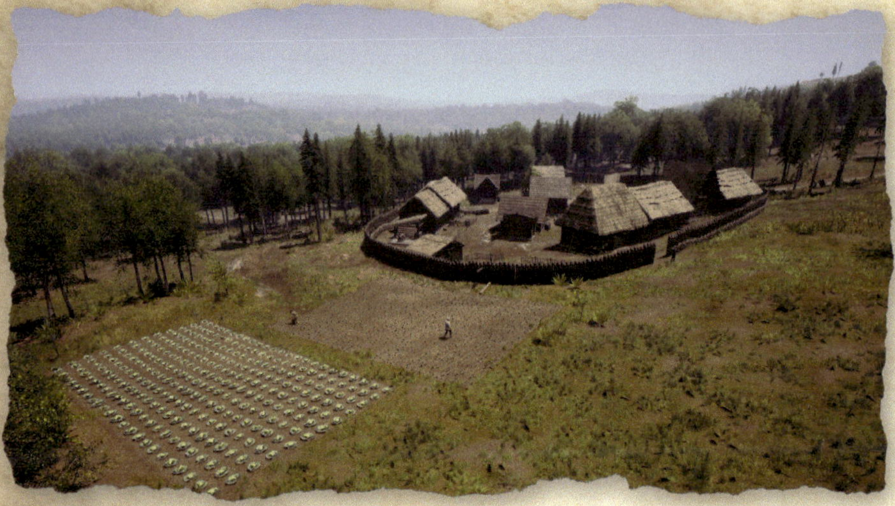

Beschreibung

Denica liegt zwischen den Wäldern der Flussauen und dem bergigen Gebiet im Süden. Das Dorf ist relativ groß und wird von einer Palisade geschützt.

Mit drei Händlern hast du genug Verkaufsstellen, um auch größere Warenmengen loszuwerden. Außerdem kannst du dort ***Ziegen*** kaufen, einen Tierhändler gibt es dazu aber nicht.

Im Dorf findest du einige Gegenstände, die du stehlen kannst, jedoch keine hochwertigen Werkzeuge.

In Sambors Questreihe wirst du hier Kontakt mit der frühreifen „Händlerin" ***Fenenna*** haben.

Händler

- Landwirt Dagobert: Samen, Dünger, Tierfutter, Obst, Getreide, Stroh, landwirtschaftliches Werkzeug
- Näherin Matylda: Kleidung, Schuhe, Taschen, Garn
- Köchin Kinga: Essen

In der näheren Umgebung

In den Wäldern rund um Denica findest du genug Wild.

Südlich erhebt sich ein kleiner Berg (mit genügend Stein zum Abbauen) und hinter dem Berg östlich der Straße gibt es ein Tonvorkommen.

Ein Stück südöstlich liegt ein idyllischer See im Wald. Um ihn herum findet man ab und zu verlassene Jagdlager. Westlich des Sees in Richtung des Tonvorkommens befindet sich eine weite offene Fläche mit Platz für ein Dorf mit Feldern.

Südwestlich von Denica, an der Straße nach ***Lesnica,*** kann ein umgestürzter Wagen an einer Gabelung auftauchen, bei der nördlichen Brücke über den Fluss ein Lager mit Fischereiausrüstung.

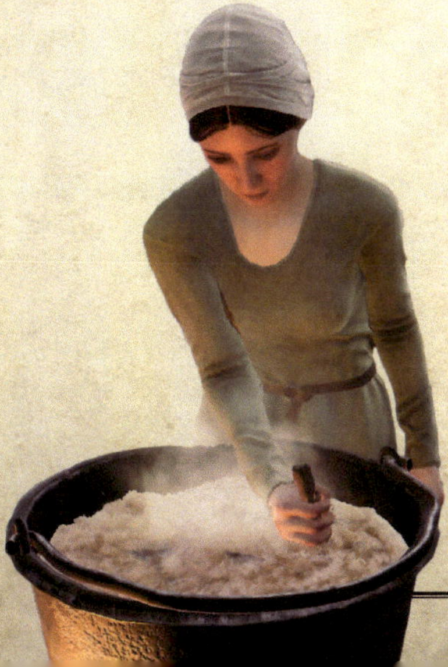

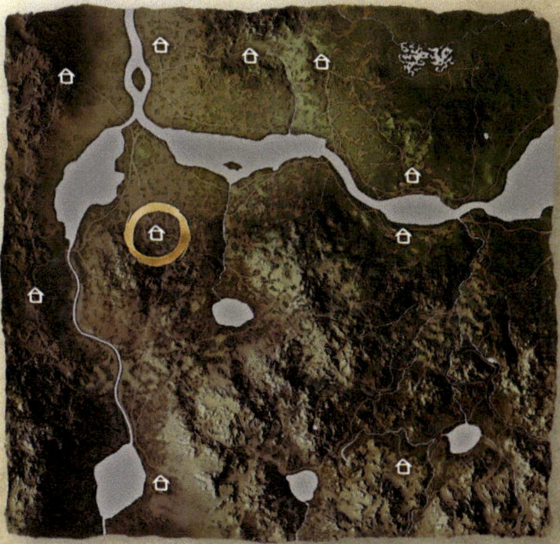

Lesnica

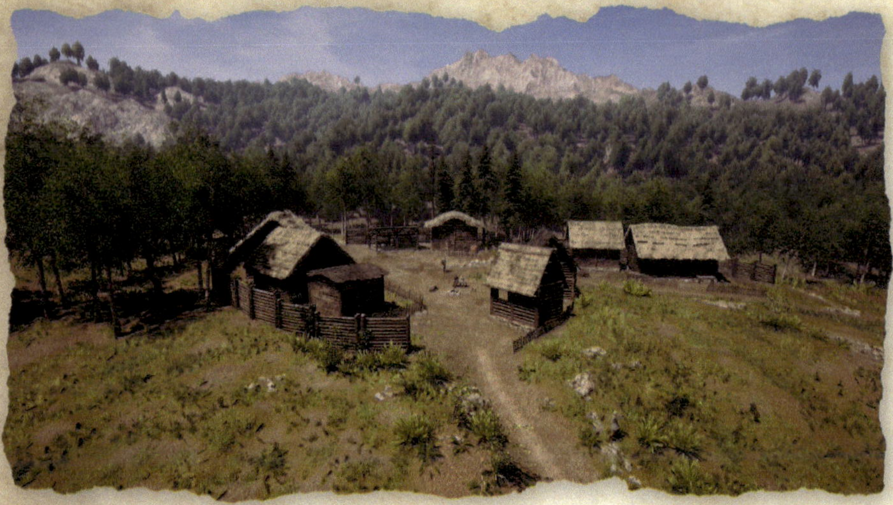

Beschreibung

Lesnica ist ein Bergarbeiterdorf, umgeben von einem kleinen Zaun auf einer Anhöhe im Westen des Tals.

Die dortigen vier Händler sind für ein Dorf eine große Anzahl. Es gibt aber niemanden, der gekochtes Essen verkauft, auch Tierhändler gibt es hier keine. Solltest du etwas zum Essen benötigen, musst du nach Denica oder Jezerica weiterziehen oder selbst etwas über dem Lagerfeuer braten.

In Lesnica befindet sich einer der beiden Schmiede des Tals. Bei *Teobald* kannst du Werkzeuge, Waffen, Pfeile und Bolzen aus allen Metallen kaufen.

Eine der Quests von Alwin wird dich nach Lesnica zur Jägerin Gizela führen.

Händler

- Jägerin Gizela: alle Bögen, Steinpfeile, Messer, Speer, Trinkschlauch, Fleisch, Leder, Felle, Salz.
  Gizela verkauft dir die Fundorte zu Vögeln und anderen Wildtieren und trägt diese auf deiner Karte ein.
- Holzfäller: Bretter, Holz, Steinaxt
- Schmied Teobald: Werkzeuge und Waffen aus Metall, Erze,
- Bergarbeiterin: Steine, Erze, Ton, Salz, Spitzhacken, Schaufeln, Fackeln, Metallbarren

In der näheren Umgebung

Nördlich von Lesnica findest du in dem hügeligen Gebiet gleich zwei Tonvorkommen.

Folge dem Weg südlich aus dem Dorf durch den Wald bis zu einer Wegkreuzung. Gehe dann nach Westen weiter und du erreichst eine Höhle. Achtung: Ein bis zwei Bären halten sich um die Höhle herum auf!

Möchtest du in der Gegend um Lesnica bauen, dann bereite dich auf viel Holzfällerarbeit vor!

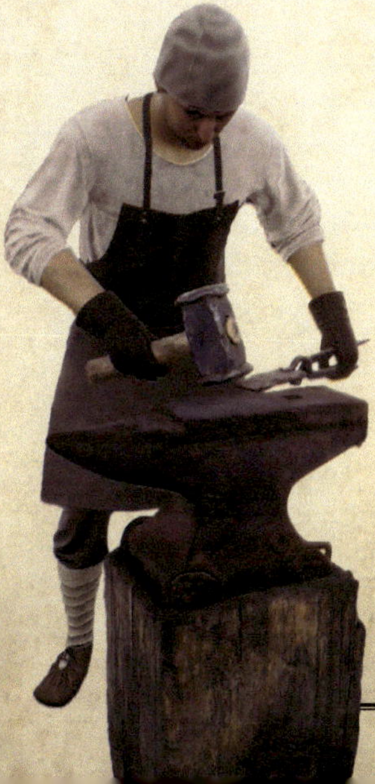

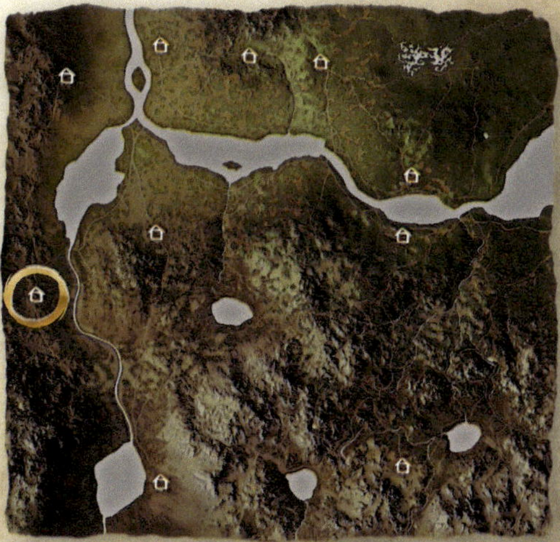

Jezerica

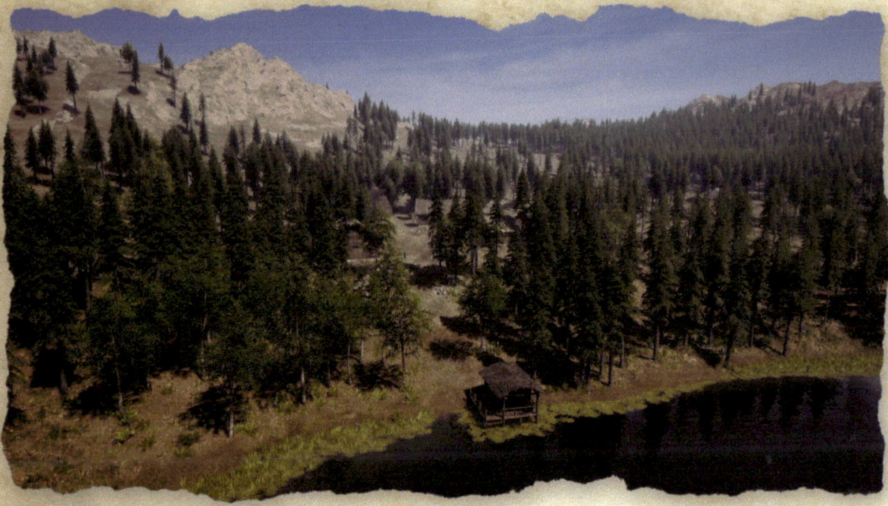

Beschreibung

Jezerica ist ein kleines Fischerdorf an einem Bergsee in den südwestlichen Bergen, die das Tal umgeben.

In ***Uniegosts Geschichte*** wird dich eine Quest zu ***Domagoj*** in Jezerica führen. Ein kleiner Tipp: Nimm am besten eine Armbrust mit.

Ansonsten gibt es wenig Gründe, dieses Dorf zu besuchen, außer der Herold des Königs oder der Händler für seltene Waren sind in der Schenke abgestiegen. Willst du jedoch abgelegen am Anfang der Welt bauen und wohnen, bist du hier an der richtigen Stelle.

Händler

- Fischer Bytomir: Fische, Salz, Fischspeer

  Bytomir verkauft dir die Fundorte zu Vögeln und anderen Wildtieren und trägt diese auf deiner Karte ein.

- Schankwirtin Nieluba: Getränke und etwas Essen

In der näheren Umgebung

Folge dem Weg nach Norden aus dem Dorf, vorbei an einer kleinen Brücke, bis sich der Weg gabelt. Zwischen den beiden Wegen findest du ein Tonvorkommen, dort wo der rechte Weg nach Osten abbiegt.

Nordöstlich auf der anderen Seite des Berges befindet sich eine Höhle. Du kannst dem Weg östlich von Jezerica aus folgen, doch dann machst du einen weiten Umweg. Schneller geht es, wenn du direkt über den Berghang gehst. Achtung: Im Umfeld nördlich der Höhle treiben sich ein bis zwei Bären herum.

Ried wächst südlich des Fischerhäuschens am See.

Folgst du dem Fluss nach Norden, erreichst du ein schönes, großes und flaches Gebiet, das sich fürs Bauen anbietet. Es ist in der Mitte zwischen ***Jezerica*** und ***Lesnica*** gelegen. Du hast es also nicht weit zum Schmied und den anderen Händlern in Lesnica und die Höhle im Westen ist auch sehr nahe. Du bist direkt neben einem Tonvorkommen und die zweite Höhle im Osten ist auch gut erreichbar. Platz für Felder ist ausreichend vorhanden. Nachteil ist der sehr weite Weg nach ***Gostovia*** zum Bezahlen der jährlichen Steuer, aber sobald man verheiratet ist, kann man dafür ja seine Frau schicken.

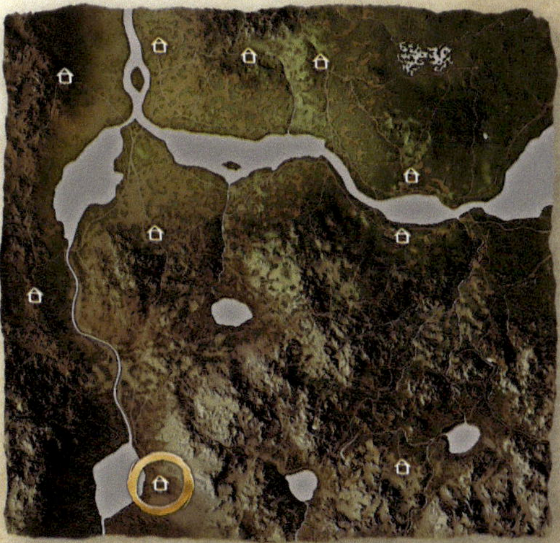

Hornica

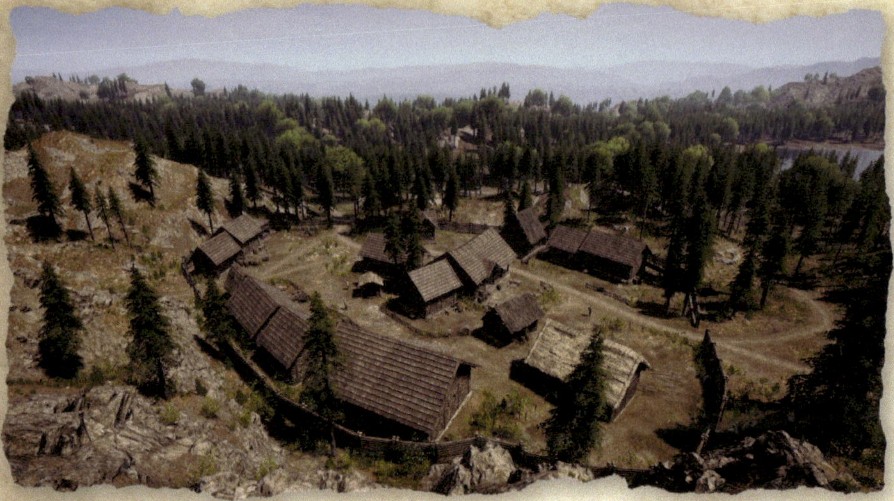

Beschreibung

Hornica ist das größte Dorf im Tal. Es ist eine Bergbau- und Handelsniederlassung am südlichen Rand der Karte. Mit sechs Händlern bietet es die besten Möglichkeiten für Ein- und Verkauf. Einige Quests werden dich immer wieder nach Hornica führen.

Händler

- Schmied Jan: Waffen und Werkzeuge aus Metall, Erze, Barren
- Näherin Karolina: Kleidung, Taschen, Beutel, Rucksäcke
- Pferdehändler Leonard: Sättel, Hufeisen, Tierfutter
- Bergarbeiter: Erze, Salz, Steine, Bergbaugeräte, Metallbarren
- Koch: Essen und Zutaten
- Schankwirtin Helga: Getränke und etwas Essen

In der näheren Umgebung

Nicht nur das Dorf selbst hat viel zu bieten. In der Umgebung des Dorfes findest du im Wald viele verschiedene Tiere zum Jagen.

Die Seen westlich und östlich sind ein gutes Siedlungs- oder Jagdgebiet.

Am östlichen See leben im Südosten Bären und wenn man dem Bach weiter folgt, kommt man zu einer Höhle.

Eine weitere Höhle ist im Gebirge nordwestlich von Hornica zu finden. Folge dem Weg nach Norden bis zur zweiten Weggabelung direkt nach einer kleinen Brücke über einen Bach und halte dich dort westlich. Sei vorsichtig, auch bei dieser Höhle tummeln sich Bären.

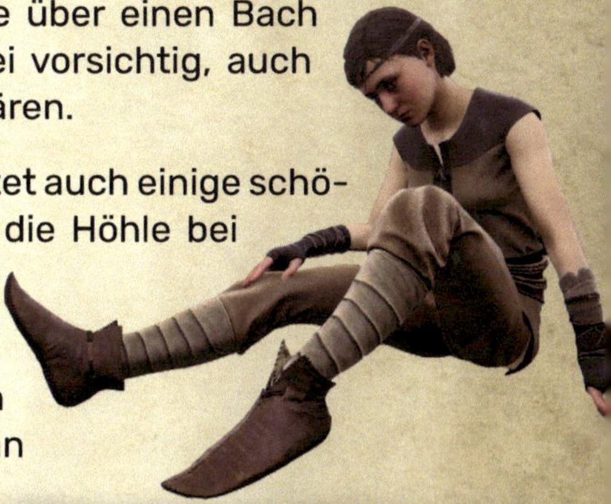

Der See westlich von Hornica bietet auch einige schöne Bauplätze, zudem Ried, und die Höhle bei ***Jezerica*** ist nicht weit entfernt.

Der See östlich bietet jedoch mehr freie Bauplätze und man kann sogar nahe bei der dortigen Höhle bauen. In den nördlichen Wäldern des Sees sind auch mehr Tiere zu finden als beim See westlich von Hornica.

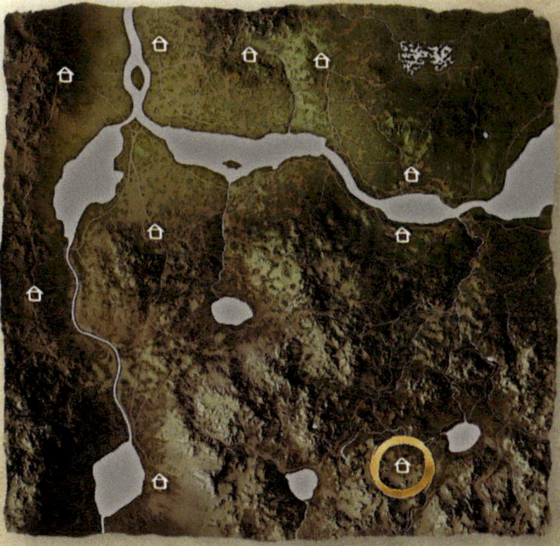

Ton findet man im Wald nördlich des Sees im Osten. Folge dem Bach, der nach Norden fließt. Auf seiner linken Seite findest du im Wald etwas versteckt die Tonvorkommen.

Einsiedler Sambor

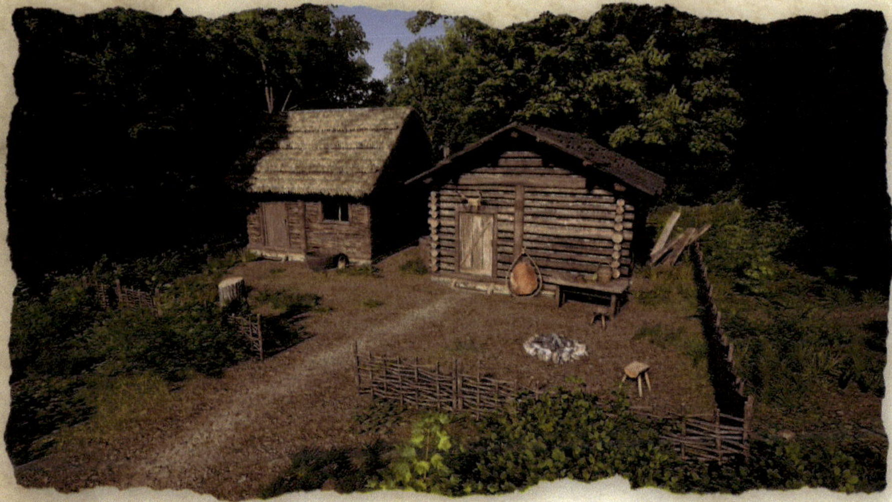

Beschreibung

Der Einsiedler **Sambor** lebt zurückgezogen im nordöstlichsten Teil der Karte. Eine Quest von **Uniegost** führt dich zu ihm. Sei gewarnt: Sambor ist ein rauer Bursche, aber auch eine Plaudertasche! Sammle die Hirschfiguren am Boden in der Nähe seines Hauses auf und frage ihn, was es damit auf sich hat, um eine weitere Quest zu erhalten!

Händler

- keine

In der näheren Umgebung

Nicht umsonst hatte sich hier ein Jäger niedergelassen. In den großen Waldgebieten westlich und südlich kannst du viele verschiedene Tiere, wie z. B. Hirsche und Wisente, finden.

Zahlreiche Tonvorkommen sind dort auch zu finden. Direkt nördlich von Sambors Haus ist das erste und ein Stück östlich des Hauses ein zweites Vorkommen. Das dritte findet man nördlich des Sumpfes.

Die nächstgelegene Höhle ist bei ***Branica*** und damit ein gutes Stück entfernt.

Ried (Stroh) bekommt man am Fluss direkt südlich von Sambors Haus. Man muss aber auch ein bisschen weiter laufen, um dorthin zu gelangen. Näher ist der Sumpf im Westen, auch dort findet man mit etwas Suchen Ried.

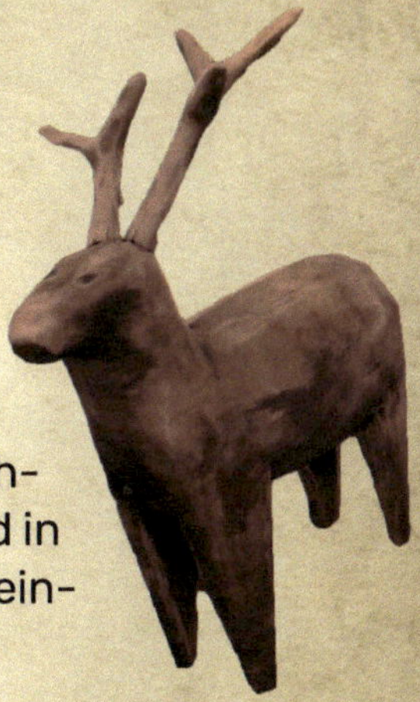

Die Gegend um Sambors Hütte ist sehr bewaldet. Willst du dort in der Nähe ein Dorf errichten, solltest du den „Robin-Hood-Style" im Wald in Betracht ziehen oder dich auf viel Holzfällen einstellen.

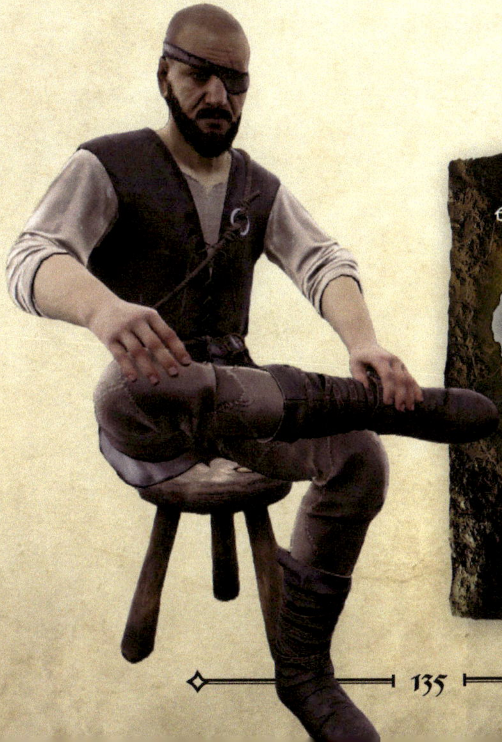

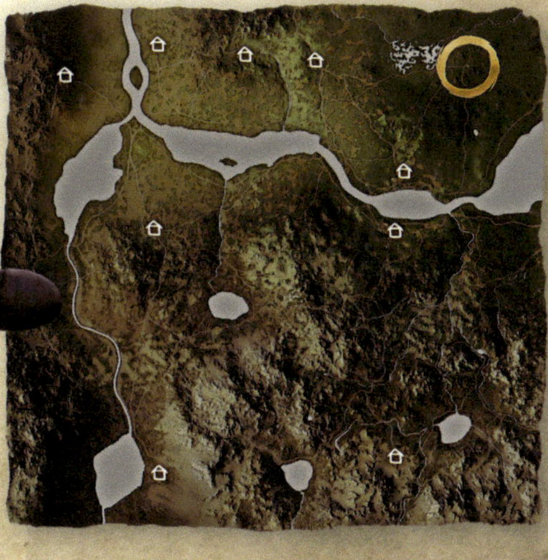

3.2 Interessante Orte

Neben den Dörfern stößt du im Tal immer wieder auf kleine Orte, an denen du Gegenstände, Ressourcen oder Wertsachen finden kannst. Vor allem Werkzeuge aus Metall sind zu Spielbeginn eine große Hilfe.

Diese Orte sind:

- verunglückte und liegengebliebene Handkarren
- Jagdlager mit Lagerfeuer und Schlafstätten
- liegengebliebene Sachen von Arbeitern (z. B. eine Eisenschaufel, die in einem Tonvorkommen steckt, oder eine liegengebliebene Spitzhacke vor einer Höhle)

Die meisten dieser Fundorte werden zufällig generiert. Sie haben feste Plätze, aber ob sie generiert werden, wird zum Jahreszeitenwechsel zufällig bestimmt. Die folgenden Karten zeigen dir einige dieser Orte, aber es gibt noch mehr zu finden! Seit Version 1.0 wurden in zahlreichen Updates über 100 neue Orte hinzugefügt!

Suche vor allem bei Höhlen, Tonvorkommen, Weggabelungen oder Kreuzungen, bei durchbrochenen Zäunen und an anderweitig auffälligen Orten nach diesen Fundstätten - oft wirst du fündig.

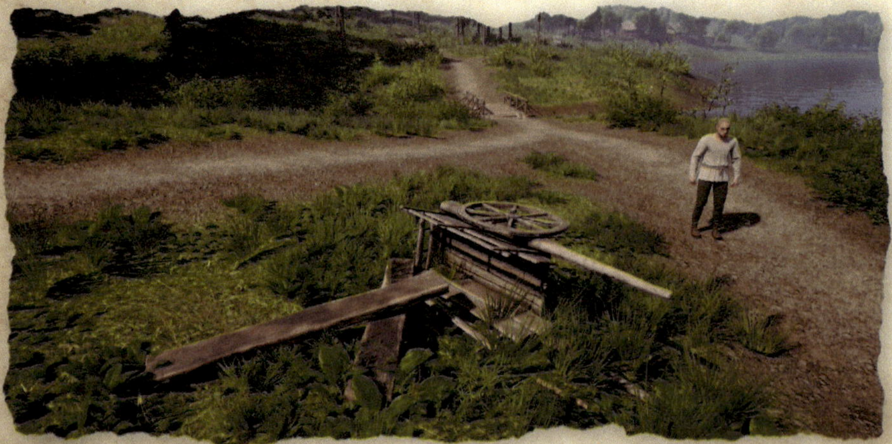

Liegengebliebene Wägen und vergrabene Schätze

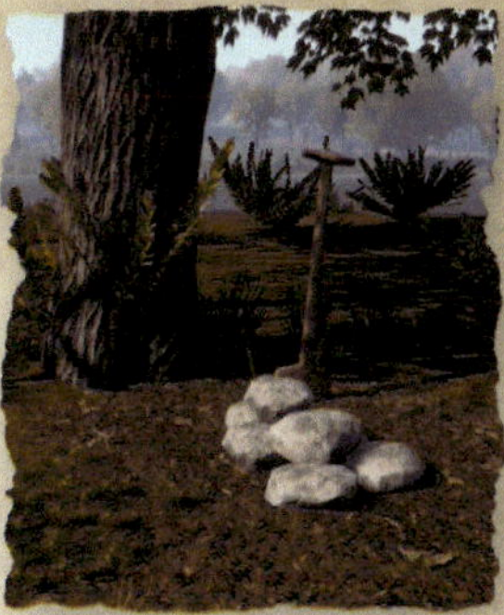

Liegengebliebene Wägen findest du immer nahe eines Wegs oder an einer Wegkreuzung.

Vergrabene Schätze erkennst du an einem Steinhaufen und der Schaufel, die meist daneben im Boden steckt. Hebe alle Steine auf, denn darunter findest du meist ein Geldsäckchen oder einen anderen kleinen Schatz.

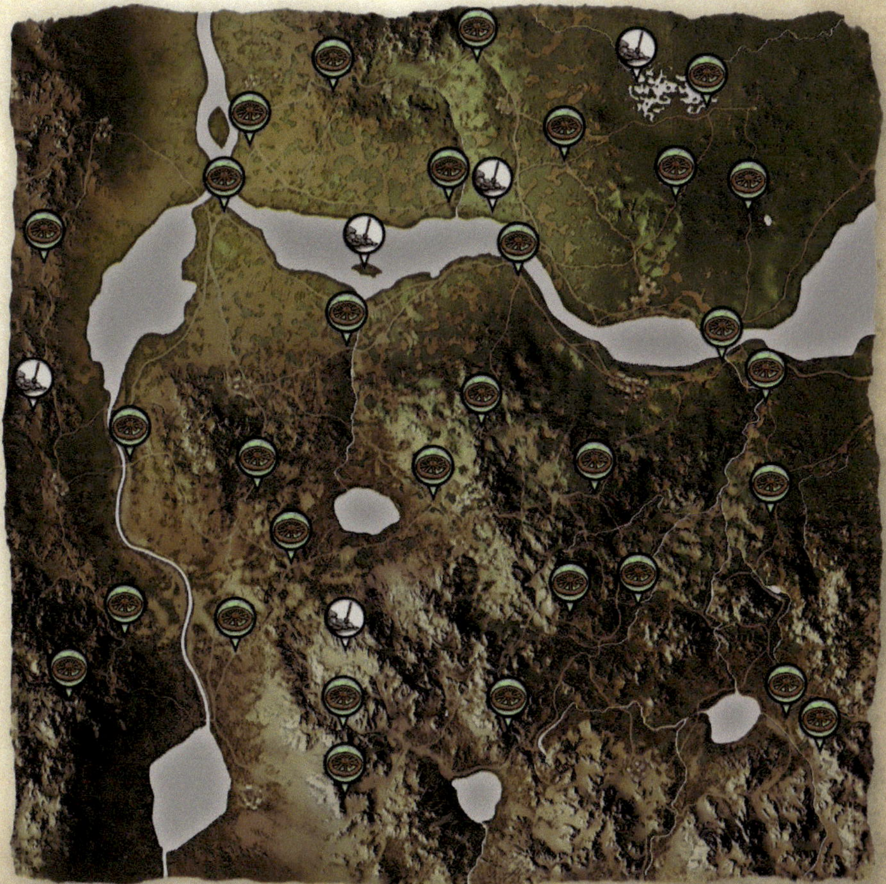

Gegenstände in der Welt

Vom Besitzer vergessene Gegenstände kannst du überall finden – sei es ein Holzstoß mit einer Axt im Wald oder eine Spitzhacke, die in einer Felswand steckt, bis hin zu Fässern gefüllt mit Materialien vor oder in Höhlen.

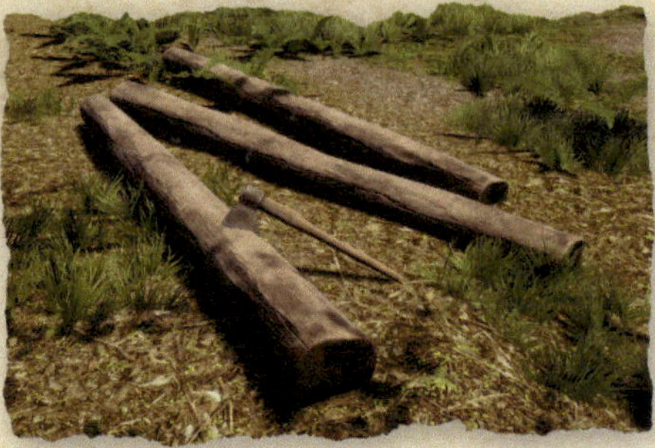

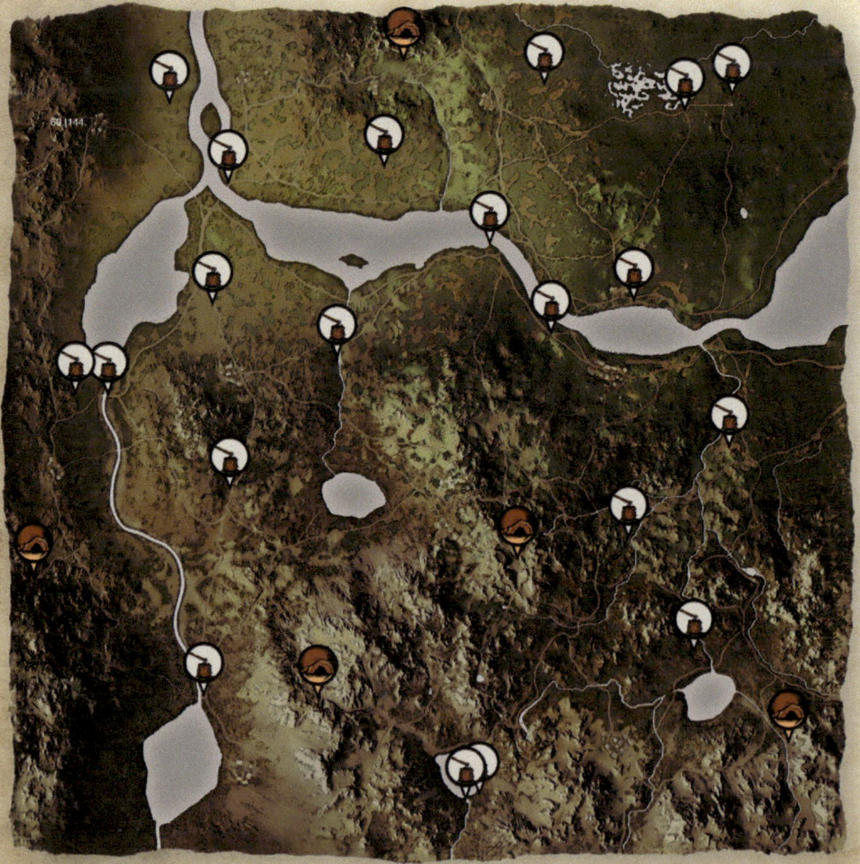

Verlassene Lager

Jäger oder Holzfäller haben diese Lager aufgegeben und ein paar Sachen liegengelassen. Nimm mit, was du brauchen und tragen kannst!

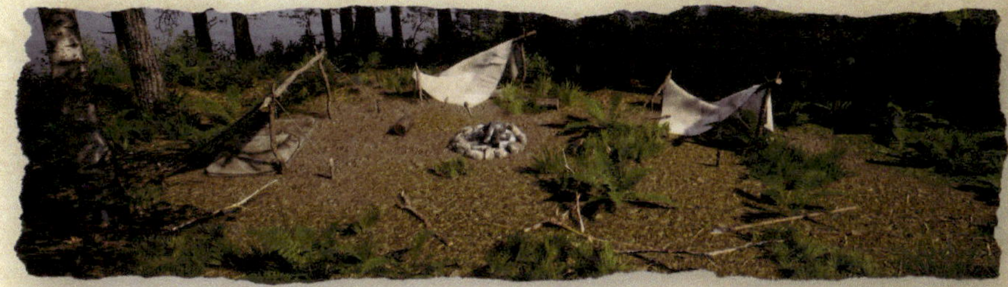

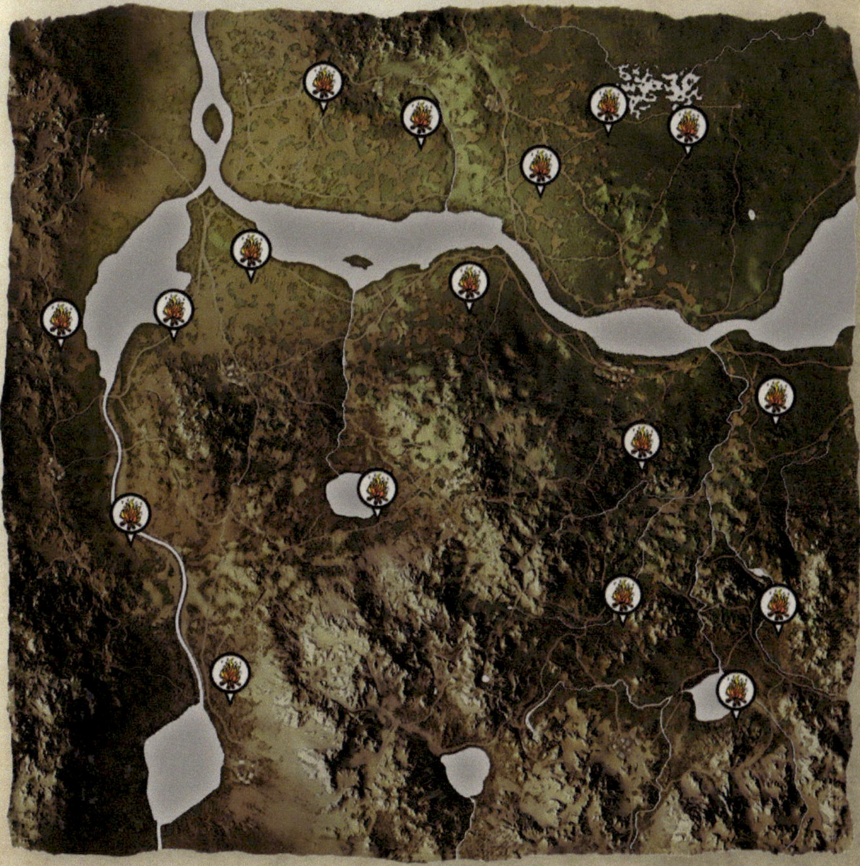

Tonvorkommen

Ton benötigst du für die Töpferei in deiner Werkstatt, um Gefäße und Flaschen herzustellen, die du wiederum für die Schenke und Kräutertränke benötigst.

Des Weiteren kannst du aus Ton und Stroh in der Scheune einen Tonbewurf herstellen, mit dem du deine Gebäude verputzen kannst. Durch verputzte Häuser sinkt der Verbrauch von Feuerholz, da die Dämmung besser ist. Außerdem werden die Bewohner zufriedener.

Ton findest du an diesen Orten:

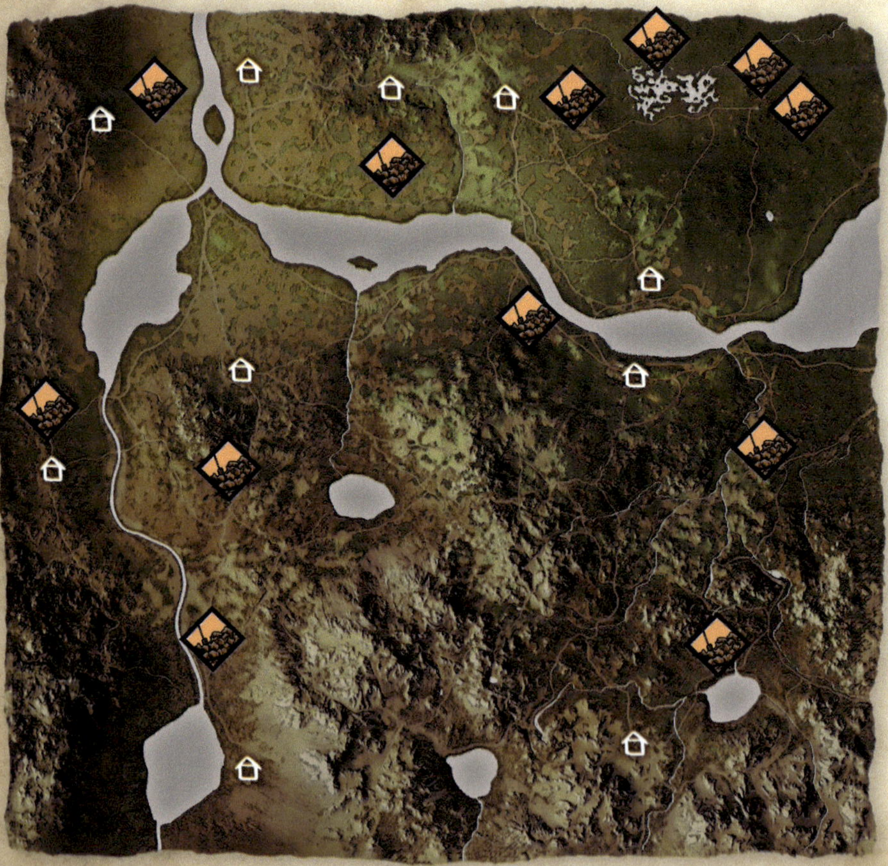

Ried

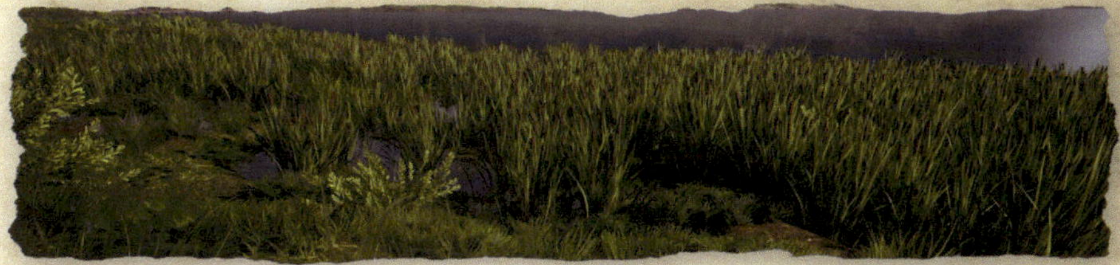

Ried ist zu Beginn des Spiels deine einzige Quelle für Stroh, um damit Dächer zu decken oder Tonbewurf herzustellen. Ried findest du an fast jedem See, am Fluss und im Sumpf:

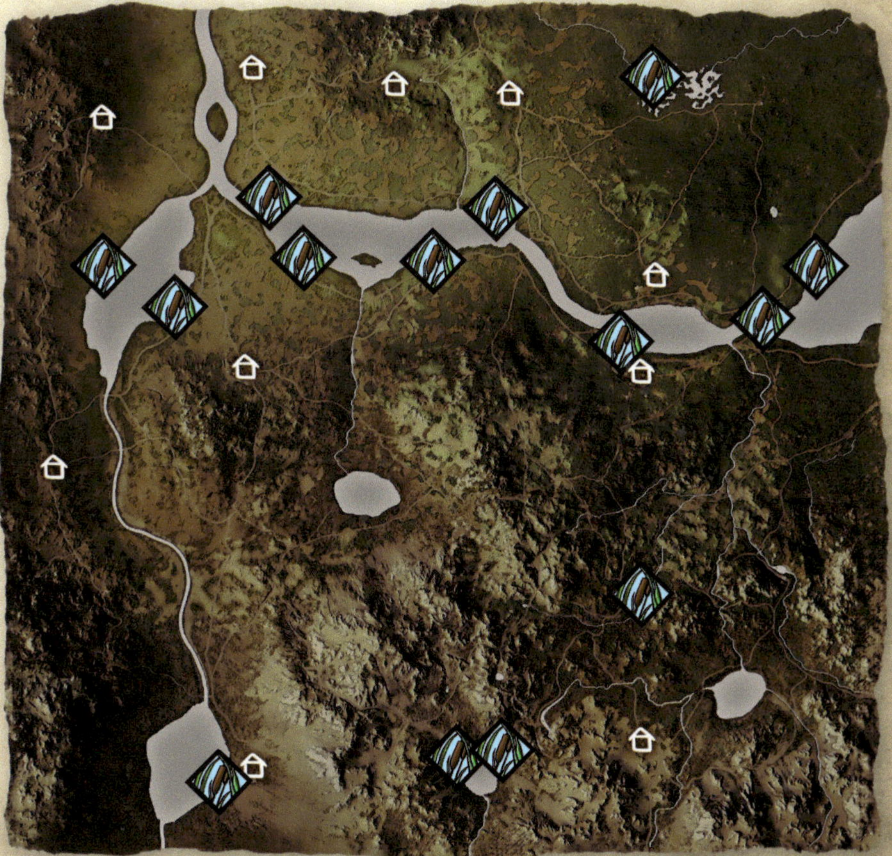

Mögliche Standorte von Banditen

Die möglichen Standorte der Räuberlager sind festgelegt, ob sie allerdings wirklich dort auftauchen, ist Zufall und wird mit jedem Saisonwechsel neu bestimmt. Bist du nachts oder bei schlechtem Wetter unterwegs, achte auf den Schein des Lagerfeuers.

Auf der folgenden Karte findest du viele der möglichen Gesetzlosenstandorte. Sie sind oft in der Nähe einer Straße, so dass dich die Gesetzlosen bemerken, wenn du den Weg entlangläufst. Mit den Spielupdates seit Version 1.0 kamen so viele neue Standorte dazu, dass deren Darstellung die Karte unleserlich machen würde!

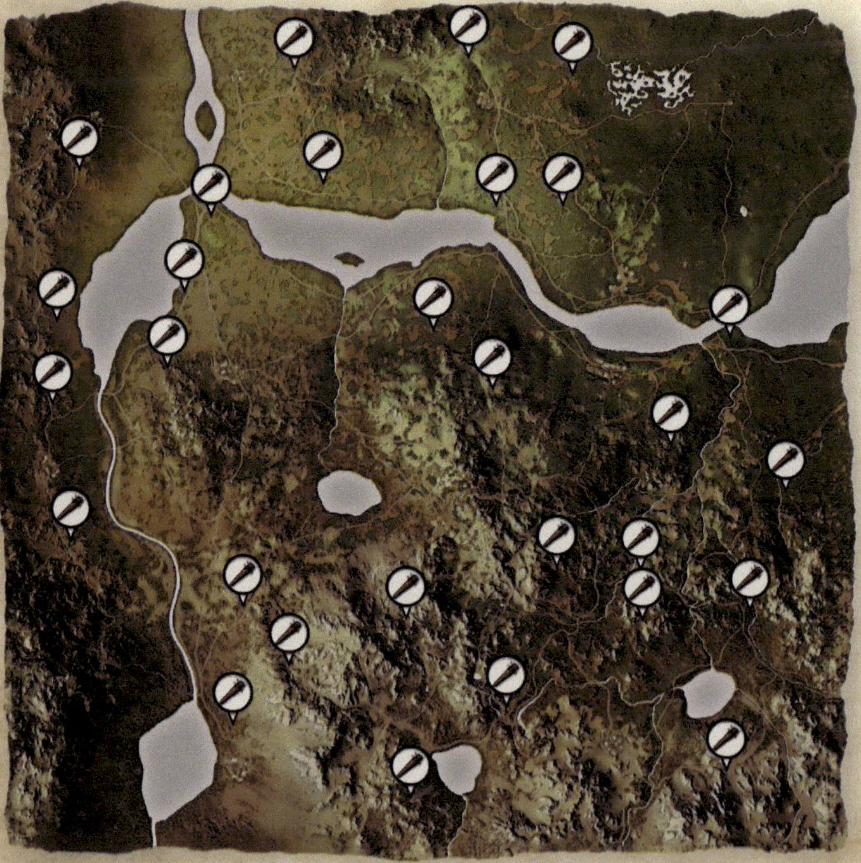

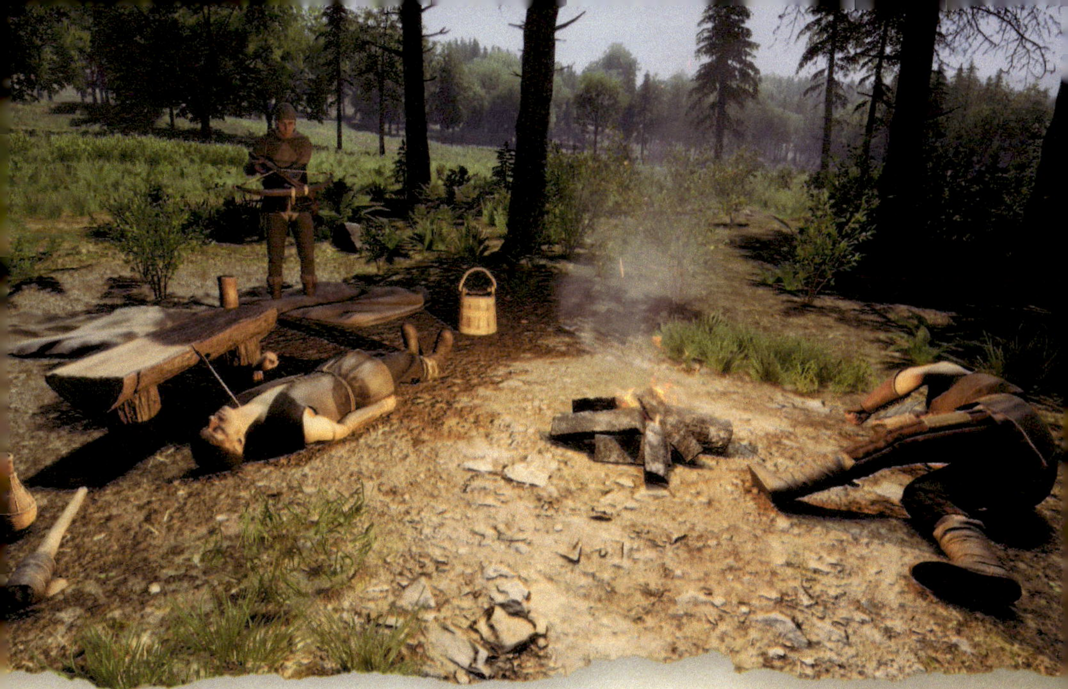

HAH! Gesetzlosenpack! Wer plündert jetzt wen aus?

Diese Gesetzlosen haben ihr Lager nahe des Wegs nach Lesnica aufgeschlagen:

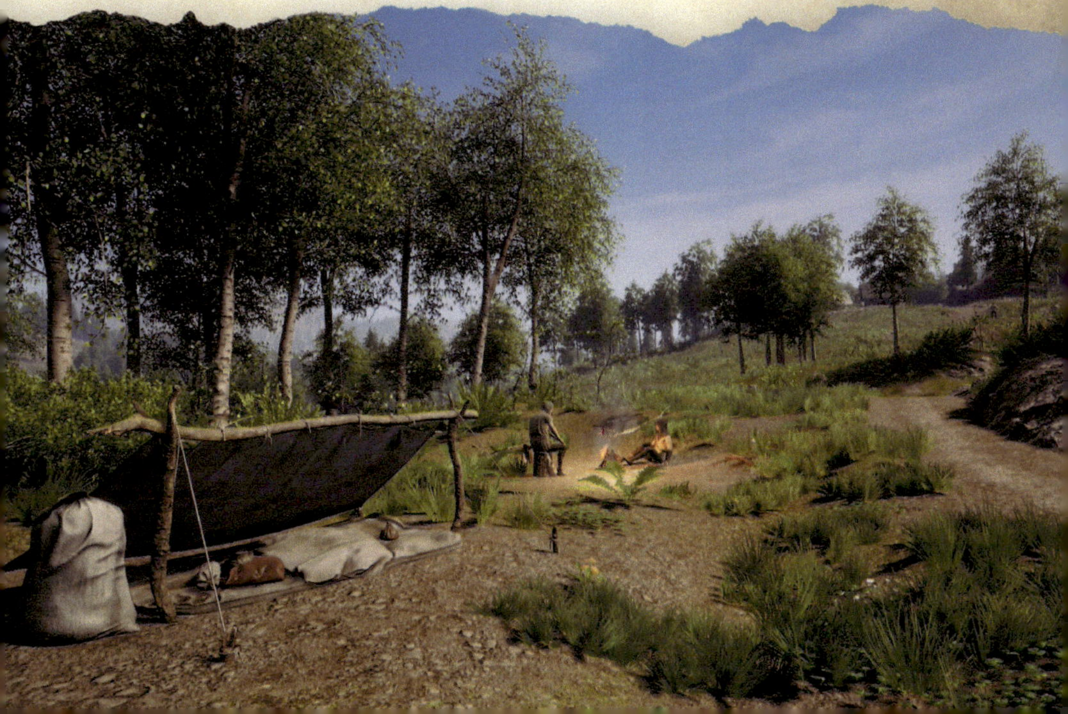

3.3 Quests & Events

Du bekommst entweder von den Bewohnern (NPC) Quests angeboten oder dir werden automatisch Aufgaben zugewiesen. Diese sind in unterschiedliche Kategorien unterteilt, die wir dir hier vorstellen.

Kapitelquests

Die Kapitelaufgaben führen dich durch das Spiel und bringen dich dazu, neue Mechanismen im Spiel zu verwenden. Hast du eines erfolgreich abgeschlossen, beginnt sofort das nächste Kapitel.

Kapitelaufgaben müssen nicht innerhalb einer Jahreszeit abgeschlossen werden.

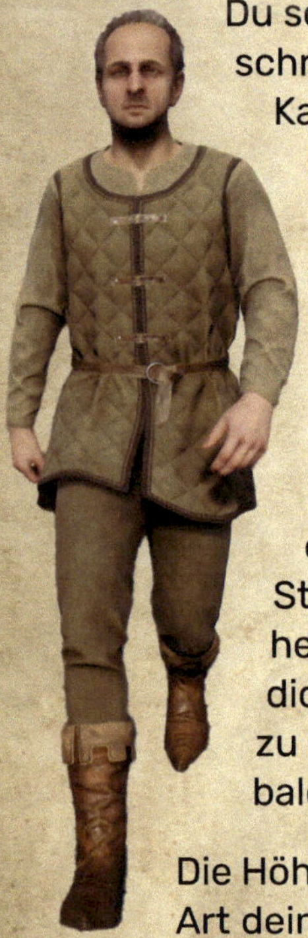

Du solltest die Kapitel bald abarbeiten, da du so am schnellsten weiterkommst. Nach Abschluss eines Kapitels kannst du mehr Gebäude bauen und je höher deine Reputation ist, desto mehr Bewohner kannst du anwerben. Eine Kapitelaufgabe kann nicht scheitern.

Steuern

Die Aufgabe ***Steuern bezahlen*** erhältst du automatisch zu Beginn des Frühlings. Du findest sie unter Herausforderungen. Zahle deine Steuern bei ***Uniegost*** in ***Gostovia***. Bist du verheiratet, kannst du deine Frau bitten, dies für dich zu erledigen. Aber vergiss nicht, ihr ab und zu ein Geschenk als Dank zu geben, sonst bist du bald wieder Single.

Die Höhe der Steuern richtet sich nach der Anzahl und Art deiner Gebäude. Je größer und besser ein Gebäude ist, desto mehr Steuern kostet es. Die Steuern für ein einzelnes Haus steigen mit der Größe deines Dorfes auch stetig an. Außerdem gibt es eine kleine, aber nicht zu vernachlässigende Feldsteuer.

Im ***Verwaltungsbildschirm*** unter ***Häuser*** siehst du, wie viel du für jedes Haus bezahlen musst. Leider erfährst du dies erst nach dem Bau. Hier im Buch findest du den Maximalsteuersatz der einzelnen Häuser in **Kapitel 9**.

Zahlst du deine Steuern nicht im Frühling, machst du Schulden und verlierst zum Jahreszeitenwechsel 1000 an Dynasty Reputation. Du kannst deine Schulden jederzeit bei ***Uniegost*** bezahlen, aber die Reputation ist leider verloren. Der Zusammenhang ist hier entscheidend: Je länger nicht bezahlt wird, umso mehr Reputation geht nach und nach verloren. Der Reputationsverlust ist es letztlich, der zum Rauswurf führt. Also lasse es am besten nicht dazu kommen.

Geschichtsquests

Geschichtsquests erzählen dir die Geschichte einiger Bewohner des Tals. Zuerst wäre da die Story von ***Uniegost***, dem Verwalter (Kastellan) des Tals. Verfolgst du seine Questreihe, lernst du weitere interessante Persönlichkeiten kennen, die mitunter ebenfalls Aufgaben für dich haben. Dabei erzählen sie dir außerdem die Geschichte deines ***Onkels Iordan*** weiter.

Die zweite Storyline widmet sich dem Bauernjungen ***Alwin***, der in seinem Leben bisher nicht viel Abwechslung erlebt hat. Du triffst Alwin ebenfalls in ***Gostovia*** an, oft auf seinen Feldern am Hang südlich des Dorfes. Zwischen den verschiedenen Aufgaben musst du oft bis zur nächsten Jahreszeit warten, also zieht sich auch diese Geschichte über einen längeren Zeitraum. Hilf Alwin und du erhältst als Belohnung einige Gegenstände, die du zu Beginn durchaus brauchen kannst! Also warte nicht zu lange mit seinen Quests, denn im fortgeschrittenen Spiel sind seine Belohnungen nicht mehr so hilfreich! Geschichtsquests verfallen, auch wenn dies oft Jahre dauert - überprüfe die Zeiten im **Tagebuch**!

Nebenquests

Zusätzlich zu den Kapiteln und Geschichtsquests haben viele Bewohner des Tals weitere Aufträge für dich. Diese Questgeber erkennst du am gelben Ausrufezeichen auf der Karte. Im Kompass werden dir in der Nähe befindliche Questgeber mit einem weißen Ausrufezeichen angezeigt.

Verhungernder Jäger?

Übrigens können auch Bewohner deines eigenen Dorfes Aufgaben für dich haben. Deren Quests basieren oft auf ihrem Beruf, haben aber nichts mit der Wirklichkeit in deinem Dorf zu tun. So kann der Jäger, der regelmäßig 30 Fleischstücke abliefert, um Hilfe bitten, da er am Verhungern ist. Hab dann keine Befürchtung, er könnte dein Dorf nicht länger versorgen - Quest und der Erfolg bei seiner Tätigkeit stehen in keinerlei Zusammenhang!

Du kannst mit den Auftraggebern reden, dir ihr Anliegen anhören und dich dann entscheiden, ob du diese Aufgabe annimmst oder noch nicht. Du kannst sie sofort oder zu einem späteren Zeitpunkt annehmen oder einfach ohne negative Auswirkungen ignorieren. Allerdings gilt dies nur innerhalb derselben Jahreszeit. Mit dem Wechsel verschwinden alte und es erscheinen neue Nebenquests.

Nimmst du eine Aufgabe an, musst du diese innerhalb der gerade vorherrschenden Jahreszeit komplett abschließen, sonst gilt sie als gescheitert. Einige Quests haben zusätzliche Bedingungen (etwa nur nachts erfüllbar), die dir aber im **Tagebuch** (Taste **J** / ◎ / ▣) und der Questbeschreibung angezeigt werden.

Keine Quests beim Jahreszeitenwechsel!

Nimm am besten keine Quests kurz vor Ende der Jahreszeit an, da die Zeit zur Erledigung dann zu kurz werden könnte.

Die Aufgaben beinhalten häufig das Beschaffen von Gegenständen oder Ressourcen, das Jagen bestimmter Tiere oder das Überbringen von Nachrichten oder Gegenständen an Personen in anderen Dörfern.

Herausforderungen / Der König

Eine weitere Person, die im Tal Hilfe von dir möchte, ist der ***König*** des Landes. Sein ***Herold*** erscheint zufällig in einem Ort mit Schenke (dies kann auch dein eigenes Dorf mit Schenke sein!).

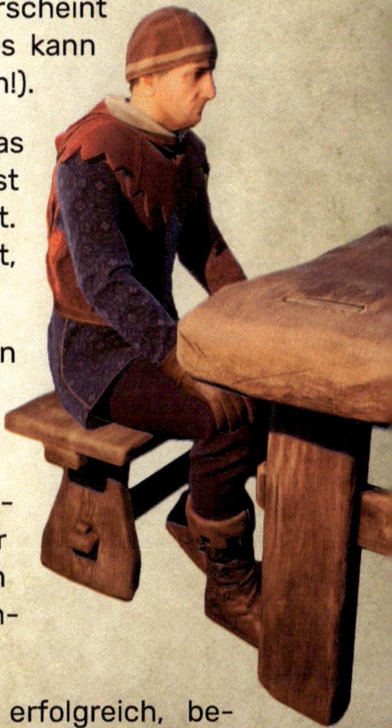

Du erkennst, an dem Fanfarensymbol, das auf der Karte und im Kompass zu sehen ist , dass der Herold im Tal anwesend ist. Dieses wird immer im Kompass angezeigt, egal wie weit der Herold entfernt ist.

Du erkennst den Herold auch schnell an seiner besseren Kleidung. Wenn du mit ihm redest, kannst du mehr über den König erfahren und wie bekannt du bei ihm bist. Außerdem sucht der Herold Unterstützung für den König. Du kannst dir seine Aufgabe zuerst anhören und dann entscheiden, ob du sie annehmen möchtest.

Erledigst du diese Herausforderung erfolgreich, bekommst du nicht nur eine rentable Belohnung für deine

Mühen, sondern dein Ansehen und Bekanntheitsgrad beim König steigen. Neben der als Belohnung erhaltenen Dynasty Reputation bewirkt ein erhöhter positiver Bekanntheitsgrad beim König, dass deine Steuern gesenkt werden.

Aber Achtung! Dies kann ein durchaus zweischneidiges Schwert sein: Ist der König gut, steigt auch dein Ansehen und damit die Zufriedenheit bei den Bewohnern in deinem Dorf. Ist der König jedoch schlecht oder böse, steigt zwar dein Ansehen beim König, es sinkt jedoch beim einfachen Volk und du bekommst einen Malus auf die Zufriedenheit deiner Bewohner.

Ob ein König gut, neutral oder schlecht ist, kannst du an seinem Beinamen erkennen. Alle wichtigen Informationen zu deinem König und den erhaltenen Boni oder Mali erfährst du in der ***Kartenübersicht*** (Taste ***M*** / /):

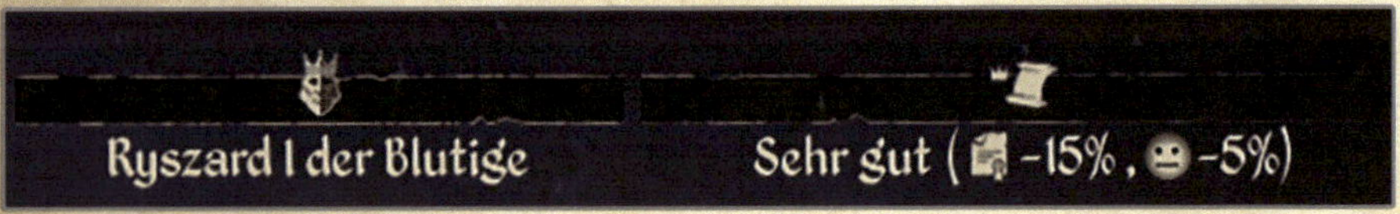

Im Bild oben haben wir für unseren König, ***Ryszard I der Blutige***, bereits zwei Herausforderungen erfolgreich abgeschlossen (dies siehst du im ***Tagebuch***, Taste ***J*** / /). Daher ist unser Ansehen bei ihm ***Sehr gut*** und wir haben einen Steuerbonus von ***-15 %*** (= 15 % weniger Steuern zu zahlen). Allerdings sinkt durch die Unterstützung eines schlechten Königs die Zufriedenheit bei unserer Bevölkerung um ***-5 %***.

Gute, beim Volk beliebte Könige

Erfolgreiches Abschließen der Herausforderung:

- verringert die jährlichen Steuerzahlungen
- erhöht die Zufriedenheit deiner Bevölkerung

Scheitern der Herausforderung:

- erhöht die jährlichen Steuern als Strafe
- verringert die Zufriedenheit deiner Bevölkerung

Typische Beinamen guter Könige: der Gnädige, der Weise, der Tapfere, der Starke, der Milde

Neutrale, vom Volk ignorierte Könige

Erfolgreiches Abschließen der Herausforderung:

- verringert die jährlichen Steuerzahlungen

Scheitern der Herausforderung:

- erhöht die jährlichen Steuern als Strafe

Typische Beinamen neutraler Könige: der Bärtige, der Große, der Faule, der Löwe

Schlechte, vom Volk gehasste Könige

Erfolgreiches Abschließen der Herausforderung:

- verringert die jährlichen Steuerzahlungen
- verringert die Zufriedenheit deiner Bevölkerung

Scheitern der Herausforderung:

- erhöht die jährlichen Steuern als Strafe
- erhöht die Zufriedenheit deiner Bevölkerung

Typische Beinamen schlechter Könige: der Verrückte, der Grausame, der Schlächter, der Blutige, der Böse, der Gefährliche

Die Höhe der Boni und Mali variiert von König zu König. Sie erhöht oder verringert sich mit dem Abschließen oder Scheitern von Herausforderungen. Es gibt jeweils drei Stufen von positivem und negativem Ansehen beim König. Du kannst Aufgaben beruhigt ablehnen oder gar nicht zum Herold gehen, dadurch hast du keine Nachteile. Nur das Scheitern einer Herausforderung bringt dir negatives Ansehen.

Es gibt verschiedene Herausforderungen. Im Vergleich zu Nebenquests benötigst du deutlich mehr Ressourcen, um sie erfolgreich abschließen zu können. Du musst z. B. 30 Wildschweine oder Wölfe in den Wäldern jagen oder 1500 Münzen für eine Hochzeit spenden.

Zu viel gefordert?

Die genauen Mengen (z. B. an Münzen), die zum Bestehen einer Herausforderung nötig sind, kannst du erst nachdem du sie angenommen hast im Tagebuch nachlesen. Speichere daher unbedingt vorher ab, um evtl. noch rechtzeitig ablehnen zu können.

Der König kann bei einem Jahreszeitenwechsel sterben:

» Je älter der König ist, desto höher seine Chance zu sterben.

» Je mehr Herausforderungen des Königs nicht geschafft wurden, desto höher die Chance seines Ablebens.

» Erfolgreiche Herausforderungen erhöhen seine Überlebenswahrscheinlichkeit.

Der König ist tot - lang lebe der König! Es folgt sofort ein neuer zufälliger Herrscher, bei dem du wieder mit 0 Ansehen und 0 Bonus oder Malus startest.

Ereignisse

Neben den Quests und Aufgaben gibt es noch Ereignisse (Events), die zufällig stattfinden können. Bei jedem Jahreszeitenwechsel besteht die Chance, dass ein zufälliges (manchmal der Jahreszeit entsprechendes) Ereignis auftritt.

Die Ereignisse passieren einfach. Bei einigen kannst du Entscheidungen treffen, die den Ausgang beeinflussen. Ob du eine Auswahl treffen kannst, hängt oft von deiner Erfahrung in einem bestimmten Bereich ab.

Die möglichen Ereignisse sind:

Kriegssteuern

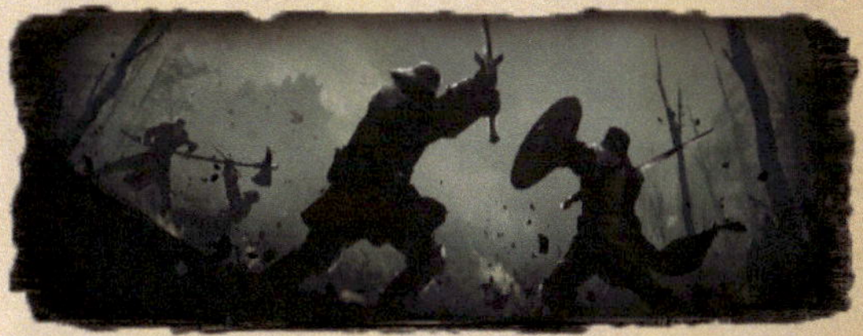

Das Königreich bereitet sich auf einen Krieg vor. Gemäß eines Erlasses des Königs werden die Steuern erhöht. Hoffentlich werden die Spannungen bald nachlassen, und die Forderungen nicht so lange bestehen bleiben.

Ich hasse Steuern...
Steuern um 20 % erhöht.

Der König kann sie uns doch sicher erlassen...
Steuern um 10 % erhöht.
-500 Dynastie Reputation.
(Dynastie Reputation mind. 3000)

Schicke einen Brief an den König.
Steuern um 15 % erhöht.
(Diplomatie mind. 7)

Das zahle ich nicht!
-1000 Dynastie Reputation.

Gefährlicher Sturm

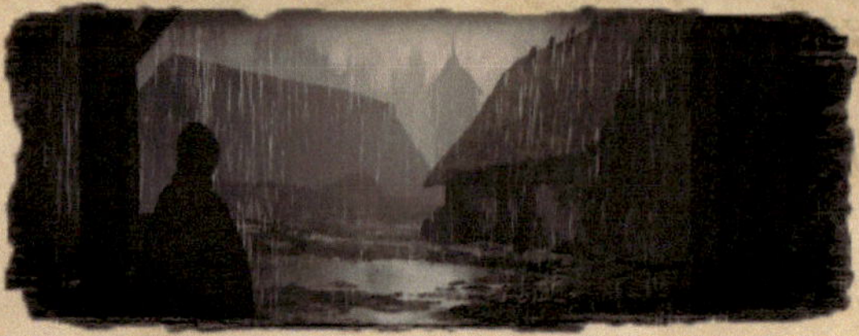

Ein plötzlicher und sehr starker Sturm ist in der Nacht über dein Dorf hinweggezogen und hat einige Gebäude beschädigt. Glücklicherweise wurde niemand verletzt.

Akzeptieren
2 - 8 Gebäude erhalten 5 % - 60 % Schaden.

Die Nacht ist dunkel und voller Geheule

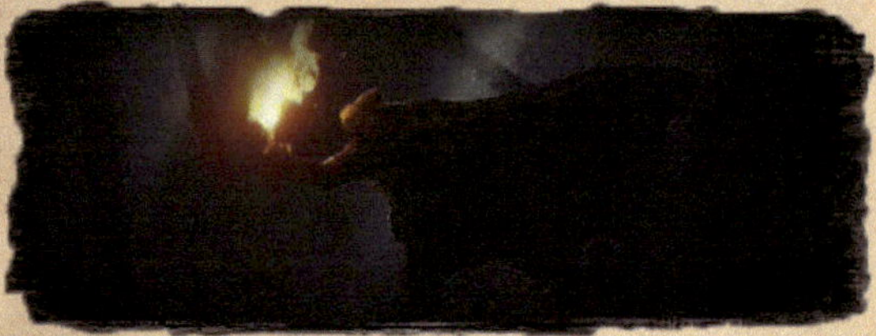

In der Nacht war in jedem Winkel unseres Dorfes ein schreckliches Heulen zu hören. Seitdem fühlt sich niemand mehr sicher. Hoffentlich wagen sich diese wilden Tiere nicht noch näher an das Dorf heran.

Versteck dich unterm Bett.
-25 Stimmung

Mach deinen Leuten Mut.
+5 Stimmung
(Diplomatie mind. 5)

Ein Königreich für eine Vogelscheuche

Einige hungrige Vögel nutzten die Gelegenheit, als niemand zusah, und beschlossen, ein Festmahl zu veranstalten.

Akzeptieren
1 - 4 Felder erhalten 2 % - 60 % Schaden.

Fiebernacht

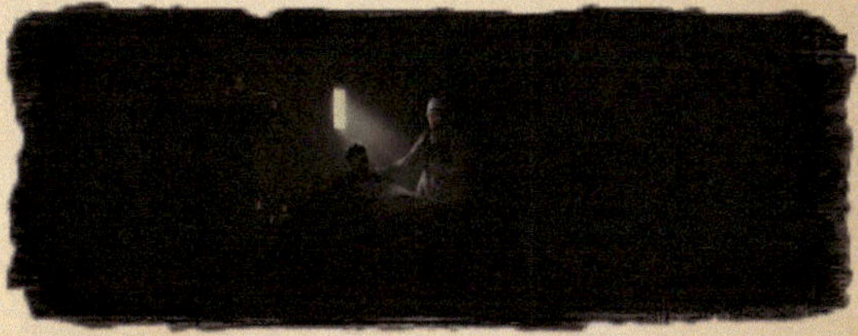

In deinem Dorf breitet sich eine Fieber aus. Viele Einwohner sind krank und diejenigen, die nicht krank sind, haben Angst, sich anzustecken.

Lass sie sich ausruhen.
(90 % - 100 %) der Dorfbewohner arbeiten 25 % schlechter.

Gib ihnen einige Kräuter.
(5 % - 15 %) der Dorfbewohner arbeiten 25 % schlechter.
-10 Breitwegerich
(Breitwegerich >= 10)

Dieb

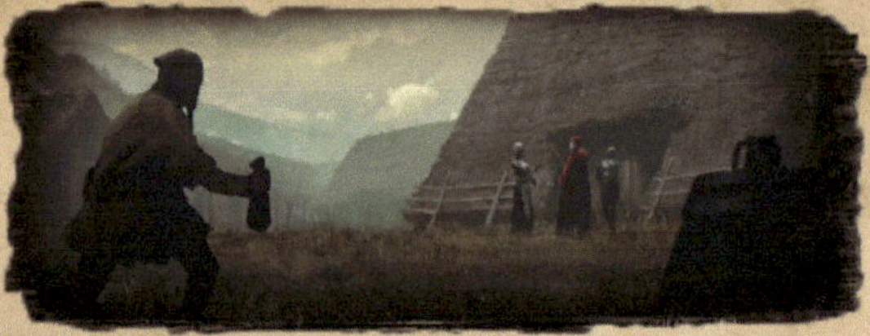

Ein Dieb wurde auf frischer Tat ertappt, als er versuchte, deine Vorräte zu stehlen. Er versucht, sich herauszureden und dich davon zu überzeugen, dass die Armut ihn zu der Tat getrieben hat. Nun musst du entscheiden, was du mit ihm machen willst.

Schneide seine Hände ab.
-50 Dynastie Reputation

Lass ihn gehen, aber verbanne ihn.
1 % - 5 % des Materials wurde aus deinen Lagerbeständen entfernt.

Befehle jemandem, ihm die Hände abzuschneiden.
-20 % Stimmung

Wissen ist Macht

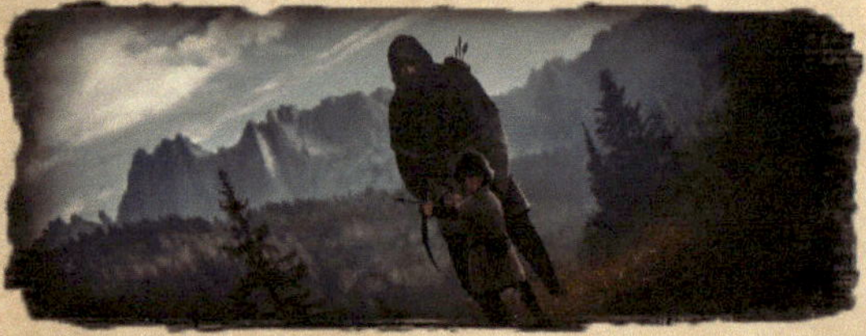

Ein geheimnisvoller Mann ist in dein Dorf gekommen. Er behauptet, er wisse viel über die Wildnis und könne dir für ein paar Münzen einige neue Dinge beibringen.

Ablehnen

Befrage ihn, wie man am besten in der Wildnis überlebt.
500 Fertigkeitspunkte in: Überleben
-1000 Münzen
(Überleben max. 4, 1000 Münzen)

Erfahre mehr über die Jagd
500 Fertigkeitspunkte in: Jagen
-1000 Münzen
(Jagen max. 4, 1000 Münzen)

Zeige ihm, dass du mehr weißt.
+250 Münzen
(Jagen mind. 5, Überleben mind. 5)

Mann in Strumpfhosen

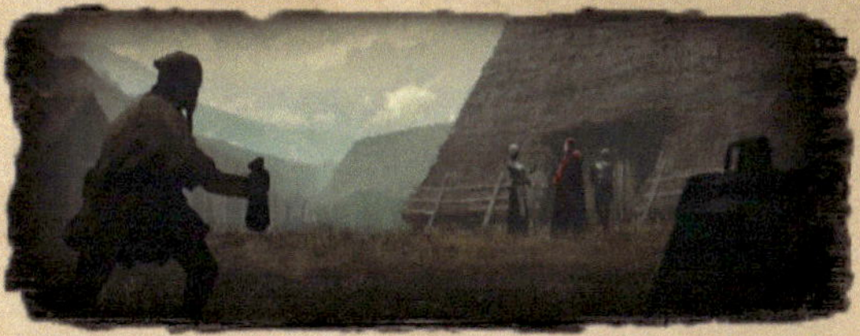

Ein Adeliger war auf der Durchreise durch dein Dorf. Er hat vor deinen Augen seinen Geldbeutel verloren. Was wirst du tun?

Gib ihn dem Adeligen zurück.
+100 Dynastie Reputation
-5 Stimmung

Verteile das Geld unter deinen Leuten.
+10 Stimmung

Behalte ihn selbst.
+100 Münzen
-15 Stimmung

Startzer Regen

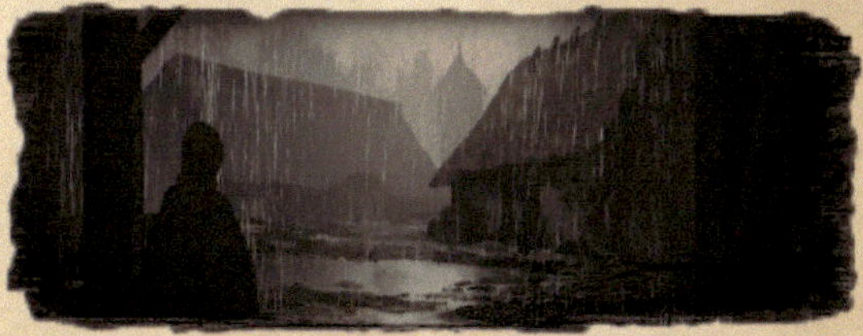

Starker regen hat dafür gesorgt, dass einige deiner Felder überschwemmt wurden. Ein Teil der Ernte wurde dabei beschädigt. Zum Glück hat sich das Wetter mittlerweile beruhigt.

Akzeptieren
3 % - 9 % der Felder erhalten 10 % - 70 % Schaden.

Regenbogen am Himmel

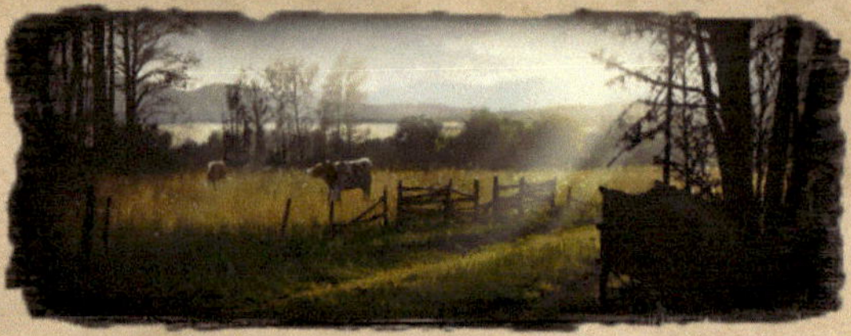

Nach dem Regen ist ein traumhaft schöner Regenbogen am Himmel zu sehen. Deine Leute scheinen glücklich zu sein und halten ihn für ein gutes Omen.

Akzeptieren
+10 Stimmung

Motivation!

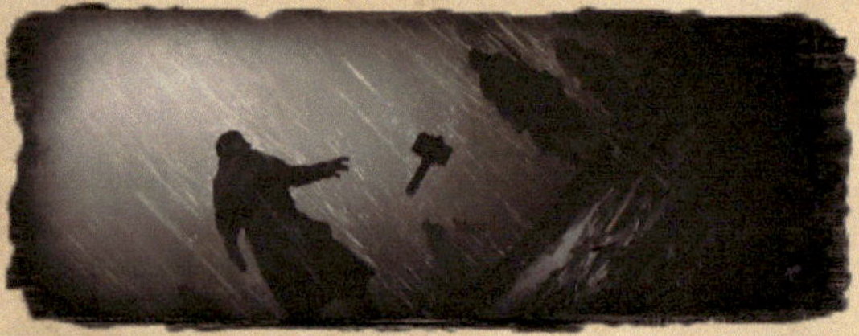

Du bist gerade so motiviert! Jetzt willst du auch deine Leute davon überzeugen, härter zu arbeiten. Du könntest eine Rede halten, um sie anzuspornen. Eine schlechte Rede könnte allerdings das Gegenteil bewirken.

Halte eine Rede.
Alle Dorfbewohner arbeiten 15 % effizienter.

Vielleicht ist es keine so gute Idee...

Halte eine inspirierende Rede!
Alle Dorfbewohner arbeiten 30 % effizienter.
(Diplomatie >= 5)

Ungezieferplage

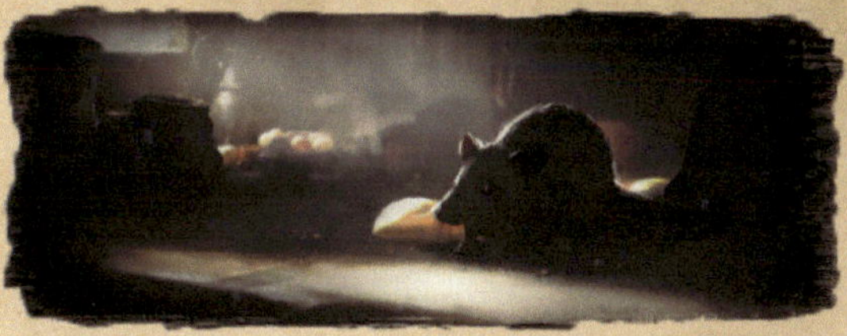

Die Ratten haben einige deiner Lebensmittel im Nahrungsmittellager gefressen. Man kann sie nie wirklich loswerden, oder?

Akzeptieren
5 % - 10 % der Nahrungsmittel wurde aus deinen Lagerstätten entfernt.

Sengende Sonne

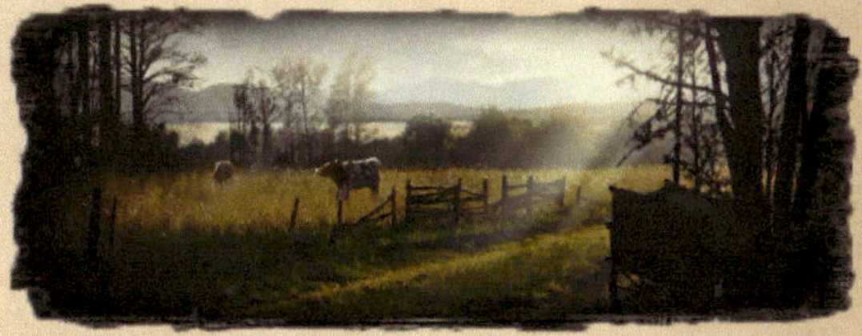

Die Temperaturen sind in diesem Sommer unglaublich hoch. Bei dieser Hitze kann man nur schwer atmen. Für den Fall der Fälle solltest du immer Wasser bei dir tragen.

Akzeptieren
Wasser nimmt 10 % - 70 % schneller ab.
Ausdauer nimmt 10 % - 70 % schneller ab.

Die schwarzen Wolken

Das Wetter ist sehr bedrückend. Die Sonne war tagelang nicht zu sehen. Das wird sich auf deine Leute auswirken.

Akzeptieren
-10 % Stimmung

Der Hirtenjunge und der Wolf

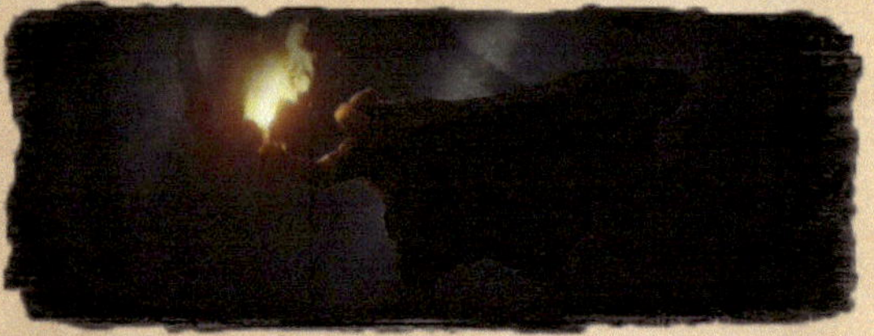

Ein Junge kommt schreiend in dein Dorf gerannt. Er behauptet, zwanzig Wölfe in den Wäldern in der Nähe gesehen zu haben. Deine Dorfbewohner werden nervös. „Das sind eine Menge Wölfe", sagt eine von ihnen.

Scheuche das Kind weg.
20 % - 60 % der Dorfbewohner arbeiten 45 % schlechter.

Sage, dass du sie töten wirst, wenn es sein muss.
+5 - 10 Dynastie Reputation
+6 Fleisch +5 Pelz
(Jagen mind. 5, Überleben mind. 3)

Versuche, mit den Leuten zu reden.
20 % - 60 % der Dorfbewohner arbeiten 20 % schlechter.
(Diplomatie mind. 2)

Sage, dass du ein Paar Fallen aufstellen wirst.
10 % - 50 % der Dorfbewohner arbeiten 10 % schlechter.
(Herstellung mind. 3)

Goldener Herbst

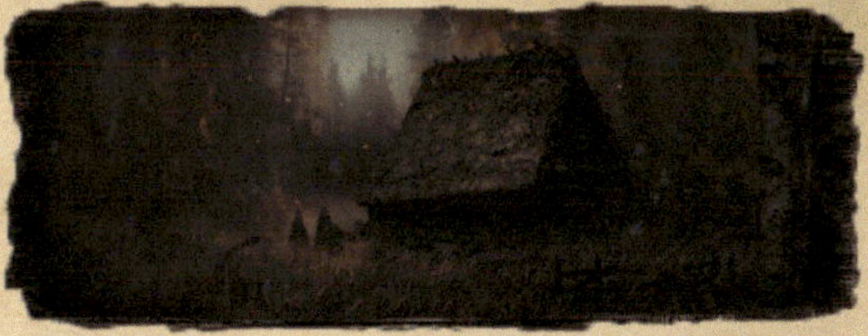

Das Wetter ist diesen Herbst wirklich schön. Hübsche Blätter fallen von den Bäumen. Es ist eine tolle Zeit, um etwas zu erledigen!

Akzeptieren
Wasser nimmt 50 % - 5 % langsamer ab.
Ausdauer nimmt 50 % - 5 % langsamer ab.

Mürrische Dorfbewohner

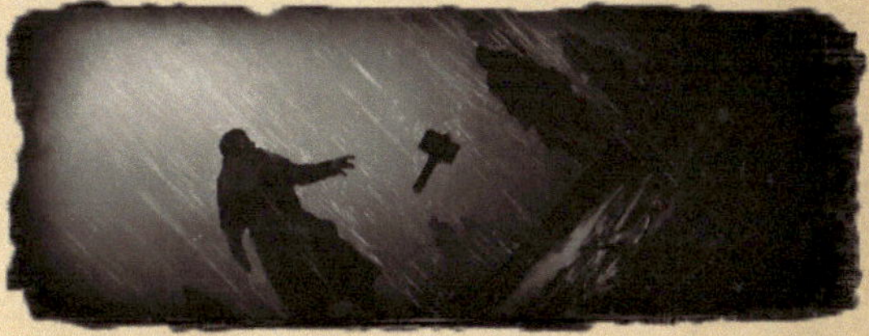

Wegen der schlechten Stimmung deiner Dorfbewohner ist ihre Arbeitsleistung gesunken. Keiner will arbeiten!

Sie werden schon darüber hinwegkommen.
Alle Dorfbewohner arbeiten 45 % ineffizienter.

Versuche, mit ihnen zu reden.
Alle Dorfbewohner arbeiten 20 % ineffizienter.
(Diplomatie mind. 2)

Die Getränke gehen auf mich!
Alle Dorfbewohner arbeiten 5 % ineffizienter. -50 Münzen
(50 Münzen, mind. 1 Schenke)

Raue Winde

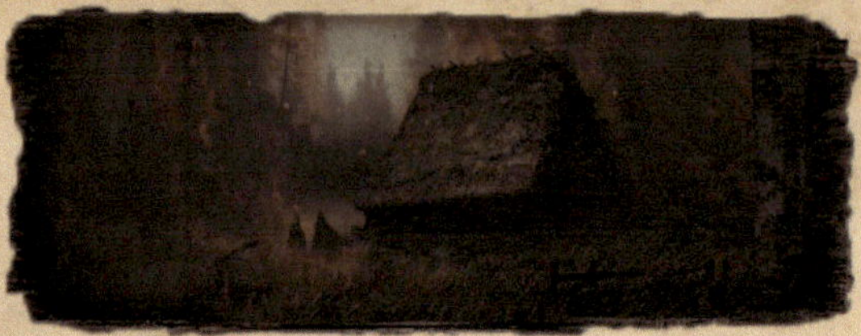

Starker Wind hat einige Gebäude beschädigt. Glücklicherweise wurde niemand verletzt.

Akzeptieren
(3 - 9) der Gebäude erhalten (2 % - 40 %) Schaden.

Nachrichten vom Krieg

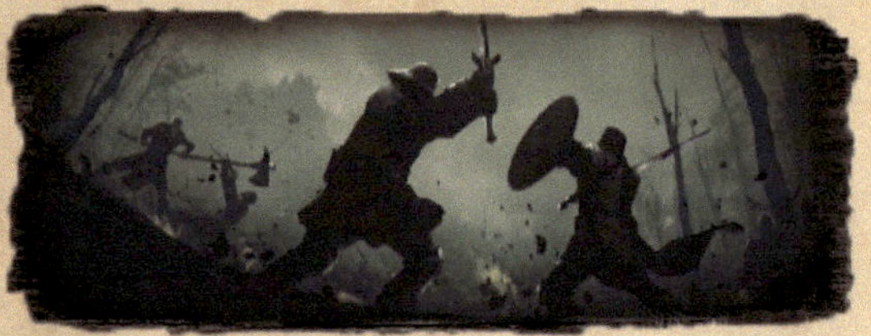

Im ganzen Land hat sich die Nachricht verbreitet, dass zwischen unserem Nachbarreich und dessen Feinden ein bewaffneter Konflikt ausgebrochen ist … Hoffen wir, dass wir da nicht mit hineingezogen werden …

Das könnte die Preise einiger Waren steigen lassen…
-1 Stimmung

Die armen Schweine.
-1 Stimmung

Solange ich nichts damit zu tun-habe, ist es mir egal.
-1 Stimmung

Raue Winde

Heftige Windböen haben dazu geführt, dass einige deiner Dorfbewohner verletzt wurden. Sie werden für einige Zeit nicht normal arbeiten können.

Akzeptieren
2 % - 20 % der Dorfbewohner arbeiten 15 % schlechter.

Hilf deinen Leuten
(Überleben mind. 5)

Fahrender Händler

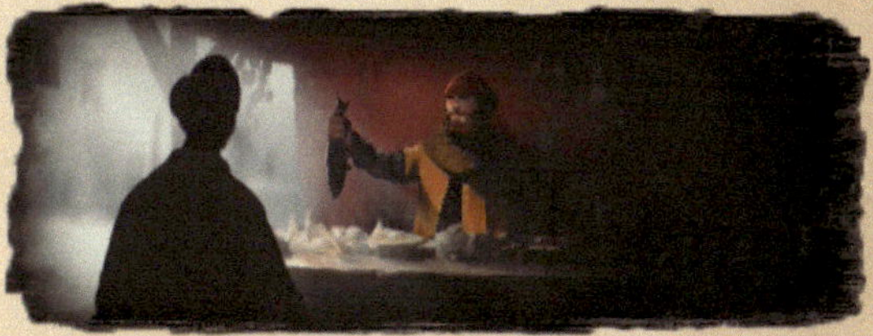

Ein reisender Händler besucht deine Siedlung. Er präsentiert dir seine Waren und erzählt dir Geschichten über die fernen Länder, die er bereist hat. Außerdem sagt er, dass er dir ein paar Tricks beibringen könnte, mit denen du bessere Geschäfte machen könntest – für einen Preis, versteht sich.

Sicher, ich könnte ein paar gute Ratschläge gebrauchen.
+500 Diplomatiepunkte
-200 Münzen
(200 Münzen, Diplomatie max. 9)

Zeige ihm, dass du mehr weißt.
+1500 Münzen
(Diplomatie mind. 10)

Lehne höflich ab.

Winter des Jahrhunderts

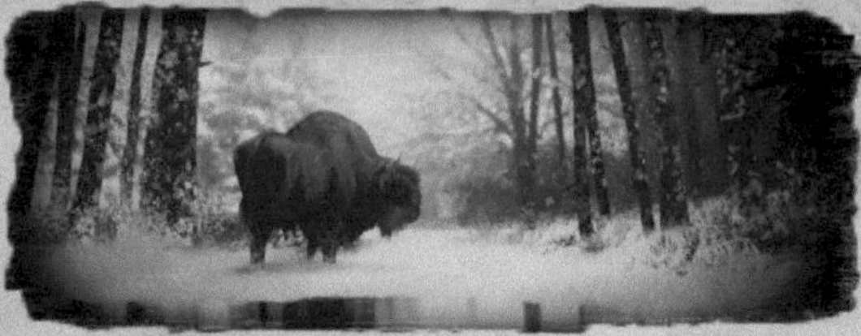

Es ist so k-k-k-kalt... Es wird nicht einfach werden, unter diesen Bedingungen zu arbeiten.

Akzeptieren
Alle Dorfbewohner arbeiten 30 % ineffizienter.

Hochzeitstag

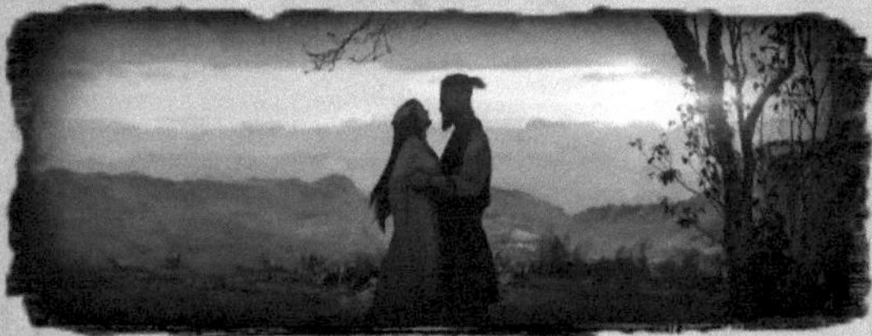

Du und deine Dorfbewohner sind zu einer Hochzeit eingeladen! Alle werden der Zeremonie beiwohnen und sich prächtig amüsieren.

Trinken wir auf das Paar!
+15 Stimmung

Wir feiern die ganze Nacht!
+30 Stimmung
(mind. 1 Schenke)

Jagdvorfall

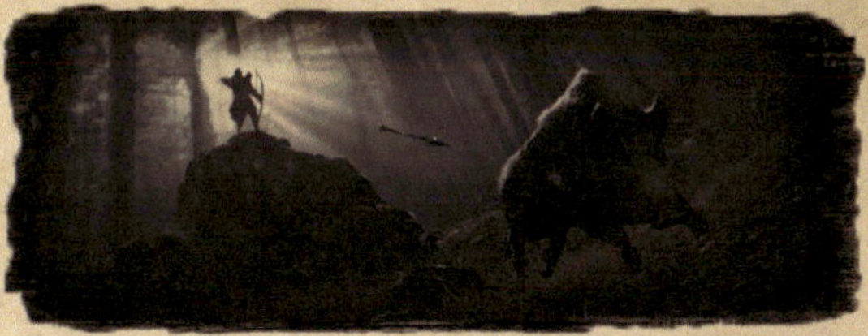

Der König und seine Jagdgesellschaft haben ihre jährliche Jagd in den nahe gelegenen Wäldern veranstaltet. Dieses prestigeträchtige Ereignis wurde jedoch von einem unglücklichen Vorfall überschattet. Einer deiner Dorfbewohner wurde von einem der Männer des Königs mit einem Pfeil angeschossen, weil er ihn mit einem Reh verwechselt hatte. Der König entschuldigte sich für das Fehlverhalten seines Begleiters und bot eine Wiedergutmachung für den Schaden an.

Danke mein Herr.
Ein Dorfbewohner arbeitet 3 % schlechter.
+200 Münzen

Frühlingsblüte

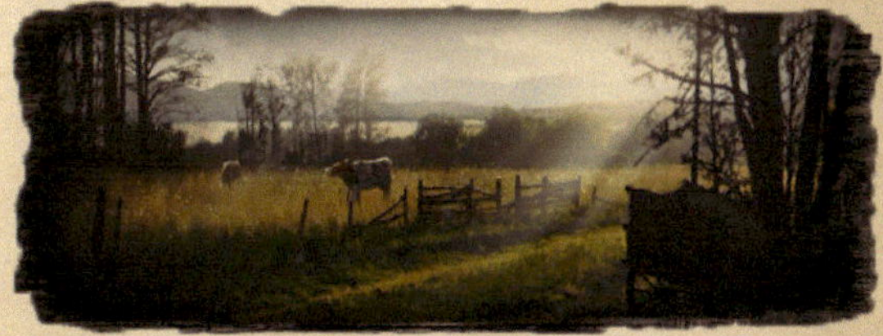

Der Frühling steht vor der Tür, und der Anblick von grünen Bäumen und blühenden Blumen lässt alle Herzen höher schlagen!

Das ist eine gute Art, eine Jahreszeit zu beginnen!
+15 Stimmung

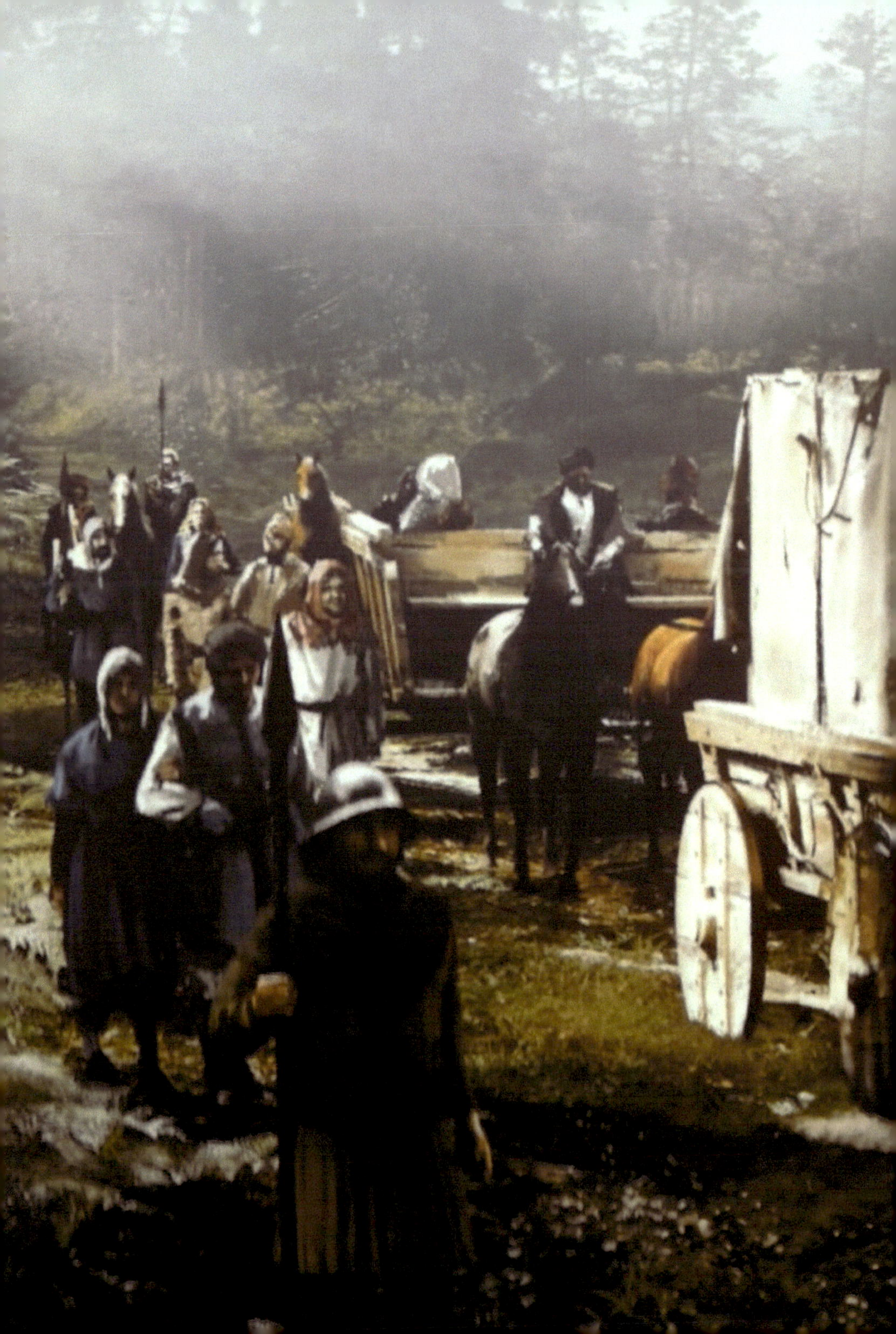

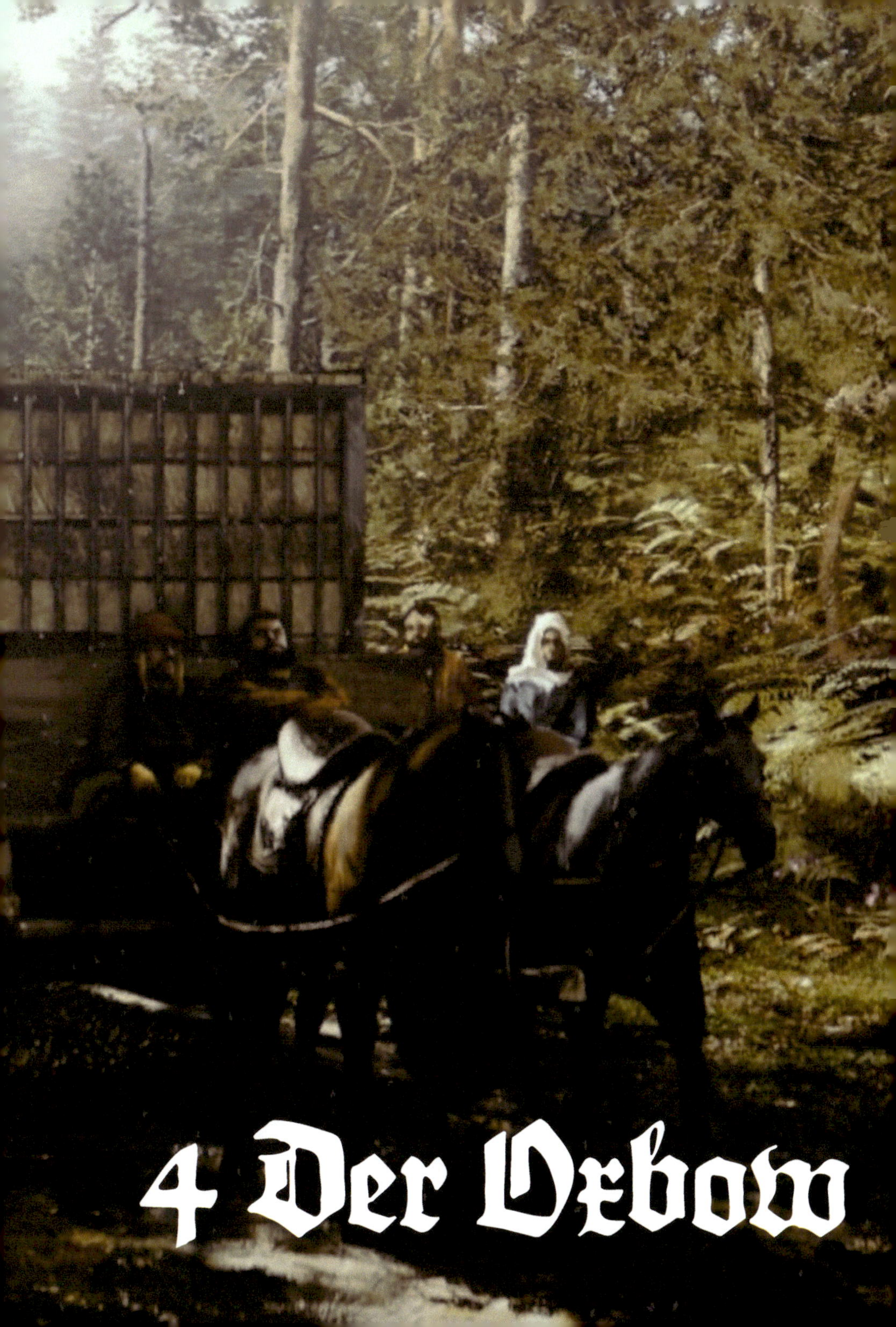

4 Der Oxbow

Aniela und Józef, meine Lieben, kommt her. Ich freue mich, dass ihr mir hier am Herdfeuer Gesellschaft leistet. Draußen ist es kalt und der Schnee ist nicht gut für meine alten Knochen. Umso mehr freut es mich, meine Enkel hier zu haben, aber ihr müsst jetzt bald ins Bett! Möchtet ihr noch eine Geschichte hören? Eine wahre Geschichte? Nun, ich glaube, ich habe euch noch nicht erzählt, wie hier alles begann.

Eure Mutter und euer Vater waren noch nicht geboren. Ich, Onkel Piotr und Tante Gertruda – wir waren alle gerade mal um die 18 Jahre alt und hatten den Kopf voller Flausen, so wie ihr manchmal auch.

Früher gab es hier am Fluss nur vier Dörfer. Unser schönes Dorf existierte noch nicht. Ja, Piastovia war damals schon der größte und beeindruckendste Ort. Mit seiner mächtigen Mauer, dem lebhaften Marktplatz und all den vielen Händlern. Natürlich war es auch damals schon der Sitz des Kastellans. Der hieß Mirogod und war ein junger Kämpe, der den Posten gerade von seinem Vater übernommen hatte. Ein unangenehmer Kerl, den die meisten nicht mochten, auch wenn sich das keiner zu sagen traute – und ich mochte ihn auch nicht besonders. Aber das ist eine andere Geschichte, die ich euch ein anderes Mal erzählen werde.

Wo war ich? Ach ja, Piastovia. Die anderen Dörfer waren eigentlich wie heute noch: Klonica, im Wald gelegen, und daher gab es dort viele Holzarbeiter und Jäger. Das zerklüftete Skauki mit seinen Minen und den mürrischen Bergarbeitern und schließlich auch das Fischerdorf Ostoya am See. Unser Dorf war damals nicht viel mehr als eine wilde Wiese, auf der sich die Hasen tummelten.

Ich muss sagen, wir haben wirklich einen der schönsten Orte für unser neues Dorf ausgewählt. Saftige Wiesen für unsere Tiere und nicht weit weg vom Wasser. Tiere züchten, Fischen, das Land bestellen – davon wussten wir damals noch nicht sehr viel, nur das, was wir von unseren Eltern gelernt hatten. Aber selbst ein Haus errichten? Selbst Weizen anbauen? Daran dachten wir sicher noch nicht.

Onkel Piotr, Tante Gertruda und ich kannten uns damals schon und waren Freunde, die viele Sachen anstellten. Dass wir einmal dieses Stück Land bestellen würden und so den Grundstein für unser schönes Dorf legen würden, daran dachten wir sicher nicht.

König war damals Radoslav II., sie nannten ihn den Blutigen, und seine Herrschaft war so blutig, wie sein Beiname es vermuten lässt. Auch er war in der Bevölkerung nicht sehr beliebt. Dazu schafften es weder er noch sein Kastellan, der Wegelagerer und Banditen Herr zu werden, die alle Landstriche des Reiches unsicher machten.

Diese Burschen waren ein übler Haufen, sie schlossen sich in kleinen Gruppen zusammen. Oben am großen See hatten sie sogar ein großes Lager errichtet, mit windschiefen Häusern und einem klapprigen Wachturm.

Eines Tages war ich in einem Wagenzug unterwegs. Warum? Das kommt gleich noch … Ja, und eben dieser Wagenzug wurde von Banditen überfallen. Es ging so schnell, ich erinnere mich nur daran, dass ich einen Schlag abbekam, und alles wurde um mich herum schwarz. Ich erwachte erst wieder in der Hütte des Baders in Piastovia. Sedowin, ein alter, aber Gott sei Dank erfahrener Heiler. Und so begann es, dass …

4 Der Oxbow

In diesem Kapitel widmen wir uns der Karte „Der Oxbow", die in erster Linie für das Multiplayer-Spiel entwickelt wurde, und beleuchten die damit einhergehenden Aspekte. Es werden vorrangig die neu eingeführten Elemente und Mechaniken erörtert; bekannte Elemente aus dem Kapitel „Das Tal" werden nicht erneut behandelt.

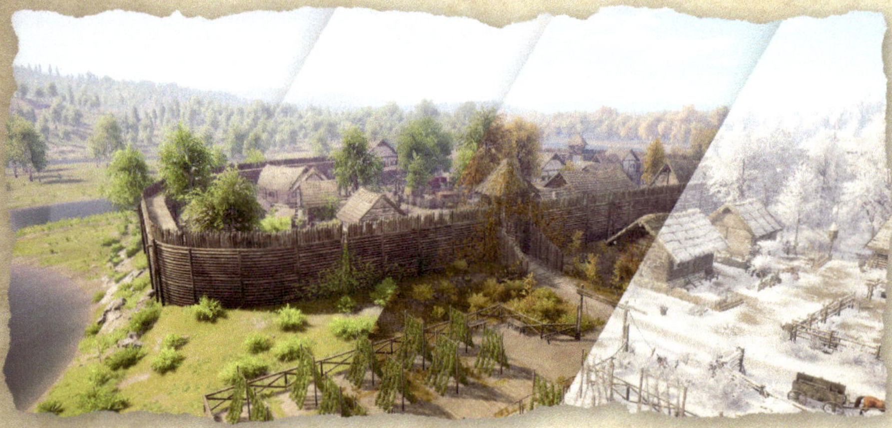

„Der Oxbow" ist eine speziell für Multiplayer-Partien konzipierte Karte, auf der bis zu vier Spieler simultan das Gebiet erkunden und eine Dynastie aufbauen können – sie lässt sich aber auch im Singleplayer erkunden. Dieses Gebiet bietet einige neue Inhalte, darunter neue Dörfer, Charaktere und eine Anschlagtafel, an dem Quests ausgewählt und angenommen werden können.

Die Namensgebung „Der Oxbow" mag Fragen aufwerfen. Der Begriff *oxbow* beschreibt im Englischen schleifenförmige Flüsse, die vom Hauptfluss abgetrennt oder nur durch einen schmalen Kanal verbunden sind und an die Jochform der Rinderbespannung erinnern. Entsprechend durchzieht ein großer Fluss mit zahlreichen Seitenarmen und Seen die Karte von Norden nach Süden.

Weil „Der Oxbow" mit lediglich vier etablierten Dörfern eine recht spärlich bewohnte Gegend ist, bietet sie viel Raum für den Aufbau eigener Siedlungen. Jedes Dorf zeichnet sich durch eine eigene Spezialisierung aus: Piastovia als Handelszentrum, Ostoya als Fischerdorf, Skauki als Quelle der meisten Erze und Klonica, Heimat von Jägern und Holzfällern. Ein weiterer Unterschied zu „Das Tal" ist, dass potenzielle Dorfbewohner und Heiratskandidaten sich nicht mehr innerhalb, sondern vor oder neben den Eingängen der Dörfer befinden – wie gehabt um ein Lagerfeuer sitzend.

Bei der Erkundung der Karte begegnet man wie im Tal verlassenen Holzfällerlagern, Truhen, Karren, Gebäuderuinen, sowie allerlei anderen interessanten Geheimnissen. Ein signifikanter Teil der Karte im Nordosten zeichnet sich durch seine bergige Landschaft aus.

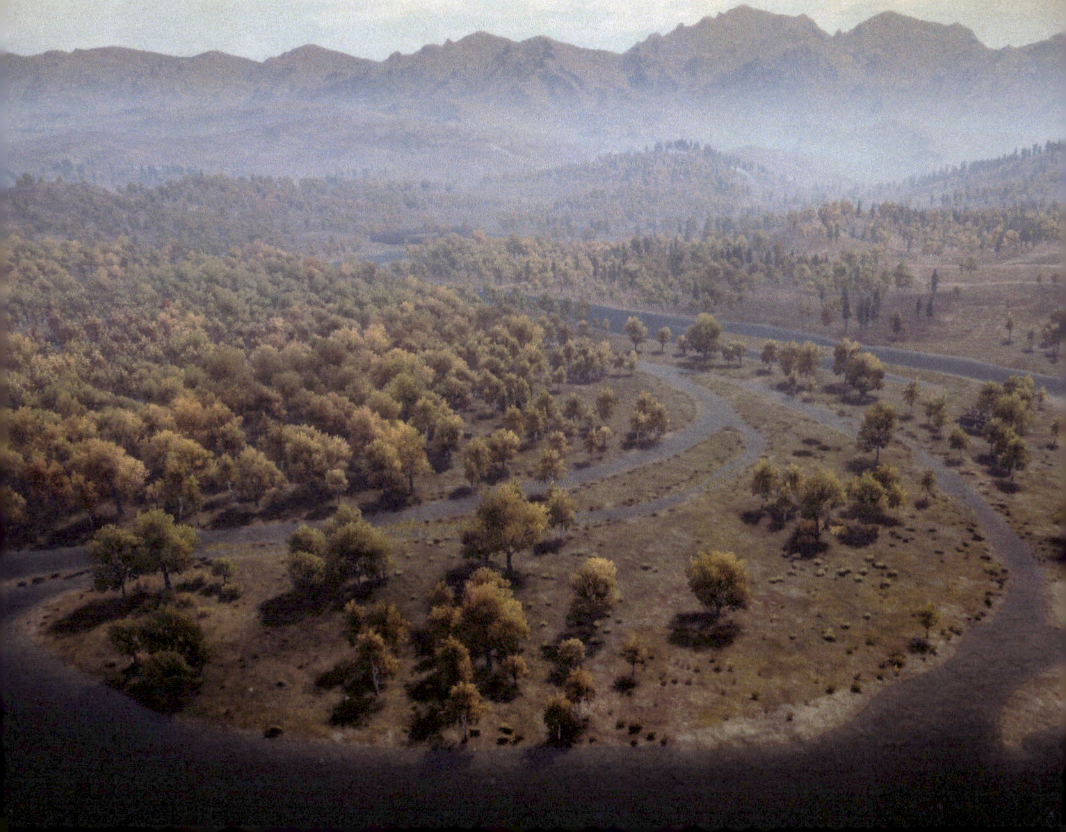

4.1 Gemeinsam spielen

Ein Spiel hosten und ihm beitreten

Möchtest du mit Freunden gemeinsam spielen, müsst ihr euch zunächst entscheiden, wer von euch die Partie „hosten" soll - wessen Gerät also der Gastgeber der Partie ist. Schließt der Host das Spiel oder verliert die Internetverbindung, dann wird die Partie auch bei allen Mitspielern beendet. Meistens ist es daher eine gute Idee, den Spieler mit dem stärksten Rechner und der stabilsten Internetleitung zum Host zu ernennen.

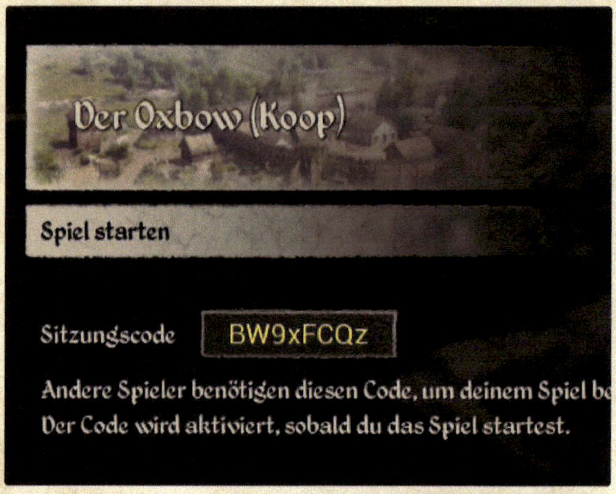

Wenn du als Host nun ein neues Spiel startest oder einen bereits bestehenden Spielstand lädst, wählst du statt ***Allein*** die Option ***Koop*** aus. Daraufhin wird ein ***Sitzungscode*** eingeblendet, den du durch Klicken bzw. Drücken der entsprechenden Taste kopieren kannst. Falls du „oldschool" bist, kannst du den Code auch mit ***Code anzeigen*** einblenden lassen und ihn abtippen bzw. abschreiben und so an deine Freunde weitergeben.

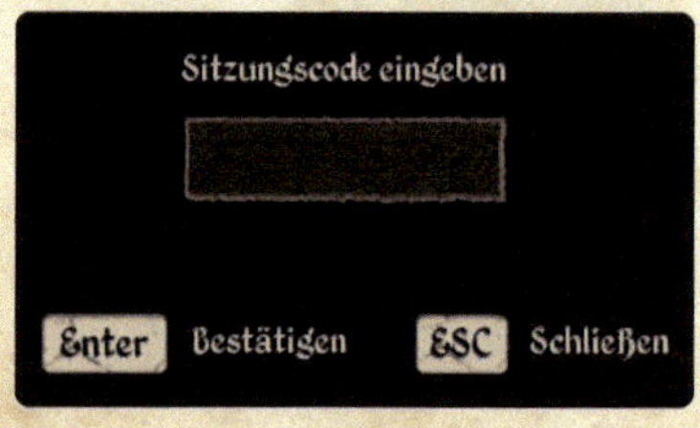

Die Mitspieler müssen nun im Hauptmenü ***Spiel beitreten*** auswählen und deinen Sitzungscode eintragen. Einen Klick auf ***Bestätigen*** später, sind sie schon mit dir gemeinsam unterwegs.

Sich nicht aus den Augen verlieren

Damit du und deine Freunde euch nicht aus den Augen verliert, werden sowohl auf der Karte als auch in der Kompassleiste oben Marker angezeigt, welche die Position deiner Mitspieler angeben.

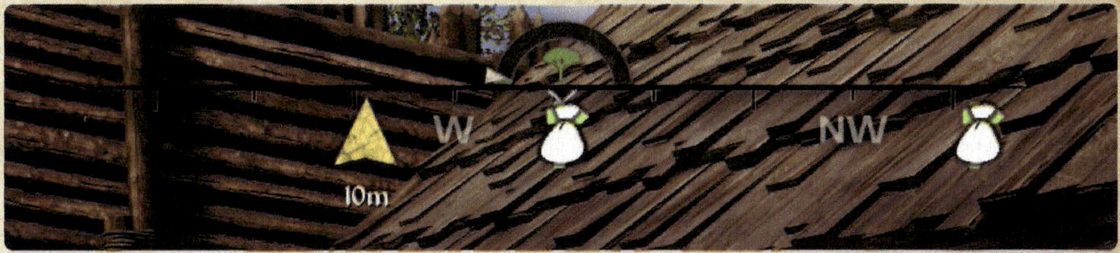

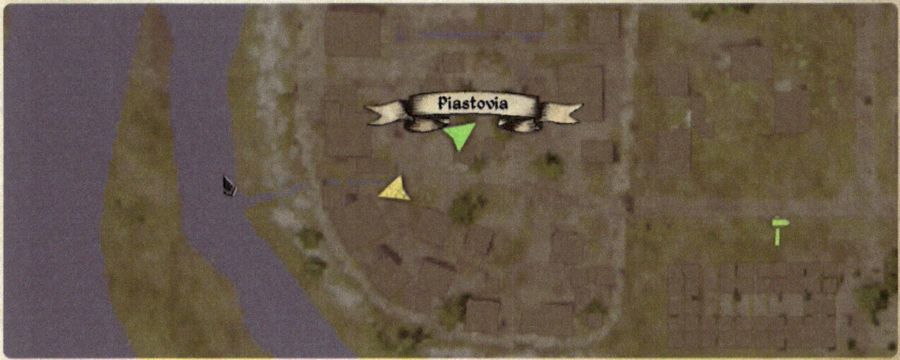

Dabei ist jedem Spieler eine bestimmte Farbe zugeordnet. Diese lässt sich im Menü ändern, indem du auf deinen Namen drückst und dann die gewünschte Farbe auswählst.

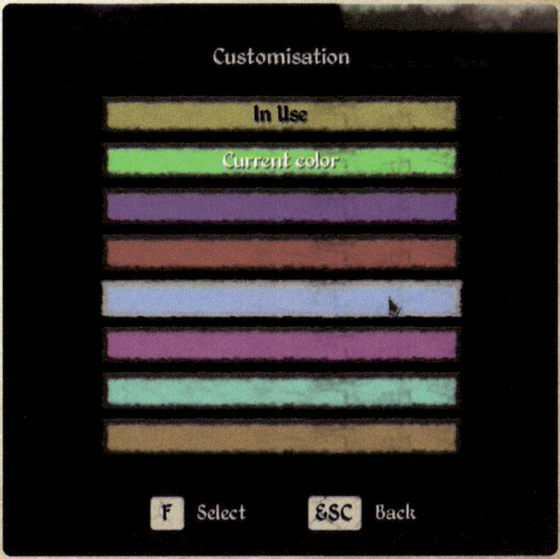

Zusammenarbeit

Gemeinsam zu arbeiten, macht doppelt so viel Spaß! Aus diesem Grund werden sich Quests im Multiplayer generell geteilt und auch die einzelnen „Unteraufgaben" der Quests können zwischen den Spielern frei vergeben werden. Hat eine Quest bspw. die Aufgaben „Crafte eine Fackel", „Crafte einen Speer" und „Sammle 10 Steine", dann kann ein Spieler die Fackel craften, der nächste den Speer und der dritte parallel dazu die zehn Steine sammeln.

Lediglich der Zwischenfortschritt einzelner Unteraufgaben wird nicht geteilt. Das heißt, es ist im obigen Szenario nicht möglich, dass ein Spieler zwei Steine sammelt und der andere acht, sondern zum Abschließen der Unteraufgabe müssen vom Spieler selbst zehn Steine gesammelt werden.

Ingame-Kommunikation

Chat

Du hast im Spiel mehrere Möglichkeiten, mit anderen Spielern zu kommunizieren. Am PC öffnest du den Chat mit der Taste *Y*, mit einem Mausklick blendest du das Chat-Fenster wieder aus. Auf Konsolen gelangst du über das *Emotes*-Menü zum Chat.

Emotes

Du kannst den anderen Spielern deine Bedürfnisse auch via Mimik und Gestik zeigen bzw. auf deren Taten reagieren. Dafür benutzt du die Taste *B*/ +/ . Es öffnet sich ein Menü, von dem aus du auch den Chat einblenden kannst. Hier kannst du deinen Spielcharakter dazu bringen, vordefinierte Bewegungen ausführen lassen. So kannst du zum Beispiel jemanden grüßen oder auf seine Antwort nicken. Du kannst dich sogar hinknien, um jemandem einen Antrag zu machen.

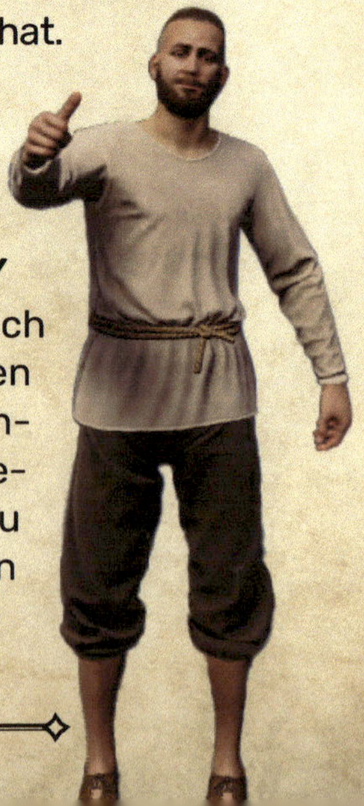

4.2 Charaktererstellung

Auf dieser Karte spielst du keinen vordefinierten männlichen Charakter, sondern hast freie Hand über dein Aussehen, dein Geschlecht und deinen Namen. Du kannst unter anderem deinen Hautton, deine Frisur und deine Gesichtszüge anpassen.

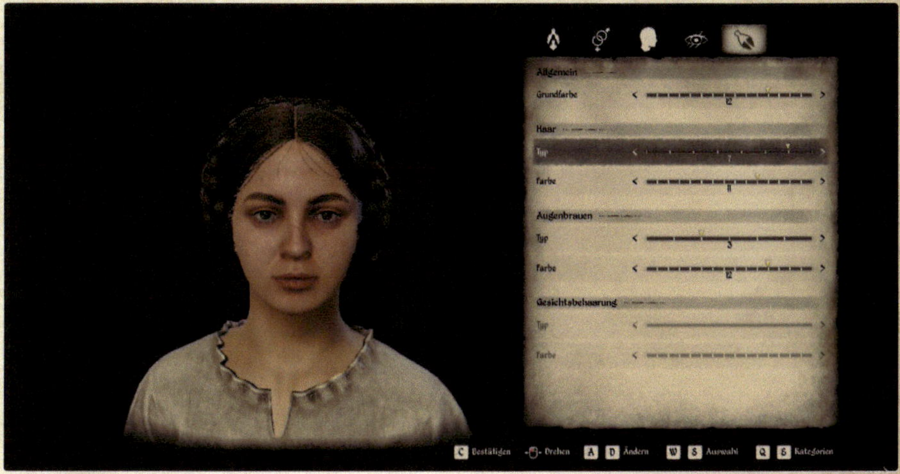

4.3 Als Frau spielen

In Kapitel 10 haben wir bereits erklärt, wie du das Herz einer Frau gewinnst und ihr den Hof machst. Nun, wenn du dich entscheidest, selbst als Frau zu spielen, steht eine ganze Palette neuer Heiratskandidaten für dich bereit: Männer!

Persönlichkeiten der Männer

Wie bei den Frauen im Spiel, haben auch Männer vier unterschiedliche Persönlichkeiten. Dabei ist ***Schurke*** das Pendant zu ***Freigeist***, ***Pragmatiker*** das Pendant zur ***fleißigen Biene***, ***Erfinder*** das Pendant zur ***Romantikerin*** und letztendlich ***Witzbold*** das zur ***Prinzessin***.

Auch ihnen kannst du Geschenke machen. Sie sind zwar genauso teuer wie die Geschenke für Frauen, jedoch findest du sie immer am gleichen Ort. Der Händler für exotische Waren ist im Oxbow kein reisender Händler, sondern einer der all seine Waren am Marktplatz von Piastovia verkauft.

Witzbold

Wie seine Persönlichkeit vermuten lässt, bringt der Witzbold andere gerne zum Lachen und weiß diese Eigenschaft auch bei anderen zu schätzen. Er nimmt das Leben nicht ernst und ist kein Freund von harter Arbeit und Bosheit. Die große weite Welt zieht ihn an.

» Beliebte Geschenke: Bernsteinfigur, verzierter Bierkrug, Panflöte, Pfeife, Sesam-Honig-Riegel

Pragmatiker

Der Pragmatiker ist eine bodenständige Person, die bei der Arbeit aufblüht und sich ein einfaches Leben wünscht. Ihn interessieren die Fakten und es gibt für ihn nicht langweiligeres als Klatsch und Tratsch. Kreativität und Humor sind ihm vollkommen fremd.

» Beliebte Geschenke: Fibel, Kernseife, Olivenöl, verzierte Werkzeugkiste, Gummiharz

Erfinder

Der Erfinder ist wissbegierig und naturverbunden. Als solcher ist er gegen jede Form von Gewalt und will für sein Können geachtet werden. Er ist aber auch ein Träumer, der in der Lage ist, sich die verrücktesten Geschichten auszudenken.

» Beliebte Geschenke: Astrolabium, klappbare Waage, Magnetstein, Werkzeuggürtel, Hnefatafl

Schurke

Der Schurke ist ein Mann, der sich in der Gesellschaft nicht zurechtfindet. Er ist spontan und macht im Prinzip das, was er will und was ihm Spaß macht. Er will seine Freiheit nicht aufgeben und behandelt Männer und Frauen gleich.

» Beliebte Geschenke: Raubtierzahnkette, Elfenbeinmesser, Lederarmband, Trinkhorn, Würfelset

Nachwuchs

Als Frau ist es im Oxbow deine Aufgabe, deinem Mann mitzuteilen, dass du dich bereit fühlst, ein Kind zu bekommen. Normalerweise wird das Symbol „schwanger“ im Frauenmenü angezeigt, aber wenn du als Frau spielst, wird es als „Vater“ neben dem Namen deines Mannes angezeigt.

Nach der Geburt kümmert er sich um das Kind und fällt für zwei Jahre aus. Das Geschlecht des Kindes ist zufällig, du bekommst also nicht unbedingt ein Mädchen, wenn du dich für einen weiblichen Charakter entschieden hast.

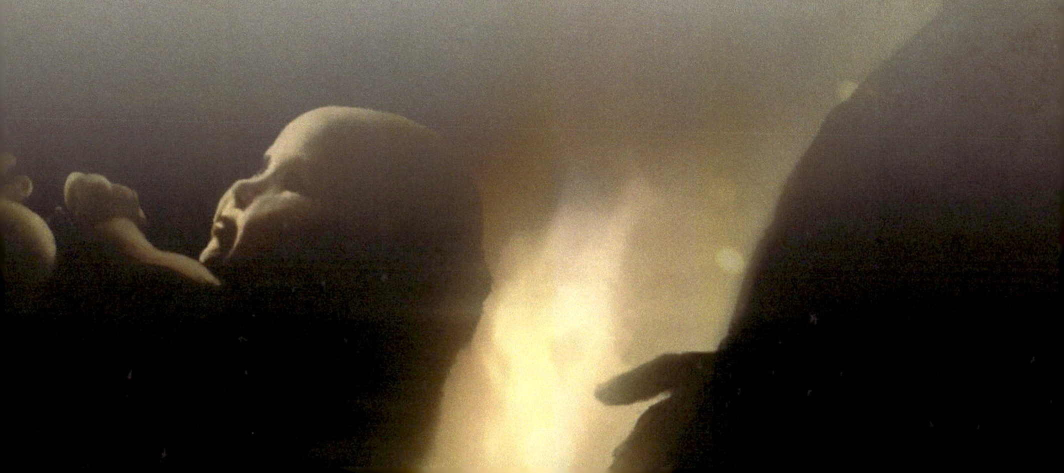

Mädchen oder Junge?

Wenn du das Geschlecht deines Kindes nicht dem Zufall überlassen willst, speichere das Spiel vor dem Saisonwechsel, an dem das Kind geboren werden soll. Lade das Spiel dann so oft neu, bis das Kind das gewünschte Geschlecht hat.

Außerdem hat dein Kind von Geburt an eine eigene Persönlichkeit, die du nicht beeinflussen kannst. Bis zu seinem 14. Geburtstag, an dem du es als Lehrling auf einer Station einsetzen kannst, entwickelt es sich unvermindert weiter.

4.4 Aufgaben von der Anschlagtafel

Abgesehen von den Storyaufgaben und diversen Nebenaufgaben, welche sich im Laufe der Geschichte ansammeln, können auch an der ***Anschlagtafel*** in Piastovia Aufgaben angenommen werden.

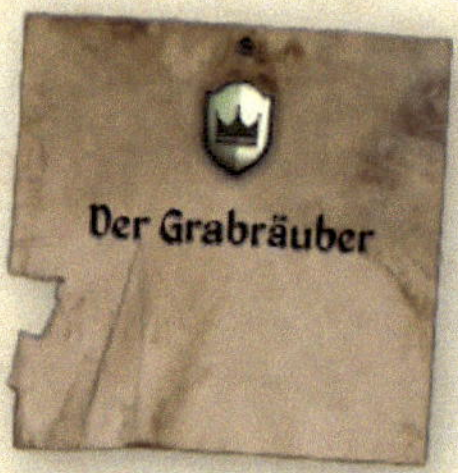

Diese sind besonders interessant, weil sie eine Möglichkeit darstellen, relativ einfach an Geld und ***Dynasty Reputation*** zu gelangen.

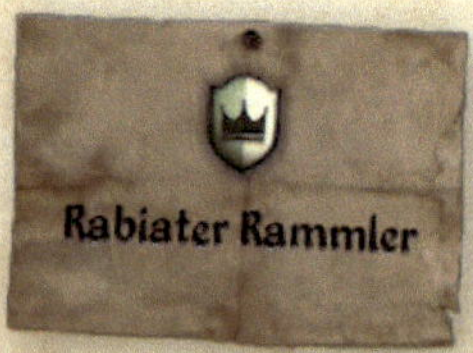

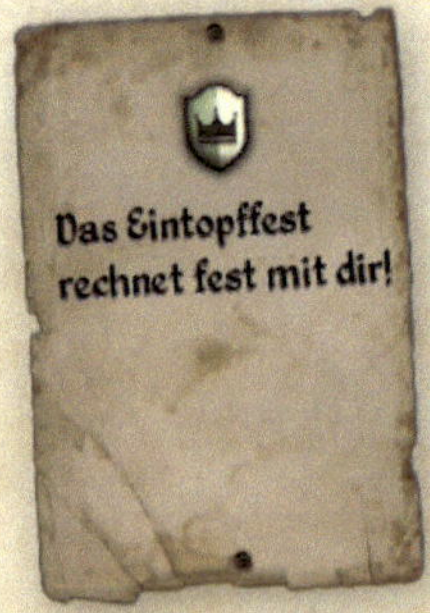

An der Anschlagtafel hängen meistens mehrere verschiedene Quests aus, so dass frei ausgewählt werden kann, welchen Aufgaben man sich als erstes widmen will. Denn meistens hat man nur bis zum Jahreszeitenwechsel Zeit, sie zu erledigen. Deswegen ist es auch definitiv **keine** gute Idee, einfach auf Gut Glück **alle** Quests anzunehmen.

4.5 Unterschiede zum Tal

Erbe

- Wie bereits erwähnt kann man das Geschlecht deines Kindes im Spiel nicht auswählen, aber man kann es mit einem Trick leicht umgehen (siehe Punkt Nachwuchs aus diesem Kapitel).
- Es gibt keinen zeremoniellen Haarschnitt und die entsprechenden Quests dazu, von daher kannst du die Persönlichkeit deines Erben nicht bestimmen. Er oder sie hat von Anfang an eine der vier möglichen Persönlichkeiten (siehe Kapitel ***Heirat & Nachwuchs***).
- Anders als im Tal kannst du die Rolle deines Erben nicht übernehmen sobald er 18 ist. Im Oxbow muss dein Spielcharakter dafür zwingend sterben. Entweder wartest du also darauf, dass du nach einem erfüllten Leben stirbst oder darauf, im Kampf gegen Banditen heldenhaft dein Leben zu opfern.

Quests

- Im Oxbow gibt es keine Familienquests. Dementsprechend begegnest du keine NPCs mit besonders guten Fähigkeiten.
- Aufgrund des freien Multiplayer-Aspekts gibt es im Oxbow keine Kapitelquests. Stattdessen kannst du jederzeit Quests von der Anschlagtafel annehmen.
- Zum jetzigen Stand des Spiels fragen dich die Bewohner des Tals zwar gelegentlich, ob du Aufträge für den König erledigt hast; dennoch gibt es derzeit keinen Königlichen Herold oder eine andere Möglichkeit, einen solchen Auftrag zu erhalten.

Events

- Zufällige Ereignisse, die einen Einfluss auf dein Dorf haben oder deine Fähigkeiten verbessern können, treten im Oxbow derzeit nicht auf.

Piastovia

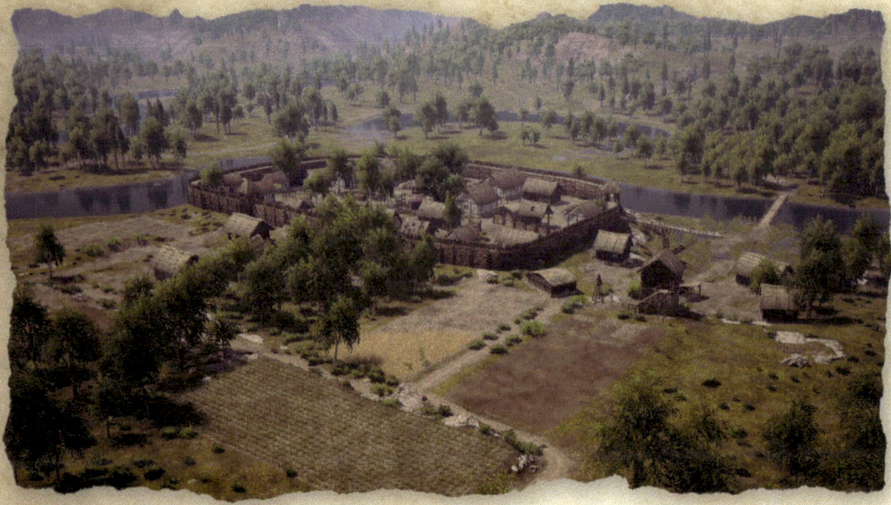

Beschreibung

Piastovia ist der Ort, an dem deine Geschichte beginnt. Du wachst beim Barbier/Arzt ***Sedowin*** auf, nachdem er dich versorgt hat. Es ist das größte Dorf in ***The Oxbow*** und sozusagen die „Hauptstadt" der Region. Hier wohnt der Kastellan, ***Mirogod***, der von vielen wegen seines jungen Alters und arroganten Charakters nicht ernst genommen wird.

Das Dorf liegt sehr zentral und ist durch seinen Holzwall gut gesichert. Die Bauern leben und bewirtschaften ihre Felder allerdings außerhalb der Dorfmauern.

Es gibt zwei Zugänge zu Piastovia: den Nord- und den Osteingang. Wenn du durch das östliche Tor ins Dorf kommst, findest du rechts eine Anschlagtafel mit ***Quests***, die es zu erfüllen gilt.

Das Dorf ist um einen ***Marktplatz*** herum gebaut, ein Ort, wo du Händler für fast alle Waren finden kannst. Es ist außerdem das einzige Dorf, in dem man eine ***Taverne*** findet.

Händler am Marktplatz

- Domazyr: Geschenke für Männer und Frauen sowie Holzfiguren.
- Imislawa: Kleidung, Taschen, Sattel und Satteltaschen.
- Ludomila: alle Pilze, Kräuter und Tränke.
- Unislawa: alle Bögen, Steinpfeile, Messer, Speere, Trinkschläuche sowie Fleisch, Leder, Felle und Salz.
- Poznomir: alle Lebensmittel und Getränke sowie Fische.
- Markuslaw: Samen und Setzlinge, Steine, Erze, Ton, Tonwaren, Holzgeschirr, Salz, Metallbarren, Tierfutter, Wolle und Leinen.

Kaufbare Tiere

- Kühe, Pferde und Gänse

In der näheren Umgebung

Folgt man dem kleinen Nebenarm des Flusses in Richtung Westen, findet man einen Durchgang, in dessen Nähe sich ***Bären*** herumtreiben.

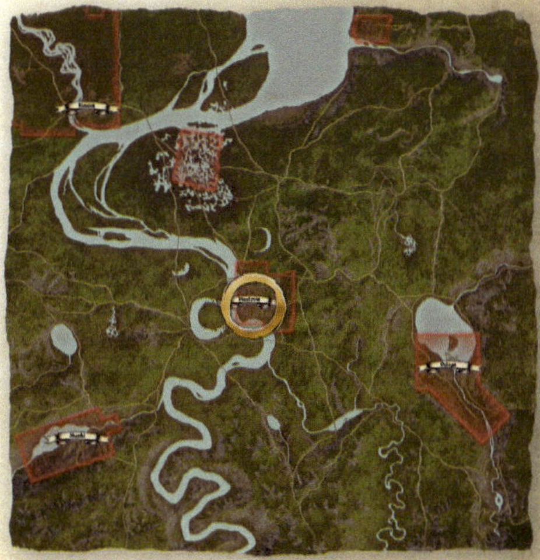

Die Gegend im Süden von ***Piastovia*** ist ideal, um ein Dorf zu bauen, da du so schnell nach ***Piastovia*** gehen kannst, um Steuern zu zahlen, neue Quests anzunehmen und einzukaufen. Außerdem kommst du von dort aus auch schnell in die Städte ***Skauki*** und ***Ostoya***. Nur ***Klonica*** ist dann weiter weg.

Klonica

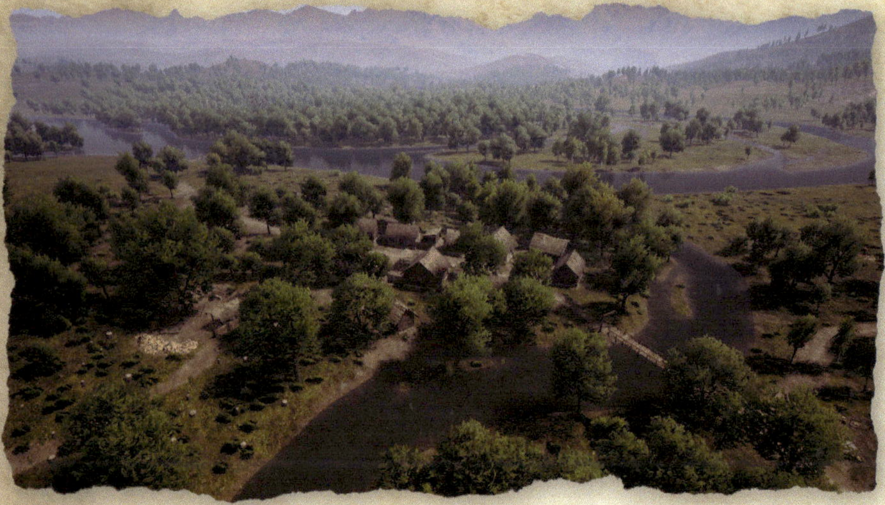

Beschreibung

Klonica ist das älteste Dorf im ***Oxbow***. Es befindet sich im Nordwesten der Karte an einem kleinen Nebenarm des Hauptflusses.

Das Dorf ist größtenteils in zwei Fraktionen gespalten – ***Jäger*** und ***Holzfäller*** – und das schon seit der Gründung der Siedlung. Beide Gruppen halten jeweils die andere für nutzlos und faul und denken, dass ohne die eigene Gruppe das Dorf nicht gedeihen würde. Beide Fraktionen betrachten dennoch diese Rivalität als wichtige Tradition und halten sie deswegen aufrecht.

Slawa ist gleichzeitig die Anführerin der Jäger als auch des ganzen Dorfes. Der Anführer der Holzfäller heißt ***Niedan***. Da er aber sehr unfreundlich ist, wird er fast ausschließlich von seiner Gruppe respektiert: Andere meiden den Kontakt mit ihm.

Hier hilfst du ***Jarolpek*** - Slavas Sohn - der neue Dorfvorsteher zu werden und lüftest dabei dunkle Geheimnisse.

Händler

- Jäger Czebor: alle Bögen, Steinpfeile, Steinmesser, Speere, Salz, Fleisch, Leder, Fell und Federn.
- Handwerker Milobor: Körbe, Fackeln und Holzgeschirr.
- Siabora, Schweinezüchterin: Tierfutter, Fleisch und Dung.

Kaufbare Tiere

- Schweine

In der näheren Umgebung

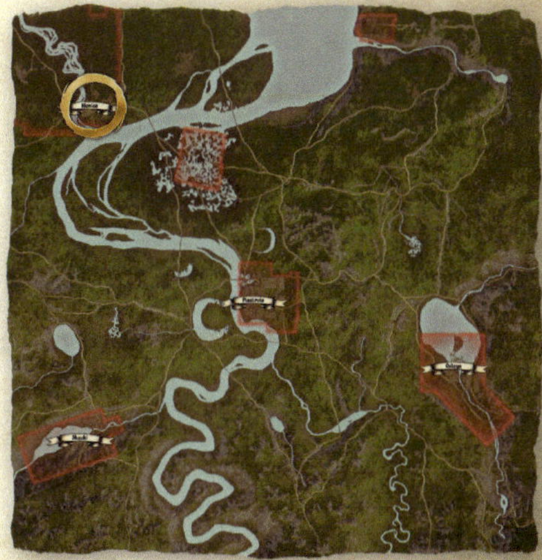

Unterhalb von Klonica lässt es sich gut bauen. Du kannst auch auf den Inseln Gebäude errichten, um deinem Dorf zusätzlichen Charme, ähnlich wie in Piastovia, zu geben. Im südlichen Teil der Inseln findest du außerdem ausreichend ***Schilf*** für Dächer.

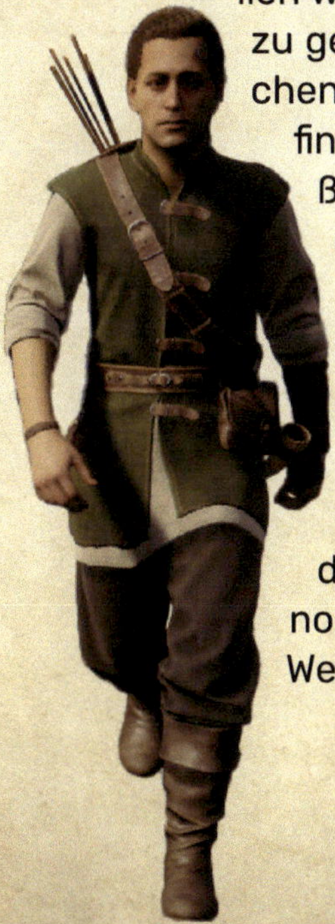

Südlich von ***Klonica*** und westlich von ***Piastovia*** gibt es auch ein breites Areal, wo du ohne viel Vorarbeit ein schönes Dorf bauen kannst. Hier hast du außerdem eine ***Mine*** in unmittelbarer Nähe – und zwar nordwestlich des Sees, an der Kreuzung der zwei Wege. Sei auf der Hut, dort lauern auch Bären.

Ostoya

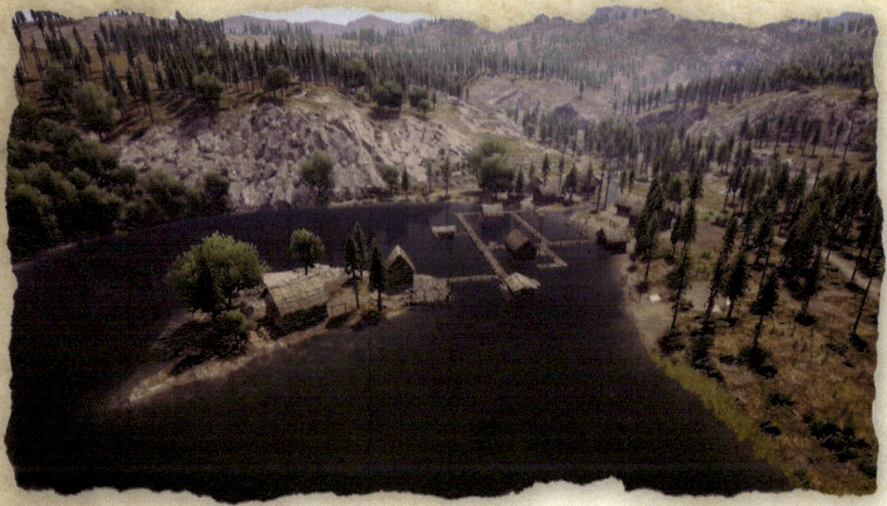

Beschreibung

Ostoya liegt an einem See im Südosten des Oxbow. Dort gibt es größtenteils Fischer, aber auch Bauern und Tierzüchter.

Ein großer Teil des Dorfes besteht aus Pfahlhäusern und -hütten sowie Knüppeldämmen, die im Wasser aufgestellt sind. Dort wohnen die Familien der ***Fischer***, wohingegen alle anderen Dorfbewohner auf dem Festland ihr Zuhause haben.

Das Dorf wurde von Menschen aufgebaut, die von der Gesellschaft verstoßen wurden, wie Flüchtlinge, Opfer von Gewalt oder andere Heimatlose. Deswegen sind dort alle Menschen willkommen.

Oberhaupt des Dorfes ist ein Mann namens ***Ludomir***. Er betrachtet sich als Schäfer, der auf seine „Schafe" aufpasst. Viele der Fischer sind jedoch der Meinung, dass er das Dorf nur auf dem Papier leitet, weil er von der Mehrheit zwar gewählte wurde, aber nichts für die Bevölkerung unternimmt. Könnte eine Neuwahl etwas daran ändern?

Händler

- Zywia, Landwirtin: Samen und Setzlinge, Früchte und Gemüse, Tierfutter sowie Werkzeuge für Landwirte.
- Niemila, Schneiderei: Kleidung, Rucksäcke, Wolle und Trinkflaschen.
- Siezyr, Fischer: ganze und filetierte Fische sowie Fischspeere.
- Biezpraw, Fischer: Fundorte aller Fische.

Kaufbare Tiere

- Schafe und Ziegen

In der näheren Umgebung

Ostoya liegt an einem See und in der Nähe einer Mine. Sie befindet sich östlich auf Höhe der Seemitte.

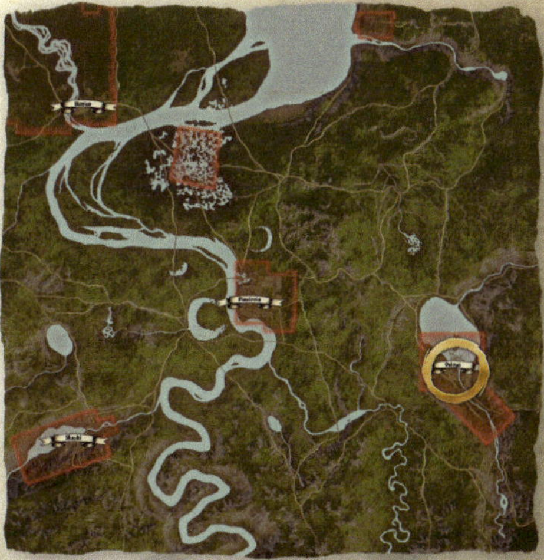

Südöstlich von Ostoya findest du eine schöne Baufläche, die von einem senkrechten Arm des Flusses durchquert wird. Zwischen der Brücke und der durch den Fluss unterbrochenen Bergkette befindet sich ebenfalls eine ***Mine***.

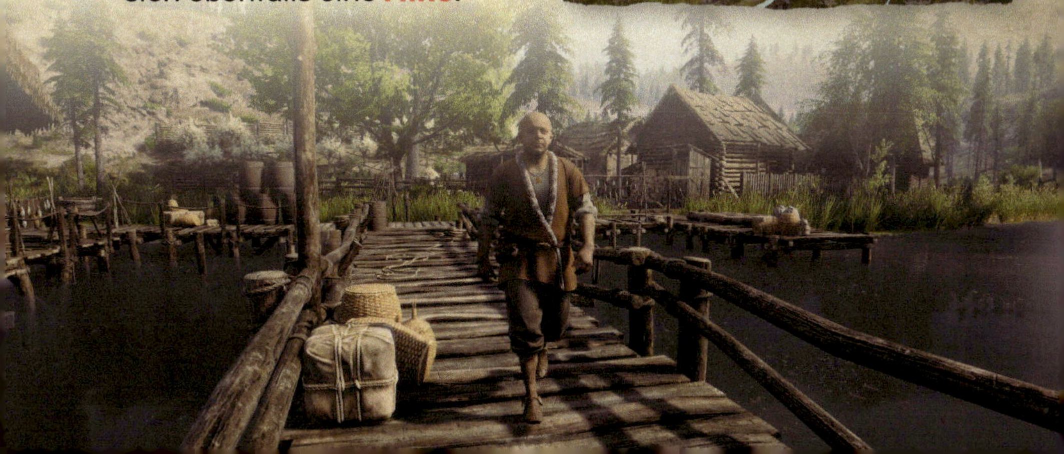

Skauki

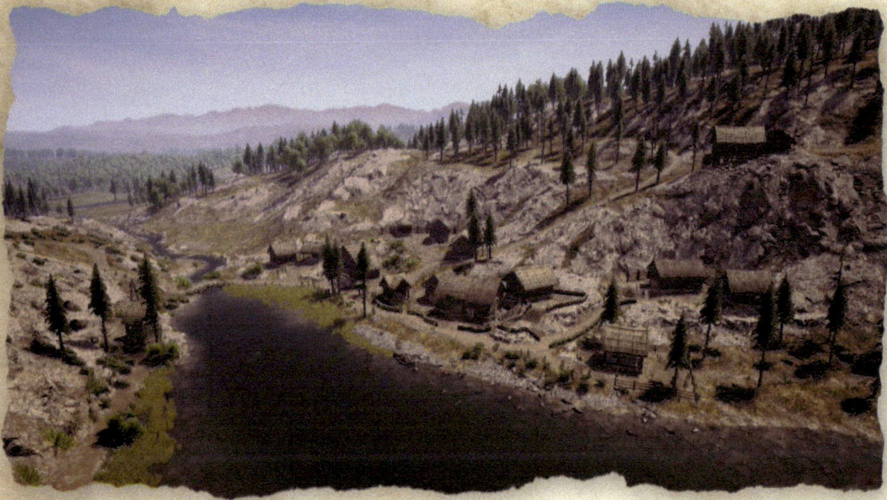

Beschreibung

Skauki liegt entlang des Flusses und ist das bisher jüngste Dorf, das im ***Oxbow*** errichtet wurde. Die Bewohner hier sind als ausgezeichnete Bergarbeiter bekannt. Die Mine selbst befindet sich auf der anderen Seite des Flusses.

Gilbert ist derjenige, der für das Dorf die Verantwortung trägt. Er behauptet, Klonica und Ostoya würden das Dorf für ihren Wohlstand hassen.

Die Dorfbewohner haben hart dafür gearbeitet, dass aus Skauki das wurde, was es heute ist. Wenn Skauki nicht so viele Abgaben an ***Piastovia*** (eigentlich den Kastellan) zahlen müsste, wäre es wahrscheinlich sogar das am weitesten entwickelte Dorf im Oxbow.

Die Landschaft ist sehr bergig und zerklüftet.

Händler

- Köchin Bozena: Lebensmittel.
- Schmied Wojciech:
  Waffen, Werkzeuge, Erze und Metallbarren.
- Eselzüchterin Waclawa:
  Tierfutter, Dung, Sattel, Satteltaschen und Hufeisen.

Kaufbare Tiere

- Esel und Hühner

In der näheren Umgebung

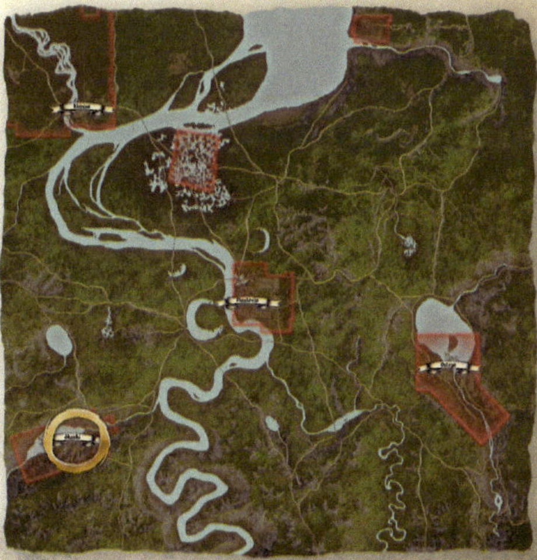

Die Gegend rund um Skauki hat nur wenig interessante Orte zu bieten; es gibt rundherum sehr viele Bäume, die darauf warten, abgeholzt zu werden, mehr aber auch nicht.

Interessant für dich ist wohl die ***Mine***, in der du selbst Salz und Erze abbauen kannst.

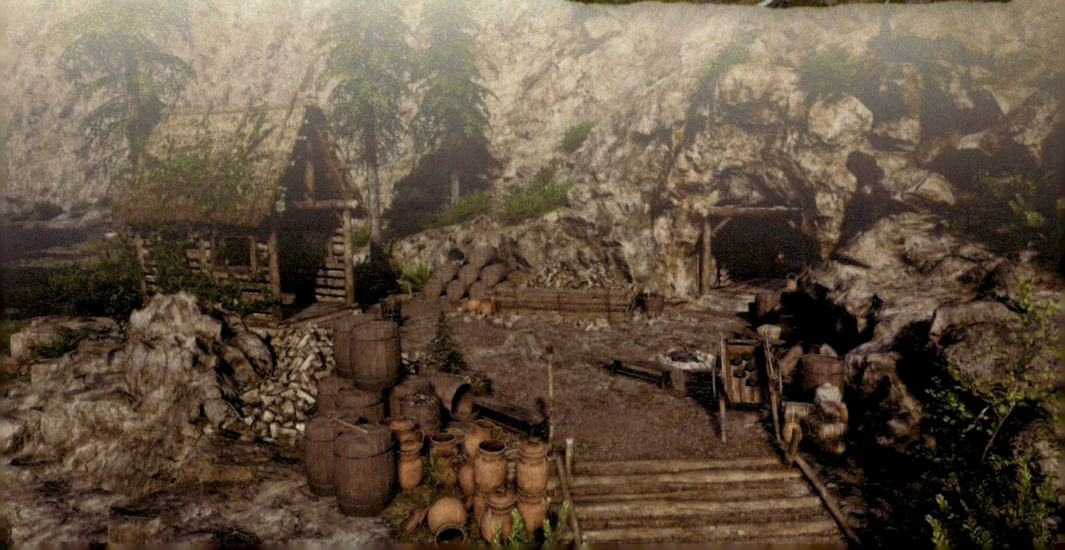

Elric im Sumpf

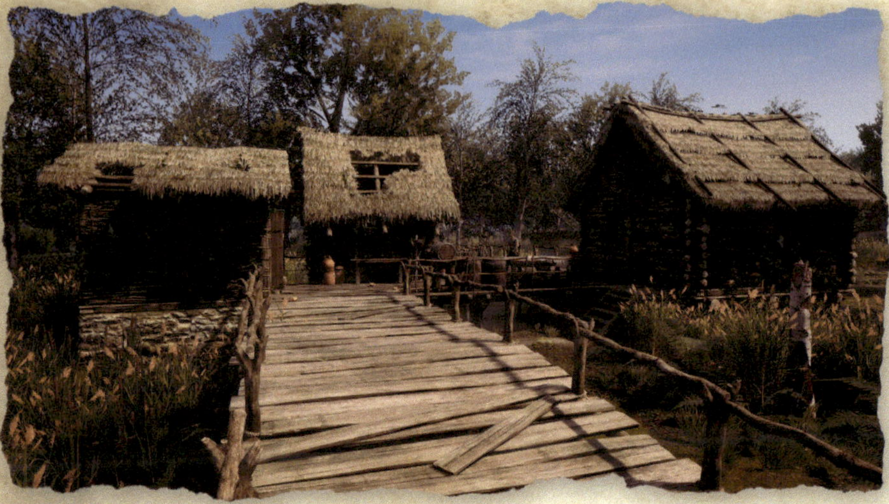

Beschreibung

Mitten im Sumpf - und auf der ganzen Karte - trifft man immer wieder auf verfallene, unbewohnte Häuser. Doch im Sumpf hat sich ein Mann namens ***Elric*** niedergelassen.

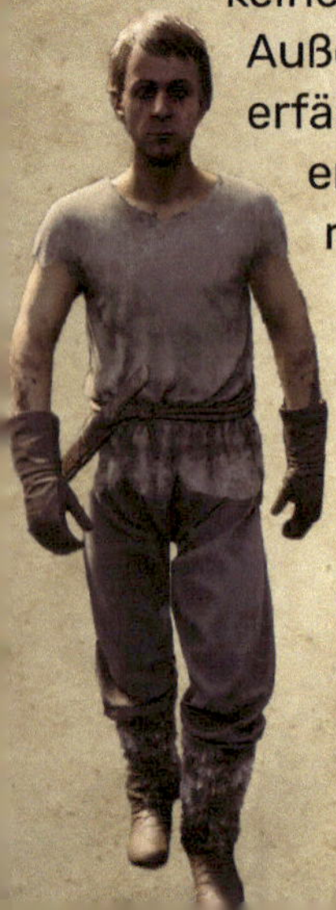

Er lebt hier allein und hat keinen Kontakt zur Außenwelt. Von ihm erfährt man nur, dass er eine Art verrückter Kräuterkundler ist, der entweder zu viel Wein trinkt oder die Schätze der Natur nicht richtig kennt...

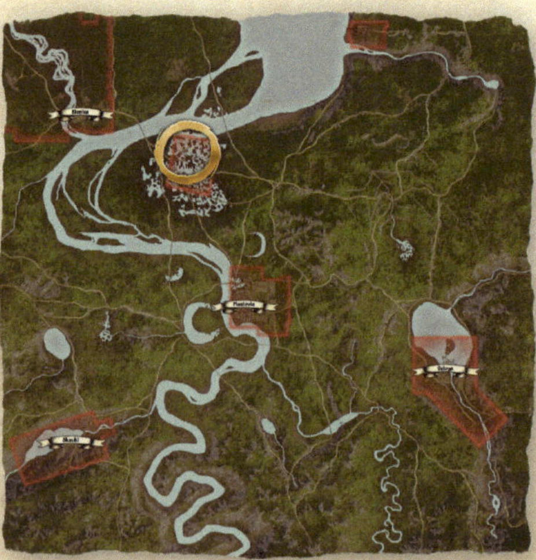

Das Banditenlager

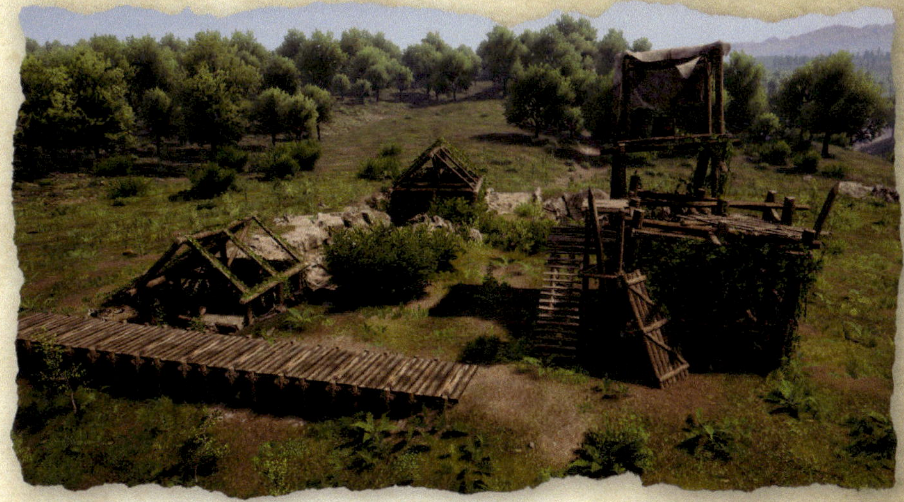

Beschreibung

Nördlich des Oxbow liegt diese kleine, verfallene Siedlung, in der sich Banditen niedergelassen haben. Sie liegt am Rande einer Klippe und ist nicht leicht zu erreichen. Der Zugang erfolgt über eine Brücke und eine Höhle.

Obwohl die Banditen nicht immer hier sind, ist dies eines ihrer Hauptquartiere geworden. Wenn sie nicht da sind, nutzen Wölfe die Siedlung als Jagdrevier.

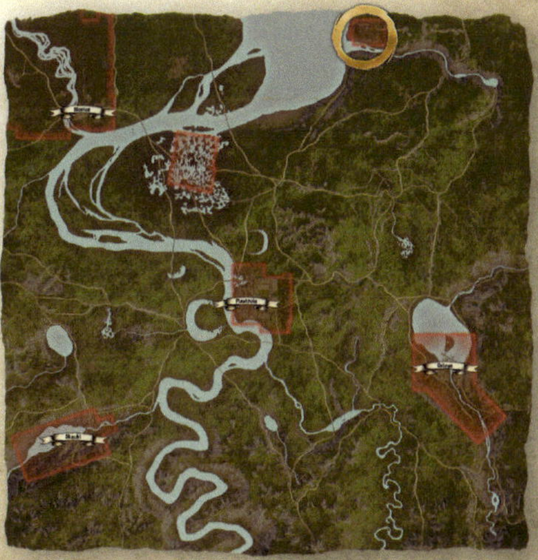

4.7 Nützliche Karten

Bären

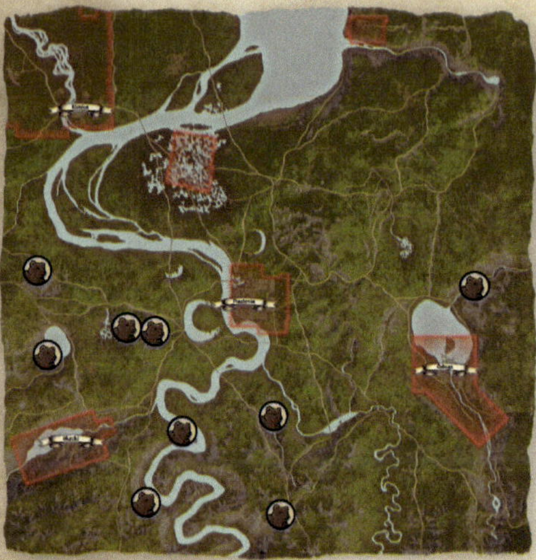

Dachse

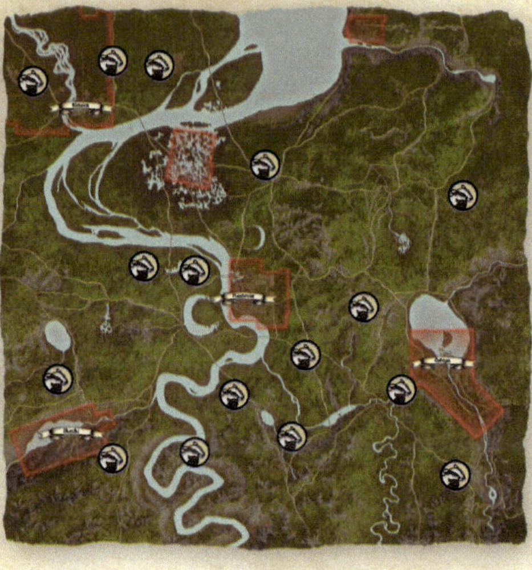

Elche

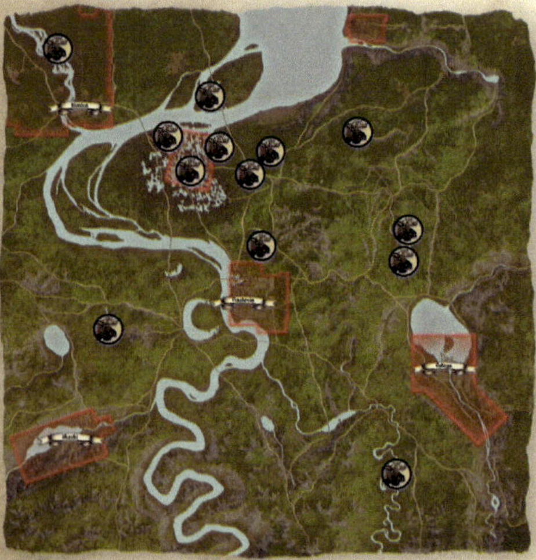

Füchse

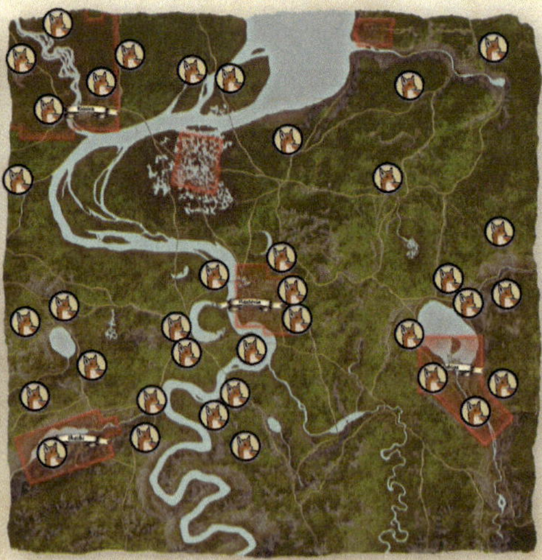

Kaninchen

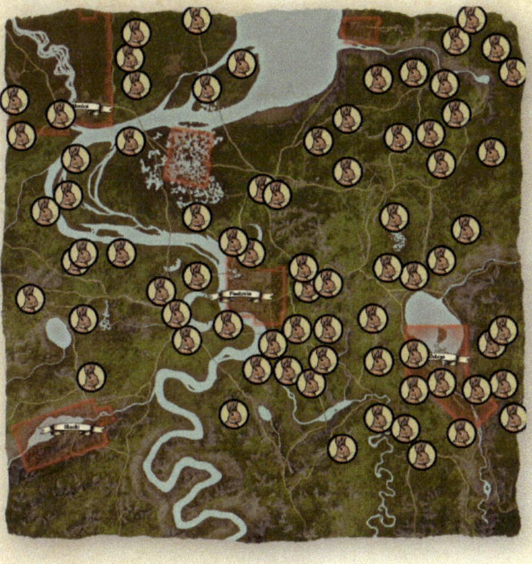

Hirsche

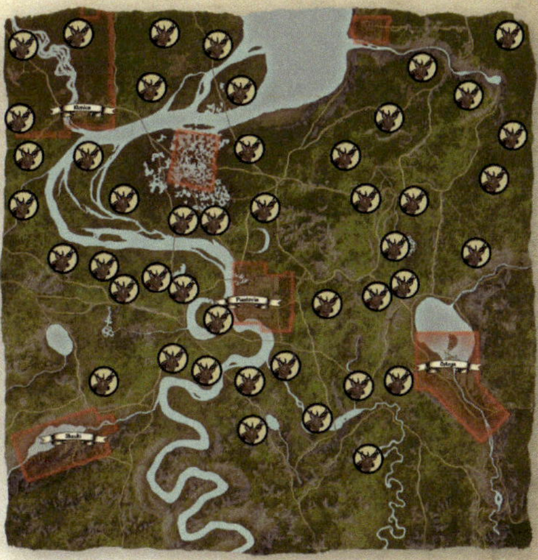

Luchse

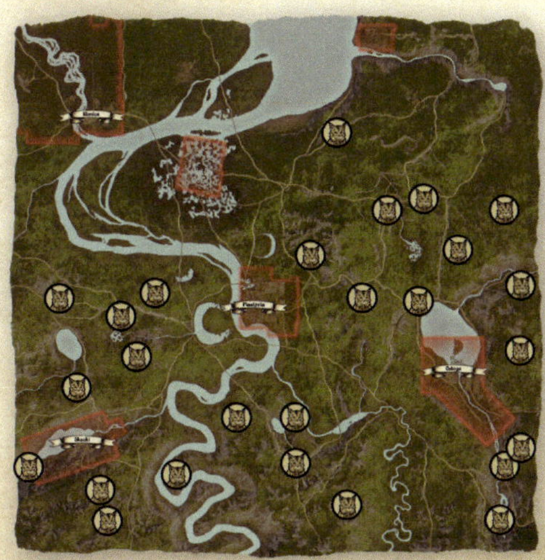

Wildschweine

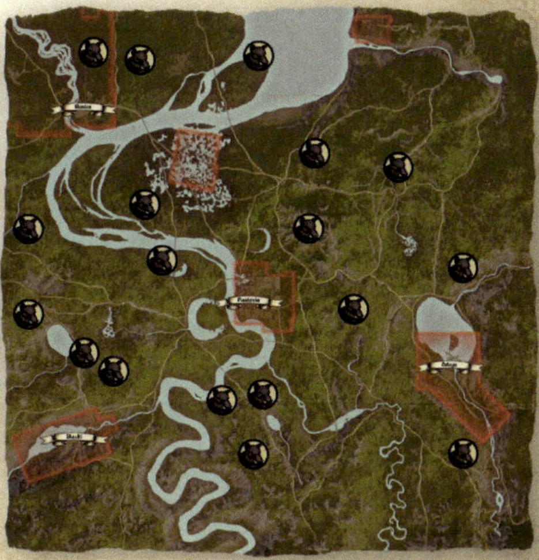

Wisente

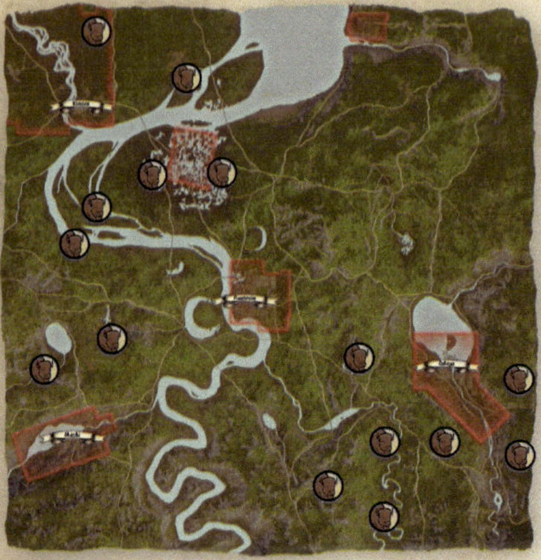

Wölfe

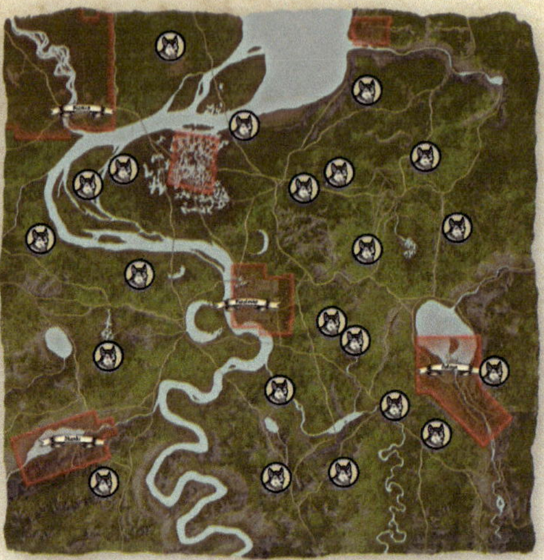

Lehm

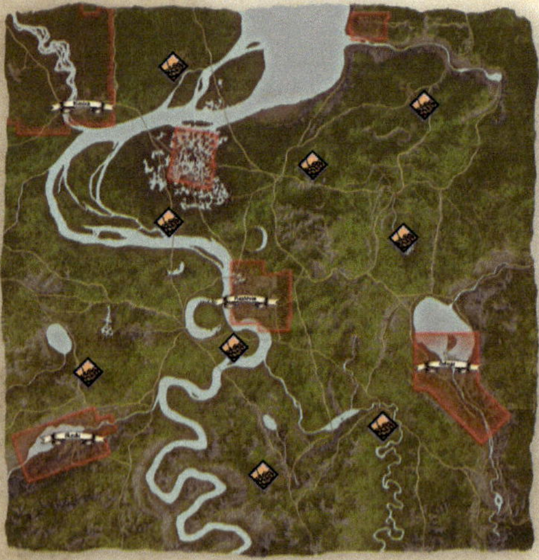

Höhlen für Minen

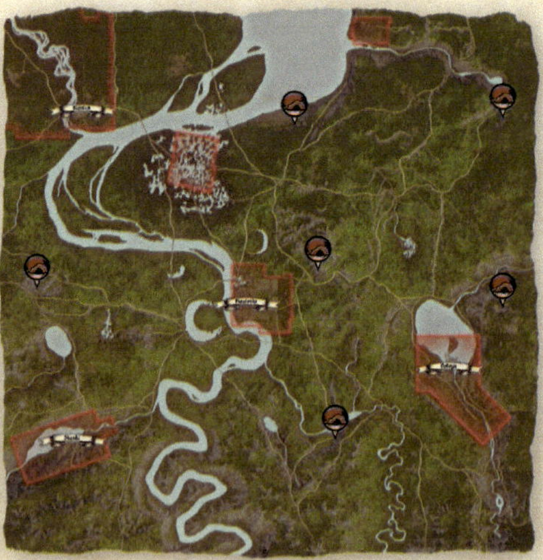

4.8 Händler-Kurzübersicht

Wie bereits im Tal, gibt es auch im ***Oxbow*** verschiedene Händler, die unterschiedliche Waren anbieten. Im Gegensatz zur ersten Karte finden sich die meisten davon aber an einem Ort: dem Marktplatz von Piastovia. Diese Händler haben zum Teil neue Inventare, die sich aus den früheren Händlerklassen zusammensetzen. Wenn du Details zu den Items, wie Preise und Gewicht, suchst, findest du diese in Kapitel 2.

Händler in Piastovia:

- Der Essenshändler ***Poznomir*** hat alles, was du für die Herstellung von Essen benötigst, sowie die bekannten Endprodukte.
- Bei der Schmiedin ***Unislawa*** bekommt man Waffen, Werkzeuge und Munition, worunter jetzt auch Giftpfeile fallen.
- Die Näherin ***Imislawa*** hat weiterhin die gewohnten Materialien und Kleidung, die ein Näher oder eine Näherin im Tal haben.
- Die Kräuterkundlerin ***Ludomila*** verkauft Kräuter, Pilze und Tränke.
- Der Handwerker ***Markuslaw*** besitzt Schmiedematerialien, sowie Holz- und Töpferwaren, Samen und Setzlinge.
- Die exotischen Waren, welche man im Tal nur vereinzelt jede Jahreszeit kaufen konnte, lassen sich jetzt einfach bei ***Domazyr*** besorgen. Zusätzlich bietet er noch fein gearbeitete Holzfiguren an.

In den anderen drei Dörfern gibt es ebenfalls Händler, die aber die bekannten Inventare der Händlerklassen aufweisen:

- **Ostoya:** ***Niemila*** (Näherin), ***Zywia*** (Landwirt) und ***Siezyr*** (Fischer).
- **Skauki:** ***Bozena*** (Köchin), ***Wojciech*** (Schmied) und ***Waclawa*** (Eselzüchterin).
- **Klonica:** ***Milobor*** (Handwerker, beschränkt auf Holzgeschirr und Körbe) und ***Czebor*** (Jäger).

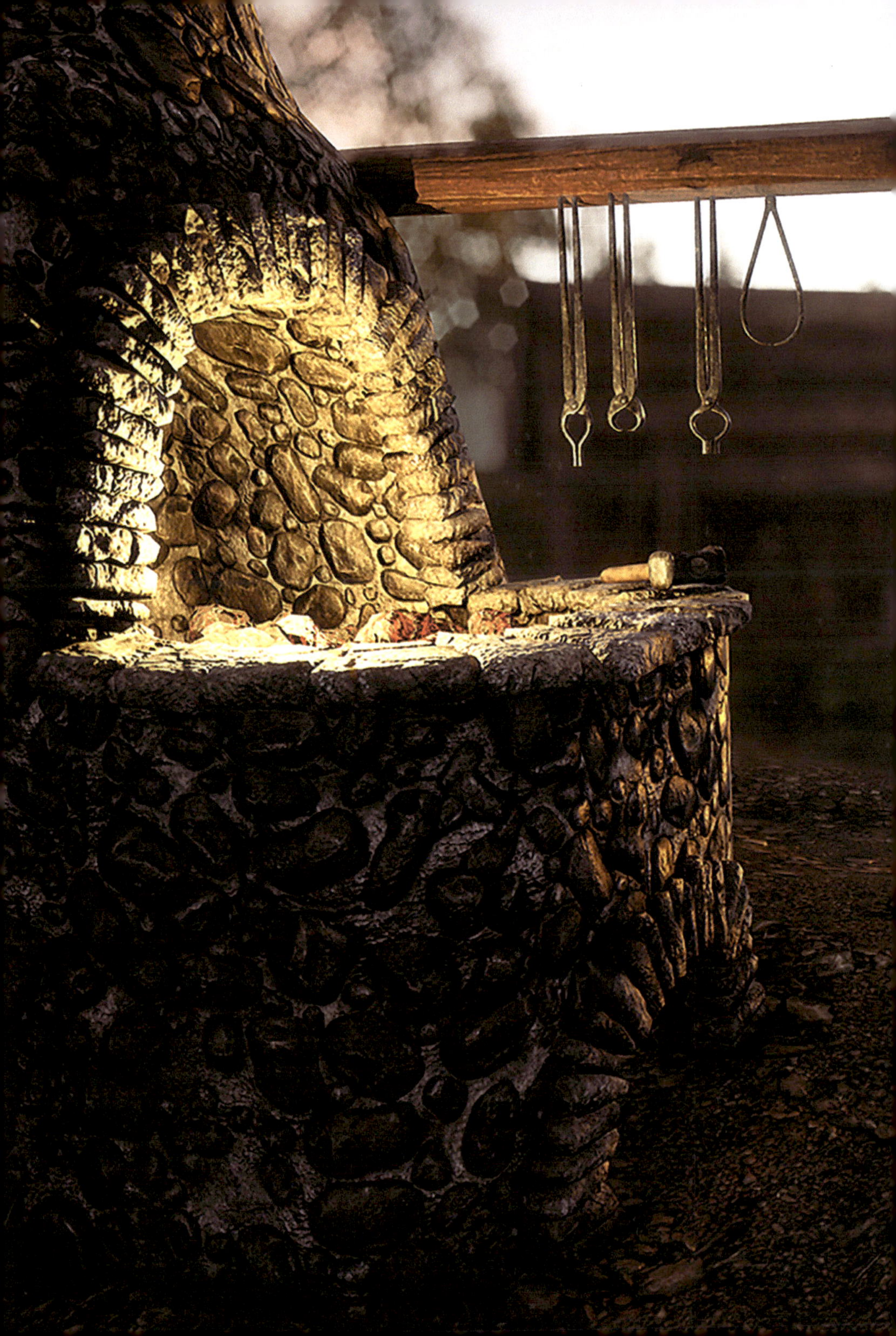

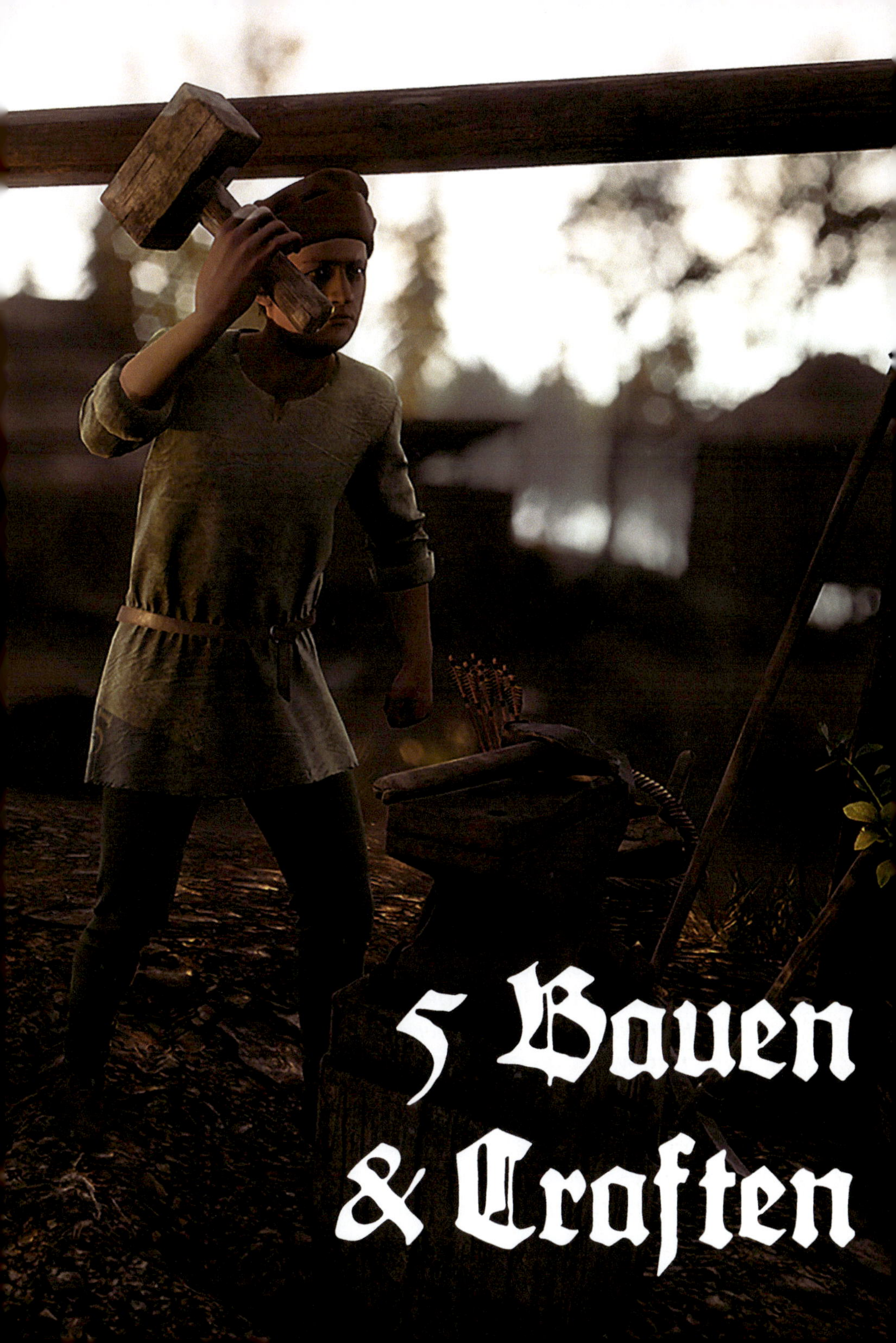

5 Bauen & Craften

Oh, ich sehe, dir ist mein Hammer aufgefallen – nun, du wunderst dich sicher, warum ich ihn so zur Schau stelle, auf seinem aus Eichenholz geschnitzten Sockel. Ein Ehrenplatz, den er sich redlich verdient hat! Weißt du, dieser Hammer hat die Weiler hier erschaffen – gut, das ist vielleicht ein klein wenig übertrieben, aber nicht allzu sehr.

Wir sind hier nun mal nicht in der Stadt, oder einem der großen Dörfer mit einer eigenen Handwerkstraße. Oh ja, wir haben tüchtige Schmiede, begnadete Bogenbauer und Schneiderinnen, die dir praktische Kleidung fertigen – aber oft genug muss man selbst zum Werkzeug greifen, mit eigener Hände Kraft erschaffen, was man zum Leben braucht. Das gilt für die große Scheune ebenso wie den Teller Suppe, den du gerade schlürfst! Gut, nicht wahr? Die Rüben habe ich selbst gesät, meine Tochter hat sie geerntet, und das Salz kommt aus den Bergen hier. Dazu ein kräftiges Stück Speck mitgeköchelt, und das Mahl kann sich sehen lassen. Lässt dir die Haare auf der Brust wachsen, mein Freund!

Aber ich schweife ab – vom Hammer. Mit ihm habe ich meine erste, bescheidene Behausung gezimmert, aber das erst Jahrzehnte, nachdem mein Onkel dasselbe vor mir tat. Mein alter Oheim, den ich nie zu Gesicht bekam, von dem das ganze Tal aber Geschichten erzählt! Eine davon ist, wie er an den Hammer kam.

Damals, du warst noch nicht einmal geboren und ich noch ein kleiner Rotzbengel unten am Meer, verdiente er sich ein bescheidenes Vermögen als Fluss- und Küstenschiffer. Im Frühjahr von Hamburg nach Prag und zurück, *im Sommer die Strände entlang und im frühen Herbst von Danzig nach Plock – und zurück, wo er überwinterte. Also, eines lauen Maienmorgens hatte er Dresden hinter sich gelassen, eine gute Ladung Waren an Bord – und einen Passagier. Ein Schreiner, zumindest gab er sich als solcher aus. Am ersten Tage blieb er noch unverfänglich, am zweiten Tage stellte er Fragen nach Art und Wert der Ladung, die meinem Onkel so gar nicht gefielen. Am vierten Tage ihrer Reise gerieten sie in schweres Wasser, vom Regen aufgewirbelt, und ein vom Ufer ins Wasser gefallener Baum riss eine Planke von meines Onkels Boot.*

Nicht weiter schlimm, nicht so sehr, um die Fahrt abzubrechen und in der nächsten Stadt die Reparaturen zu machen – nein, mein Onkel hatte Holz und Nägel an Bord. Beides gab er seinem Fahrgast, wies ihn an, den Schaden zu richten. Ha, wie ungeschickt sich dieser anstellte! Immer wieder schlug er neben den Nagel dreimal auf seine eigenen Finger. Nach dem dritten Mal hielt ihm mein Onkel eines der Schwerter, die er für die Stadtwache von Prag an Bord hatte, unter die Nase. Er zwang den Halunken, Farbe zu bekennen, warf ihm an den Kopf, dass der Hammer gestohlen, er selbst ein Bandit wäre und es auf die Ladung abgesehen hatte!

Der leugnete es nicht einmal, machte einen Satz nach hinten – und schnappte sich das wenig Hab und Gut, das er an sich raffen konnte, ehe er über Bord sprang und sich ans Ufer kämpfte. Kein großer Verlust für meinen Onkel, und den Hammer hat er behalten. Ich habe ihn geerbt, und mein Enkel wird das nächste Haus mit ihm errichten.

5 Bauen & Herstellung

Die Herstellung von Gegenständen und das Errichten von Gebäuden macht einen Großteil des Spiels aus, daher wollen wir diese beiden Tätigkeiten etwas näher betrachten:

5.1 Gegenstände herstellen

Du kannst selbst Gegenstände herstellen oder, sobald du ein eigenes Dorf mit geeigneten Produktionsstätten und Bewohnern hast, diese für dich arbeiten lassen.

Selbst ist der Mann

Du kannst einfache Gegenstände jederzeit im Baumenü herstellen. Die Voraussetzungen dafür sind:

- Du hast das entsprechenden Bauschema gekauft.
- Du hast die benötigten Ressourcen in deinem Inventar.

Öffne dann das Baumenü (Standardtaste Q / RB / R1):

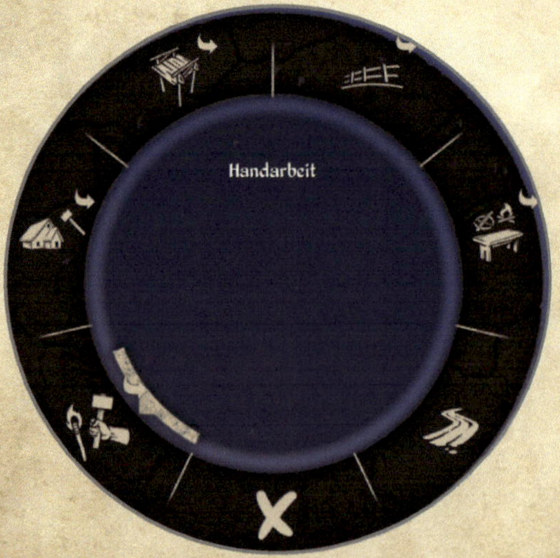

Bewege den Zeiger auf ***Handarbeit*** und wähle diesen Punkt aus.

Selektiere mit dem Zeiger das Objekt, das du fertigen möchtest. Willst du gleich mehr davon fertigen, drücke die Taste *R* / Ⓨ / △:

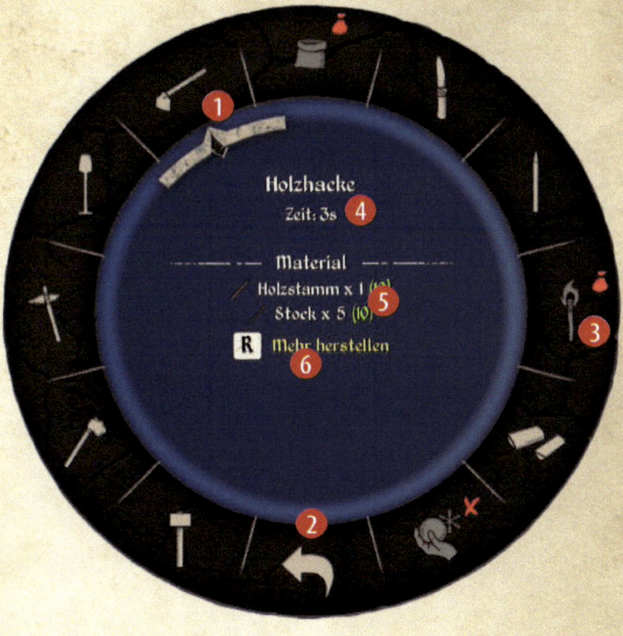

1. Auswahl des Gegenstands.
2. Zurück zum vorherigen Menü.
3. Roter Beutel: nicht genügend Ressourcen vorhanden, um dieses Objekt herzustellen.
4. Name des Gegenstands und benötigte Herstellungszeit.
5. Benötigte Ressourcen (in Klammern steht, wie viel du insgesamt im Inventar hast).
6. Sonstige Hinweise, z. B. drücke die Taste *R* / Ⓨ / △, um gleich mehrere Gegenstände zu fertigen.

Bauen an Stationen

Fortschrittlichere Gegenstände müssen an Craftingstationen gebaut werden. Voraussetzungen dafür sind:

- Das benötigte Gebäude mit der Craftingstation (z. B. Werkstatt, Schmiede oder Küche) wurde gebaut (Stationen in fremden Gebäuden können nicht genutzt werden!).
- Das benötigte Bauschema wurde erlernt (gekauft).
- Die benötigten Ressourcen befinden sich im Inventar des Spielers.

Ausbaustufen der Gebäude

Manche Craftingstationen werden erst mit höherer Gebäudeausbaustufe verfügbar. So ist z. B. in einer ***Werkstatt I*** nur die ***Werkbank*** zu finden. Die ***Töpferscheibe*** für Tonwaren ist erst ab der ***Werkstatt II*** vorhanden!

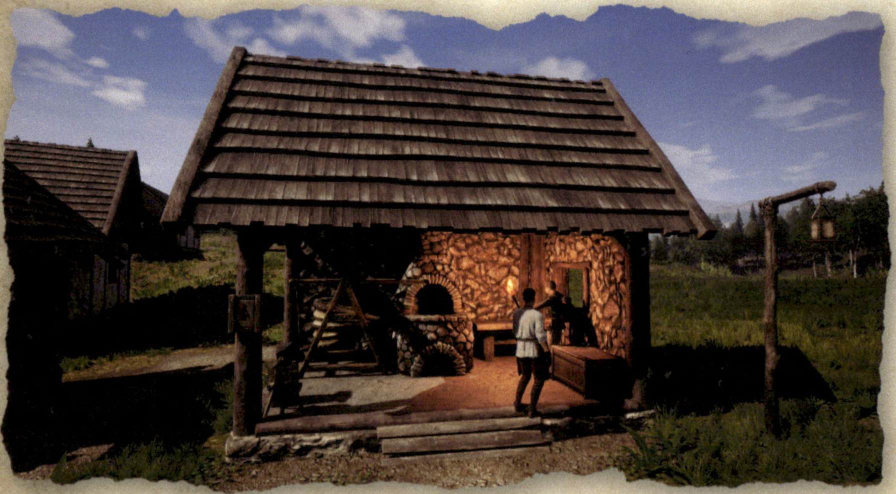

Eine Schmiede III mit Werkbank, Amboss und Esse (Schmelze).

Gehe zu einer Craftingstation (z. B. Amboss oder Backofen), schaue sie an und drücke die angezeigte Taste, um das Craftingmenü zu öffnen (Standardtaste E / A / X). Hier als Beispiel der Amboss der Schmiede:

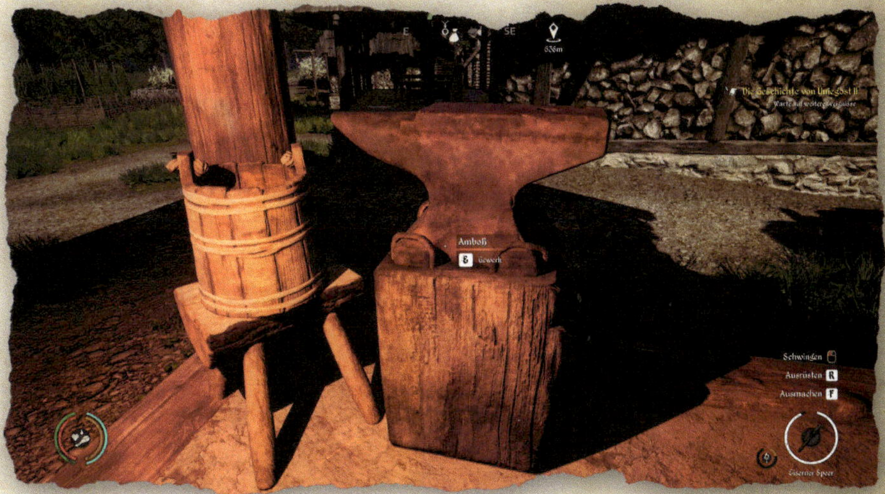

Wähle die gewünschte Objektkategorie aus (Beispiel unten: Kupferwerkzeuge). Die Unterteilungen in verschiedene Kategorien sind nicht bei jeder Station vorhanden!

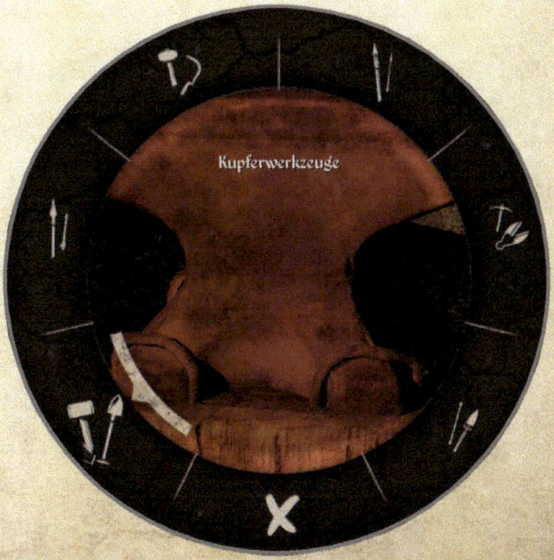

Du kannst dann das Objekt durch Betätigen der ***linken Maustaste*** / (A) / (X) bauen. Mehrere Gegenstände kannst du mit der Taste ***R*** / (Y) / (△) fertigen.

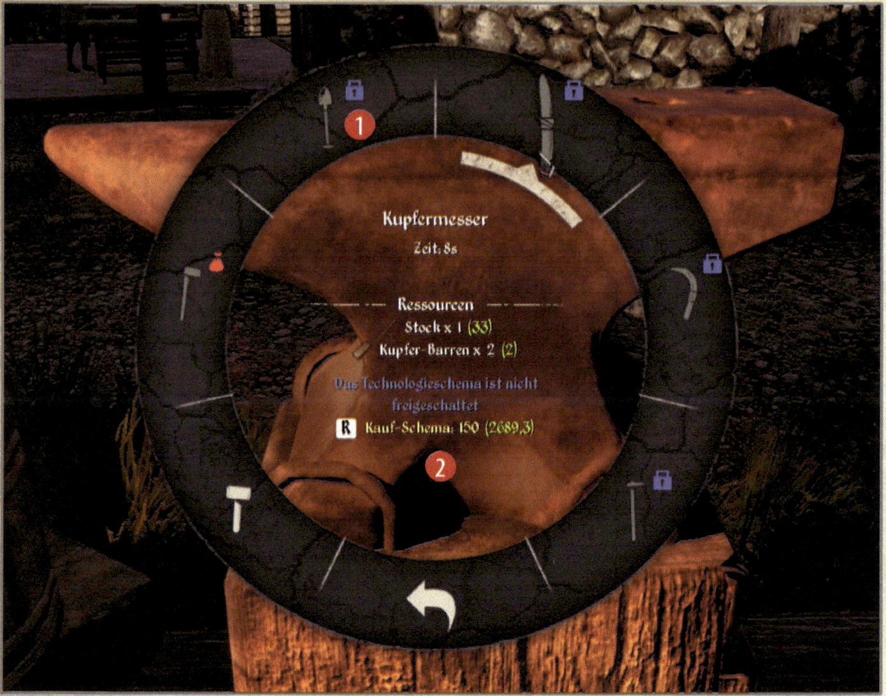

Die Anzeige des Baumenüs einer Station ist mit dem Baumenü des Spielers identisch. Zusätzlich gibt es hier noch:

1. Blaues Vorhängeschloss: Das Schema für dieses Objekt wurde noch nicht gekauft.
2. Sollte das Schema bereits verfügbar sein, kannst du es gleich hier kaufen und musst nicht extra ins ***Technologiemenü*** wechseln. Drücke ***R*** / (Y) / (△) und das Schema wird gekauft (vorausgesetzt das Schema ist erlernbar und du hast genügend Münzen).

Herstellen lassen

Viel bequemer ist es natürlich, wenn deine Dorfbewohner die benötigten Ressourcen sammeln und die gewünschten Gegenstände selbstständig herstellen.

Die benötigten Schritte dafür sind:

» Ein Dorfbewohner oder -bewohnerin ist verfügbar.

» Das geeignete Produktionsgebäude ist fertig errichtet.

» Der oder die Dorfbewohner(in) wird dem Gebäude im ***Verwaltungsbildschirm*** als Arbeiter zugewiesen.

» Im ***Materiallager*** oder in der ***Lagertruhe*** des Gebäudes sind das benötigte Werkzeug (z. B. Hammer für Schmiede) und die benötigten Ressourcen vorhanden.

» Im ***Verwaltungsbildschirm*** wird die gewünschte Produktion des Gebäudes in den ***Aufgaben*** eingestellt.

Dann wird in dem Gebäude täglich die angegebene Menge produziert, solange Werkzeug verfügbar ist und ausreichend Ressourcen vorhanden sind.

Überprüfung der Produktion

Öffne von Zeit zu Zeit den Verwaltungsbildschirm (Taste ***N*** / /) und wähle die Hausübersicht aus. In der Liste wird dir ganz rechts unter ***Status*** ein rotes Symbol angezeigt, wenn ein Problem vorliegt und keine Produktion stattfindet. Das Werkzeug könnte kaputt und kein neues verfügbar sein, eine Ressource ist nicht vorhanden oder die einzige Arbeiterin im Gebäude wurde Mutter und ist daher für zwei Jahre nicht verfügbar.

Person einer Produktionsstätte zuweisen

Um einen Bewohner einer Produktionsstätte zuzuweisen, öffne den ***Verwaltungsbildschirm*** (Taste ***N*** / /).

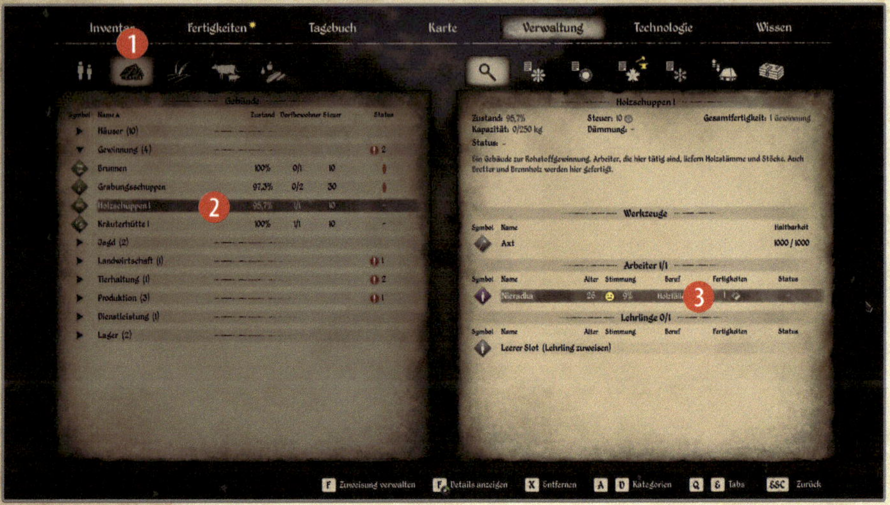

1. Wähle Gebäudeverwaltung aus.
2. Öffne das Gebäude mit einem ***Doppelklick*** / / . Im rechten Bereich werden dann die Detailinformationen angezeigt.
3. Falls du den Arbeiter austauschen möchtest, kannst du mit einem ***Doppelklick*** / / einen leeren oder belegten Platz wählen. Suche dann aus der Liste im linken Bereich den Dorfbewohner aus.

Im Statusfenster der Gebäudeverwaltung erhältst du eine genaue Übersicht:

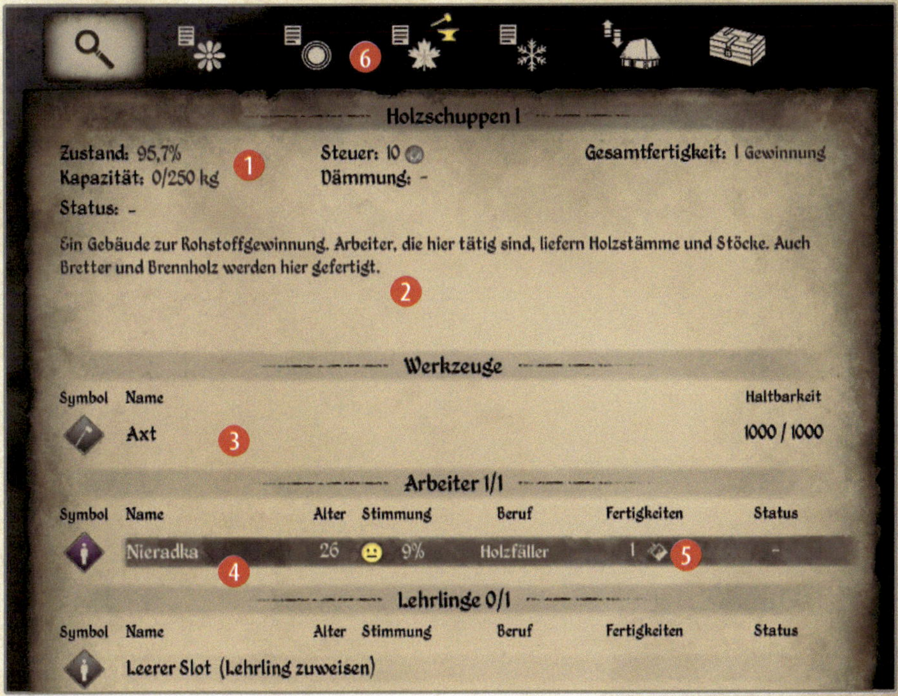

1. Zustand des Gebäudes, die jährlichen Steuerkosten für dieses Gebäude, die Kapazität der Truhe und die Gesamtfertigkeit aller eingesetzten Arbeiter. Je höher dieser Wert ist, desto schneller wird produziert.

2. Eine Beschreibung des Gebäudes.

3. Die benötigten Werkzeuge, damit Dorfbewohner in diesem Gebäude arbeiten können (das Werkzeug muss im Vorratslager oder in der lokalen Truhe verstaut sein).

4. Die eingesetzten Arbeiter und Lehrlinge mit ihren Werten.

5. Die verwendete Fertigkeit wird hier angezeigt (je höher der Wert, desto schneller die Produktion!).

Aufgaben zuweisen

Wurden Arbeiter einem Gebäude zugeteilt und sind im Vorratslager oder in der Truhe des Gebäudes die benötigten Werkzeuge und Ressourcen vorhanden, kannst du die Arbeitsaufgaben zuweisen. Öffne die Gebäudeverwaltung (*N*/◎/Cr) und öffne ein Gebäude:

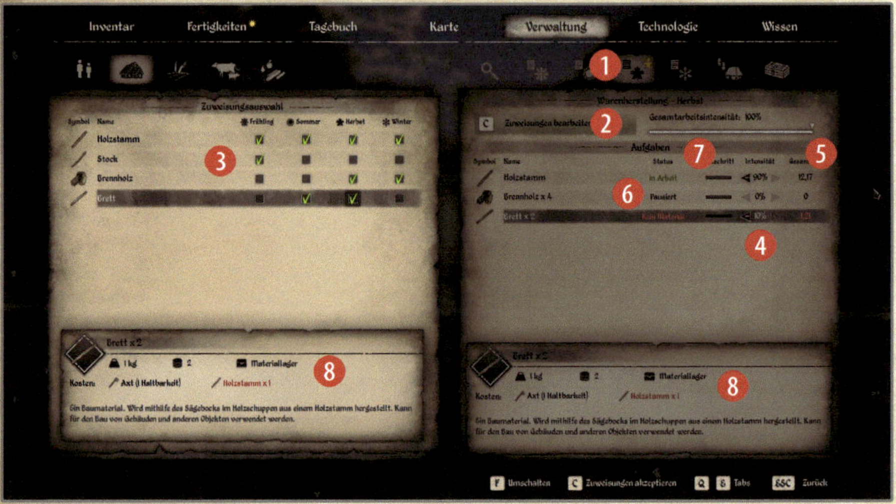

1. Wähle eines der vier Jahreszeitensymbole aus, um die entsprechende Produktion anzupassen. Die aktuelle Jahreszeit wird durch einen gelben Hammer und einen gelben Amboss angezeigt.

2. Wenn du ***Zuweisungen bearbeiten*** auswählst, öffnet sich links ein Fenster, in dem du auswählen kannst, was in jeder Jahreszeit produziert werden kann.

3. Durch Ankreuzen der Kästchen kann für jede Jahreszeit ausgewählt werden, was produziert oder gesammelt werden soll. Wenn Kästchen rot angekreuzt sind, bedeutet dies, dass die entsprechenden Gegenstände in der ausgewählten Jahreszeit nicht produziert werden können. Die angekreuzten Gegenstände werden für jede Jahreszeit im rechten Fenster angezeigt.

4 Hier kannst du mit den Pfeilen die Intensität der Arbeit an den Objekten bestimmen, die du in der ***Zuweisungsauswahl*** angekreuzt hast. Je höher der Wert ist, desto mehr wird von diesem Gegenstand produziert.

5 In dieser Spalte wird die Produktionsmenge pro Tag angezeigt. Auch Werte hinter dem Komma werden berücksichtigt. Ist pro Tag z. B. ein Wert von 1,2 Stück angegeben, werden in 5 Tagen 6 Stück produziert (5 x 1,2).

6 In der Statusspalte siehst du, was produziert wird. Der grüne Text ***Arbeit*** zeigt eine Produktion an. ***Pausiert*** bedeutet, dass die Intensität auf 0 gestellt ist. Ein roter Text bedeutet keine Produktion aufgrund einer fehlenden Voraussetzung: ***Kein Material*** oder ***Kein Werkzeug*** vorhanden oder der Plan für den Gegenstand wurde noch nicht gekauft (***Gesperrt***). Außerdem stoppt die Produktion, wenn die Arbeiter frei haben (***Freizeit***).

7 In der Spalte Fortschritt siehst du, wie weit die heutige Tagesproduktion bereits fortgeschritten ist.

8 In den unteren Fenstern bekommst du eine Beschreibung des oben ausgewählten Gegenstands. Du siehst hier auch die benötigten Ressourcen, um ein einzelnes Objekt herzustellen.

Die Zuweisung von Arbeitern kannst du alternativ auch in der Personenübersicht vornehmen. Öffne einen Bewohner in der Personenansicht und weise ihn dann nach dem gleichen Prinzip wie vorher beschrieben einer Produktionsstätte zu! Für die Aufgabenverwaltung gibt es keine Alternative!

Schemata

Für die meisten Werkzeuge, Waffen und Gegenstände musst du erst das dafür benötigte Schema kaufen. Erst dann können diese Objekte von dir oder deinen Bewohnern gefertigt werden.

Die Schemata werden im ***Technologiebaum*** bei den jeweiligen Gebäuden freigeschaltet.

Öffne den Technologiebildschirm mit der Taste ***T*** / / :

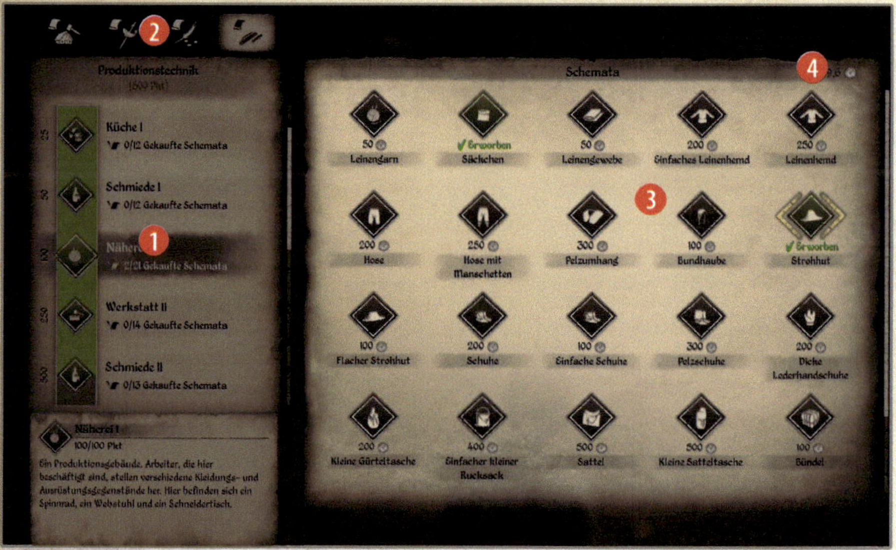

Wähle im linken Bereich 1 ein Gebäude aus den vier Technologiebereichen 2 aus.

Du siehst im rechten Bereich die Schemata 3, die dieses Gebäude zur Verfügung stellt. Hast du genügend Geld 4, kannst du ein Schema mit einem ***Doppelklick*** / / kaufen. Du kannst Schemata auch im Craftingrad erwerben, wenn sie verfügbar sind.

Tipps für Schemata

- Die ersten Schemata kannst du schon relativ früh freischalten, da du nur wenig Technologieerfahrung benötigst. Jage zum Beispiel einige Wildtiere, um mit 50 Erfahrung in ***Überlebenstechnik*** zügig die ***Jagdhütte*** und damit Schemata für einfache ***Bögen*** und ***Steinpfeile*** freizuschalten. Auch in den anderen Technologiebereichen kannst du in den ersten Stufen voranschreiten, wenn du die entsprechenden Tätigkeiten einfach nur ausübst.
- Kaufe nicht sofort alle verfügbaren Schemata, sondern nur diejenigen, die du unbedingt benötigst. Je mehr du im Spiel fortschreitest, desto schneller verdienst du mehr Geld, dann ist auch der Kauf aller Schemata kein Problem mehr.
- Beachte auch die benötigten Ressourcen für ein Objekt. Du kannst z. B. den ***Eimer*** als Schema kaufen (5 Erfahrung in Produktionstechnik für 100 Münzen). Aber du benötigst zur Herstellung eines Eimers auch ***Bretter***, die du erst im ***Holzschuppen*** (100 Erfahrung in Bautechnik) fertigen kannst, wenn du sie nicht kaufen oder stehlen willst.

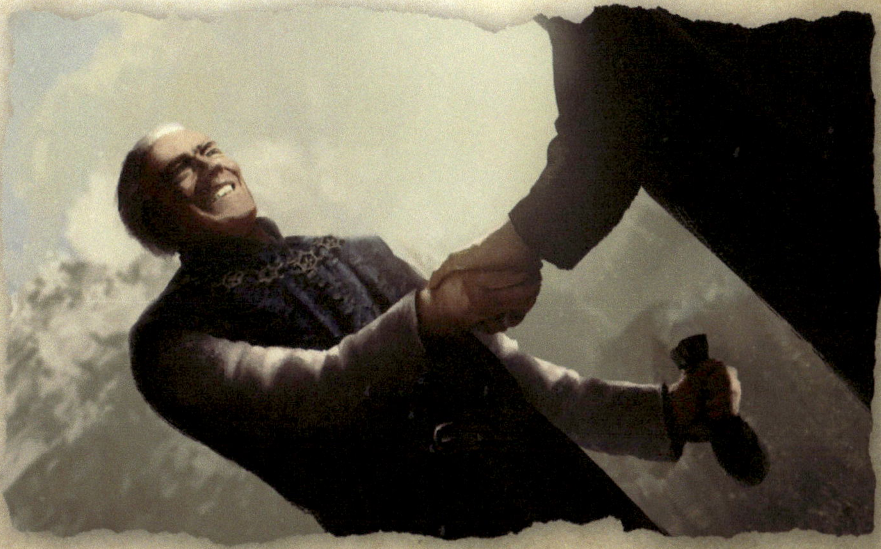

5.2 Gebäude errichten

Um ein Gebäude zu bauen, benötigst du die entsprechenden Rohstoffe in deinem Inventar und zum Ausbau oder zur Reparatur auch einen Hammer als Werkzeug. Mit der **rechten Maustaste** / LT / L2 legst du den Modus des Hammers fest (Reparieren, Bauen, Abreißen oder Verputzen).

Als Erstes definierst du den Bauplatz deines Hauses, dies kostet dich nichts.

Öffne mit der Taste **Q** / RB / R1 das Baumenü:

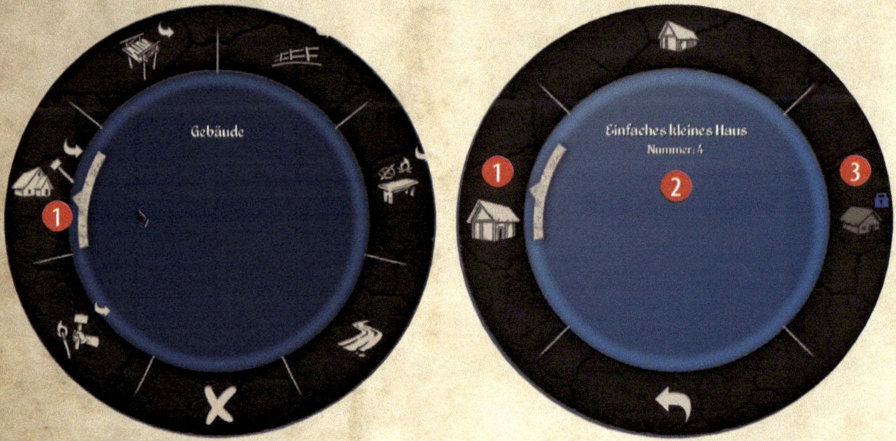

1. Wähle die gewünschte Gebäudekategorie und suche dann das gewünschte Haus aus.

2. In der Mitte des Baumenüs siehst du, wie viele Gebäude dieser Art du bereits errichtet hast.

3. Noch nicht verfügbare Häuser werden mit einem blauen Schloss dargestellt. Bewege den Zeiger auf sie und im mittleren Bereich 2 werden die benötigten Technologiepunkte und der Technologiebereich angegeben.

Der Hausrohbau wird dann im Spiel angezeigt. Ist er grün, kannst du ihn an dieser Stelle platzieren. Ist er rot eingefärbt, verhindert etwas den Bau (z. B. Bau auf einer Straße, Baum ist im Weg, zu unebener Boden, zu nahe an einem Dorf etc.). Was den Bau verhindert, wird im gelben Text unterhalb der Bauanzeige erklärt.

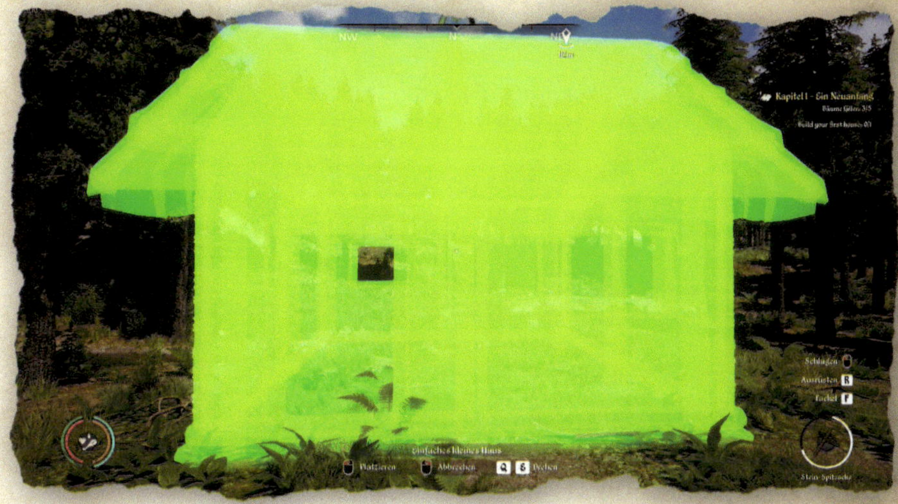

Schwinge den Hammer und der Bauplatz ist bereit:

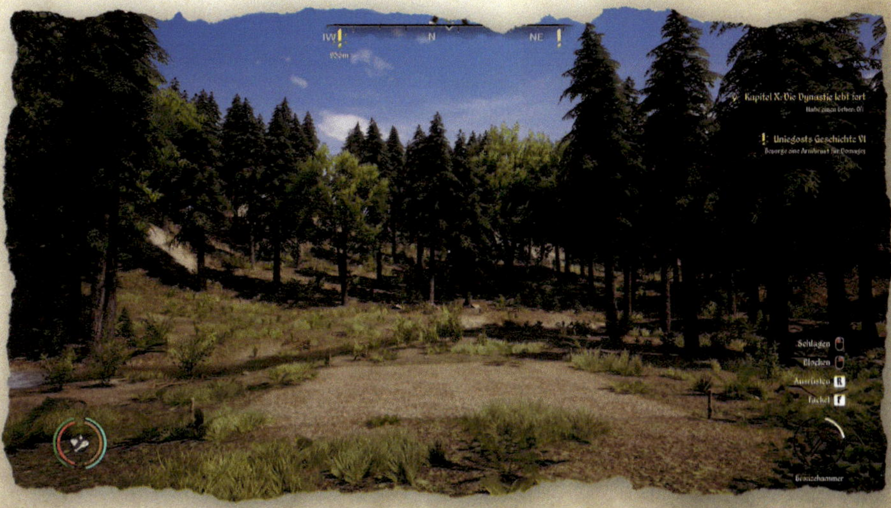

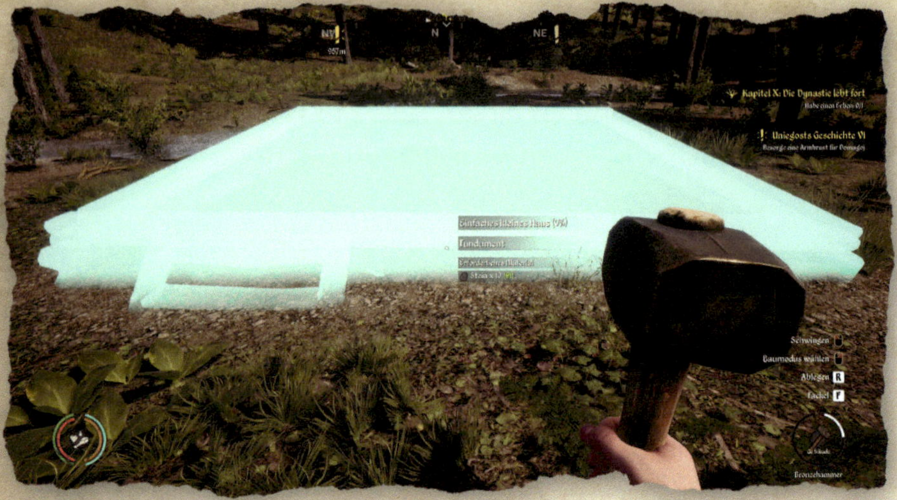

Benutze den Hammer, um das Fundament zu bauen. Die benötigte Menge an Holzstämmen oder Steinen wird dir in der Mitte des Bildschirms angezeigt. Die Art des Fundaments wird automatisch bei der Auswahl des Bauplatzes bestimmt. Auf geraden Flächen wird ein Steinfundament gebaut, auf eher abschüssigem Gelände ein Holzfundament.

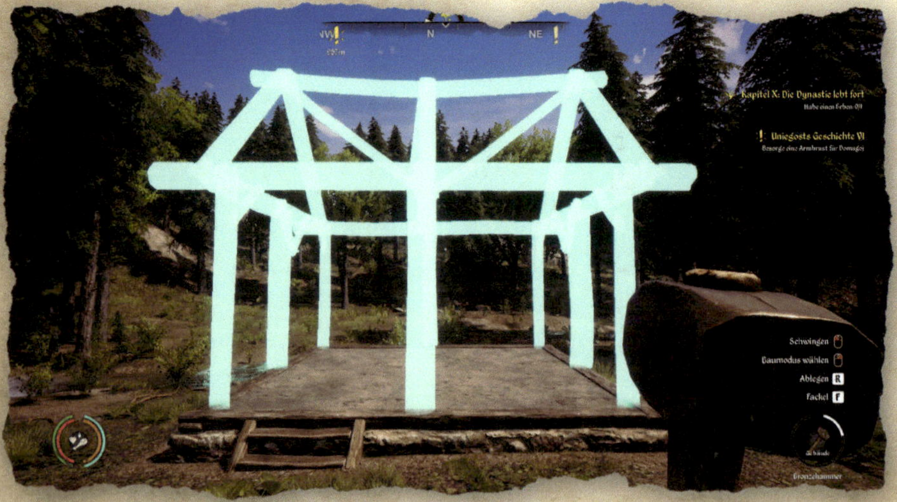

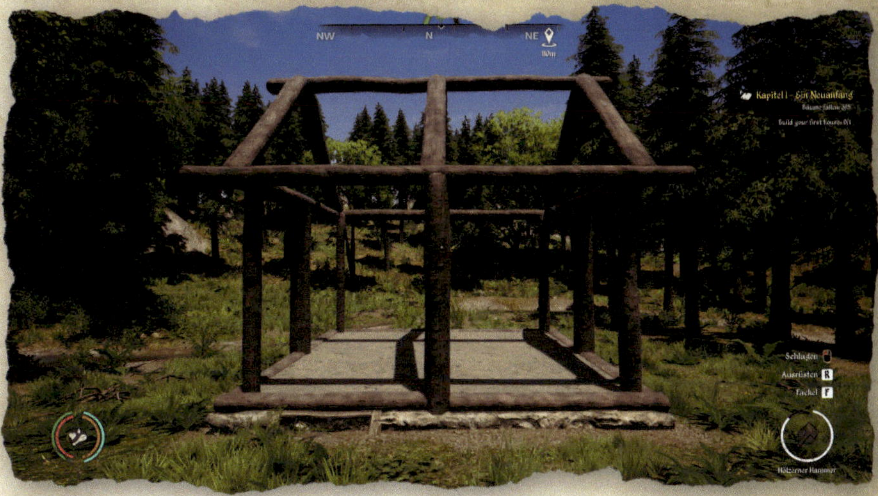

Benutze den Hammer auf die blau angezeigten Balken des Rohbaus (siehe Bild vorherige Seite unten), um diesen fertigzustellen (Bild oben). Die Kosten dafür werden wieder in der Mitte des Bildschirms angezeigt. Nun musst du die Wände und das Dach fertigbauen. Der Fortschritt für jedes Element wird dir grün angezeigt.

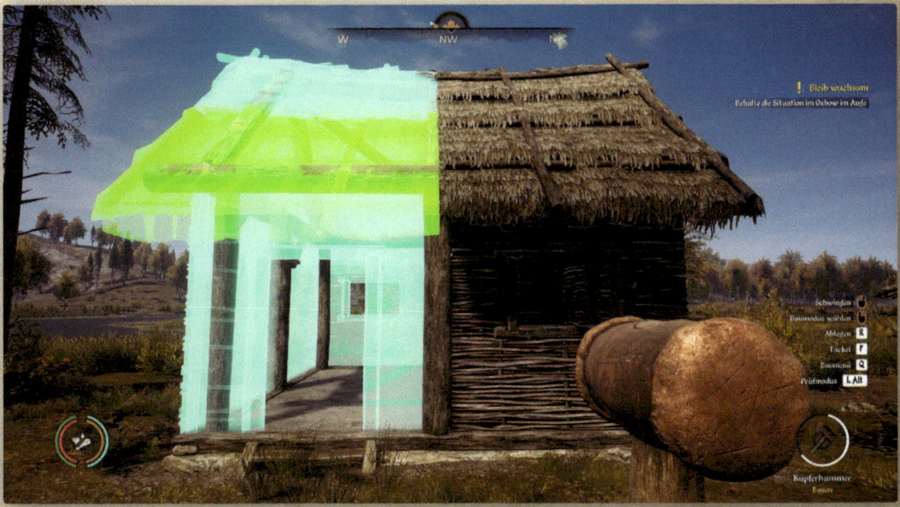

Dazu benötigst du die jeweiligen Rohstoffe im Inventar. Bei Wohnhäusern kannst du den Typ der Wände und der Dächer vor dem Bau festlegen (siehe nächstes Unterkapitel). Bei allen anderen Gebäuden wird der Typ der Wand und des Dachs durch die Ausbaustufe bestimmt.

Es gibt drei verschiedene Wände:

- Stufe 1: Flechtwand aus Stöcken.
- Stufe 2: Holzwand aus Holzstämmen.
- Stufe 3: Steinwand aus Steinen.

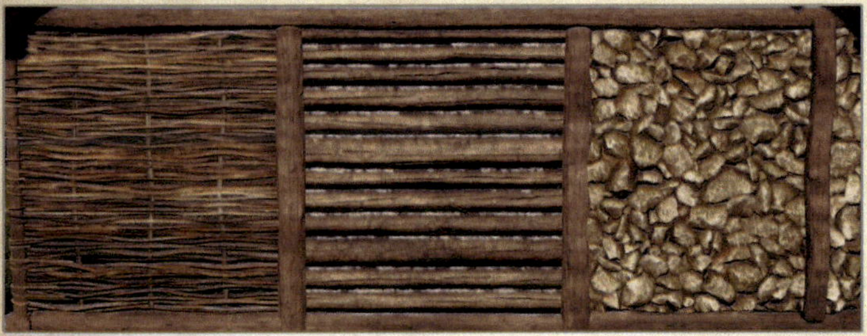

Es gibt drei Dachtypen:

- Stufe 1: Rieddach aus Stroh.
- Stufe 2: Holzdach aus Brettern.
- Stufe 3: Dach mit Holzschindeln aus Brettern.

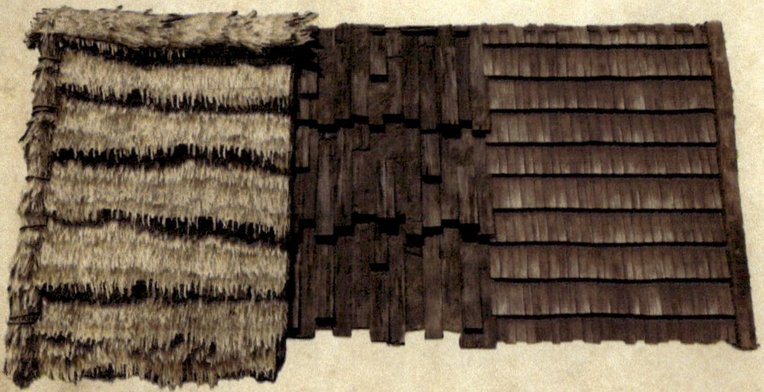

Wärmedämmung senkt Heizkosten!

Je besser die Wände und das Dach sind, desto weniger Feuerholz verbrauchen die Bewohner, da die Dämmung besser ist. Die Häuser werden auch stabiler, je hochwertiger die Wände und das Dach sind. Sie gehen dann nicht so schnell kaputt.

Wähle nun deinen ***Hammer*** aus und ziele auf eine Wand. Benutze den Hammer so oft, bis die Wand (oder das Dach) fertiggebaut ist. Wiederhole dies, bis alle Wände, Dächer, Innenwände und eventuelle Dachböden fertiggebaut sind. Beachte, dass du für Innenwände und Dachböden eventuell in das Haus hineingehen musst, um diese fertigstellen zu können.

Erst wenn sämtliche Wände, Dächer und Innenwände gebaut sind, ist das Gebäude fertiggestellt. Dann sind auch die Einrichtungsgegenstände wie ***Werkbänke***, ***Feuerstellen*** oder ***Betten*** vorhanden.

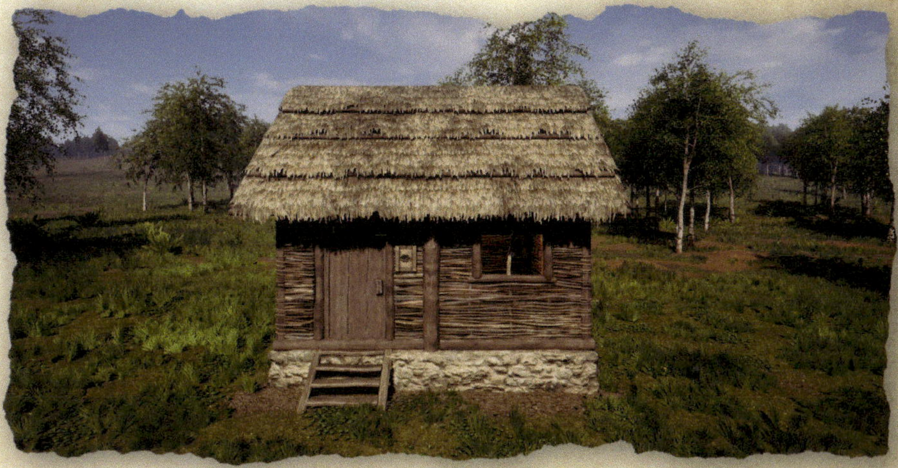

Wohnhäuser

Bei Wohnhäusern kannst du jedes Gebäude variieren. Du kannst jede einzelne Wand verändern und aus einem anderen Material bauen.

Benutze den ***Hammer*** nach dem Rohbau des Wohnhauses. Alle noch nicht fertig gebauten Wände werden hellblau dargestellt, bereits im Bau befindliche Wände hellgrün. Nähere dich einer der Wände, ziele auf sie mit dem Hammer und drücke die Taste ***E*** / Ⓐ / ⓧ. Im folgenden Baumenü kannst du die Art der Wand ändern und aus welchem Material sie besteht:

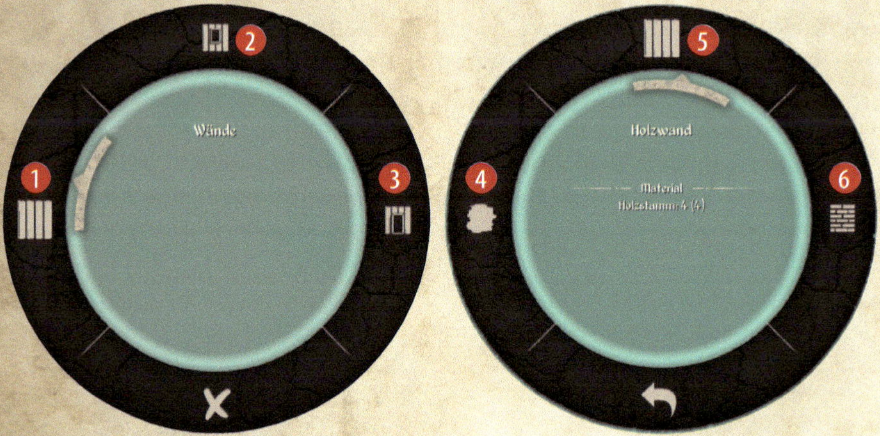

- » Wähle zuerst mit dem Zeiger aus, ob du eine solide Wand (1), eine Wand mit Fenster (2) oder eine Wand mit Tür (3) haben möchtest.
- » Im nächsten Schritt wählst du, ob die Wand aus Flechtwerk (4), Holz (5) oder Stein (6) bestehen soll.

Auf die gleiche Art und Weise kannst du festlegen, ob das Dach aus Ried (Stroh), Brettern oder Dachschindeln gefertigt sein soll.

Du kannst bei einem Wohnhaus beliebig Türen, Fenster und solide Wände umplatzieren und so jedem Haus einen individuellen Ton geben. Die Inneneinrichtung wird automatisch passend umplatziert. Ein Haus kann nur eine Tür haben.

Zusätzlich kannst du die Wände verputzen, indem du deinen ***Hammer*** mit ***rechtem Mausklick***/ LT / L2 auf den ***Verputzen***-Modus stellst und ihn dann auf die Wände haust.

Voraussetzung: Im ***Fertigkeitenbaum*** unter ***Produktion*** hast du die Stufe 2 Fertigkeit ***Handwerker*** freigeschaltet.

Flecht- und Holzwände kannst du mit einem ***Tonbewurf*** verputzen. Den Plan für Tonbewurf kannst du bei der ***Scheune*** in ***Landwirtschaftstechnik*** für 50 Münzen kaufen. Du stellst den Putz dann aus 10 ***Stroh*** und 10 ***Ton*** an der ***Werkbank*** der Scheune her. Du kannst den Tonbewurf auch ohne Schema bei Händlern kaufen.

Steinwände werden mit Kalk verputzt. ***Kalkstein*** erhältst du durch Steinabbau mit der ***Spitzhacke*** oder aus dem ***Grabungsschuppen.*** Kalkstein musst du nicht weiter verarbeiten, du kannst ihn sofort zum Verputzen der Steinwände im Inventar verwenden.

Je besser die Wände und Dächer eines Hauses sind, desto stärker wirken die Vorteile:

- Das Haus wird bei Ereignissen weniger beschädigt.
- Die Zufriedenheit der Hausbewohner steigt.
- Der Bedarf an Holz zum Heizen sinkt.

Das beste Wohnhaus ist ein mit Kalk verputztes Steinhaus mit einem Schindeldach.

Hier noch einmal alle drei Wandarten mit ihrem Wandputz:

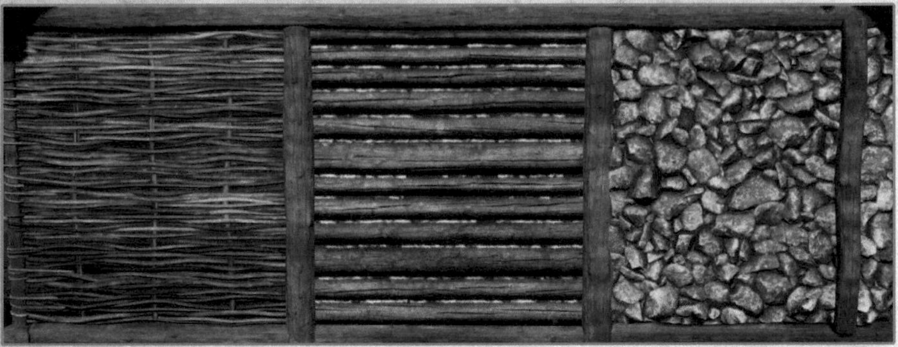

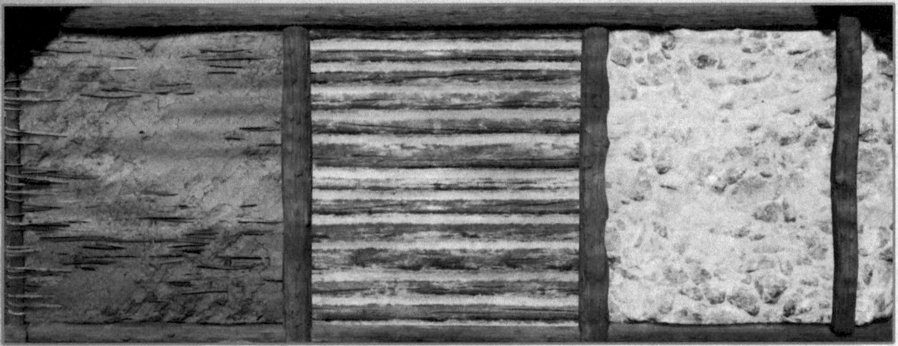

Qualität zahlt sich aus!

Zu Beginn des Spiels findet man deutlich schneller Stöcke für Flechtwände als Steine für Steinwände. Wir empfehlen dennoch möglichst alle Wohngebäude aus Stein zu errichten und sobald wie möglich mit Kalk zu verputzen.

Es ist möglich, später Flechtwände abzureißen und neu aus Stein zu errichten, aber dies kostet nur unnötig Zeit und Ressourcen. Wer von Beginn an qualitativ hochwertig baut, spart sich auf lange Sicht einiges an Zeit und Kosten.

Weitere Gebäude

Alle anderen Gebäude werden genauso wie Wohnhäuser errichtet. Man kann jedoch die Wände und Dächer nicht verändern, aber auch hier kann man die Wände verputzen.

Lager

Es gibt zwei Lagergebäude:

- Nahrungsmittellager: für alle Lebensmittel und Getränke
- Materiallager: für alles andere (Werkzeuge, Rohstoffe, Samen, Waffen, Gegenstände etc.)

Lagergebäude ersetzen die Truhen der einzelnen Häuser. Du musst dann nicht mehr in jedes Wohnhaus Essen, Holz und Trinken legen, um deine Dorfbewohner zu versorgen. Sie holen sich, was sie brauchen, aus den Lagern. Dies gilt auch für alle benötigten Werkzeuge und Ressourcen. Diese müssen dann nur noch im Materiallager aufbewahrt werden und nicht mehr in den jeweiligen Produktionsstätten.

Besitzt du mehr als ein Lagergebäude einer Art, addiert sich der Inhalt. Alle Lager eines Typs haben ein gemeinsames Inventar.

Beispiel:

Du besitzt ein Materiallager I (1000 kg Speicherkapazität) und zwei Materiallager II (je 2000 kg Speicherkapazität). Dann hast du in allen Materiallagern das gleiche Inventar mit insgesamt 5000 kg Speicherplatz.

Nutze dies zu deinem Vorteil! Du kannst z. B. ein Materiallager in der Nähe eines anderen Dorfes bauen. Dann kannst du bequem Gegenstände und Ressourcen zum Verkauf aus dem Lager holen, ohne quer über die Karte zu deinem vielleicht weit entfernten Dorf gehen zu müssen.

Gebäude zur Gewinnung

Diese Gebäude sind für den Rohstoffabbau gedacht. Du kannst ihnen Arbeiter zuweisen, die dann Rohstoffe abbauen. In manchen findet man eine Werkbank zur Weiterverarbeitung. Folgende Gebäude zur Gewinnung gibt es:

- Brunnen: Wassereimer und gefüllte Trinkschläuche
- Holzschuppen: Holz und Stöcke
- Grabungsschuppen: Steine, Ton, Kalkstein, Kupfererz und Stroh
- Mine: Steine, Salz und Erze (auch Eisen!)
- Jagdhütte: Fleisch, Leder, Federn und Pelz
- Fischerhütte: Fische
- Kräuterhütte: Kräuter, Beeren und Pilze

Landwirtschaftliche Gebäude

- Feldschuppen: für Aussaat und Ernte der Felder sowie Plantagen
- Scheune: für Weiterverarbeitung des Getreides (z. B. Mahlstein für Mehl)
- Windmühle: mahlt aus derselben Menge Getreide doppelt so viel Mehl, wie in der Scheune
- Alle Ställe: um die jeweiligen Tiere zu beherbergen

Produktionsstätten

In den Produktionsstätten werden nur Rohstoffe verarbeitet:

- Werkstatt: Ton- und Holzwaren
- Küche: Essen
- Schmiede: Holz-, Stein- und Metallwaren, Werkzeuge und Waffen
- Näherei: Hüte, Kleidung, Taschen, Sattel und Schuhe
- Schenke: Getränke

5.3 Gebäude reparieren oder abreißen

Gebäude werden mit der Zeit oder durch Ereignisse beschädigt. Um beschädigte Elemente sehen zu können, benutze den ***Hammer***. Benutze die ***rechte Maustaste*** / LT / L2 und wähle den ***Reparatur***-Modus aus.

Nun siehst du beschädigte Wände und Dächer:

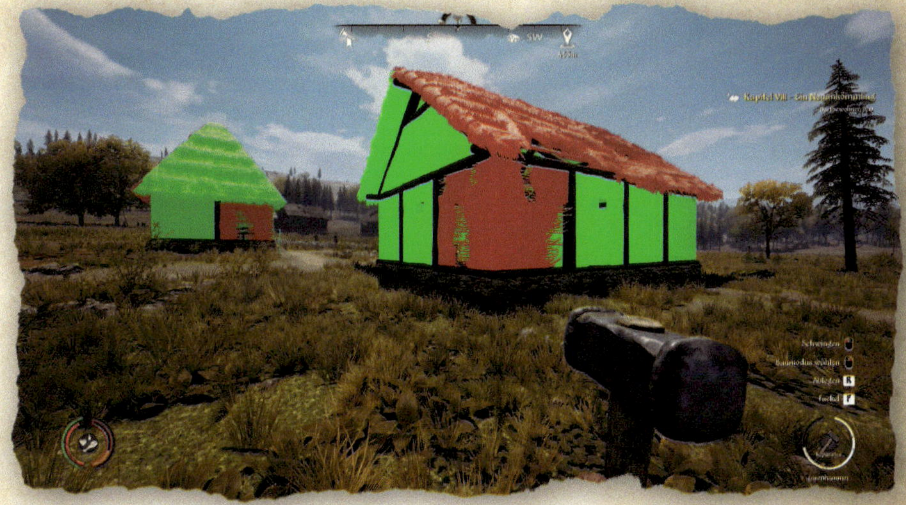

Rote Elemente (siehe Bild oben) sind unter 50 % Haltbarkeit und müssen repariert werden. Elemente mit mehr als 50 % Haltbarkeit können nicht repariert werden (grün).

Du benötigst die Rohstoffe für die jeweilige Wand oder das Dach in deinem Inventar (***Stöcke***, ***Holzstämme***, ***Stein***, ***Stroh***, ***Bretter***). Benutze dann den Hammer im Reparatur-Modus für die Wand oder das Dach, bis sie bzw. es zu 100 % wiederhergestellt ist.

Je qualitativ hochwertiger das Haus ist, desto weniger Schaden nimmt es mit der Zeit und umso weniger Zeit musst du in Reparaturen investieren!

Automatische Reparatur

Die bequeme Methode ist es natürlich, andere Dorfbewohner die Gebäude reparieren zu lassen. Dafür musst du eine ***Bauhütte*** errichten.

Weise der Hütte einen Arbeiter (Bauhandwerker) zu, wie du auch anderen Gebäuden Arbeiter zuteilst (siehe Punkt **Herstellen lassen** am Anfang dieses Kapitels). Öffne den ***Verwaltungsbildschirm*** (Taste ***N*** / /), wähle die Gebäudeliste im Menü oben links aus und öffne die Bauhütte mit einem ***Doppelklick*** / A / .
Auf der rechten Bildschirmseite öffnet sich die Detailansicht:

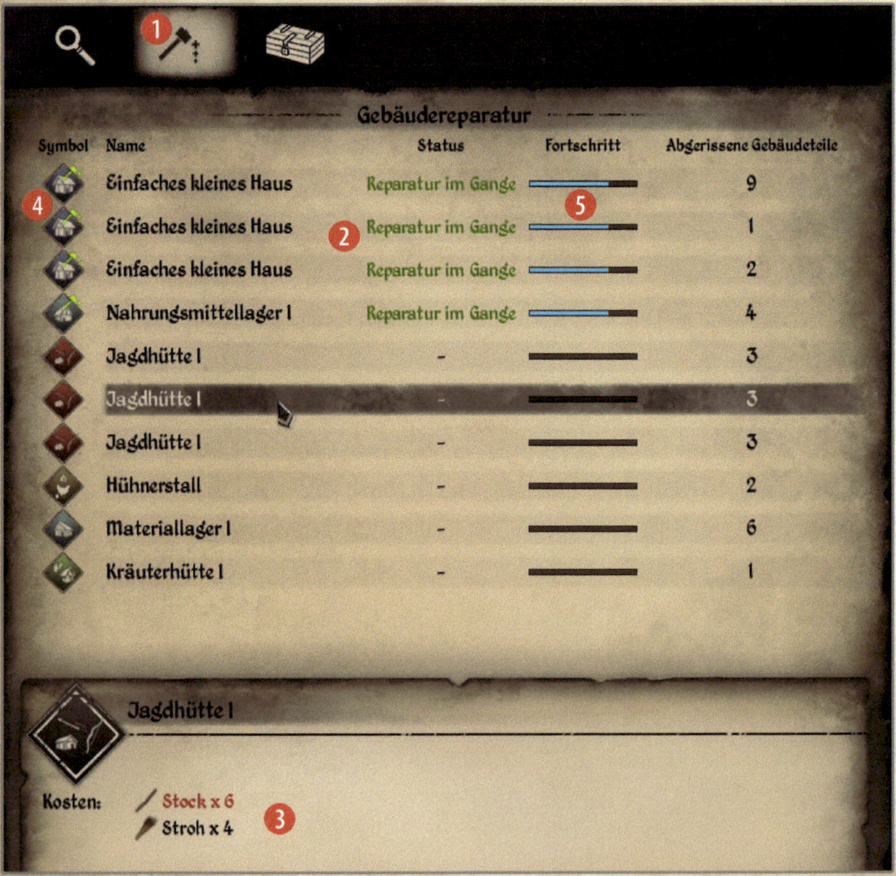

In der Detailansicht siehst du erst einmal die benötigten Werkzeuge und zugewiesenen Arbeiter. Wähle in der Leiste oben die Gebäudereparatur 1, um die Ansicht zu wechseln.

In der Liste siehst du alle beschädigten Gebäude 2. Selektiere eines davon und du erfährst, wie hoch die Reparaturkosten sind 3. Mit einem ***Doppelklick*** / Ⓐ / ⓧ wählst du es zur Reparatur aus. Bereits ausgewählte Gebäude erkennt man am grünen Hammer auf dem Symbol 4.

Damit ein Bauhandwerker Reparaturen vornehmen kann, müssen ein ***Hammer*** und das für die Reparatur benötigte Material im ***Materiallager*** oder in der Truhe der Bauhütte vorhanden sein.

Den Fortschritt der Reparaturen 5 siehst du am Fortschrittsbalken. Ein repariertes Gebäude verschwindet aus der Liste.

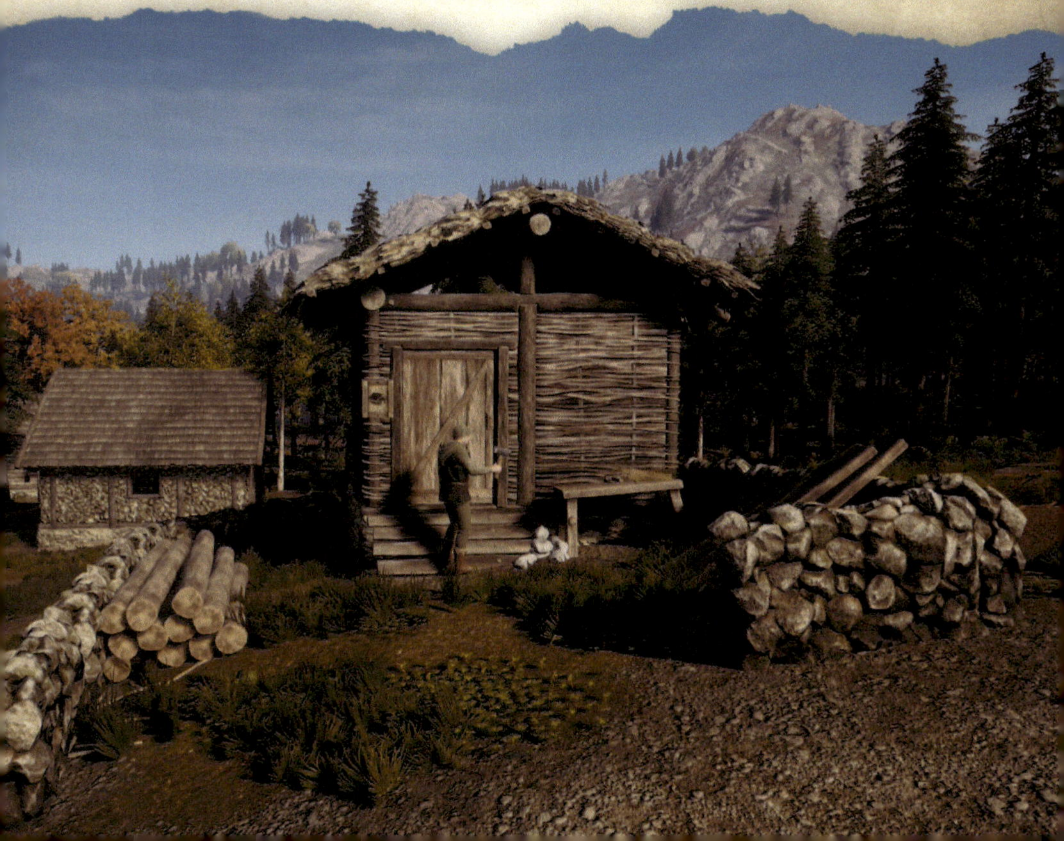

Gebäude abreißen

» Wähle deinen ***Hammer*** aus und stelle ihn mit der ***rechten Maustaste*** / LT / L2 auf den Modus ***Zerstören***.

» Nun benutzt du den Hammer für alle Wände und Dächer, die du zerstören möchtest.

» Sind alle Wände und Dächer zerstört, bleiben nur der Rohbau und das Fundament des Hauses übrig.

» Jetzt kannst du auch den Rohbau und das Fundament abreißen; das Gebäude existiert dann nicht mehr.

> Du kannst einen Rohbau nur dann zerstören, wenn die Truhe des Gebäudes komplett geleert ist! So wird verhindert, dass du versehentlich Inhalte der Truhe verlierst.

Du kannst mit dieser Methode auch Wände und Dächer von Wohngebäuden abreißen und dann wieder in anderer Bauweise errichten.

Hast du die Fertigkeit ***Meister der Zerstörung*** in Stufe 1 der Fertigkeitsgruppe ***Gewinnung*** erlernt, erhältst du 50 % der verbauten Rohstoffe beim Abriss zurück.

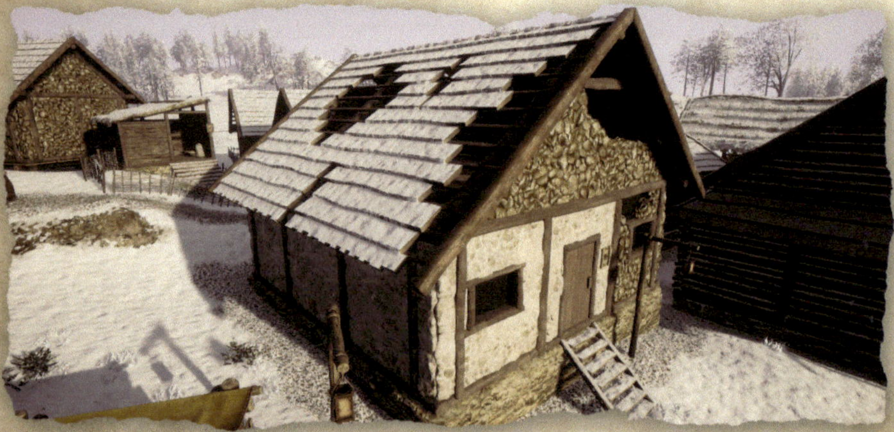

5.4 Gebäude verbessern

Viele Gebäude gibt es in mehreren Ausbaustufen, so z. B. die Scheune der Stufen I, II und III. Je höher die Stufe, desto besser sind die im Bau verwendeten Materialien (z. B. Flechtwerk, Holzbalken oder Stein). Ebenso stehen in höherwertigen Gebäuden oft mehr freie Arbeitsplätze und weitere Handwerksmöglichkeiten zur Verfügung.

Wenn du eine neue Ausbaustufe freischaltest, dann kannst du dieses Gebäude neu errichten, aber dann hast du evtl. zwei Gebäude desselben Typs. Daher kannst du vorhandene Gebäude aufrüsten.

Wähle das Gebäude der neuen Stufe im Baumenü aus. Ziele nun auf das bereits vorhandene Gebäude der niederen Stufe, platziere den Neubau so, dass sie genau überlappen und benutze die angezeigte Taste um es zu bauen.

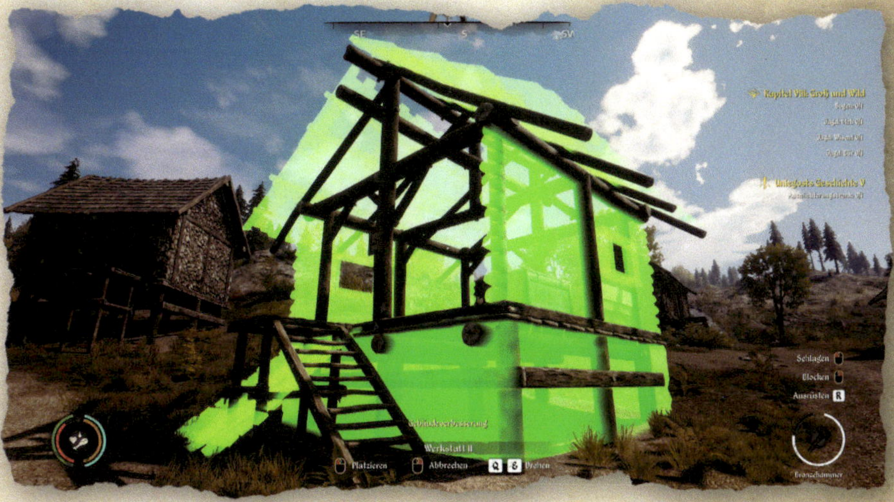

Du musst jetzt nur noch Wände, Dach und Decken ausbauen und das Gebäude wurde auf die neue Stufe verbessert. Du musst jedoch alle Arbeiter wieder neu zuweisen. Eventuell hinzugekommene Produktionsmöglichkeiten musst du natürlich neu einstellen. Der Inhalt von Truhen bleibt bei der Verbesserung unberührt!

5.5 Gebäude ausschmücken

Innenräume und Außenwände dekorieren

Du kannst auch die Innen- und Außenwände deiner Wohnhäuser dekorieren. Es kann die Stimmung der Hausbewohner bis um 10% erhöhen. Verwende dafür den ***Hammer*** und ziele auf das Fundament, die Wand oder den Dachboden. Drücke die angezeigte Taste und es öffnet sich das Kreismenü. Je nachdem, welchen Teil des Hauses du anvisierst, kannst du unterschiedliche Dekorationen wählen.

Außenwände

- Wand mit Fenster: Fensterläden, Regale und Pflanzgefäße
- Wand mit Tür: verschiedene Türen und eine Hängelaterne
- Wand: Regale, Haken, Pflanzgefäße, Trophäen und Reliefs

Innenwände

- Wand mit Fenster: Vorhänge und Regale
- Wand mit Tür: Kerzenhalter und Regale
- Wand: Regale, Haken, Kerzenhalter, Trophäen und Reliefs
- Dachboden: Hängelaterne und Himmelis
- Boden: verschiedene Teppiche

Innenraum

Die „Pflichtgarnitur" der Häuser kannst du zwar nicht zerstören (wenn du zum Beispiel anstatt eines Einzelbetts mehr Platz haben möchtest), aber du kannst sie optisch anpassen.

Für Betten, Truhe und die Feuerstelle gibt es jeweils zwei optisch alternative Varianten. Um sie auswählen zu können, musst du die Taste lange drücken, die angezeigt wird, wenn du vor dem Objekt stehst. Zusätzlich zum einfachen Bett aus Stroh und einer Holzunterlage kannst du jetzt ein stabiles Bett mit Holzrahmen und eine rangenehmeren Unterlage sowie ein gemütliches Bett mit Holzrahmen und Fellunterlage sowie einer Decke aus Leder bauen.

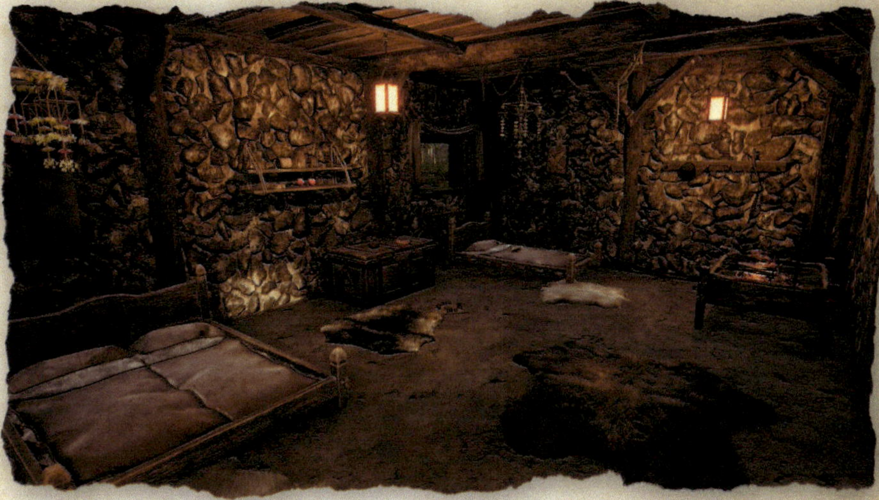

5.6 Das Dorf mit Leben versehen

Gegenstände und Stationen bauen

Gegenstände aus der Kategorie ***Möbel, Fallen & Dekorationen*** im ***Baumenü*** (z. B. Tische, Stühle, Blumentöpfe, Beleuchtung) platzierst du mit der ***linken Maustaste*** / Ⓐ / ⊗. Beachte, dass du bei Blumentöpfen noch Pflanzen einsetzten kannst: Ziele auf den Blumentopf, drücke die Taste ***E*** / Ⓐ / ⊗ und wähle eine Pflanze aus. Diese muss sich in deinem Inventar befinden!

Die Kategorie ***Arbeitsstationen*** kann in die Irre führen, da die Dorfbewohner an diesen Stationen zwar arbeiten aber nichts produzieren; sie dienen nur als Deko. Wie mit Bänken und Tischen interagieren sie mit ihnen während ihrer Freizeit. So kannst du deinen Bewohnern zum Beispiel beim Wäsche aufhängen zusehen oder bei der Butterherstellung.

Gegenstände platzieren

Du kannst auch jeden beliebigen Gegenstand aus deinem Inventar fallen lassen (Taste X/Ⓧ/▢ im Inventar). Ziele dann auf den Gegenstand am Boden und halte die Taste E/Ⓐ/Ⓧ gedrückt. Du kannst nun den Gegenstand bewegen und verschieben. Sobald du die Taste E/Ⓐ/Ⓧ loslässt, wird auch der Gegenstand fallen gelassen. Dies funktioniert allerdings nicht mit Stapeln.

Während du einen Gegenstand verschiebst, kannst du zusätzlich die *linke Maustaste* gedrückt halten, um dann den Gegenstand mit der Maus in die gewünschte Richtung zu rotieren. Mit dem Controller musst du die Tasten RT/R2 gedrückt halten und mit Ⓡ/R3 den Gegenstand rotieren. So kannst du Tische, Wände, Ablagen oder den Boden mit Kleidung, Geschirr, Werkzeug, Essen und anderen Dingen dekorieren. Tische kann man auch mit Tischdecken dekorieren.

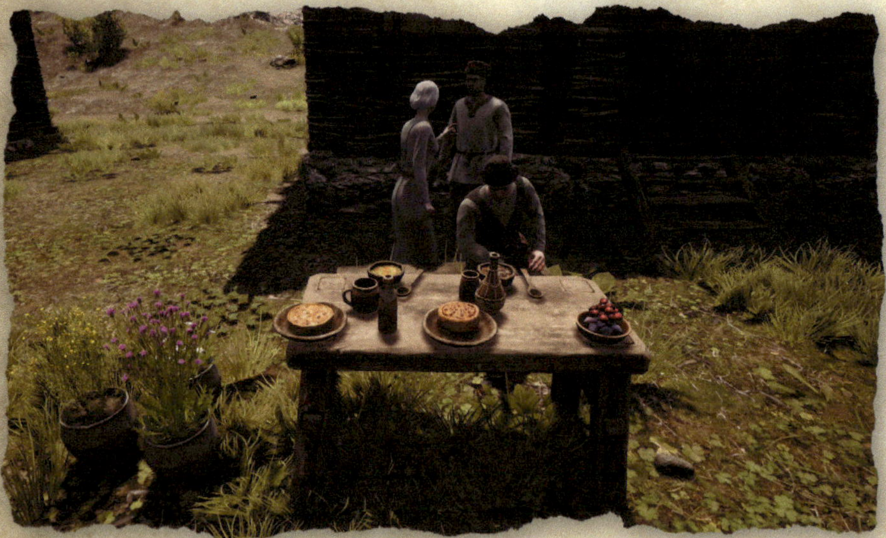

Wenn du Essen als Deko verwendest, achte darauf, dass du in den ***Spieleinstellungen*** den Punkt ***Fallengelassene Lebensmittel verderben nicht*** aktiviert hast, sonst ist das leckere Essen auf deinem Tisch in der nächsten Jahreszeit nur noch ekliger Abfall!

Brücken bauen

Eine lange Zeit war es im Spiel nicht möglich, Brücken zu bauen. Jetzt hat man sogar die Wahl zwischen fünf verschiedenen Arten von ***Stegen*** und ***Brücken***, ob gerade oder mit Kreuzungen und Abzweigungen.

Wähle dafür im Baumenü ***Platformen*** aus und platziere das erste Element mit der ***linken Maustaste*** / Ⓐ / ⓧ. Fahre mit den anderen Elementen genauso fort. Das Praktische ist, dass alle Elemente einer Kategorie aneinander einrasten, sodass daraus ein schöner durchgehender Steg oder eine Brücke entsteht.

Steg- und Brückenelemente müssen nicht zwingend im Wasser platziert werden; du kannst sie genauso gut an Land bauen. Unabhängig davon, ob du sie im Wasser oder an Land baust, kannst du keine anderen Dekorationen wie zum Beispiel Blumentöpfe oder Ähnliches darauf platzieren.

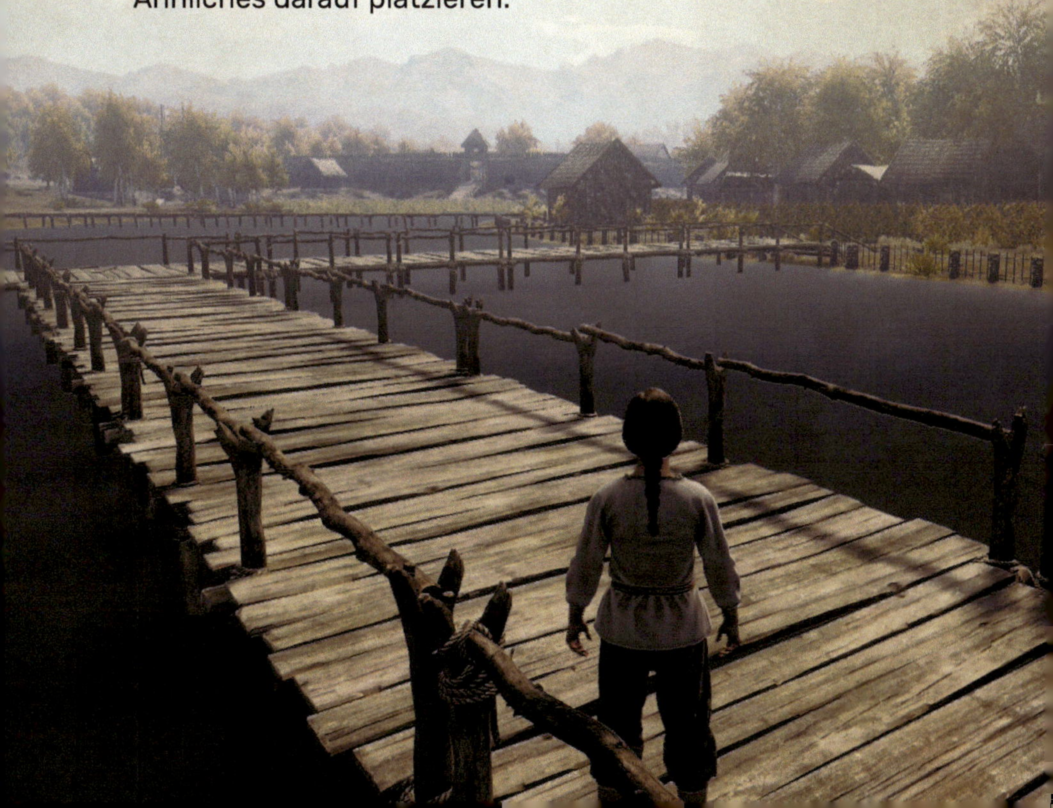

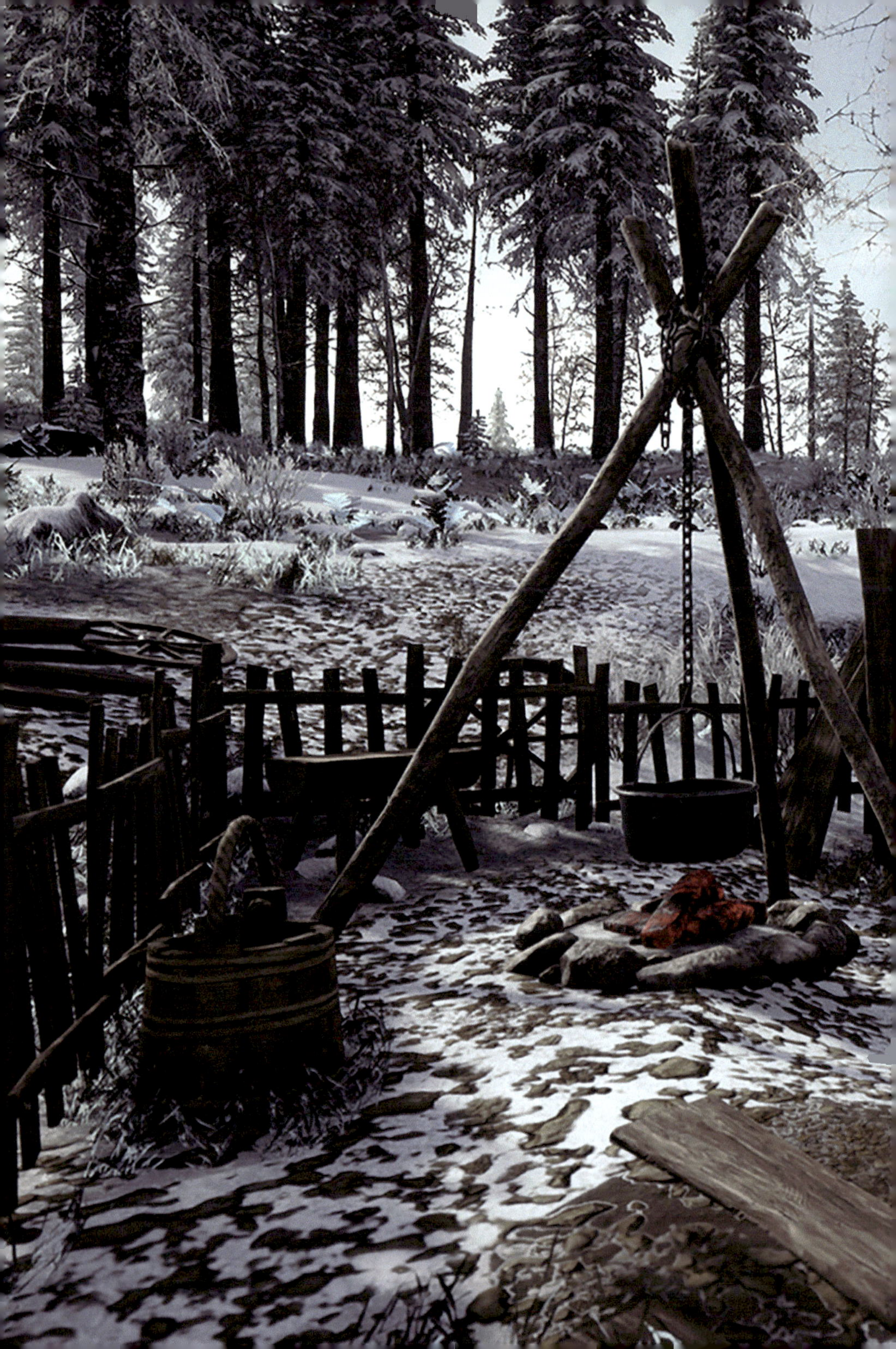

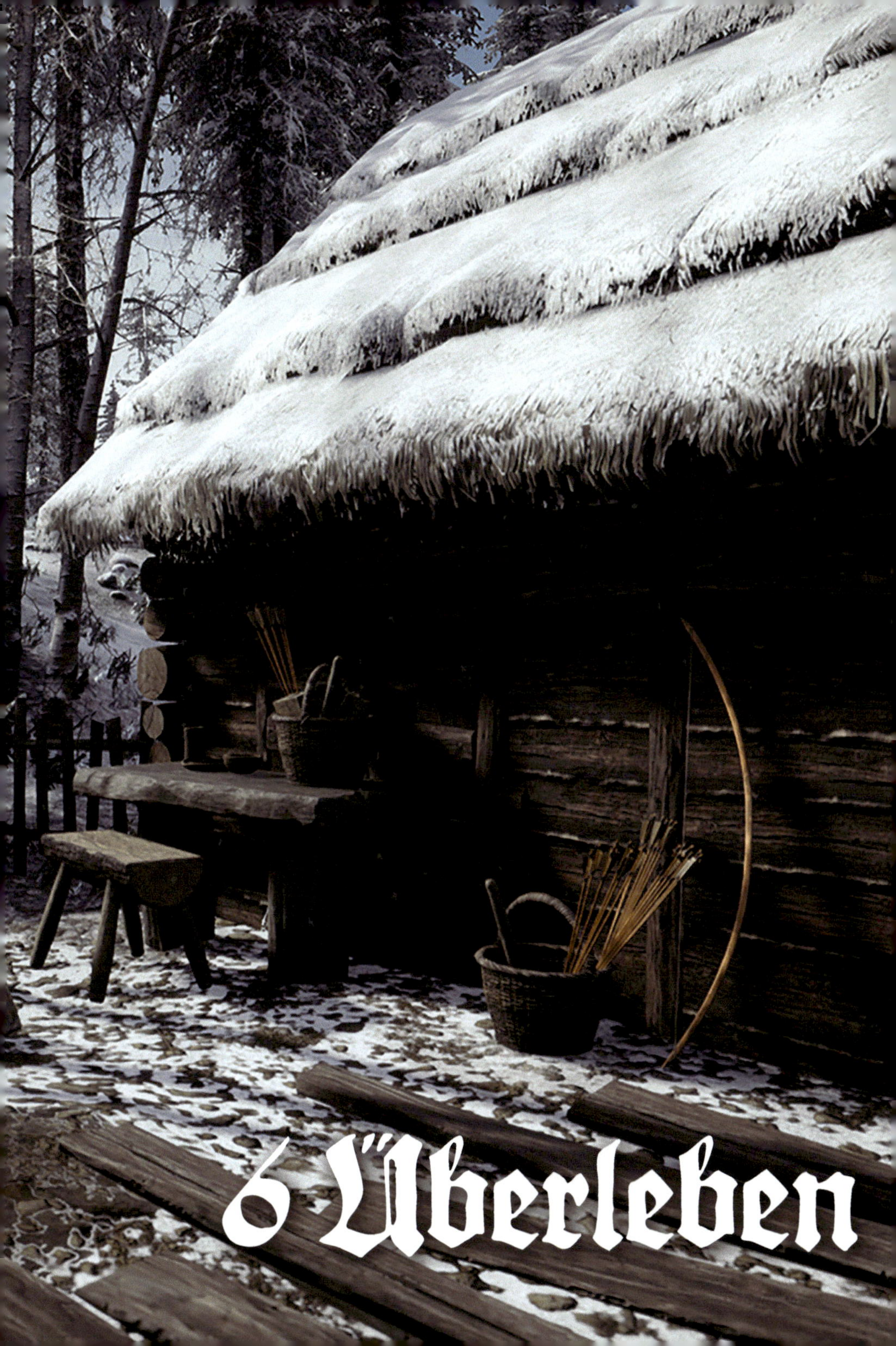

6 Überleben

Sei kurz still und spitz die Ohren! Da, hörst du es? Es ist das Heulen der Wölfe, und ich sage dir, es gibt noch genug von ihnen in den Wäldern ringsum. Die Menschen hier fürchten sie, manchmal zu Recht, manchmal jedoch – was ist denn ein Wolf schon anderes als ein Hund, nur noch nicht gezähmt?

Aber jetzt, wo die Nächte länger werden, das Wild und die Beute für sie rar, werden sie hungrig – und gefährlich. Da sind sie nicht viel anders als wir Menschen, sag ich dir! So mancher Bandit und Wegelagerer wäre ein ehrlicher und tüchtiger Mann geworden, wenn ihn nicht die Not zu anderem getrieben hätte. Letztendlich wollen wir alle nur überleben, wenn es hart auf hart kommt.

Und genau das ist nicht immer einfach, nicht in der Wildnis, die uns umgibt, nicht hier im Norden. Ich kann mich erinnern, als Kind oft von Frühjahr bis spät in den Herbst hinein im Freien geschlafen zu haben, eingenickt beim Versuch, die Sterne am Firmament zu zählen. Versuchst du dies hier, holst du dir den Tod – nun, zumindest in den kälteren Nächten. Hunger, Durst und Kälte sind deine größten Feinde hier, vor ihnen musst du zittern, nicht vor Söldnern oder Marodeuren!

Mehr als einmal war ich kurz davor, mich dem letzten Schlaf hinzugeben, viel zu oft hat das Wundfieber an mir gezehrt, mich das Gift unvorsichtig und hastig gegessener Pilze beinahe in ein frühes Grab gebracht. Aber die Wälder geben ebenso wie sie nehmen, und demjenigen, der sie zu lesen weiß, sie versteht, schenken sie überreichlich ihre Gaben. Gegen jede Wunde und jedes Leid ist ein Kraut gewachsen, so sagen zumindest die Mön-

che, und da stimme ich ihnen zu! Nicht nur das, auch den Hunger kannst du stillen, wenn du Ausschau hältst. Pilze und Beeren gibt es reichlich, und die richtigen von ihnen halten dich satt und bei Kräften. Noch mehr das Wildbret und die Fische in Fluss und See, aber die musst du erst einmal erwischen!

Geduld und Schläue sind gefragt, sowohl beim Angeln als auch auf der Jagd. Zugegeben, es ist einfacher, eine Forelle aus dem Wasser zu ziehen als mit Speer und Bogen das Reh zu erlegen – aber was davon wird dich länger satt halten?

Natürlich das Reh, mein Freund, aber kein Mensch kann ein solches Tier alleine essen. Oh, ich höre dich schon fragen, ob es dann nicht Verschwendung sei, es zu erlegen – nein, keineswegs. Teile mit anderen und hoffe, dass sie den Gefallen erwidern. Oder aber, du erlernst die Kunst der Zubereitung, das Wissen, deine Beute haltbar zu machen. Dann, mein junger Freund, kann dich ein erlegtes Tier über Wochen bei Kräften halten. Und es gibt nichts Besseres als den geräucherten Schinken eines Wildschweins, das kannst du mir glauben! Leider bleibt mir nur die Erinnerung an solche Köstlichkeiten …

Was, du fragst, warum?

Sieh her, in mein weit geöffnetes Maul, und zähle die Zähne, die ich noch darin trage! Dann weißt du auch, warum es heute für uns Suppe gibt. Und morgen Eintopf, übermorgen dann einen nahrhaften Brei mit Beeren und Honig darin …

6 Überleben

In Medieval Dynasty gibt es viele Gefahren, die dein Leben verkürzen können: Durst und Hunger, Temperaturen, Vergiftungen, wilde Tiere und Gesetzlose.

6.1 Essen & Trinken

Du musst regelmäßig essen und trinken, um nicht zu verhungern oder zu verdursten. Fällt deine Hunger- oder Durstanzeige auf 0, verlierst du ständig Lebenspunkte.

Getränke

Trinken kannst du aus jedem noch so kleinen Gewässer (Bach, Fluss, Teich, See, Sumpf ...). Das Wasser aus jeder Quelle ist in Ordnung, du musst keinerlei Vergiftung fürchten. Für den Transport von Wasser kannst du Eimer oder Trinkschläuche verwenden. Säfte geben dir zusätzlich ein wenig Nahrung und alkoholische Getränke senken auch Vergiftungen, steigern aber deinen Alkoholwert, der dich betrunken macht. Flüssigkeit erhältst du so:

- Trinken aus Gewässern und aus dem Brunnen.
- Obst gibt dir ein wenig Flüssigkeit.
- Mit einem Eimer oder einem Trinkschlauch kannst du Wasser aus Brunnen und Gewässern schöpfen und es mit dir nehmen. Auch Milch kannst du in Eimern transportieren. Diese löscht nicht nur den Durst, sondern stillt außerdem deinen Hunger.
- In der eigenen Schenke kannst du Getränke herstellen (aus Obst Säfte pressen und diese zu Alkohol weiterverarbeiten).
- Du kannst Getränke auch kaufen. Um Durst zu stillen, ist dies aber unrentabel, da du fast überall Wasser findest!

Essen: Für die ersten Spieltage findest du Essen im Inventar.

Sammeln: Außer im Winter findest du genügend Pilze und/oder Beeren im Wald, um dich selbst zu ernähren.

Jagd: Ergiebiger ist jedoch die Jagd. Aus aufgestellten Fallen erhältst du genügend Fleisch, um dich selbst zu versorgen. Gehst du auf die Jagd, kannst du schnell eine Menge Fleisch sammeln, um auch ein kleines Dorf zu versorgen. Je größer das Tier ist, desto mehr Fleisch erhältst du.

Fischen: Es ist eine weitere Option, um an Nahrungsmittel zu gelangen. Für die „Jagd" nach Fischen kannst du jede Waffe verwenden und die Fische wehren sich nicht, wie so manches Tier an Land.

Landwirtschaft: bringt dir Obst, Gemüse und Getreide ein. Sie ist etwas aufwendiger als die Jagd, liefert dafür aber viele Grundlagen für nahrhaftere und höherwertige Lebensmittel (z. B. Getreide für Mehl). Am besten stellst du dafür Dorfbewohner als Arbeiter ab.

Tierzucht: Von Nutztieren erhältst du kontinuierlich spezifische Rohstoffe wie Eier, Milch oder Wolle. Auch in der Tierzucht ist es besser, Dorfbewohner für sich arbeiten zu lassen und so regelmäßig Lebensmittel zu erhalten.

Kaufen: Hast du keine Zeit, um selbst auf Nahrungssuche zu gehen, kannst du bei diversen Händlern etwas zu essen kaufen. Küche und Wirtshaus bieten zubereitete Nahrung an, aber rohes Fleisch, Gemüse und Obst bekommst du auch bei Jägern und Bauern.

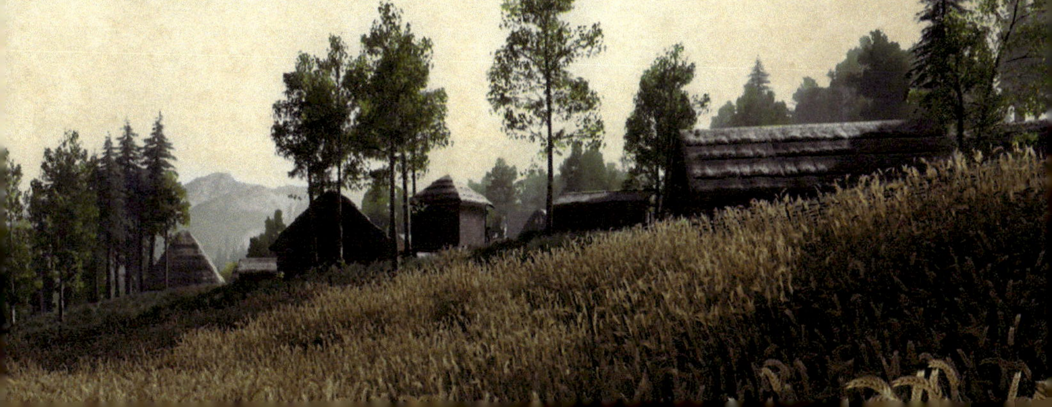

Nahrungseinkauf beim Händler

In der folgenden Liste haben wir alle Nahrungsmittel, die es bei einer Köchin zu erwerben gibt, zusammengetragen. P/L gibt das Preis-Leistungs-Verhältnis an. Je kleiner der Wert, desto mehr Nahrung erhält man für sein Geld. Bei einer Karotte zahlt man z. B. nur 3 Münzen, bei einer Kohlsuppe dagegen 60 Münzen pro Nahrungspunkt. EK ist der Einkaufspreis beim Händler und Schale gibt an, ob man eine Holzschale erhält (nach dem Essen im Inventar). Die Liste ist nach Preis/Leistung (P/L) aufsteigend sortiert:

Gegenstand	EK	Nahrung	Wasser	Schale	P/L
Haferbrötchen	30	80			0,4
Rühreier mit Pilzen	18	44		ja	0,4
Weizenbrötchen	33	80			0,4
Weißbrot	33	80			0,4
Beerenbrei	40,5	80	25	ja	0,5
Roggenbrot	45	80			0,6
Fleisch	6	10			0,6
Ei	1,5	2,5			0,6
Obsttarte	60	100			0,6
Fladenbrot	13,5	22			0,6
Fleisch mit Soße	25,5	40	10	ja	0,6
Fladenbrot mit Zwiebeln	19,5	30			0,7
Gemüsesuppe	60	90	30	ja	0,7
Eintopf	27	40	10	ja	0,7
Weizenbrot	60	80			0,8
Apfelbrei	60	80	15	ja	0,8
Mehrkornbrot	75	90			0,8
Käse	75	90			0,8
Quark	25,5	30			0,9
Gebratenes Fleisch	12	14			0,9
Rühreier	10,5	12		ja	0,9

Gegenstand	EK	Nahrung	Wasser	Schale	P/L
Rote Bete	4,5	5			0,9
Zwiebel	4,5	5			0,9
Fleischtarte	90	100			0,9
Obstkuchen	90	100			0,9
Trockenfleisch	12	13			0,9
Salzfleisch	15	15	-5		1
Kohlsuppe	60	60	10	ja	1
Karotte	3	3			1
Pilzsuppe	18	18	15	ja	1
Haferbrei	25,5	25	5	ja	1
Roggenbrei	25,5	25	5	ja	1
Birnentarte	105	100			1,1
Rote-Beete-Suppe	75	60	20	ja	1,3
Pflaumentarte	135	100			1,4
Beere	0,3	0,2	2		1,5
Kohl	4,5	3			1,5
Fischfilet	15	10			1,5
Mohnkuchen	165	100			1,7
Fischtarte	180	100			1,8
Fleischpastete	180	100			1,8
Kirschkuchen	195	100			2
Birne	6	3	3		2
Apfel	6	3	2		2
Gebratenes Fischfilet	28,5	13			2,2
Pflaume	4,5	2	2		2,3
Kirsche	4,5	2	1		2,3
Honigwabe	15	6	2		2,5
Getrocknetes Fischfilet	30	11			2,7
Gesalzenes Fischfilet	33	10	-5		3,3

Kochen

Nahrungsmittel müssen erst einmal zubereitet werden. Nur Gemüse, Obst und Fisch kannst du gefahrlos roh essen. Als Vorteil bieten zubereitete Lebensmittel mehr Nahrungswert bei weniger Gewicht und du kannst sie teurer verkaufen.

» **Lagerfeuer**: Fleisch und Fisch können hier gebraten werden.

» **Salzfass** in der Jagd- und Fischerhütte: zum Einsalzen von Fleisch und Fisch.

» **Trockengestell** in der Jagd- und Fischerhütte: zum Trocknen von Fleisch und Fisch.

» **Kessel** in Wohnhaus und Küche: Breie, Suppen, Eintopf, Rührei, Quark und Käse werden im Kessel zubereitet.

» **Grillrost** in Küche: Wie am Lagerfeuer können hier Fleisch und Fisch gebraten werden. Genauso funktioniert das steinumrandete Lagerfeuer im Wohnhaus.

» **Backofen** in der Küche: Brot, Kuchen, Tartes und Pasteten kommen lecker dampfend aus dem Ofen.

» **Saftpresse** in der Schenke: zum Herstellen von Säften aus Obst.

» **Braukessel** in der Schenke: Bier, Ale und Met werden hier gebraut.

» **Weinfass** in der Schenke: Aus Säften wird Wein angesetzt.

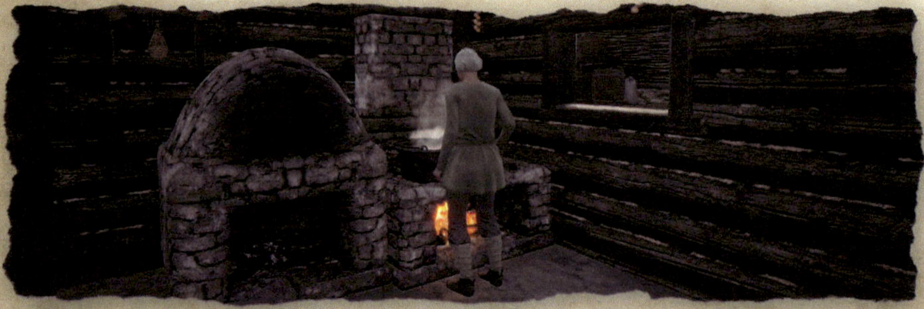

Haltbarkeit Lebensmittel

Lebensmittel verderben im Laufe der Jahreszeiten. Alle Lebensmittel, die offen in der Welt liegen, werden sofort beim Jahreszeitenwechsel schlecht. In deinem Inventar haben sie eine kurze Haltbarkeit (meist zwei bis drei Jahreszeiten). Am längsten (viermal so lange wie im Inventar) halten sich Nahrungsmittel im Nahrungsmittellager. Milch wird allerdings zu saurer Milch, die für die Herstellung von Quark und Käse gebraucht wird.

Wird der Zustand einer Speise zu niedrig (rote Zahl), kann dies eine Vergiftung zur Folge haben.

Liste der Haltbarkeit (in Jahreszeiten):

Lebensmittel	Inventar	Truhe & Nahrungslager
Gemüse, Obst & Pilze	2	8
Fleisch & Fisch (frisch & gebraten)	2	8
Suppen, Breie, Eintöpfe	2	8
Quark & Käse	2	8
Kuchen, Tartes, Pasteten	2	8
Eier & Rühreier	2	8
Salzfleisch & gesalzener Fisch	3	12
Brot	3	12
Trockenfleisch & getrockneter Fisch	4	16

Werden Lebensmittel weiterverarbeitet, wird ihre Haltbarkeit zurückgesetzt! Getreide, Kräuter und Getränke sind unbegrenzt haltbar.

Sieben Jahre altes Essen

Verarbeite Essen am Ende seiner Haltbarkeit und du hast Lebensmittel für viele Jahre: lagere etwa Fleisch für 8 Jahreszeiten und mach daraus Salzfleisch, das weitere 12 hält. Das Salzfleisch verwendest du dann im Eintopf, der weitere 8 Jahreszeiten im Lebensmittellager hält. Lass es dir schmecken!

6.2 Gift und Verletzung

Verletzungen, Heilung, Tod

Durch folgende Aktionen kannst du Lebenspunkte verlieren:

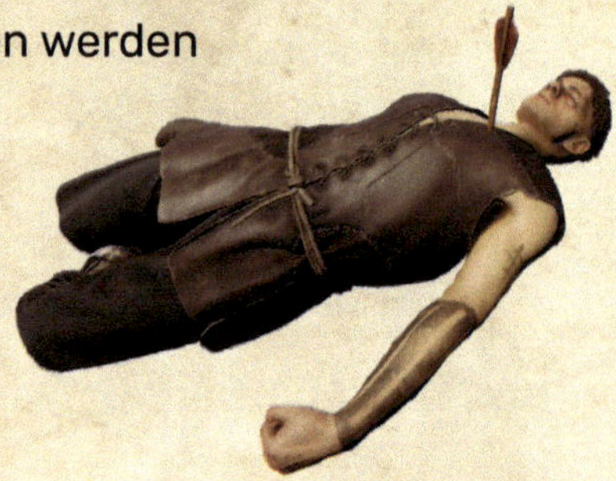

- Von einem fallenden Baum getroffen werden
- Fall aus größerer Höhe
- Kampf mit Tieren und Gesetzlosen
- Vergiftungen
- Zu warme oder kalte Temperatur
- Verhungern oder verdursten

Tod

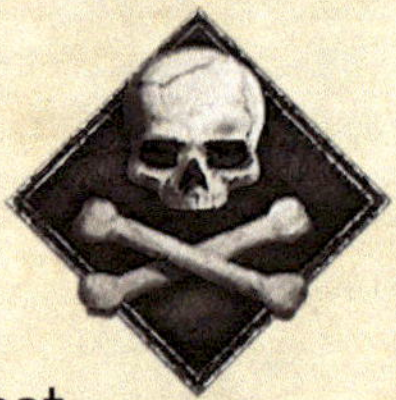

Sind deine Lebenspunkte auf 0 gesunken, stirbst du. Das Spiel und deine Dynastie sind zu Ende, außer du hast ein mindestens 18-jährigen Kind, dann übernimmst du nun dessen Rolle und kannst weiterspielen. Im Koop Modus kannst du in deinem Haus respawnen.

Heilung

Folgende Maßnahmen und Hilfsmittel heilen dich:

- Schlaf im Bett (über Nacht) (Alle LP)
- Breitwegerich (5 LP)
- Trank des schnellen Heilens I & II (35 LP & 85 LP)
- Heiltrank I & II (60 Sek. / je 1,5 LP & 120 Sek. / je 1,5 LP)

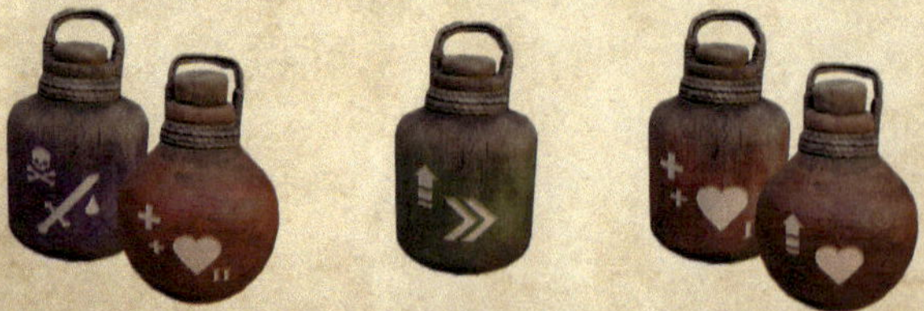

Charakterzustand

Diese Status-Effekte beeinflussen deinen Charakter:

Leben: siehe Verletzungen vorherige Seite.

Ausdauer: Durch Tätigkeiten wie Abbauen, Rennen oder Kämpfen verlierst du Ausdauer. Auch der Prüfmodus verbraucht Ausdauer. Du regenerierst sie durch Warten, Gehen und Schlafen. Ein ***Ausdauertrank*** verringert den Ausdauerverlust. Ist sie auf 0 gesunken, kannst du keine anstrengenden Tätigkeiten mehr ausführen.

Essen und **Trinken**: siehe vorheriges Kapitel (**6.1**).

Vergiftet: Du wirst durch verdorbene Lebensmittel, unreife Beeren, ungekochtes Fleisch, einige Kräuter und Pilze vergiftet. Erst ab 100 % Vergiftung nimmst du Schaden, außerdem füllen Lebensmittel dann die Nahrungsleiste nicht mehr auf. Eine Vergiftung kannst du mit folgenden Mitteln heilen/senken:

- Johanniskraut (-2)
- Alkoholische Getränke (z. B. Apfelwein -20)
- Gegengift (-20)
- Entgiftungstrank (60 Sek. / je -2)

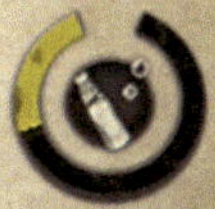

Alkoholisiert: Durch alkoholische Getränke und einige Kräutertränke wirst du betrunken (z. B. beim ***Trank der unbegrenzten Möglichkeiten*** zu 100 %). Im betrunkenen Zustand verschwimmt dein Sichtfeld immer mehr. Ab 80 % kann es sein, dass du hinfällst. Dieser Zustand geht von selbst zurück oder du trinkst einen ***Ausnüchterungstrank*** (-100 Alkohol).

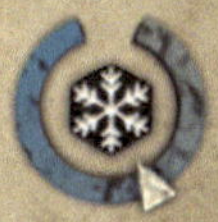

Zu warm oder **zu kalt**: Du trägst die falsche Kleidung für diese Jahreszeit. Zieh passende Kleidung für Wärme oder Kälte an. Lagerfeuer und Fackeln wärmen dich auf. Der ***Temperaturtrank*** lässt dich größere Unterschiede aushalten.

Schmutzig: Mit der Zeit verdrecken deine Kleidung und du selbst immer mehr. Wenn du zu schmutzig bist, reden potenzielle Partner nicht mehr mit dir. Wasche dich in einem ***Waschzuber*** gefüllt mit Wasser oder gehe in tieferes Wasser, um dich zu reinigen!

Überladen: Du trägst zu viel, wirf etwas weg. ***Taschen*** und ***Rucksäcke*** erhöhen deine Tragekapazität, ebenso die Fertigkeit ***Maultier*** in der Kategorie ***Gewinnung***. Der ***Gewichtstrank*** lässt dich ebenfalls kurzfristig mehr tragen. Pferde und Esel mit Satteltaschen können zusätzlich noch mehr tragen. Je mehr du überladen bist, desto langsamer bewegst du dich, bis du dich schließlich gar nicht mehr bewegen kannst.

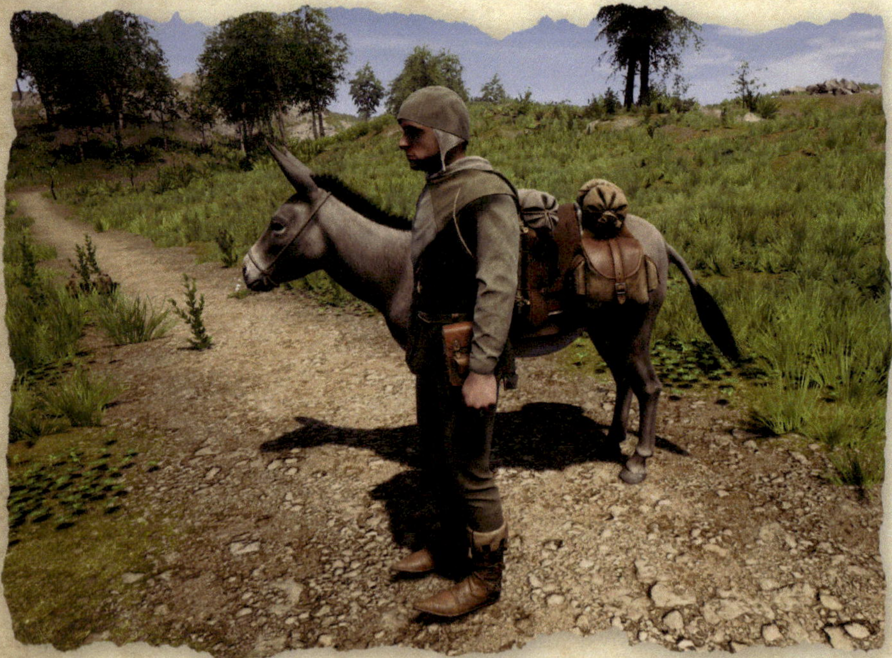

Spieler mit Tasche am Gürtel und Rucksack auf dem Rücken. Der Esel mit den großen Satteltaschen maximiert die Transportkapazität!

6.3 Kampf

Wilde Tiere und Gesetzlose werden dich immer wieder in einen Kampf verwickeln:

- Füchse, Luchse und Dachse greifen dich erst an, wenn du sie verletzt.
- Wildschweine, Wölfe, Wisente und Bären sind von Beginn an aggressiv. Bist du etwas weiter weg, hast du noch die Chance, wegzulaufen, wenn sie warnend in deine Richtung grunzen/heulen/brüllen.
- Gesetzlose wollen dir immer ans Leder. Besser du siehst sie, bevor sie dich sehen!

Fernkampf

Der Kampf aus der Ferne ist immer von Vorteil. Du teilst Schaden aus und der Gegner muss erst an dich herankommen.

Bogen

Bögen haben den Vorteil, dass du mit ihnen sehr schnell hintereinander schießen kannst. Der Nachteil ist, dass du beim Spannen des Bogens Ausdauer verbrauchst. Ist deine Ausdauer auf 0 gesunken, kannst du auch den Bogen nicht mehr spannen! Der Recurvebogen schießt schneller als der Langbogen und macht so den geringeren Schaden wieder wett.

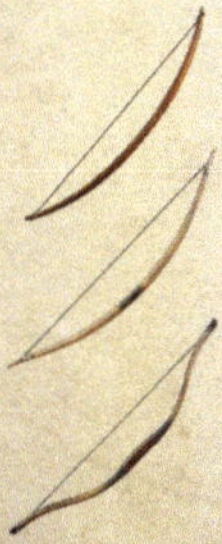

Name	Schaden	Gewicht	Wert
Bogen	20	1,25 kg	160
Langbogen	40	1,5 kg	330
Recurvebogen	30	1,5 kg	550

Armbrust

Die Armbrust muss vor dem Schießen langwierig gespannt werden, allerdings kann man dann damit so lange zielen, wie man möchte, ohne Ausdauer zu verlieren. Diese Waffe verursacht deutlich mehr Schaden als der Bogen, allerdings ist ihre Schussfolge auch langsamer. Wenn du die Armbrust wegsteckst, wird sie wieder entspannt und du musst sie beim erneuten Verwenden erst wieder spannen!

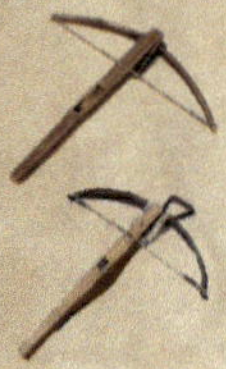

Name	Schaden	Gewicht	Wert
Holzarmbrust	25	2 kg	330
Eisenarmbrust	55	3 kg	1230

Speer

Der Speer verursacht geworfen viel Schaden und hat den Vorteil, dass er auch als Nahkampfwaffe zum Stechen verwendbar ist. Das Zielen und Treffen mit dem Speer ist im Vergleich zu den anderen Fernkampfwaffen am schwierigsten. Leider geht er relativ schnell kaputt und man sollte mehrere mitnehmen (Tragekapazität!).

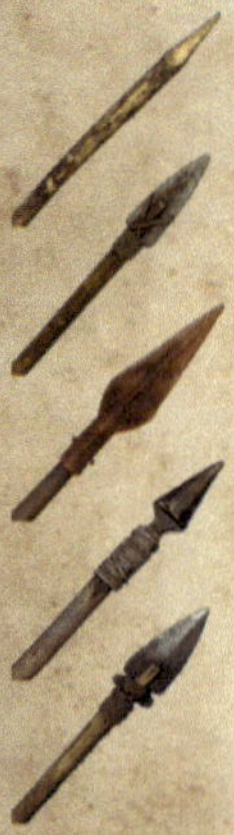

Name	Schaden	Gewicht	Wert
Holzspeer	20	1,5 kg	4
Steinspeer	35	2,5 kg	80
Kupferspeer	55	2 kg	180
Bronzespeer	65	2 kg	440
Eisenspeer	75	2 kg	510

Nahkampf

Im Nahkampf bist du auch den Attacken deines Gegners ausgesetzt.

Speer

Der Speer ist ein hervorragender Allrounder, der im Fern- und im Nahkampf eingesetzt werden kann (Werte siehe vorherige Tabelle).

Knüppel

Der Knüppel ist die einfachste Waffe für einen armen Bauern. Allerdings hat er auch sonst keinerlei weiteren Nutzen.

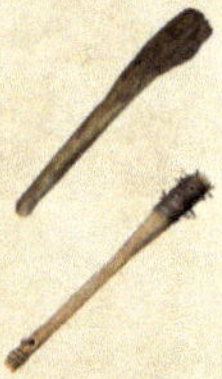

Name	Schaden	Gewicht	Wert
Knüppel	20	1,5 kg	4
Stachelbesetzter Knüppel	45	2 kg	170

Messer

Da du zur Jagd immer ein Messer dabei hast, ist es eine gute Waffe, falls die anderen zerbrochen sind.

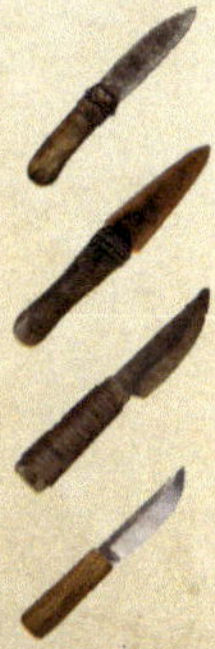

Name	Schaden	Gewicht	Wert
Steinmesser	20	0,5 kg	5
Kupfermesser	30	0,5 kg	100
Bronzemesser	35	0,75 kg	320
Eisenmesser	40	0,75 kg	430

Du kannst für den Kampf auch Äxte, Sicheln, Hacken, Spitzhacken, Hämmer und Sensen verwenden.

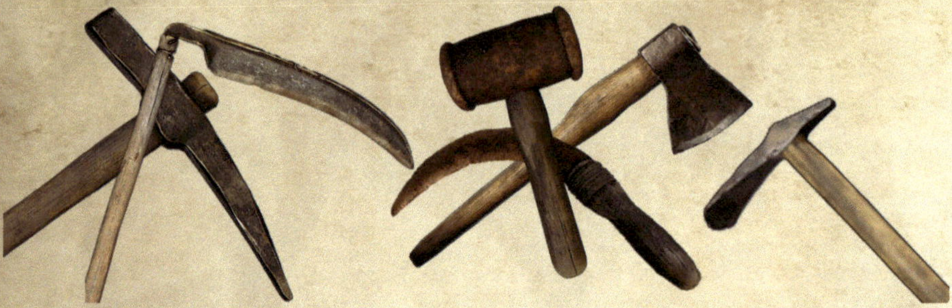

Die Schadenswerte sind ähnlich dem Messer, aber da man mit all diesen Werkzeugen etwas langsamer zuschlägt, teilt man im Endeffekt weniger Schaden aus als mit den anderen „richtigen" Waffen. Verwende diese Werkzeuge nur im Notfall als Waffe, wenn du nichts anderes dabei hast!

Immer auf die 12!

Versuche möglichst, immer Kopftreffer zu landen, da du damit deutlich mehr Schaden verursachst!

Achte auch immer auf deine Ausdauer. Ist diese nämlich auf 0 gesunken, kannst du weder attackieren noch schnell weglaufen. Die meisten aggressiven Tiere sind schneller als deine Spielfigur, deswegen ist Flucht so oder so nur vor Beginn des Kampfes sinnvoll.

6.4 Erfahrung

Für all deine Tätigkeiten im Spiel erhältst du Erfahrung in zwei Bereichen: für deine Fertigkeiten und für deine Technologiestufe.

Fertigkeiten

Fertigkeiten sind in sechs verschiedene Kategorien unterteilt. Mit der Taste ***K*** / ◎ / Cr öffnest du den ***Fertigkeitenbildschirm***. Auf der rechten Seite des Bildschirms siehst du den Fertigkeitenbaum und darüber, wie viel Erfahrung du bereits für die nächste Stufe gesammelt hast:

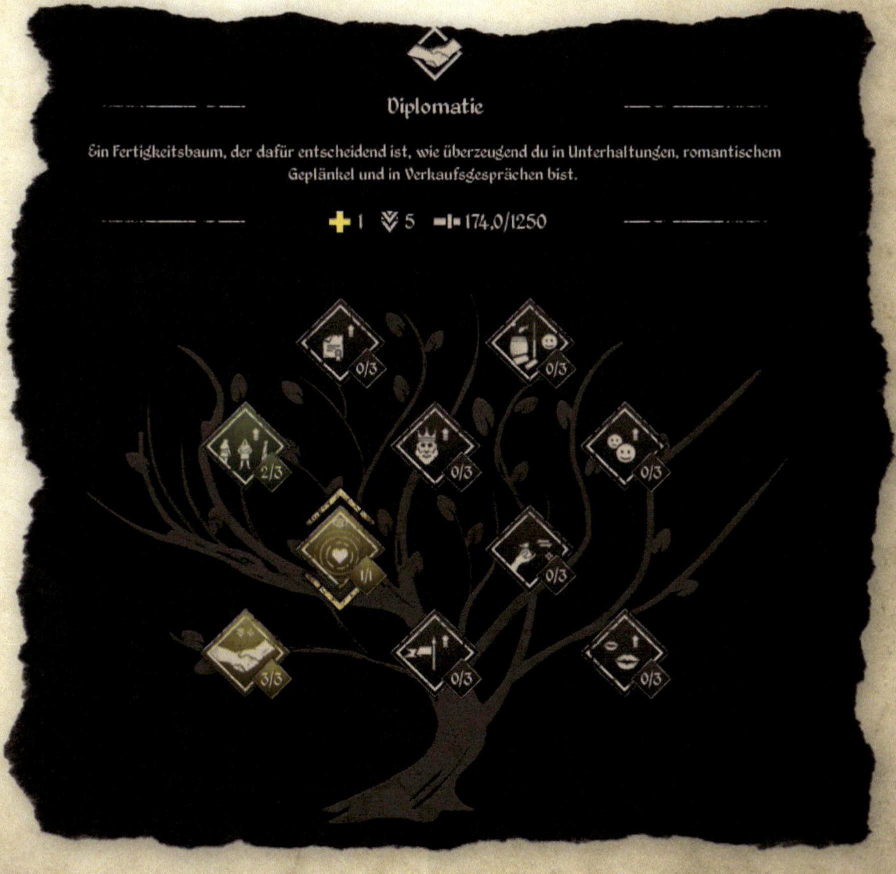

Je nach Erfahrung erhältst du Fertigkeitspunkte, für die du Fertigkeiten aus dem jeweiligen Bereich kaufen kannst.

Die sechs Kategorien und die Tätigkeiten, um darin Erfahrung zu sammeln, sind:

» **Gewinnung**: Fällen von Bäumen, Abbau von Stein, Salz und Erzen bei Felsen, Salz- oder Erzadern, in Höhlen und Minen.

» **Jagd**: Fallenstellen, Jagd auf Wildtiere mit Bogen, Armbrust und Speeren, Häuten von Wildtieren, Herstellen von Gegenständen in der Jagdhütte.

» **Landwirtschaft**: Felder und Plantagen bewirtschaften, Ernte von Feldern und Plantagen, Tierhaltung, Tätigkeiten in der Scheune (z. B. Mehl mahlen).

» **Diplomatie**: Mit anderen Personen reden, Quests erfüllen, Romantik und Flirten, bei Händlern kaufen oder verkaufen.

» **Überleben**: Gegenstände sammeln (Steine, Stöcke, Ried, Pilze, Kräuter, Beeren etc.), Fischen.

» **Produktion**: Die Herstellung von Gegenständen aller Art (z. B. im Inventar, in der Werkstatt, Schmiede, Näherei, Küche, Schenke etc.), Salzen oder Trocknen von Fleisch in der Jagdhütte, das Bauen von Gebäuden.

Fertigkeitserfahrung sammelt nur der Spieler allein mit seinen Tätigkeiten. Die eigenen Dorfbewohner vermehren die Erfahrung für Fertigkeiten nicht!

Technologien

Der zweite Bereich, in dem Erfahrung gesammelt wird, ist die Technologie. Es gibt vier Kategorien in der Technologie. Sammelst du in einer Kategorie genügend Erfahrung, schaltest du damit neue Gebäude, die errichtet werden können, frei. Zusätzlich kannst du manchmal mit Erreichen einer neuen Technologiestufe zusätzlich neue ***Schemata*** für die Herstellung von Gegenständen kaufen. Mit ***T*** / Ⓑ / Ⓒⓡ öffnest du den ***Technologiebildschirm***.

Die vier Technologiekategorien sind:

» **Bautechnik**: Bauen und Reparieren von Gebäuden; Fällen von Bäumen; Abbau von Stein und Kalkstein aus Felsen, Salz- und Erzadern, Höhlen und Minen.

» **Überlebenstechnik**: Tiere jagen, Fallen stellen, Fischen, Gegenstände sammeln (Steine, Stöcke, Ried, Pilze, Kräuter, Beeren etc.).

» **Landwirtschaftstechnik**: Felder und Plantagen errichten und bewirtschaften, Ernte von Feldern und Plantagen, Tierhaltung, Gegenstände in der Scheune herstellen.

» **Produktionstechnik**: Die Herstellung von Gegenständen aller Art (z. B. im Inventar, in der Werkstatt, Schmiede, Näherei, Küche, Schenke etc.).

Technologieerfahrung sammeln sowohl der Spieler als auch die eigenen Dorfbewohner. Im Gegensatz zu den Fertigkeiten zählen die Tätigkeiten der Dorfbewohner also sehr wohl zur Steigerung der Erfahrung bei den Technologien!

Dynastie Reputation

Dynastie Reputation ist zwar nicht direkt Erfahrung, spiegelt aber dein Ansehen in der Bevölkerung wider. Je mehr Dynastie Reputation du hast, desto mehr Bewohner kannst du für dein Dorf anwerben.

Eine Übersicht, wie viel Reputation sowie wie viele Gebäude und Dorfbewohner du hast, findest du im ***Verwaltungsbildschirm*** (Taste ***N*** / ◎ / Cr).

Deine Reputation kann durch Folgendes steigen:

- Erfolgreich abgeschlossene Kapitel (sehr viel Reputation!), Quests und Herausforderungen.
- Töten von Gesetzlosen, Kindern Geschenke machen.
- Ereignisse, in denen du eine Entscheidung triffst, die ehrlich und aufrichtig ist.

Deine Reputation sinkt durch diese Taten:

- Diebstahl von Gegenständen, während du dabei beobachtet wirst. Je wertvoller der Gegenstand, desto mehr Reputation verlierst du.
- Schlagen, Verletzen oder Töten von fremden Dorfvieh.
- Nichtbezahlen der Steuern im Frühjahr. Ob 10 Münzen oder 1000 Münzen Schulden, der Punkteverlust ist gleich hoch.
- Misslungene Quests und Herausforderungen.
- Ereignisse, in denen du eine Entscheidung triffst, die unehrlich und anrüchig ist.

Sinkt deine Reputation auf -10.000, wirst du aus dem Tal oder dem Oxbow verbannt und das Spiel ist vorbei.

6.5 Geld

Geld ist für dein Überleben im Tal genauso wichtig wie gute Kampffertigkeiten und viel Erfahrung.

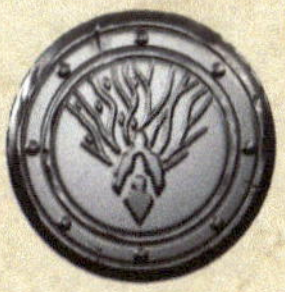

Es gibt nur eine Währung, die Silbermünze. Historisch gesehen entspricht diese Münze dem Pfennig, der in vielen Ländern des Heiligen Römischen Reiches verwendet wurde, oder dem Penny der Engländer und dem Denier der Franzosen.

Gerade zu Beginn des Spiels ist es praktisch, sich viele Sachen kaufen zu können, die man selbst noch nicht herstellen kann oder die man anderweitig nur schwierig bekommt (z. B. Samen und Dünger für die erste Aussaat oder Metallwerkzeuge und -waffen).

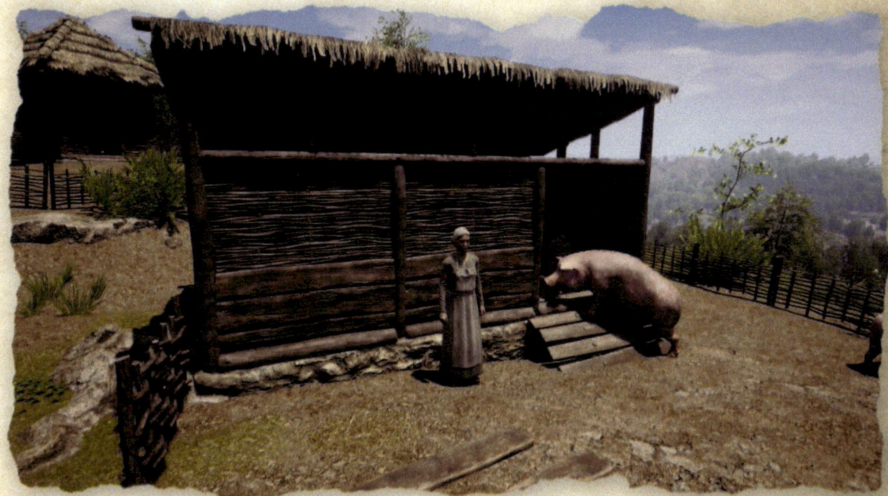

Ausgaben

Folgende Ausgaben kommen im Spiel auf dich zu:

Jährliche Steuern: Im Frühling werden die jährlichen Steuern fällig. Bezahle sie beim Kastellan Uniegost in Gostovia oder Mirogod in Piastovia. Du kannst auch deinen Lebenspartner bitten, dies zu erledigen. Hab am Jahresende oder bis zum letzten Tag des Frühlings genügend Geld parat, um die Steuern zu bezahlen! Später im Spiel können da schon ein paar Tausend Münzen zusammenkommen!

Essen: Du bist unterwegs und hast Hunger, aber kein Essen mehr? Keine Lust zum Jagen oder Sammeln? Dann kauf dir doch einfach etwas Leckeres bei den zahlreichen Händlern in den Dörfern. Fast überall bekommst du zumindest eine Kleinigkeit zu kaufen, in Schenken und Küchen hast du eine große Auswahl.

Rohstoffe: Samen für dein erstes Feld wirst du kaufen müssen. Einige Samen kannst du durch Quests erhalten, aber auch das sind nicht viele. Bedenke, dass du nach der ersten Ernte mehr Samen bekommst und so nach und nach auch mehr anbauen kannst. Kräuter und Pilze wirst du kaufen müssen, wenn nicht gerade ihre Saison zum Sammeln ist. Wer natürlich schon vorher in der richtigen Jahreszeit einen Vorrat anlegt, der kann hier sparen! An alle anderen Rohstoffe kommt man gut heran, so dass Kaufen nicht unbedingt nötig ist. Aber wer schnell noch Tonbewurf benötigt, wenn das Tonvorkommen erschöpft ist, der gibt auch gerne etwas Geld dafür aus.

Werkzeuge: Steinwerkzeuge sind schnell selbst hergestellt, aber für die besseren Metallwerkzeuge und -waffen benötigt man einige Voraussetzungen. Warum sollte man diese also nicht schon früh im Spiel kaufen? Sie sind zwar teuer, aber sie sind es auch wert. Eine Eisenaxt fällt Bäume schneller und hält deutlich länger. Eiserne Pfeile und Bolzen aus Langbogen und Eisenarmbrust verschossen machen aus einem lahmen Jäger einen Robin Hood.

Tiere: Deine ersten Zuchttiere musst du kaufen. Schon ein Huhn kostet 98 Münzen und ein Pferd schlägt gar mit 4350 Münzen zu Buche und du benötigst jeweils zwei Tiere für eine Zucht (dass du dafür je ein männliches und ein weibliches Tier brauchst, müssen wir hier nicht erwähnen – oder?). Sparfüchse kaufen sich Jungtiere und warten, bis diese ausgewachsen sind. Damit lässt sich zwar Geld sparen, aber man muss warten, bis die Tiere ausgewachsen sind, ehe sie produktiv werden.

Geschenke: Du kannst mit Personen flirten, bis sie deinen Heiratsantrag annehmen. Aber mit Geschenken kannst du ihre Gunst doch gleich um einiges schneller erlangen. Und denk auch später daran, deinem Partner von Zeit zu Zeit ein Geschenk zu machen, um dir ihre Zuneigung zu erhalten. Frage die Dorfbewohner des Tals, wo sich der Händler für seltene Waren zur Zeit aufhält. Er ist abwechselnd in einem Dorf mit Schenke zu finden (ja, auch in deinem Dorf!). Im Oxbow findet man ihn in Piastovia auf dem Marktplatz. Ein Geschenk kostet so zwischen 750 und 1.500 Münzen.

Ereignisse: Zum Jahreszeitenwechsel können Ereignisse stattfinden (nur im Tal). Bei manchen Ereignissen kannst du Geld ausgeben, um etwas Negatives zu verhindern oder um dir Vorteile zu kaufen (etwa kannst du bei einem Ereignis für 1.000 Münzen 500 Erfahrung in der Fertigkeit Jagd bekommen). Hast du das Geld nicht vorrätig, kannst du diese Option dann leider nicht wählen!

Spare in der Zeit, dann hast du in der Not!

Du solltest, wenn möglich, immer einen Vorrat von etwa 1.500 bis 2.000 Münzen haben, vor allem beim Jahreszeitenwechsel. Damit kannst du bei Ereignissen gute Resultate kaufen oder dir, bei einem Mangel, schnell beim Händler etwas gönnen, um so flüssig weiterspielen zu können, ohne vorher lang Geld erwirtschaften zu müssen.

Einnahmen

Sich etwas zu kaufen macht Spaß, doch wie kommst du in Medieval Dynasty zu Geld?

Quests: Für einige Quests und Herausforderungen erhältst du Münzen als Belohnung. Diese sind zwar ein nettes Zusatzeinkommen, aber den großen Teil deines Geldes bekommst du durch Verkäufe.

Verkaufen: Du kannst Waren und Rohstoffe, die du oder dein Dorf produziert haben, bei Händlern verkaufen. Hier einige wichtige Informationen zum Verkauf:

» Jeder Händler kauft jede Ware zum identischen Preis (50 % des Wertes). Die Fertigkeit ***Zäher Verhandlungspartner*** bei ***Diplomatie*** verbessert die Preise.

» Du kannst nur so lange Waren an einen Händler verkaufen, wie dieser sie auch bezahlen kann. Hast du viele Waren zu veräußern, gehe in einen Ort, der viele Händler hat. Nach dem ***Jahreszeitenwechsel*** hat jeder Händler wieder Geld und neue Waren in der Tasche.

» Zu Beginn des Spiels sind deine Einnahmen relativ gering. Verarbeitete Gegenstände sind immer mehr wert, als Rohstoffe. Das gebratene Fleisch gejagter Tiere ist Anfangs eine gute Einnahmequelle. Auch die Quests können dir Anfangs mehr Geld in deine Knappe Kasse spülen (siehe **Kapitel 1.6**)

» Ebenso kann es zu Beginn des Spiels lukrativ sein, Gegenstände zu stehlen und diese zu verkaufen. Aber mach dies am besten nachts und lass dich von niemanden sehen, sonst verlierst du Reputation! Gestohlene Gegenstände können nicht im selben Dorf verkauft werden, in dem sie geklaut wurden.

» Verkaufe später im Spiel die Sachen, von denen du zu viele hast. Stelle am besten aus überschüssigen Rohstoffen Gegenstände her, da diese teurer verkauft werden können. Hast du viel bald verderbendes Fleisch, dann brate es zuerst und verkaufe es dann!

» Gegenstände mit weniger Haltbarkeit bringen auch weniger Einnahmen: Ein Bronzespeer mit 60 % Haltbarkeit bringt auch nur noch 60 % des Verkaufspreises (Beispiel Bronzespeer: 132 Münzen bei 60 % anstatt 220 Münzen bei 100 % im Verkauf). Dies trifft vor allem bei Essen zu: Verkaufe Nahrung am besten, wenn sie noch 100 % Haltbarkeit hat, und gib deinen Dorfbewohnern Essen mit wenig Haltbarkeit! Die beschweren sich nicht und sind froh, wenn sie etwas zu essen haben. (Es lebe die Marktwirtschaft ...)

Marktstände

Spät im Spiel sind ***Marktstände*** eine gute Möglichkeit, um überflüssige Waren automatisch verkaufen zu lassen.

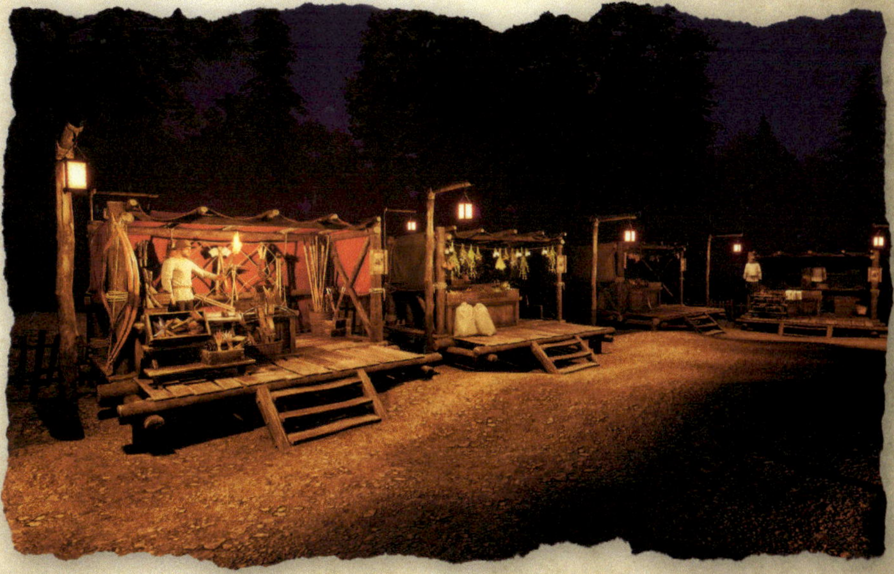

Du kannst einem Marktstand im ***Verwaltungsbildschirm*** einen Händler zuweisen und dort auch die Art der Waren bestimmen, die verkauft werden soll.

Sobald du einen Marktstand gebaut hast, öffne den ***Verwaltungsbildschirm***, wähle den Marktstand in der Gebäudeansicht aus und weise ihm einen Arbeiter (***Standbesitzer***) zu.

Drücke die Taste ***C*** / Y / △, um die ***Warenkategorie*** für diesen Marktstand festzulegen.

1. Wenn du in den Warenhandel wechselst, kannst du festlegen, was der Händler aus dem Sortiment verkaufen soll.
2. Hier siehst du deinen Lagerbestand.
3. Wie bei der Produktion legst du mit ***Intensität*** fest, wie viel verkauft werden soll.
4. Der Balken zeigt den Tagesfortschritt pro Gegenstand an.
5. Die pro Tag (geplante) verkaufte Stückzahl.
6. Die Einnahmen pro Tag, wenn alles wie geplant verkauft wird.

Die verdienten Münzen findest du im Materiallager. Wenn dein Lagerbestand leer ist, wird natürlich nichts von diesem Produkt verkauft. Sobald die Gegenstände wieder im Lager verfügbar sind, werden diese auch wieder gehandelt!

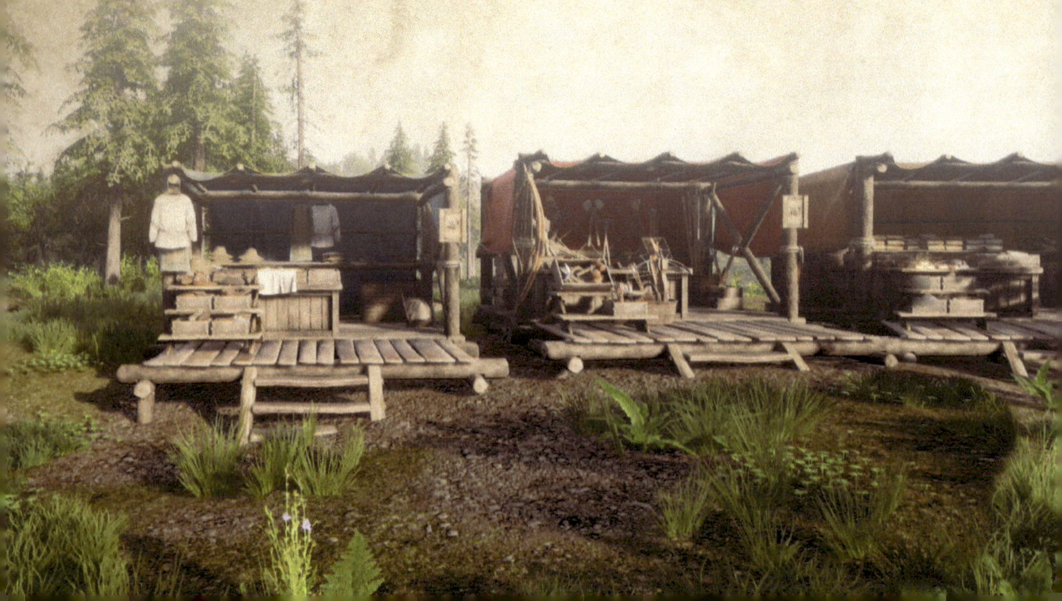

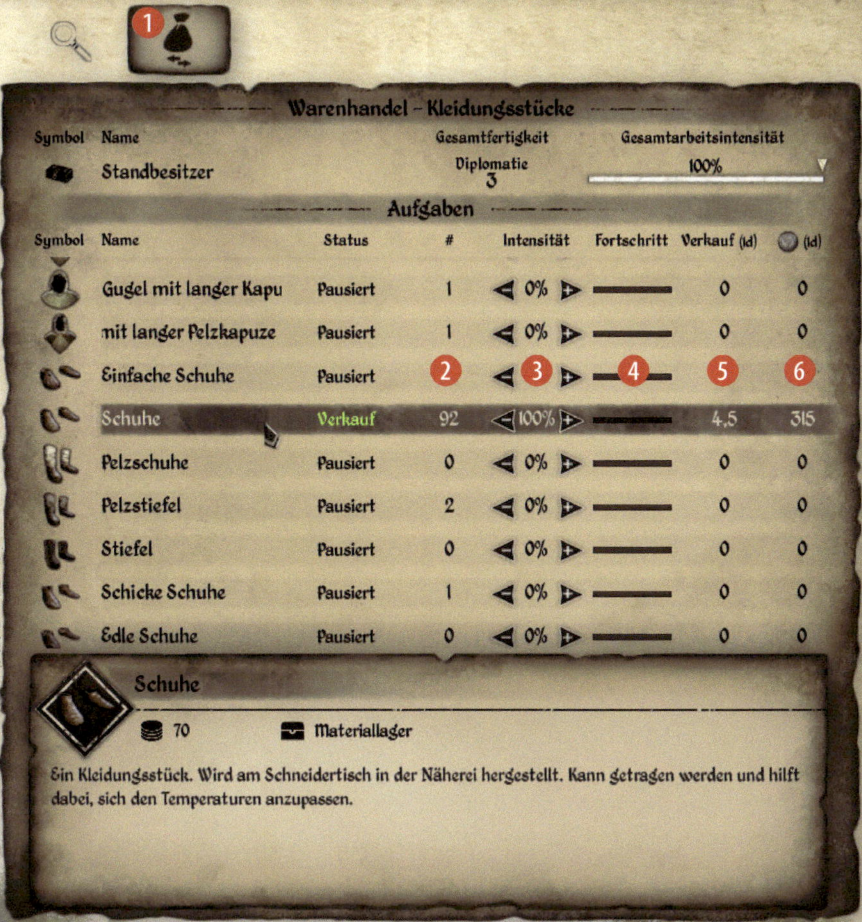
1
Warenhandel – Kleidungsstücke
Symbol Name Gesamtfertigkeit Gesamtarbeitsintensität
Standbesitzer Diplomatie 3 100%
Aufgaben
Symbol Name Status # Intensität Fortschritt Verkauf (Jd) (Jd)
Gugel mit langer Kapu Pausiert 1 0% 0 0
mit langer Pelzkapuze Pausiert 1 0% 0 0
Einfache Schuhe Pausiert 2 3 4 5 6
Schuhe Verkauf 92 100% 4,5 315
Pelzschuhe Pausiert 0 0% 0 0
Pelzstiefel Pausiert 2 0% 0 0
Stiefel Pausiert 0 0% 0 0
Schicke Schuhe Pausiert 1 0% 0 0
Edle Schuhe Pausiert 0 0% 0 0
Schuhe
70
Materiallager
Ein Kleidungsstück. Wird am Schneidertisch in der Näherei hergestellt. Kann getragen werden und hilft dabei, sich den Temperaturen anzupassen.

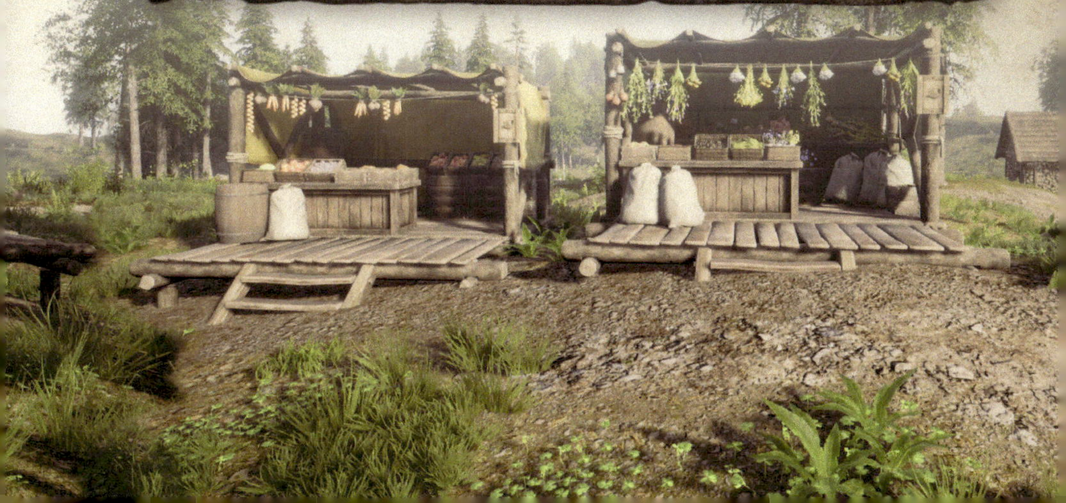

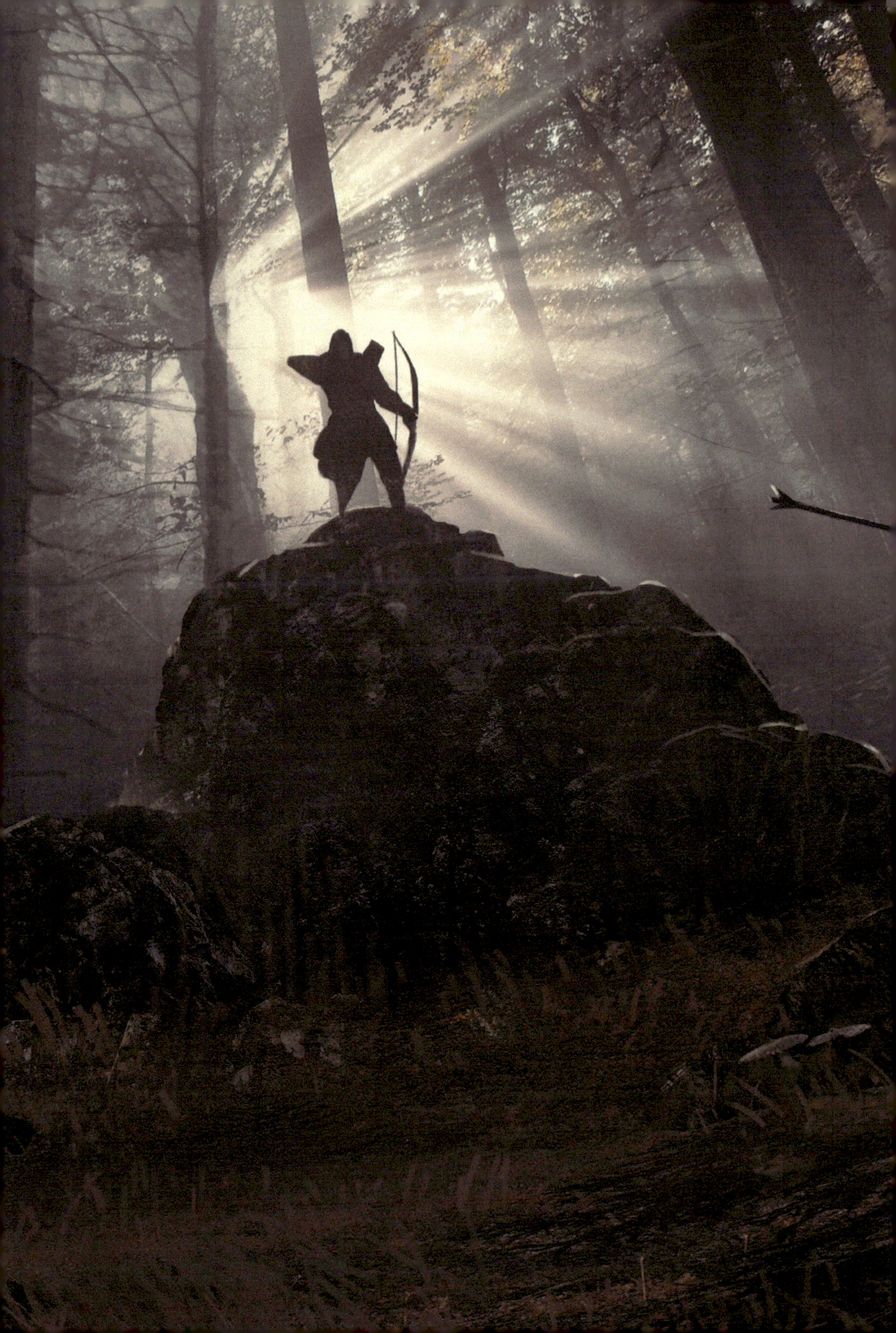

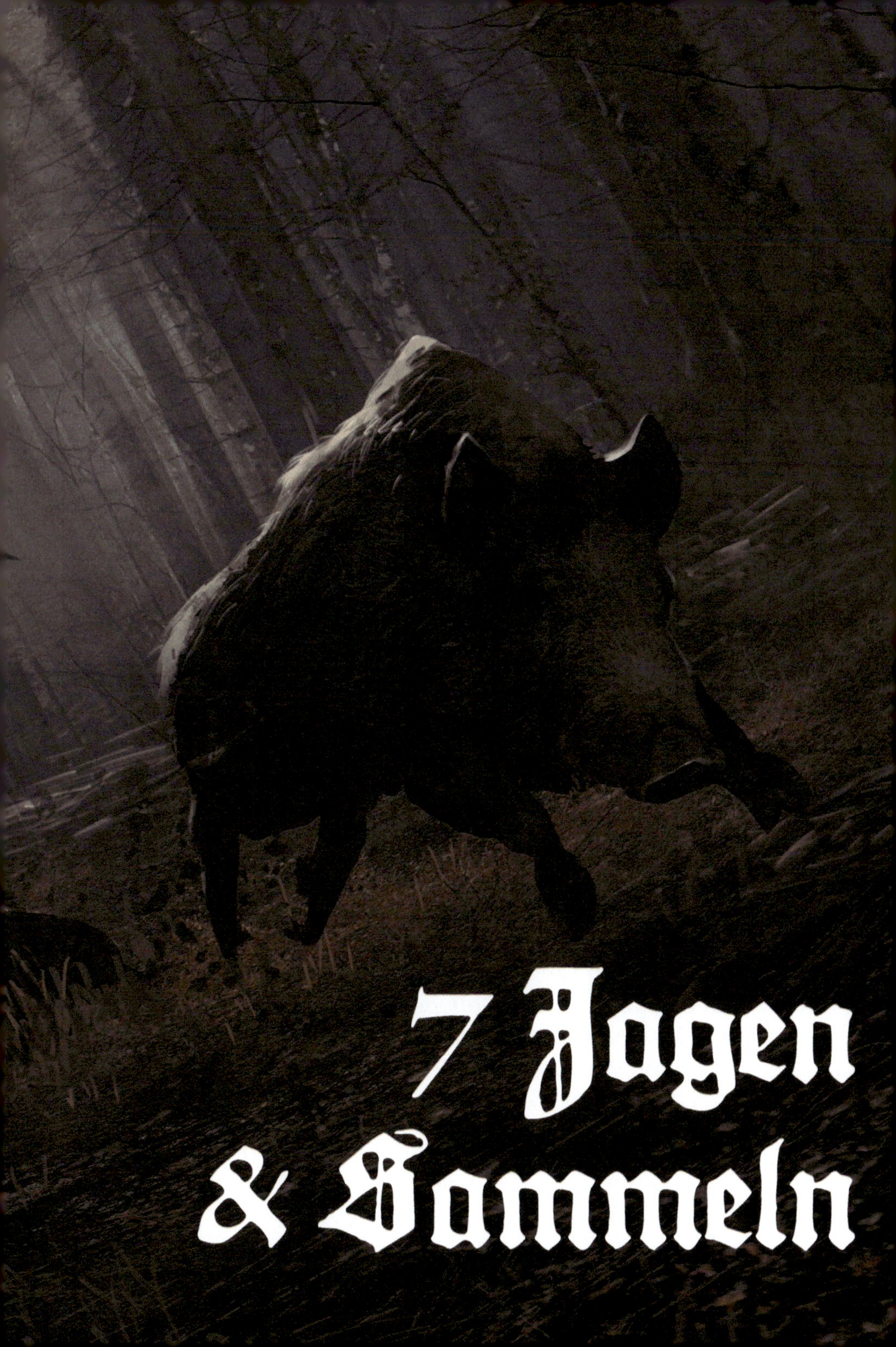

7 Jagen & Sammeln

Du willst also mehr von der Jagd wissen? Ha, da bist du nicht der Einzige. Wir alle bewundern oder fürchten den Waidmann, vor allem, wenn er alleine tief in den Wäldern lebt, nur selten das Dorf und die Taverne besucht. Ein Beruf und eine Berufung, die einen Mann seltsam werden lässt, eigenbrötlerisch, manchmal auch grausam. Aber nicht immer! Ich kannte einst einen Jäger, der war unter seiner harten Schale, seinem missmutigen Gehabe ein vortrefflicher Mensch und Freund!

Aber das ist nicht, was du wissen willst. Also gut, zur Jagd – was sagst du? Einen stattlichen Hasen hast du schon erlegt? Das freut mich für dich, aber das ist keine Jagd, das ist Fallenstellen. Auch eine Kunst für sich, aber in meinen Augen eine mindere – nichts für ungut, junger Freund. Wovon ich rede, ist auszuziehen in die Wälder, um Wild zu stellen, oft größer, schwerer und gefährlicher als du selbst! Nun gut, alles zusammen ist eigentlich nur der große Hirsch – und ja, natürlich, der Bär.

Ich kann mich noch gut erinnern, als ich damals auszog, einen Bären zu erlegen. Nicht seines Fleisches wegen, nicht, um mir sein Fell überzuziehen – obwohl, es war ein schönes Fell, nein es ist immer noch ein schönes Fell. Dreh dich um, dort hinten, neben meinem Bett am Boden liegt es, und ich pflege es jede Woche mit dem Öl der Leinsamen, damit es seinen Glanz behält. Es liegt mir am Herzen, denn der Bär, dem ich es über die Ohren zog, hätte beinahe mich erlegt.

Ich zog also aus, meinen guten, schweren Mantel um die Schultern, denn es war ein kalter Morgen in einem noch viel kälteren Spätherbst. Der Schnee war früh ge-

fallen, schlecht für die letzten Arbeiten auf dem Felde, aber gut für mich – der Bär hatte Spuren hinterlassen, von dem Lamm, das er dem Nachbarn nahm, nicht nur Blutstropfen, sondern auch die großen, unübersehbaren Abdrücke seiner Pranken. Ich folgte diesen, den Bogen umklammert, mehr als ein Dutzend meiner besten Pfeile im Köcher, dazu noch zwei stattliche Speere. Stundenlang verfolgte ich das Biest, stellte es schließlich nahe seiner Höhle, in die es sich zurückziehen wollte. Und der Kampf begann! Pfeil um Pfeil schoss ich ihm in den Pelz, doch es schien ihn nicht ernsthaft zu verwunden, nein, nur gereizter, zorniger, wütender zu machen! Als mein letzter Pfeil verschossen war, rannte er auf mich zu, und ich dachte, mein letztes Stündlein hätte geschlagen. Mit Müh und Not brachte ich den Speer hoch, grub meine Füße tief in den Waldboden. Der Aufprall riss mich von den Beinen, schleuderte mich mehrere Schritte weit gegen einen Baum, trieb mir die Luft aus den Lungen – aber dem Bär meinen Speer tief in die Schulter.

Verwundet, brüllend riss er mich vom Boden, packte mich und drückte meinen Leib zusammen. Meine Rippen knacksten, seine Krallen fuhren in meinen Rücken, und Schwärze begann, sich über meine Augen zu legen. Mit letzter Mühe nestelte ich mein Messer vom Gürtel, die Scheide glitt zu Boden, die Klinge mit immer schwächeren Stößen in das Ungeheuer. Es war der fünfte Stich, der sein Herz traf und mir das Leben rettete. Nur mit Mühe schleppte ich mich zum nächsten Bauern, der mich verarztete und mir am nächsten Tag half, den Kadaver zu bergen. Was für eine Jagd!

7 Jagen & Sammeln

7.1 Die Jagd

Die Jagd ist eine gute Möglichkeit, um ***Fleisch***, ***Leder*** und ***Pelze*** zu erhalten. Zu Spielbeginn ist sie sehr lukrativ, da du noch keine Landwirtschaft betreiben kannst. Du hast drei Jagdmöglichkeiten:

» die Fallenjagd

» selbst auf die Jagd gehen

» in der Jagdhütte einen Dorfbewohner als Jäger oder Jägerin einteilen

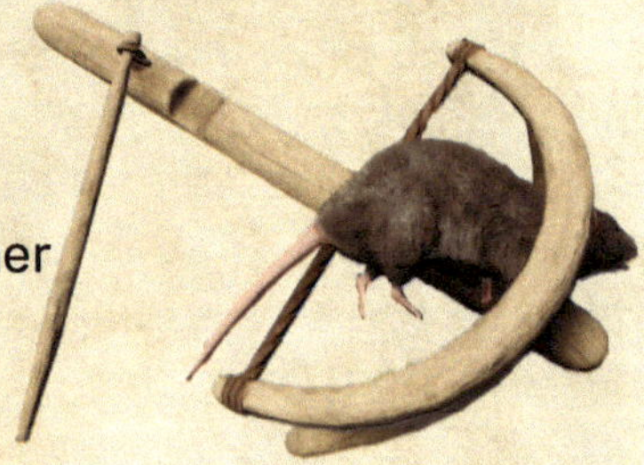

Fallenjagd

Du kannst im Baumenü eine ***Kaninchenfalle*** bauen und aufstellen. Die weiteren Fallen musst du erst als Schema kaufen (50 Erfahrung in ***Überlebenstechnik*** und 80 Münzen für die ***Vogelfalle***; die ***Rattenfalle*** kostet 200 Münzen und 500 Erfahrung in ***Überlebenstechnik***).

Fallen kannst du überall aufstellen. Sind Gebäude oder der Spieler in der Nähe einer Falle, wirkt sich dies negativ auf die Fangzeit aus. In der Nacht fängt man schneller Tiere in den Fallen. Du gehst am besten so vor: Fallen abseits von Gebäuden bauen, in Ruhe lassen und spätestens am nächsten Morgen prüfen, was man gefangen hat! Die gebrauchten Fallen kannst du erneut aufstellen, bis sie kaputt gehen.

Da Fallen billig und schnell aufgestellt sind, sind sie vor allem zu Beginn des Spiels eine gute Möglichkeit, ohne große Mühen an Fleisch und Federn zu gelangen. Für die Versorgung eines Dorfes mit großen Mengen sind sie nicht geeignet.

Du kannst von jeder Falle nur eine einzige aufstellen. Im ***Jagdfertigkeitsbaum*** kannst du in Stufe 3 ***Fallenmeister*** erlernen.

Diese Fertigkeit kannst du dreimal steigern. Pro Stufe darfst du weitere Fallen jeder Art aufstellen, bis zum Maximum von sechs Stück je Fallentyp. Benötigst du später keine Fallen mehr, kannst du die Fertigkeitspunkte neu verteilen, wenn du einen ***Trank der unbegrenzten Möglichkeiten*** trinkst.

» ***Vogelfallen*** bringen zusätzlich zum Fleisch auch ***Federn***, die du später für die Herstellung von ***Pfeilen*** benötigst.

» Aus ***Kaninchenfallen*** erhältst du ***Fleisch*** und ***Pelz***.

Jagen gehen

Für die Jagd solltest du ***Bogen*** mit Pfeilen, ***Armbrust*** mit Bolzen oder ***Wurfspeere*** verwenden. Alle anderen Waffen sind wenig geeignet, da sie nur im Nahkampf funktionieren und die meisten Tiere vor dir fliehen oder dich angreifen, wenn du zu nahe bist.

Kauf dir bessere Waffen – sofort!

Wenn du jagen möchtest, dann ist es definitiv leichter und schneller mit besseren Waffen. Diese kannst du anfangs noch nicht craften, nur bei den Schmieden kaufen. Aber sich dafür Geld zu sparen lohnt sich. In **Kapitel 1.6** zeigen wir, wie du im Tal durch Verkauf und Quests zu etwas mehr Geld kommst. Ein Bogen mit ein paar Pfeilen oder auch Bronzespeere werden da durchaus erschwinglich und vereinfachen das Jagen enorm! Bessere Waffen? – Kauf sie!

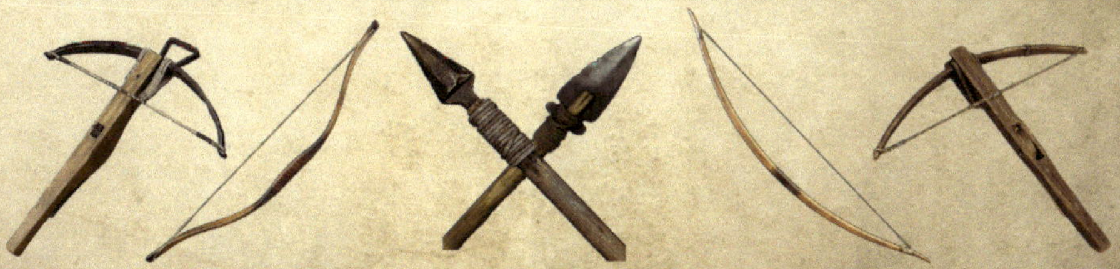

Jagdhilfen und Taktiken

- Viele Tiere geben Laute von sich (Hirsche röhren, Schweine grunzen, Wölfe heulen). Folge diesen Geräuschen, um sie schneller zu finden.

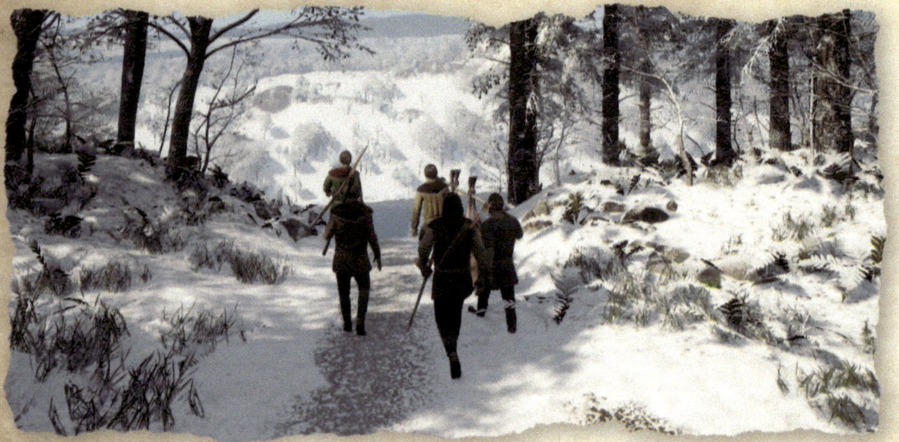

- Tiere tauchen immer in derselben Gegend auf. Hast du einige Tiere erlegt oder vertrieben, dann respawnen sie beim Jahreszeitenwechsel in derselben Gegend. Es sei denn, du errichtest dort ein Gebäude, das diesen Spawnpunkt blockiert!
- Erlerne schnell im ***Jagdfertigkeitsbaum*** die Stufe 2 Fähigkeit ***Fährtenleser***. Drückst du die ***Alt*** / LB / L1 -Taste, siehst du Wildtiere besser (friedliche Tiere sind grün, aggressive werden rot dargestellt).
- Einfache Jagdformel: lange unbemerkt bleiben + gute Jagdausrüstung (Eisenwaffen) + Kopftreffer = erlegtes Tier
- Verschossene Pfeile und liegengebliebene Speere findest du mit gedrückter ***Alt*** / LB / L1 -Taste leicht wieder, wenn du die Stufe 2 Fähigkeit ***Überlebenssinn*** bei ***Überleben*** erlernt hast.
- Im ***Jagdfertigkeitsbaum*** gibt es viele Fähigkeiten, die für deinen Jagdstil zugeschnitten sind, wie z. B. stetigeres Zielen

mit Bögen, schnelleres Nachladen von Bogen oder Armbrust oder verbessertes Schleichen. Probiere aus, was dir persönlich mehr hilft! Mit einem ***Trank der unbegrenzten Möglichkeiten*** kannst du deine Fertigkeiten ja neu verteilen!

» Einige Gesetzlose haben einen guten Bogen oder eine Armbrust samt ein paar Pfeilen oder Bolzen bei sich. Wer sie sich nicht kaufen will und noch nicht herstellen kann, kommt so an eine Jagdausrüstung!

» Der Bogen schießt schnell, aber ein längeres Zielen verbraucht Ausdauer. Du solltest gute Metallpfeile verwenden! Kaufe sie, auch wenn sie teuer sind (oder baue sie, klaue sie ...)!

» Für die Jagd mit Speeren nimm immer mehrere mit. Halte die ***rechte Maustaste*** / LT / L2 gedrückt, um zum Wurf auszuholen, und drücke dann die ***linke Maustaste*** / RT / R2, um den Speer zu werfen.

» Die Armbrust verbraucht keine Ausdauer beim Zielen und ist daher für die Jagd auf kleine, schnelle Tiere, für die du evtl. länger zielen möchtest, gut geeignet. Schon eine Holzarmbrust mit guten Bolzen sollte kleinere Tiere mit einem Treffer erledigen.

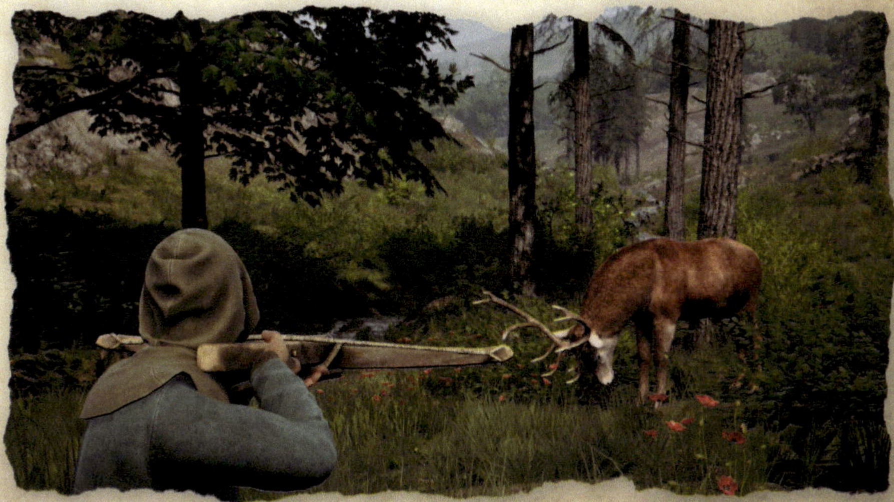

- Große, gefährliche Tiere wie Wisente oder Bären kannst du mit zwei Treffern eines Bronze- oder Eisenspeeres in den Kopf schnell erledigen, ohne selbst verletzt zu werden. Du musst nur kaltblütig genug sein, um stehen zu bleiben und deinen zweiten Speer zu werfen, während die Tiere nach dem ersten Treffer auf dich zustürmen.
- Viele verletzte Tiere fliehen so schnell, dass du ihnen kaum folgen kannst. Verfolge sie trotzdem, denn oft sterben verletzte Tiere auf der Flucht. Metallwaffen verursachen nämlich Blutungen. Außerdem fallen beim Weglaufen oft Pfeile oder Speere von ihnen ab (du findest tote Tiere und deine Gegenstände leicht mit gedrückter **Alt** / LB / L1 -Taste, wenn du die Fähigkeiten dazu erlernt hast !).
- Flüchtende und verletzte Tiere halten nach einiger Zeit an und bewegen sich normal weiter oder bleiben stehen. Folge ihnen mit weitem Abstand. Bist du zu nahe, flüchten sie ständig weiter.
- Wenn du gut und schnell mit dem Bogen bist, dann versuche, ein verletztes fliehendes Tier noch zu treffen. Oft genügt dieser eine letzte Treffer.
- Schleiche dich an Tiere an, damit sie dich erst spät bemerken.
- Schießt du knapp vorbei, dann fliehen die Tiere, da sie den Pfeil oder Speer bemerkt haben. Bei unverletzten Tieren lohnt das Verfolgen kaum. Meist sind ja noch weitere Tiere der Art in der Gegend, die noch nicht alarmiert sind!
- Steckt ein Pfeil oder Speer im erlegten Tier, kannst du ihn aufheben oder du bekommst ihn zurück, wenn du das Tier häutest.

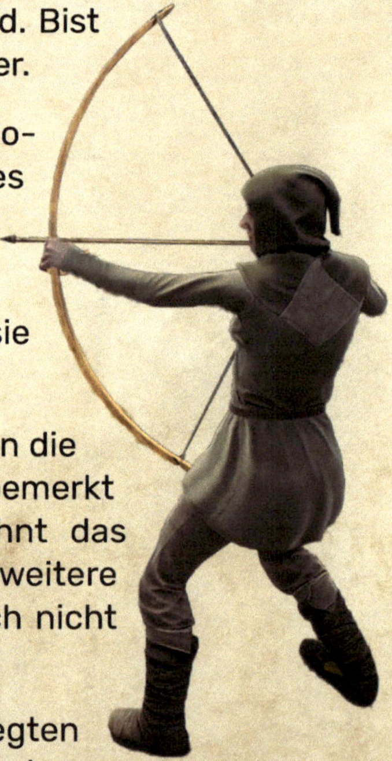

Jäger anheuern

Wenn du einen ***Jäger*** in der ***Jagdhütte*** beschäftigst, dann geht dieser von selbst auf die Jagd. Im ***Verwaltungsmenü*** des Hauses kannst du einstellen, was der Jäger „herstellen" soll. Entscheidest du dich für ***Fleisch***, geht er jagen. (Ansonsten kann er vorhandenes Fleisch salzen oder trocknen, um es haltbarer zu machen.)

Man sieht einen Dorfbewohner nur jagen, wenn auch jagdbares Wild in der Umgebung ist. Der Jäger erlegt friedliche Tiere wie Hirsche oder Wildschweine. Ansonsten hält er sich in der Jagdhütte auf, Fleisch wird aber trotzdem produziert, wenn es als Produktion eingestellt ist!

Für die Jagdanimation des Fischers hingegen wird extra ein Fisch gespawnt. Der Fischer „produziert" Fischfilet statt Fleisch.

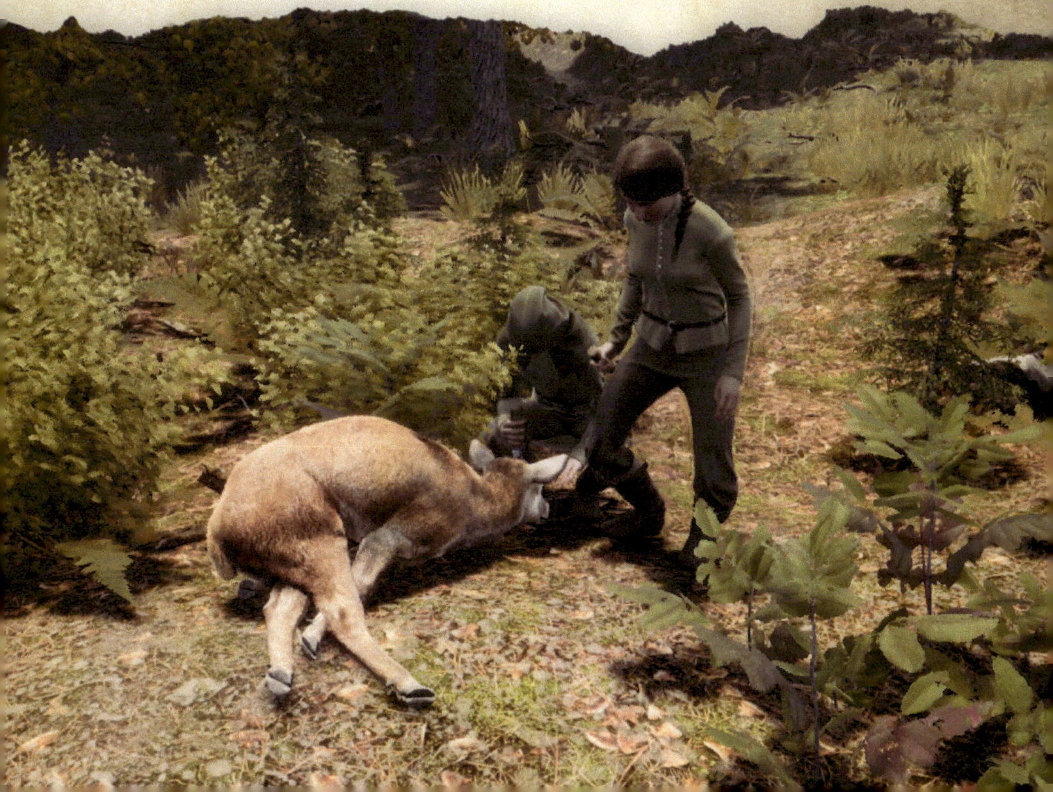

Auf den nachfolgenden Seiten findest du eine Übersicht über alle Wildtiere und wo du sie im Tal finden kannst. Die Fundorte der Tiere im Oxbow findest du im **Kapitel 4 Der Oxbow**.

Neben ihrem Verhalten erfährst du auch die Anzahl der Tiere, die du meist antriffst und eine kleine Beschreibung mit Tipps zur Jagd.

Interaktive Karte im Web?

Auf unserer Onlinekarte zu Medieval Dynasty kannst du dir auch alle Fundorte der Wildtiere (und noch viel mehr!) im Tal anzeigen lassen. Du findest die interaktive Karte im Web unter:

www.bildnerverlag.de/medieval-dynasty

Du kannst dir diese Info aber auch bei den Jägern kaufen: Jägerin Gizela in Lesnica und der Jäger Raymund in Tutki im Tal. Im Oxbow bekommst du sie bei Fischerin Radomila, Fischer Biezpraw und Siezyr in Ostoya und bei den Jägern Czebor und Radzim in Klonica.

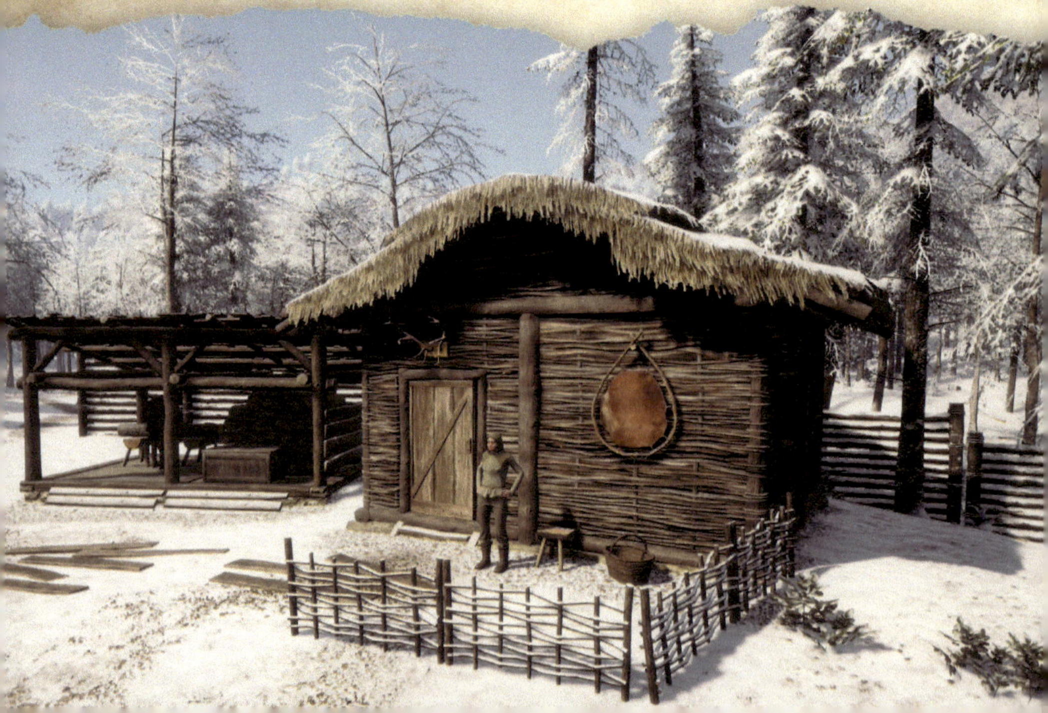

Rede mit den Jägern, frage sie nach ***Wo finde ich ...*** und wähle dann ***Wilde Tiere***. Du kannst dir dann für 250 bis 5000 Münzen die Standorte der jeweiligen Tiere auf deiner Karte eintragen lassen. Ein Spawnpunkt erscheint aber auch automatisch auf deiner Karte, sobald du an einem vorbei gehst.

Öffne die ***Karte*** (Taste ***M*** / ◎ / Cr) und wechsle mit dem ***Filter*** auf ***Wilde Tiere***. Dort siehst du dann alle Einträge. Du kannst diese nicht weiter filtern. Hast du also alle Tierstandorte gekauft oder gefunden, dann musst du schon genauer hinsehen:

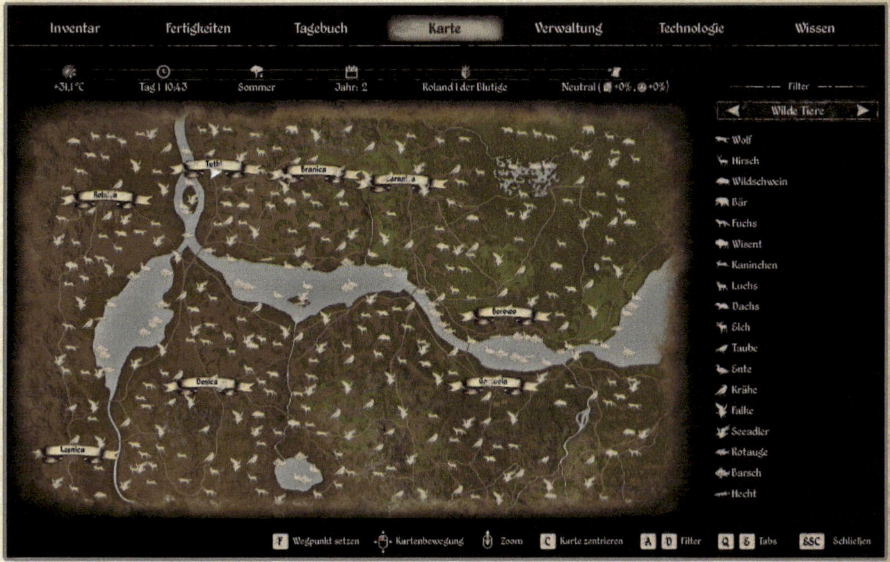

Tier	Preis	Tier	Preis	Tier	Preis
Kaninchen	500	Fuchs	750	Taube	250
Dachs	1000	Hirsch	1000	Ente	250
Elch	2000	Luchs	1500	Krähe	500
Wildschwein	2000	Wolf	3000	Falke	1000
Wisent	4000	Bär	5000	Seeadler	1500

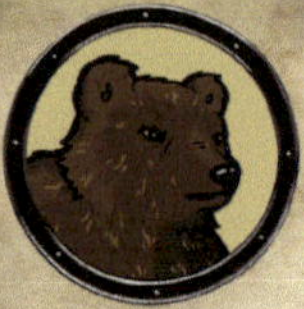

Bär

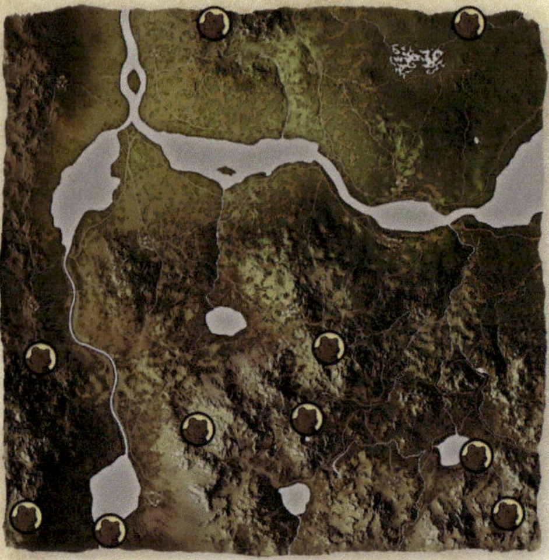

Verhalten:	aggressiv
Gefährlichkeit:	hoch
Anzahl:	1 - 2
Beute nach dem Häuten:	
Fleisch	80
Pelz	30

Beschreibung:

Bären findest du meist im Gebirge in der Nähe von Höhlen (zum Glück nicht IN Höhlen). Halte dich von ihnen fern, denn im Nahkampf können sie dich schwer verletzen.

Schleiche dich an und versuche ihnen aus der Ferne zwei Kopftreffer zuzufügen. Mit etwas Glück genügt das schon. Im Nahkampf richten sie sich ab und zu auf, um mit ihren Pranken nach dir zu schlagen. Nutze diese Gelegenheit, um zurückzuweichen und einen Treffer mit Bogen oder einem Speerwurf zu landen.

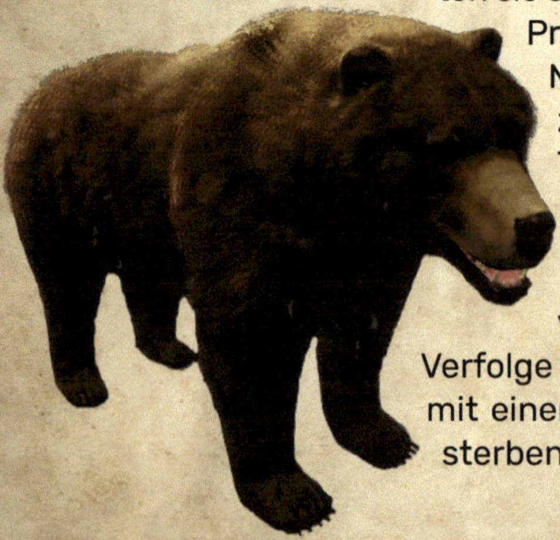

Bären fliehen, sobald sie zu viel Schaden erlitten haben. Verfolge sie, denn dann sind sie oft mit einem einzigen Treffer erlegt oder sterben sogar auf der Flucht!

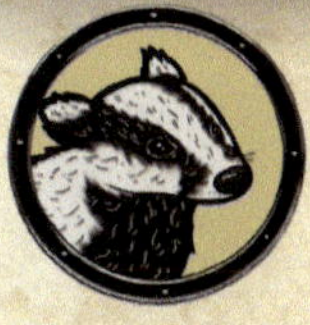

Dachs

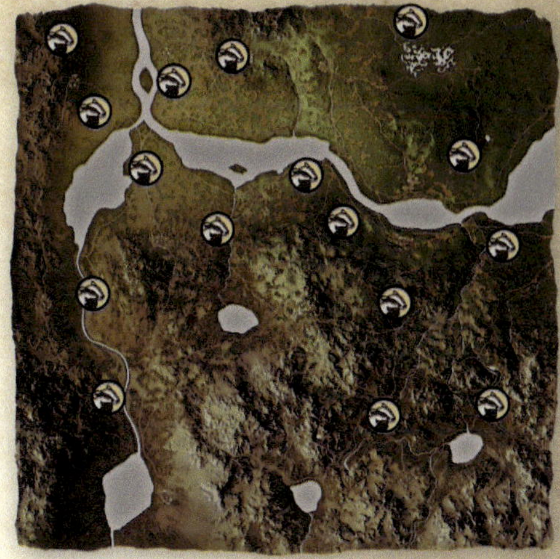

Verhalten:	passiv
Gefährlichkeit:	gering
Anzahl:	2 - 3
Beute nach dem Häuten:	
Fleisch	3
Pelz	3

Beschreibung:

Der Dachs flieht, sobald er dich bemerkt. Verletzt du ihn allerdings, dann greift er dich an. Er ist klein und sehr schnell und daher nicht so leicht zu treffen, aber ein bis zwei Treffer mit einer guten Metallwaffe erledigen ihn. Dachse, Füchse und Luchse sind in ihrem Verhalten sehr ähnlich.

Hast du eine gute Jagdtaktik für die Jagd auf Dachs, Fuchs oder Luchs gefunden, dann funktioniert diese auch bei den anderen.

Fliehen Dachse, lohnt sich das Verfolgen kaum. Schleiche dich vorher an, warte ab, bis sich das Tier zu einer guten Position begibt, und erlege es dann mit einem einzigen Treffer. Eine Armbrust ist hier sehr hilfreich, da du mit dieser unbegrenzt lange zielen kannst.

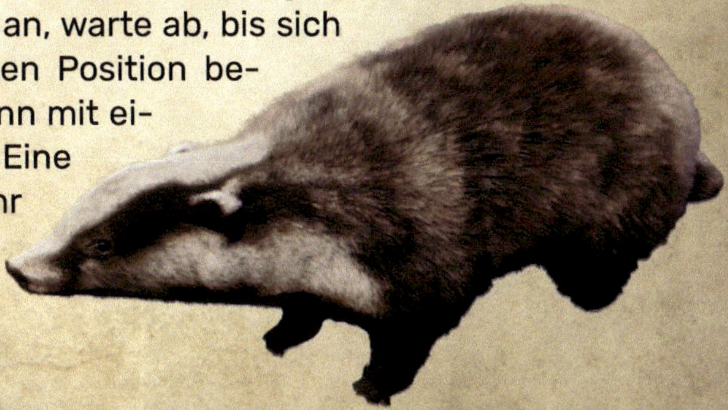

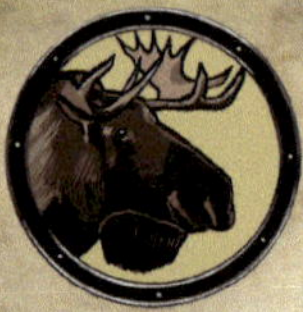

Elch

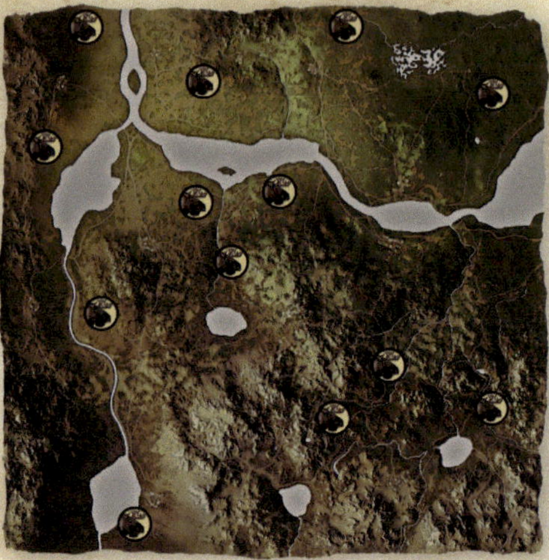

Verhalten:	Flucht
Gefährlichkeit:	keine
Anzahl:	2 - 4
Beute nach dem Häuten:	
Fleisch	30 - 40
Leder	15 - 20
Chance auf einen Schädel	

Beschreibung:

Elche sind im Spiel eigentlich nur größere Hirsche. Du triffst meist auf einen Elchbullen und zwei bis drei Elchkühe. Sie fliehen, sobald sie dich bemerken oder verletzt werden. Auf der Flucht sind sie sehr schnell und daher kaum einzuholen.

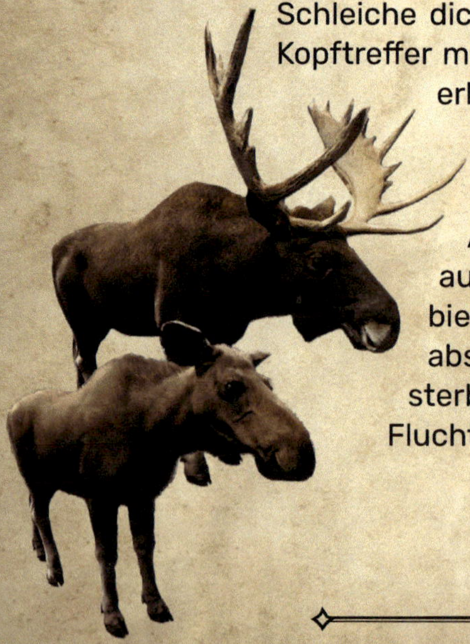

Schleiche dich an und versuche, sie mit einem Kopftreffer mit einer sehr guten Waffe sofort zu erlegen. Da ein Elch mehr Leben als ein Hirsch hat, klappt dies leider nicht immer.

Anstatt sie zu verfolgen, kannst du auch etwas warten und dann das Gebiet in einem etwas größeren Radius absuchen (*Alt* / LB / L1 -Taste!). Oft sterben stark verletzte Tiere auf der Flucht.

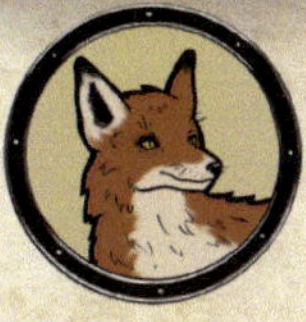

Fuchs

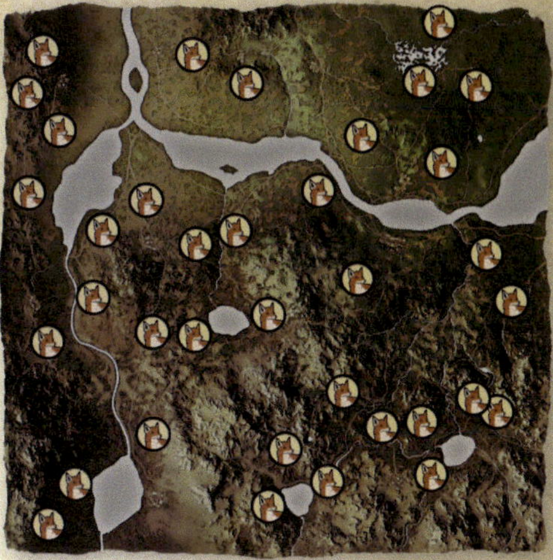

Verhalten:	passiv
Gefährlichkeit:	gering
Anzahl:	2 - 3
Beute nach dem Häuten:	
Fleisch	6
Pelz	2

Beschreibung:

Der Fuchs greift dich nur an, wenn du ihn verletzt, ansonsten flieht er sofort. Er ist auch mit schlechteren Waffen gut zu erlegen und benötigt nur wenige Treffer. Mit Metallwaffen genügen bereits ein bis zwei Treffer.

Im Nahkampf sollte er dir nur gefährlich werden können, wenn du ohnehin schon angeschlagen bist und keine guten Waffen besitzt, aber dann wirst du ihn auch hoffentlich nicht als Erstes angreifen.

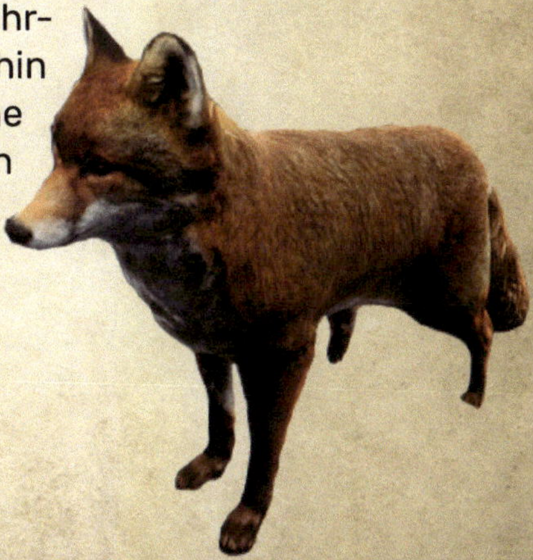

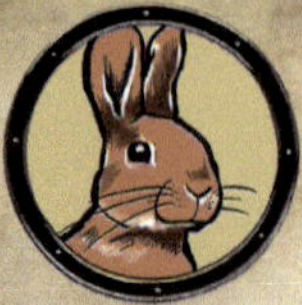

Kaninchen

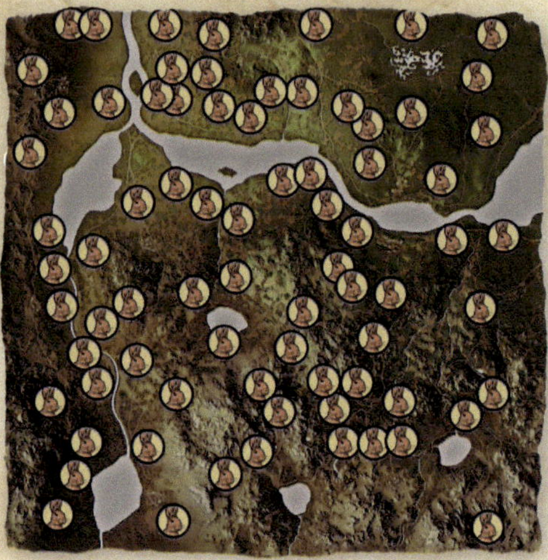

Verhalten:	Flucht
Gefährlichkeit:	ENORM :)
Anzahl:	1 - 4
Beute nach dem Häuten:	
Fleisch	2
Pelz	2

Beschreibung:

Kaninchen kannst du im Spiel fast überall finden. Sie laufen weg, sobald du dich ihnen näherst. Sie sind auch so nicht leicht zu erwischen, da sie fast ständig in Bewegung sind.

Am besten stellst du Kaninchenfallen auf, so ersparst du dir viel Zeit und Mühe.

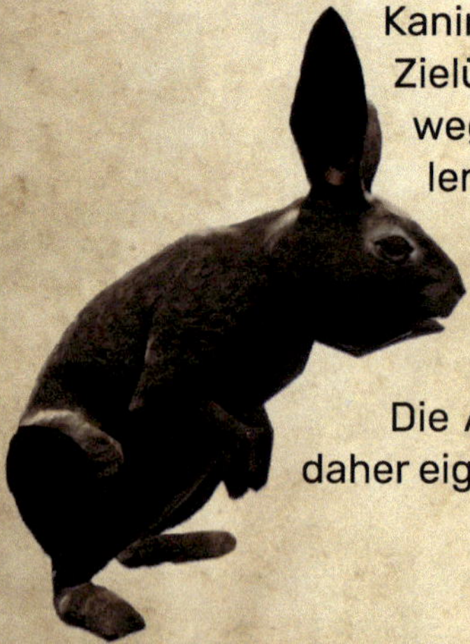

Kaninchen eignen sich allerdings sehr gut für Zielübungen, da sie klein und schnell unterwegs sind. Schaffst du es, sie ohne Probleme mit dem Bogen im Davonhoppeln zu erlegen, dann ist auch der Kopftreffer auf ein heranstürmendes Wisent kein Problem.

Die Ausbeute ist bei Kaninchen sehr gering, daher eignen sie sich nur für die Eigenversorgung.

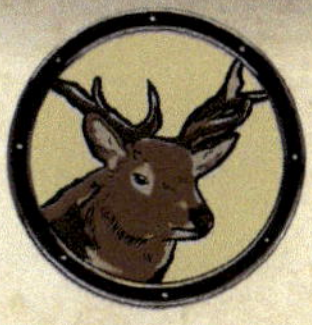

Hirsch

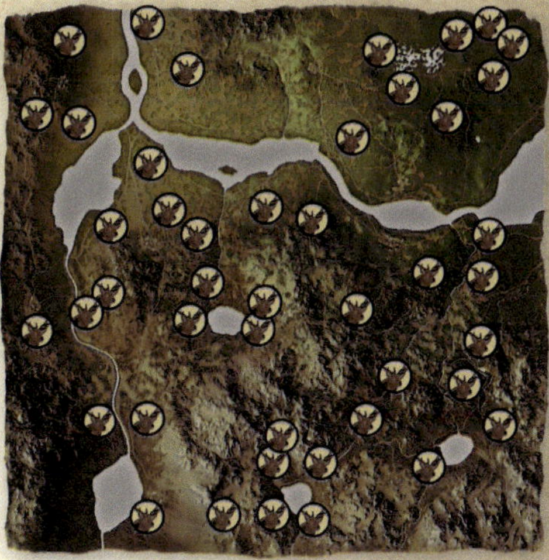

Verhalten:	Flucht
Gefährlichkeit:	keine
Anzahl:	3 - 4
Beute nach dem Häuten:	
Fleisch	10 - 12
Leder	4 - 6
Chance auf einen Schädel	

Beschreibung:

Hirsche triffst du immer in kleinen Gruppen. Meist sind es ein Hirsch und zwei bis drei Hirschkühe. Sobald dich ein Tier bemerkt, rennt es weg. Auch wenn es angeschossen wurde, flieht es sofort sehr schnell, so dass du es kaum einholen kannst.

Daher ist es wichtig, einen Hirsch am besten mit einem einzigen Treffer sofort zu erledigen. Eisenwaffen und gute Bögen machen es möglich. Dagegen ist die Jagd auf Hirsche mit einem Holzspeer schon sehr mühselig und fast schon masochistisch zu nennen.

Du kannst Hirsche schon von Weitem durch ihr Röhren bemerken.

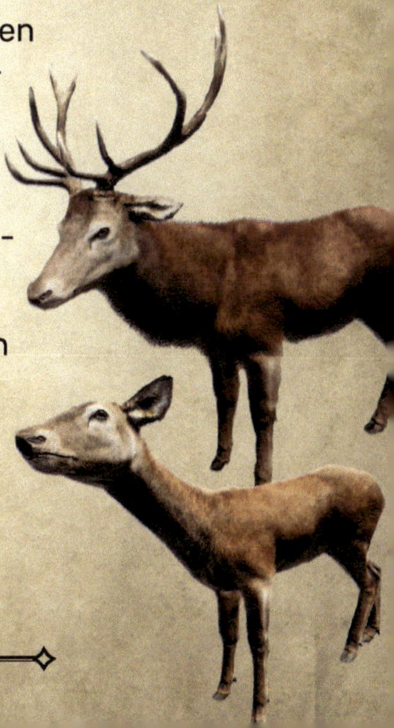

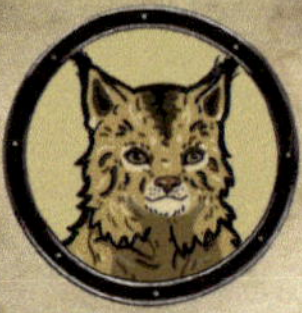

Luchs

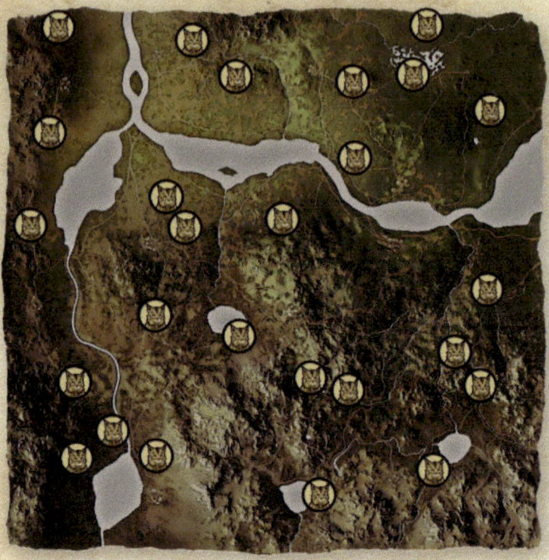

Verhalten:	passiv
Gefährlichkeit:	gering
Anzahl:	1 - 2
Beute nach dem Häuten:	
Fleisch	8
Pelz	2

Beschreibung:

Wie Dachs und Fuchs flüchtet der Luchs, sobald er dich bemerkt. Er greift dich nur an, wenn du ihm Schaden zufügst. Er ist ein leichter Gegner. Mit besserer Ausrüstung (Metallwaffen) erledigst du ihn sehr schnell.

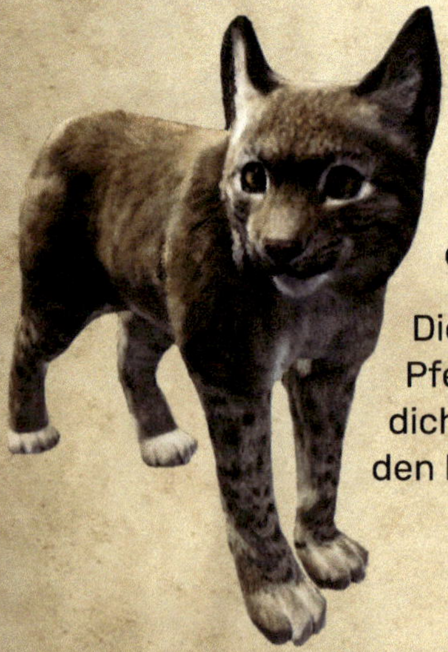

Für die Jagd auf Luchse schleiche dich am besten an. Benutze die *Alt* / LB / L1 -Taste, um ihren Aufenthaltsort zu sehen. Ein guter Bogen mit Metallpfeilen erledigt den Luchs mit nur einem einzigen Treffer.

Die andere Methode ist, ihn mit einem Pfeil zu verletzen und zu warten, bis er dich im Nahkampf angreift. Nun kannst du den Luchs aus der Nähe erlegen.

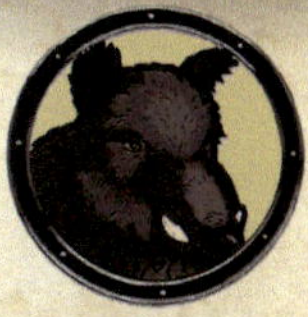

Wildschwein

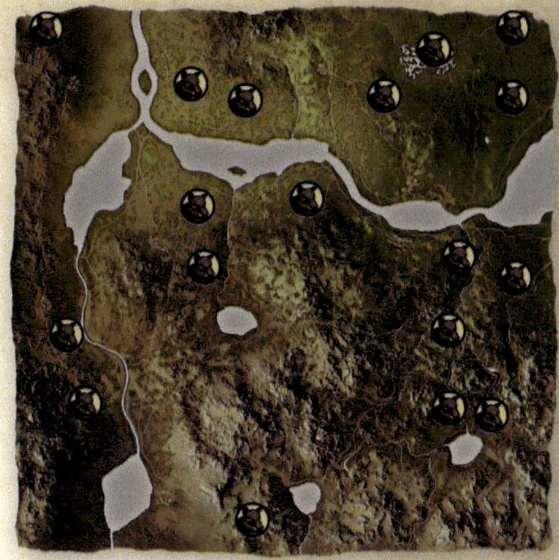

Verhalten:	aggressiv
Gefährlichkeit:	mittel
Anzahl:	2 - 3
Beute nach dem Häuten:	
Fleisch	21
Leder	5

Beschreibung:

Wildschweine sind im Spiel wie im richtigen Leben gefährliche Tiere. So mancher Adeliger musste im Mittelalter auf der Wildschweinjagd sein Leben lassen. Bist du zu nahe, greifen Wildschweine sofort an. Bemerken sie dich in größerer Entfernung, bleiben sie stehen und grunzen warnend in deine Richtung.

Dies ist der Zeitpunkt, sie mit einem gezielten Kopfschuss (oder Speerwurf) zu erledigen. Metallwaffen benötigen dafür nur einen Treffer.

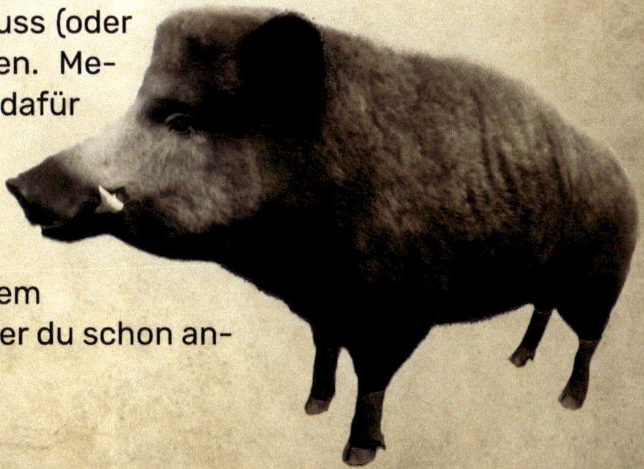

Im Nahkampf werden sie dir gefährlich, wenn du es mit mehr als einem Schwein zu tun hast oder du schon angeschlagen bist.

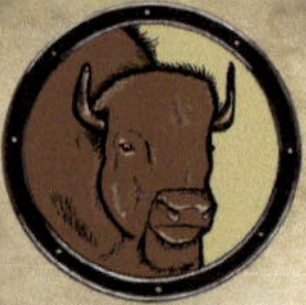

Wisent

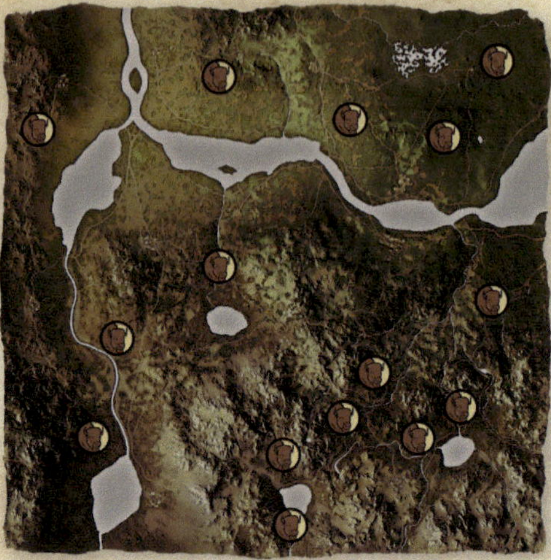

Verhalten:	aggressiv
Gefährlichkeit:	hoch
Anzahl:	2 - 4
Beute nach dem Häuten:	
Fleisch	70
Leder	30
Chance auf einen Schädel	

Beschreibung:

Der Wisent ist der europäische Bison und heutzutage fast ausgestorben (es gibt heute nach Züchtung wieder ca. 3.000 Wisente weltweit). Er ist im Spiel eines der gefährlichsten Tiere, da er schnell, stark und aggressiv ist. Du findest Wisente immer in Gruppen von meist drei Tieren. Willst du sie nicht jagen, dann umgehe sie besser weiträumig. Wenn sie dich attackieren, solltest du ihnen schnell Schaden zufügen, damit sie fliehen. Ein Weglaufen ist nur schwer möglich.

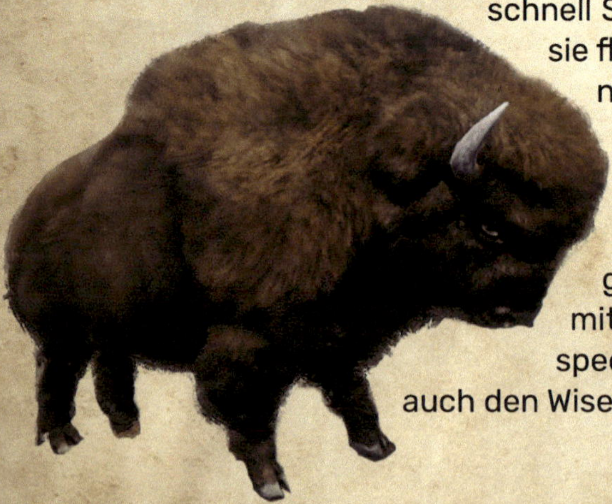

Kopftreffer sind beim Wisent sehr wichtig, da er viel Leben hat. Zwei gute Treffer auf den Kopf mit einem eisernen Wurfspeer erledigen allerdings auch den Wisent sehr schnell.

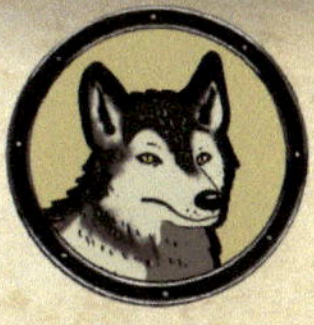

Wolf

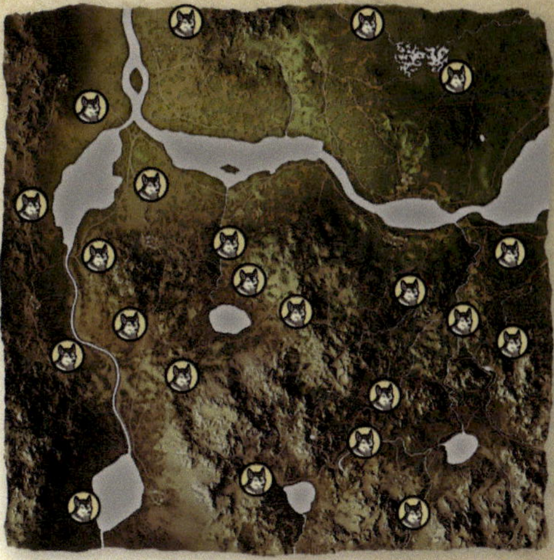

Verhalten:	aggressiv
Gefährlichkeit:	mittel
Anzahl:	2 - 4
Beute nach dem Häuten:	
Fleisch	10
Pelz	4

Beschreibung:

Der Wolf kommt im Spiel meist in Dreiergruppen vor. Bemerkt er ein Beutetier (z. B. Hase oder Hirsch), jagt er diesem nach. Bemerkst du einen Wolf rechtzeitig, kannst du ihm leicht entkommen oder ihn erlegen. Sieht er dich, bleibt er stehen, hebt seinen Kopf und heult als Warnung. In dieser Zeit kannst du weglaufen oder ihn mit einem gezielten Kopftreffer erledigen.

Kommst du ihm zu nahe, attackiert er sofort. In der Nähe befindliche Wölfe sind eine weitere Gefahr. Bist du im Nahkampf, solltest du einige Treffer auf seinem Kopf landen, um ihn zur Flucht zu zwingen. Bist du gut ausgerüstet (Metallspeer) und hast volles Leben, ist aber auch der Nahkampf mit dem Wolf kein Problem.

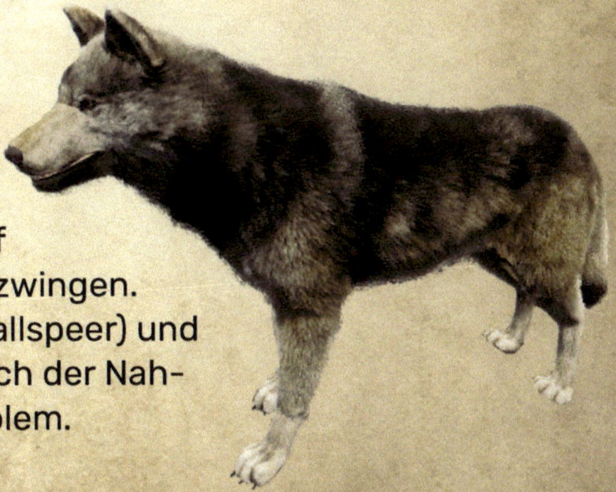

Vögel

Du kannst in der Welt von Medieval Dynasty fünf verschiedenen Vogelarten begegnen. Sie alle lassen sich jagen und belohnen dich mit unterschiedlicher Beute. Wir haben euch die genauen Daten hier tabellarisch aufgelistet:

Vogel	Beute
Seeadler	6 Fleisch, 30 Feder
Falke	5 Fleisch, 20 Feder
Ente	4 Fleisch, 10 Feder
Taube	2 Fleisch, 10 Feder
Krähe	2 Fleisch, 8 Feder

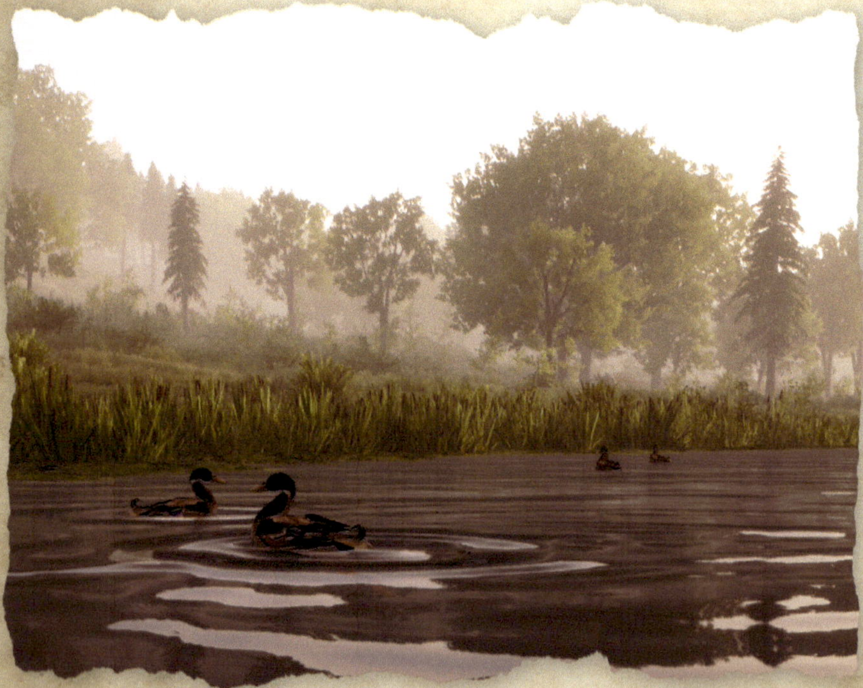

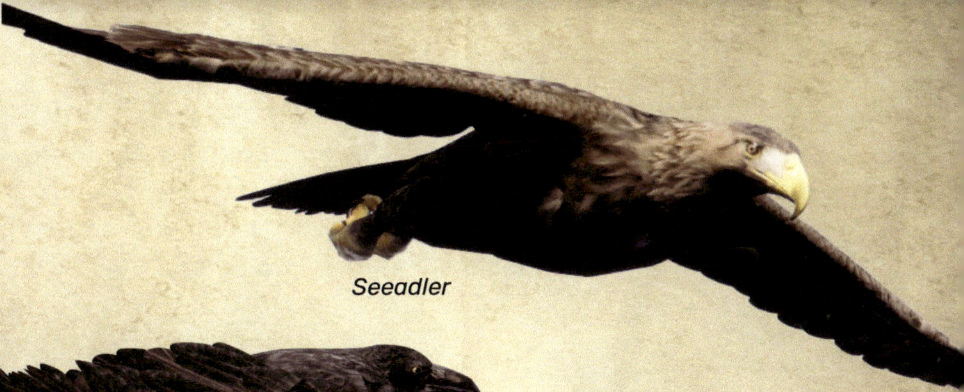

Seeadler

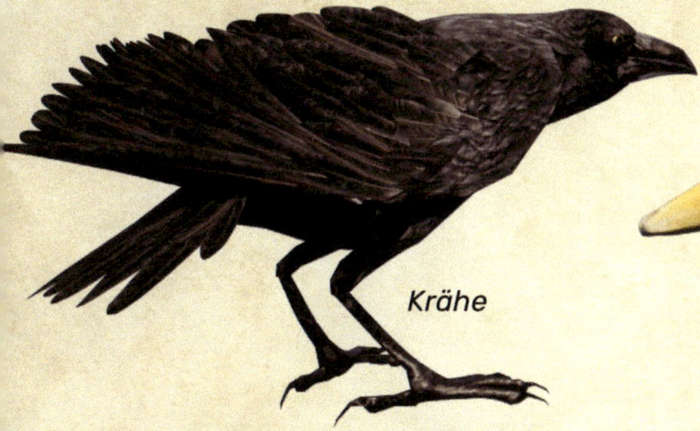

Krähe

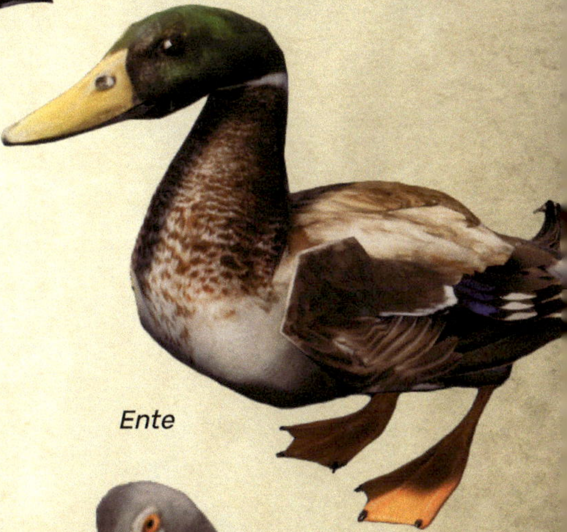

Ente

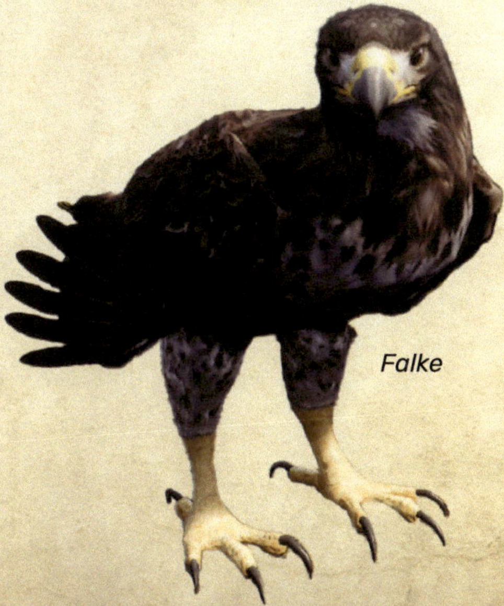

Falke

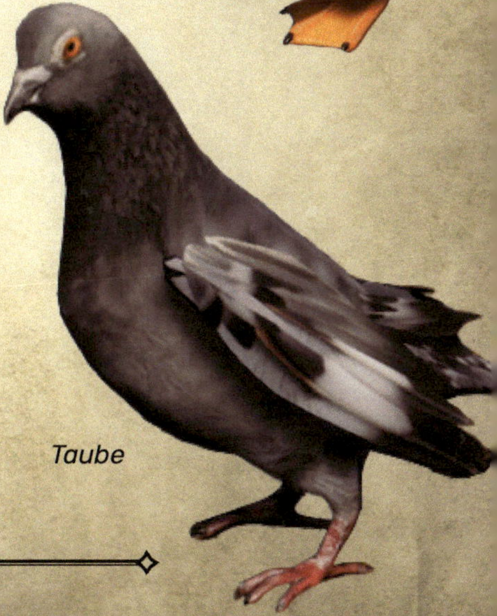

Taube

7.2 Fischen

Zum Fischen benötigst du eine Waffe, am besten einen ***Fischspeer***. Gehe in ein Gewässer und halte nach Fischen Ausschau. Auf der folgenden Karte siehst du, wo du überall Fische finden kannst. Werfe oder steche mit dem Fischspeer. Triffst du, dann hast du einen Fisch gefangen und in deinem Inventar. Geworfene Speere musst du jedoch samt Fisch erst wieder einsammeln! Du kannst auch alle anderen Waffen für die „Jagd" auf Fische verwenden.

Du selbst kannst drei verschiedene Fischarten fangen:

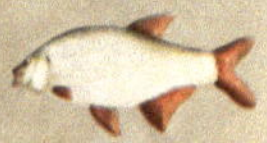	Rotauge	1 Fischfilet
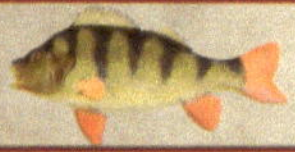	Barsch	4 Fischfilet
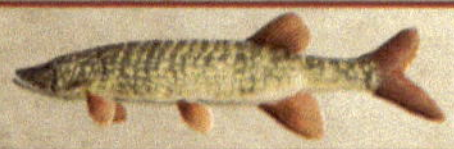	Hecht	7 Fischfilet

Du kannst die Fische über dem Feuer braten oder an der Werkbank der Fischerhütte zu Fischfilets zerlegen, was effektiver ist. Beim Fischer Bytomir in Jezerica oder bei den Fischern in Ostoya kannst du dir im Gespräch die Fundorte der drei Fischarten auf deiner Karte eintragen lassen.

Angestellte Fischer

Ein Fischer erlegt bei seiner Fischerei eigens für ihn gespawnte Fische. Etwaige vorhandene Fische werden nicht entfernt. In der Fischerhütte kann man, abgesehen von dem Filetieren, auch Fleisch (nur der Spieler selbst) und Fisch salzen oder trocknen.

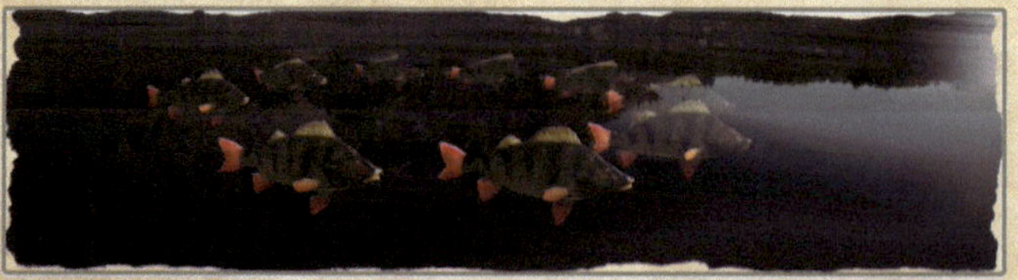

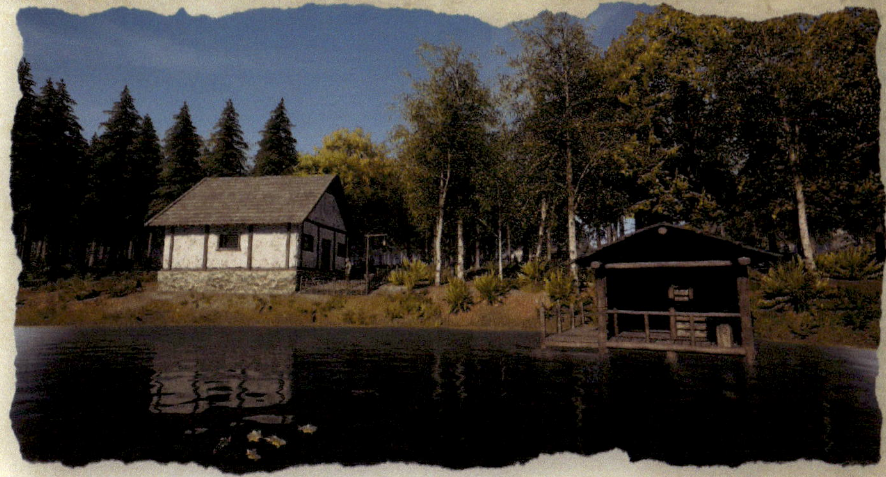

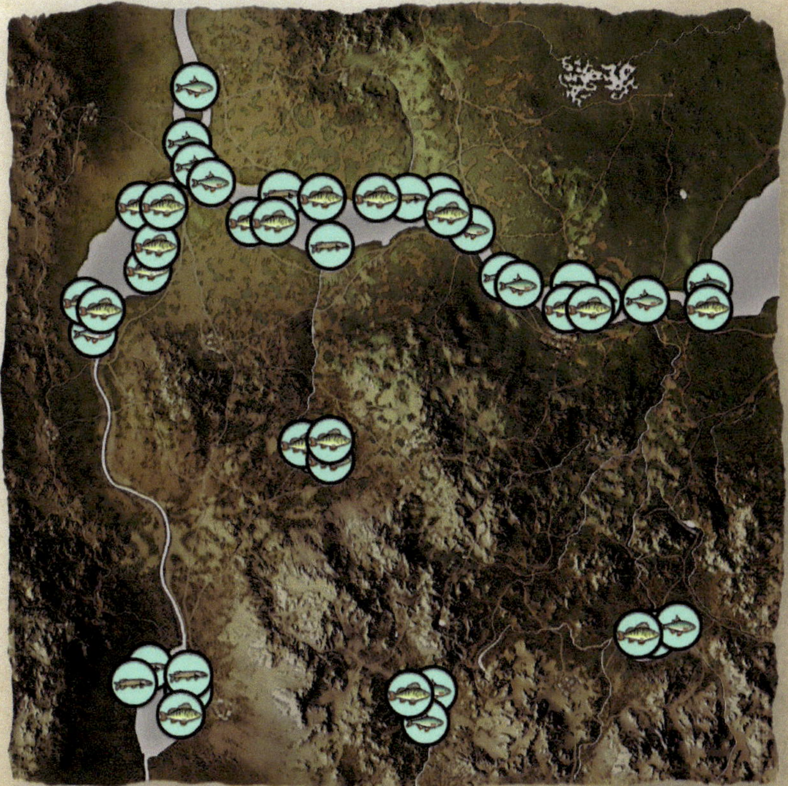

Fischernetze

Wie bei der Jagd nach Wildtieren an Land kannst du auch im Wasser Fallen für Fische aufstellen - die Fischernetze.

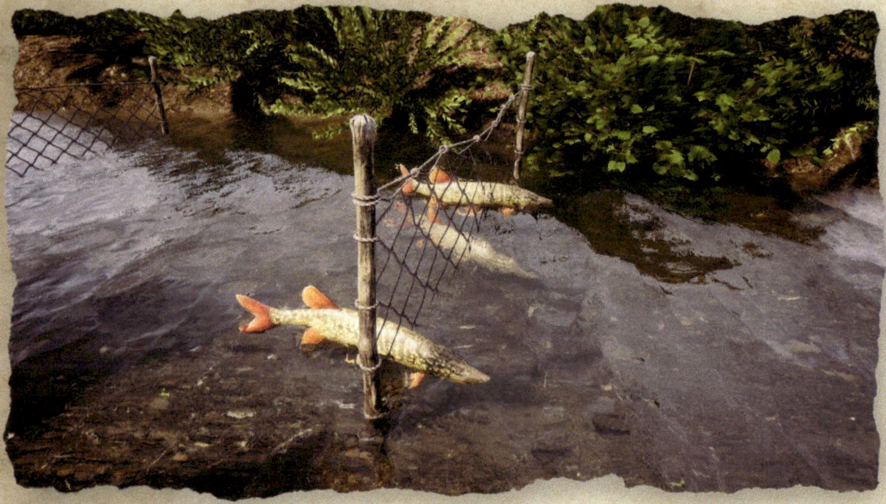

Es gibt sie in den Varianten klein, mittel und groß:

Größe	Gefangene Fische	Baukosten	Schemakosten
klein	3 - 4 Rotaugen	2 Stöcke 6 Leinengarn	250
mittel	2 - 3 Barsche	2 Stöcke 9 Leinengarn	750
groß	2 - 3 Hechte	2 Stöcke 12 Leinengarn	1500

Du kannst jeweils ein Fischernetz einer Größe herstellen. Sie müssen im Wasser gebaut werden, egal ob See, Teich, Fluss oder Bach.

Mit der Fertigkeit ***Fallenmeister*** im Fertigkeitsbaum ***Jagen*** erhöht sich auch die Anzahl der Fischernetze, die du bauen kannst!

Du kannst je neuer Stufe Fallenmeister insgesamt zwei, vier oder sechs Netze eines Typs bauen!

Wenn du an einem Gewässer sechs Netze jeder Größe aufstellst, dann erhältst du bis zu 59 Fische, was etwa 600 Fischfilets entspricht.

Du kannst jedes Netz dreimal verwenden, danach ist es zerstört und du musst ein neues bauen!

Fischerei oder Jagd?

Wenn wir Fischerhütte I und Jagdhütte I vergleichen, produziert ein einzelner Fischer etwas mehr Nahrung. Wenn wir jedoch Jagdhütte II und Fischerhütte II vergleichen, produziert ein einzelner Jäger zwar viel mehr Nahrung, aber nur, wenn wir rohes Fleisch betrachten. Nach dem Braten wird Fischfleisch nahrhafter, so dass es im Endspiel effizienter ist, die Bewohner mit gebackenem Fischfleisch zu füttern als mit gebackenem Wildbret. Vieles hängt davon ab, wie deine Dorfwirtschaft aufgebaut ist, denn am Ende des Spiels kann es profitabler sein, Jäger mit der Beschaffung von Leder und Fellen zu beauftragen.

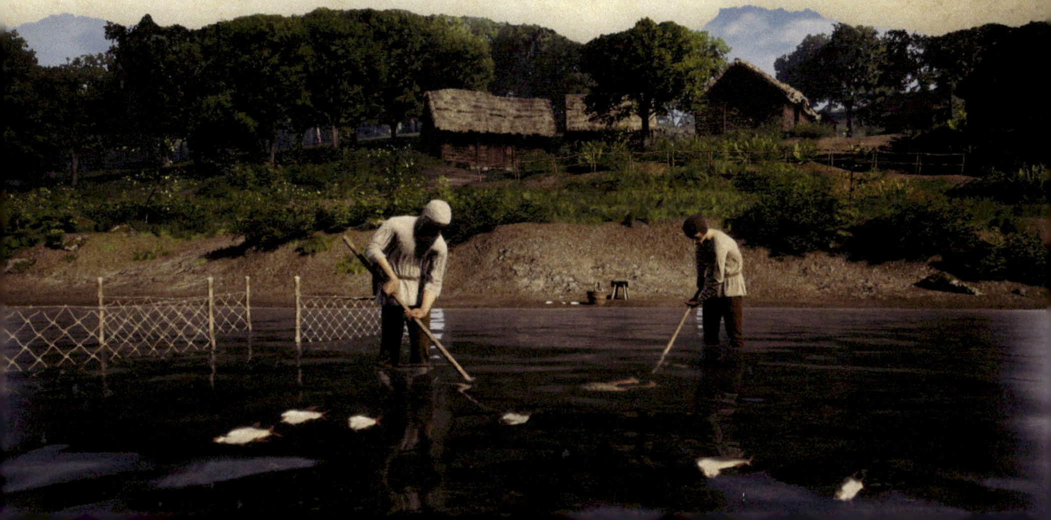

7.3 Pilze, Kräuter & Tinkturen

Suchen & Sammeln

Das Sammeln von Pilzen, Beeren und Kräutern solltest du inzwischen können. Die Fertigkeit ***Überlebenssinn*** in Stufe 2 des Fertigkeitenbaumes ***Überleben*** ermöglicht es dir, im Prüfmodus (***Alt*** / LB / L1 -Taste gedrückt halten) Pilze, Beeren und Kräuter noch viel deutlicher zu erkennen.

Pilze, Beeren und Kräuter findest du fast überall, deswegen sind Ortsangaben überflüssig. Mit ein wenig Wandern wirst du zur passenden Jahreszeit alles finden, was du benötigst!

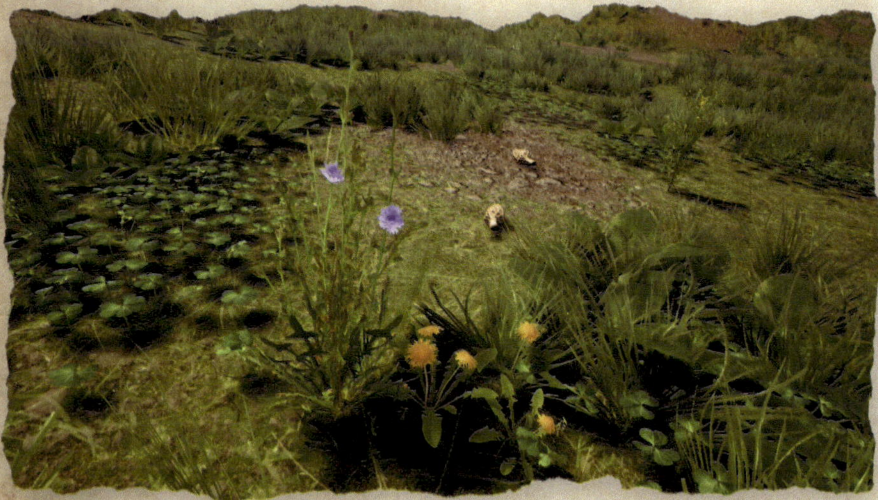

Du kannst viele der Kräuter sofort essen, doch ihre Wirkung (Nahrung oder Heilung) ist eher gering. In der Kräuterkundlerhütte kannst du aus ihnen jedoch viel wirksamere Tränke brauen.

Achtung, Pilze und einige Beeren sind im Verzehr giftig (siehe Tabelle rechts) und fügen dir eine Vergiftung zu!

In dieser Liste siehst du, welche Pflanzen in welcher Jahreszeit zu finden sind:

Name	Frühling	Sommer	Herbst	Winter
unreife Beeren (giftig 20%)	X	-	-	-
reife Beeren	-	X	-	-
Johanniskraut	X	X	X	-
Breitwegerich	X	X	X	-
Gänseblümchen	X	X	-	-
Löwenzahn	X	X	-	-
Wegwarte	X	X	X	-
Distel	-	X	-	-
Bilsenkraut (giftig 0,5%)	-	X	-	-
Tollkirsche (giftig 50%)	-	X	-	-
Pilz: Speisemorchel (giftig 0,5%)	X	-	-	-
Pilz: Edelreizker (giftig 2%)	-	-	X	-
Pilz: Birken-Milchling (giftig 50%)	-	-	X	-
Pilz: Steinpilz (giftig 0,5%)	-	-	X	-
Pilz: Gallenröhrling (giftig 50%)	-	-	X	-
Pilz: Riesenschirmling (giftig 0,5%)	-	-	X	-
Pilz: Fliegenpilz (giftig 100%)	-	-	X	-

Tränke Herstellen

In der ***Kräuterhütte*** kannst du viele verschiedene Tränke herstellen oder herstellen lassen, von Heiltränken über den Nachtsichtrank bis zu einem Elixier, das deine Fertigkeitspunkte für eine Neuverteilung zurücksetzt.

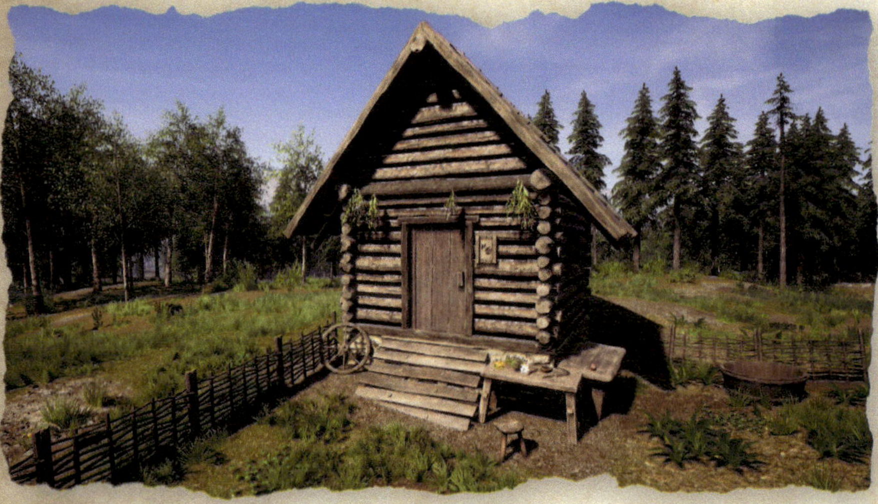

Dorfbewohner als Arbeiter in der Hütte

Ein Arbeiter in der Kräuterhütte kann sowohl Zutaten sammeln als auch Tränke produzieren. Dies stellst du, wie bei allen Arbeitern, im ***Verwaltungsbildschirm*** (Taste ***N*** / ◎ / Cr) unter ***Gebäude*** ein. Öffne im linken Bildschirm die Hütte und wähle im rechten Bildschirm ***Warenherstellung*** und ***Zuweisung bearbeiten*** aus. Dort kannst du einstellen, was und wie viel der Arbeiter produzieren soll.

Im ***Winter*** wachsen keine Kräuter, weshalb es ein besonders guter Zeitpunkt ist, um den Kräuterkundler ***Tränke*** oder ***vergiftete Pfeile*** und ***Bolzen*** herstellen zu lassen.

Trankherstellung

Für die Herstellung eines Tranks musst du zuerst einmal das entsprechende Schema gekauft und damit gelernt haben! Die Schemata findest du in ***Überlebenstechnik*** bei der Kräuterhütte I und II.

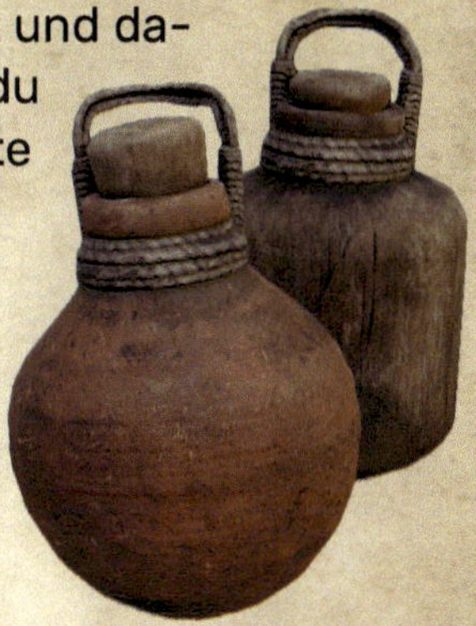

Für einen Trank benötigst du immer:

- ein Ton- oder Holzfläschchen,
- Kräuter oder Pilze und
- einen Eimer mit Wasser.

Holz- und Tonfläschchen kannst du in der ***Werkstatt*** herstellen, sobald du die Schemata gelernt hast. Du kannst sie auch im ***Tal*** bei ***Falibor*** in ***Borowo*** kaufen und am Marktplatz in ***Piastovia*** im ***Oxbow***.

Den Eimer mit Wasser bekommst du vom Brunnen, kannst ihn selbst an Flüssen oder Seen füllen oder bei Händlern kaufen (z. B. im ***Tal*** beim ***Rinderzüchter*** in ***Gostovia***).

Manche Tränke benötigen zusätzlich ***Hopfen***, ***Mohnsamen*** oder ***Met*** als Zutat.

Tipps zu den Tränken:

- Man sollte immer ein bis zwei Heiltränke mit sich führen.
- Der Nachtsichttrank hilft dir nur, in Höhlen besser zu sehen, wenn du zusätzlich eine Fackel benutzt. Absolute Dunkelheit kann der Trank nicht aufheben, du benötigst immer etwas Licht (Sternenlicht, Fackel, ...). (Stell dir den Trank als Restlichtverstärker vor!)
- Der Gewichtstrank hilft dir kurzzeitig, mehr tragen zu können. Für weite Strecken musst du mehr Tränke mitnehmen!

Auflistung aller Tränke

In dieser Liste findest du alle Tränke, die du an der Werkbank in der Kräuterhütte herstellen kannst. Schema & Wert gibt an, wie viele Münzen das Schema kostet und wie viel der Trank wert ist.

	Name	Wirkung	Zutaten	Schema & Wert
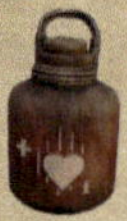	Trank des schnellen Heilens I	+35 Gesundheit sofort	Holzfläschchen 1x Breitwegerich x Löwenzahn 2x Eimer mit Wasser 1/10x	250 5
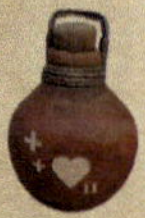	Trank des schnellen Heilens II	+85 Gesundheit sofort -10% Ausdauerverbrauch für 240 Sek.	Tonfläschen 1x Breitwegerich 4x Löwenzahn 4x Eimer mit Wasser 1/10x	550 13
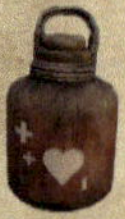	Heiltrank I	+1,5/s für 120 Sek. Gesundheit (= 180 Gesundheit)	Holzfläschchen 1x Breitwegerich 5x Löwenzahn 5x Eimer mit Wasser 1/10x	250 14
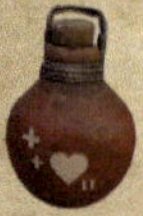	Heiltrank II	+2/s für 90 Sek. Gesundheit (= 180 Gesundheit)	Tonfläschen 1x Breitwegerich 10x Löwenzahn 10x Eimer mit Wasser 1/10x	550 29
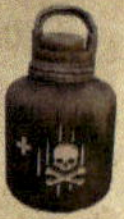	Gegengift	-20 % Vergiftung	Holzfläschchen 1x Johanniskraut 2x Distel 3x Wegwarte 3x Eimer mit Wasser 1/10x	250 10

	Name	Wirkung	Zutaten	Schema & Wert
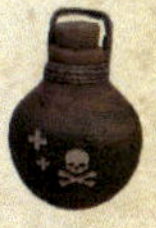	Entgiftungs-trank	-2 %/s für 60 Sek. Vergiftung (= -120 Vergiftung)	Tonfläschen 1x Johanniskraut 2x Löwenzahn 4x Bilsenkraut 4x Eimer mit Wasser 1/10x	550 12
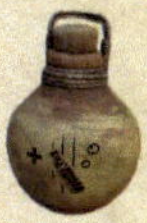	Ausnüchte-rungstrank	-100 % Alkohol	Tonfläschen 1x Gänseblümchen 2x Distel 2x Eimer mit Wasser 1/10x	550 8
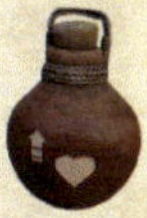	Gesundheits-trank	+50 mehr Gesund-heit für 480 Sek.	Tonfläschen 1x Breitwegerich 5x Löwenzahn 5x Gänseblümchen 5x Mohnsamen 2x Eimer mit Wasser 1/10x	250 34
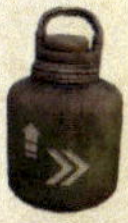	Ausdauertrank	50 % geringerer Aus-dauerverbrauch für 480 Sek.	Holzfläschchen 1x Wegwarte 5x Löwenzahn 5x Eimer mit Wasser 1/10x	250 12
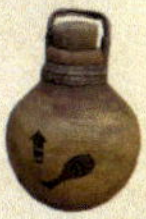	Sattmachertrank	50 % geringerer Le-bensmittelverbrauch für 600 Sek.	Tonfläschen 1x Wegwarte 5x Hopfen 1x Eimer mit Wasser 1/10x	550 12
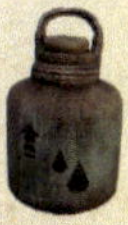	Trinktrank	50 % geringerer Wasserverbrauch für 600 Sek.	Holzfläschchen 1x Gänseblümchen 4x Hopfen 1x Eimer mit Wasser 1/10x	250 11
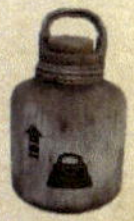	Gewichtstrank	+20 kg Gewichts-beschränkung für 600 Sek.	Holzfläschchen 1x Mohnsamen 5x Bilsenkraut 5x Eimer mit Wasser 1/10x	250 37

Name	Wirkung	Zutaten	Schema & Wert
Temperatur-Trank	+4 Temperaturtoleranz für 600 Sek.	Holzfläschchen 1x Hopfen 5x Eimer mit Wasser 1/10x	250 33
Stärketrank	+50 % mehr Schaden für 480 Sek.	Holzfläschchen 1x Bilsenkraut 5x Eimer mit Wasser 1/10x	250 8
Nachtsichttrank	Nachtsicht für 600 Sek.	Tonfläschen 1x Tollkirsche 10x Bilsenkraut 5x Eimer mit Wasser 1/10x	550 24
Gift	100 % Vergiftung Zutat für Giftpfeile & Giftbolzen	Holzfläschchen 1x Tollkirsche 5x Eimer mit Wasser 1/10x	250 8
Tarntrank	Besseres Schleichen für 480 Sek.	Tonfläschen 1x Steinpilz 3x Riesenschirmling 3x Edelreizker 3x Speisemorchel 3x Eimer mit Wasser 1/10x	550 13
Trank der unbegrenzten Möglichkeiten	+100 % Alkohol setzt alle Fertigkeiten zur Neuverteilung zurück	Tonfläschen 1x Gallenröhrling 5x Fliegenpilz 5x Birken-Milchling 5x Met 1x	550 390

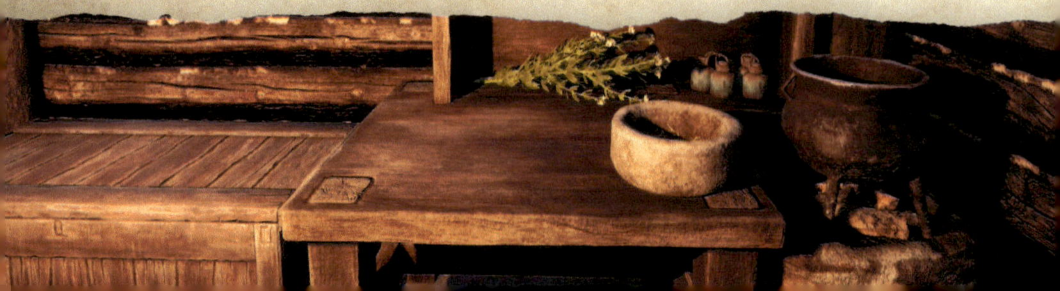

Vergiftete Pfeile und Bolzen

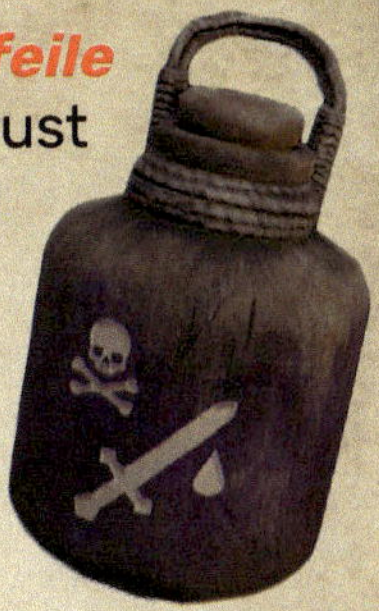

Zusätzlich kannst du an der Werkbank ***vergiftete Pfeile*** für den Bogen und ***vergiftete Bolzen*** für die Armbrust herstellen. Bei einem Treffer können diese das Ziel vergiften und fügen mit der Zeit zusätzlichen Schaden zu!

Du benötigst dafür jeweils zehn Pfeile oder Bolzen eines Typs (z. B. zehn Kupferpfeile) und eine Flasche Gift. Je hochwertiger der Pfeil/Bolzen ist, desto größer ist auch die Vergiftung.

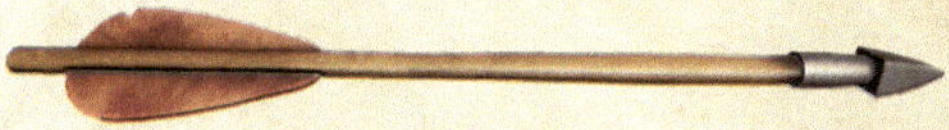

Nutzen von vergifteten Geschossen:

- Mit einem vergifteten Pfeil oder Bolzen kannst du sicherstellen, dass du dein Ziel auch erlegst, selbst wenn es flieht.
- Du kannst gefährliche Tiere wie Bären oder Wisente mit ein bis zwei vergifteten Pfeilen aus sicherer Distanz treffen und dann noch fliehen, ehe sie dich erreichen. Hast du gut getroffen, sterben die Tiere, während sie dich verfolgen!
- Die gleichen Taktiken funktionieren auch sehr gut bei Gesetzlosen, die dich noch nicht bemerkt haben.

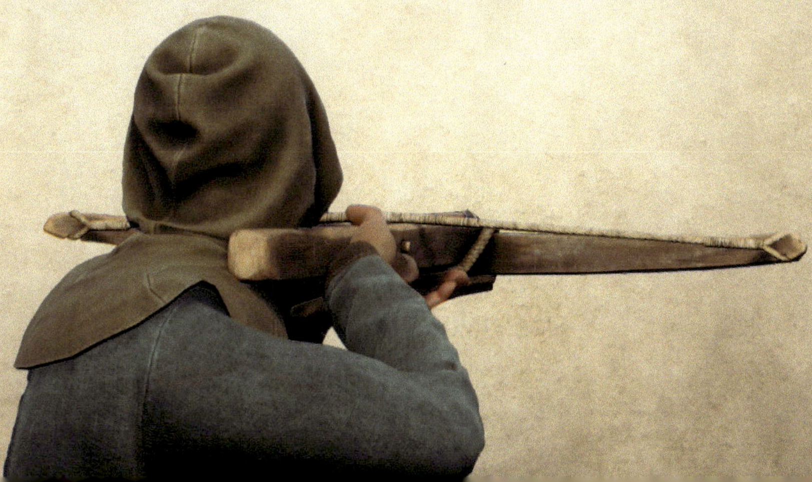

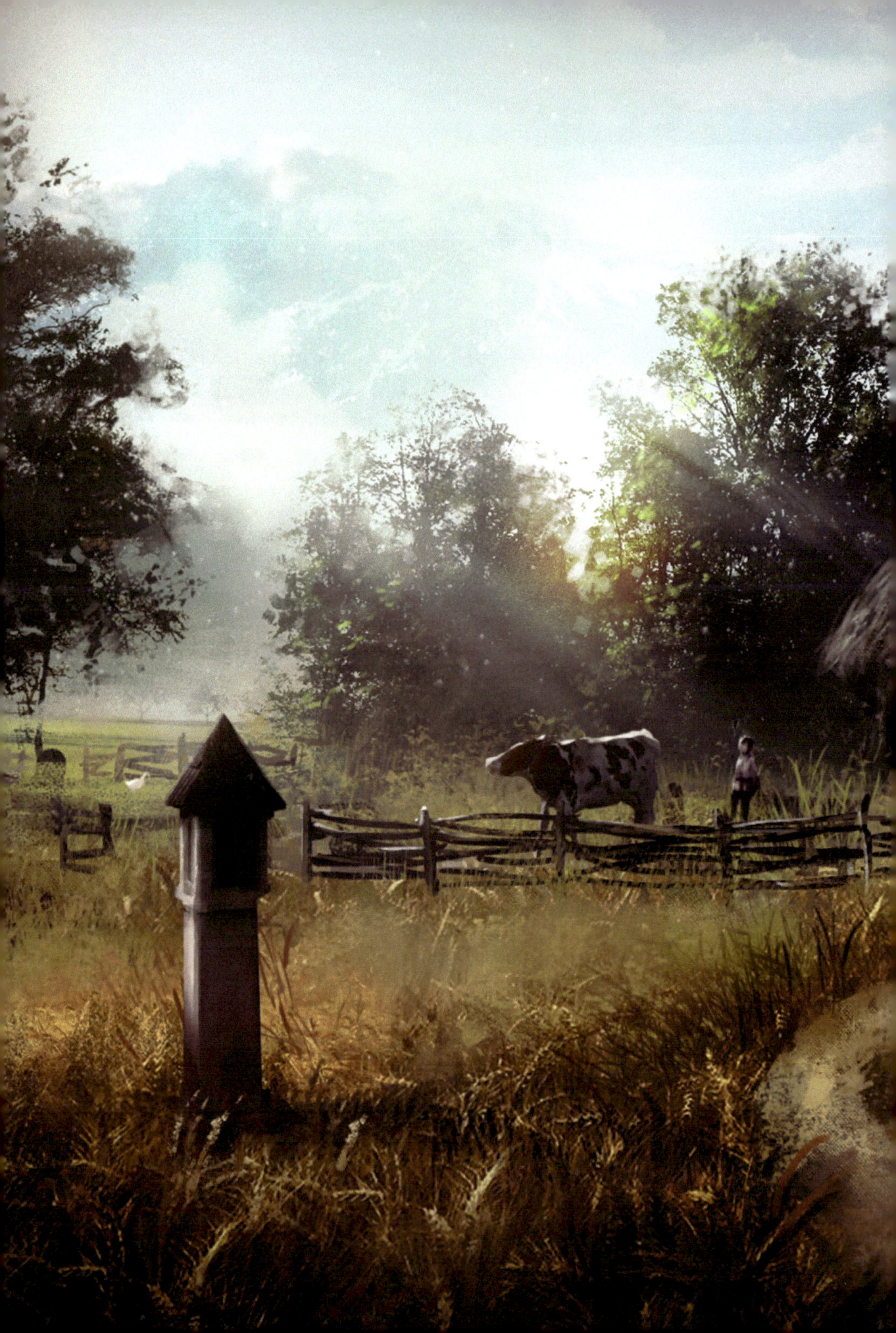

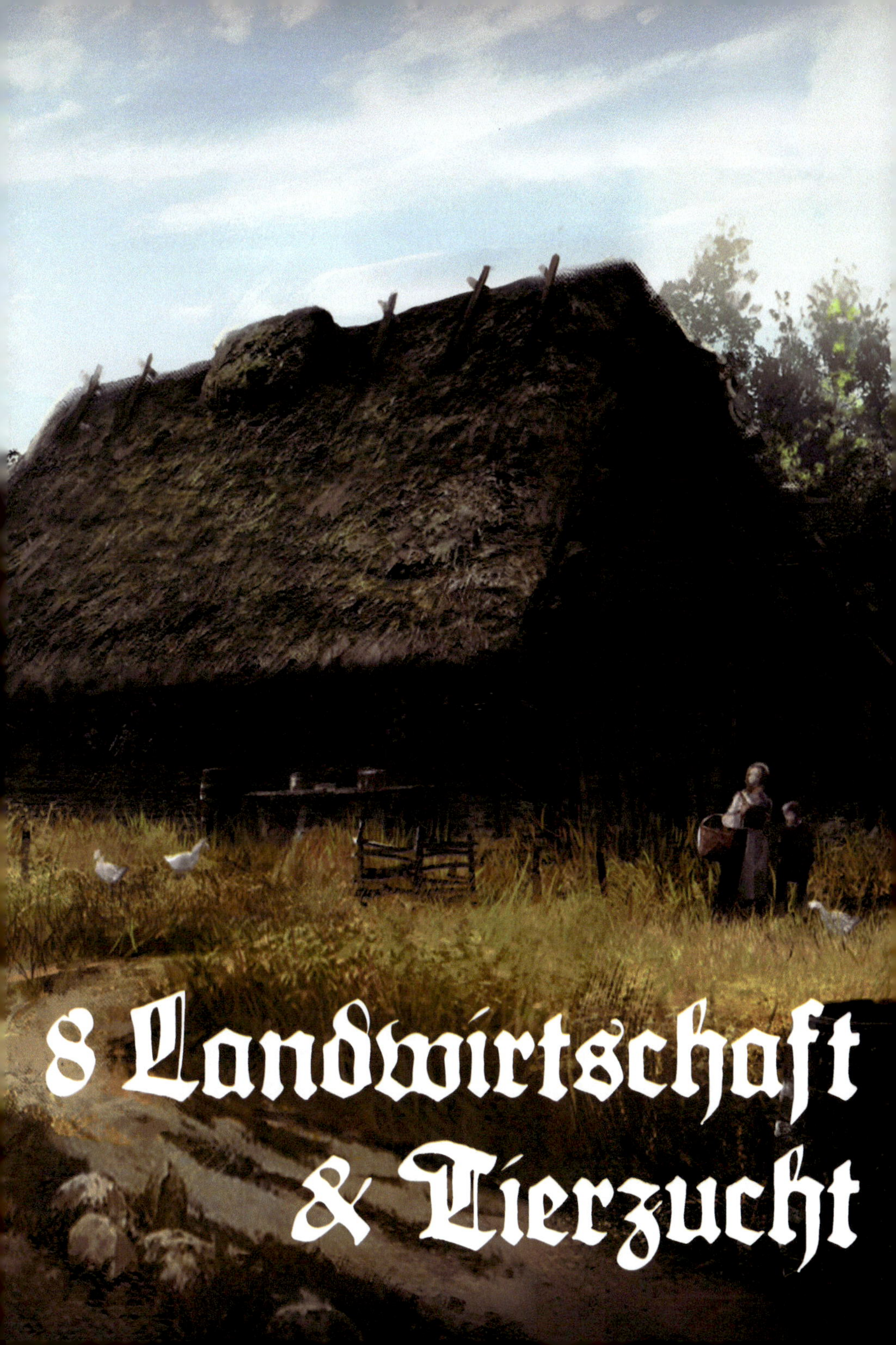

8 Landwirtschaft & Tierzucht

Es freut mich zu hören, dass du zumindest darüber nachdenkst, hier bei uns zu bleiben. Es ist kein einfaches Leben, aber mit Fleiß, Mut und zwei tüchtigen Händen kann man sich hier viel aufbauen – sieh nur mich an! Als ich über den Hügel dort hinten taumelte, besaß ich nicht viel mehr als die Kleider an meinem Leibe, etwas Proviant und einige wenige Münzen. Heute hingegen besitzen meine Söhne, Enkel und Neffen fast jedes dritte Haus hier.

Wie ich das geschafft habe? Nun, der ehrlichste und zuverlässigste Pfad zum Wohlstand führt immer noch über Feld und Wiese, Acker und Gemüsegarten. Handwerk mag goldenen Boden haben – aber es ist die Landwirtschaft, die ganze Dynastien begründet!

Wer sein eigenes Getreide erntet, kann Brot backen, ohne Mehl zu kaufen. Wer seine eigenen Rüben zieht, wird im Winter nicht verhungern. Wer reichlich Vieh im Stall stehen hat, wird geachtet und um Rat gefragt. Du siehst, worauf ich hinaus will. Eine Schar Hühner ist schon ein guter Anfang, die Eier ein feiner Zuverdienst und eine noch viel feinere Zutat für so manche gute Speis. Wer Schafe und Lämmer besitzt, kann mit der Wolle gute Münze machen, und Schweine …

… ha, Schweine! Hast du die Geschichte vom alten Pjotr gehört? Nein? Er lebt in dem kleinen Seitental im Südosten, ganz alleine auf einem Gehöft, das er selbst aufgebaut hat. Also, nicht ganz alleine. Es muss vor vier oder fünf Wintern gewesen sein, sein Sohn nach Prag gezogen und dort reich verheiratet, die Töchter schon lange aus dem Haus, er selbst seit Jahren verwitwet. Die Ernte war eingebracht, der Erdkeller voller Rüben und im Stall *stand seine letzte Sau – auf das Frühjahr wartend, um gedeckt zu werden und einen neuen Wurf Ferkel zu gebären. Der arme Pjotr war dabei, das Dach zu flicken, als er unglücklich stürzte, sich das Bein mehrfach brach – ha, kein schöner Anblick!*

Er kam nicht vom Fleck, schaffte es gerade noch, sich ins Haus zu schleppen – aber es war niemand da, der ihm helfen konnte, und seine Schreie um Hilfe verhallten ungehört, bis er heiser wurde.

Die Sau aber, am nächsten Tag unruhig, weil sie nicht gefüttert wurde, brach aus – und machte sich auf den Weg zum Erdkeller. Dort fraß sie sich erst mal mit Rüben satt, ehe sie neugierig wurde und ins Haus trottete, wo Pjotr lag, dem Tode schon näher als dem Leben. Und die Sau …

… Nein, sie fraß ihn nicht, obwohl ich genau das erwartet hätte! Stattdessen packte sie ihren Herren mit der Schnauze an den Stiefeln, schleifte ihn den ganzen Weg zur nächsten Siedlung. Pjotrs Gewand war zerfetzt, sein Rücken übelst zerschunden – aber er hat überlebt, mit einem steifen Bein zwar, aber am Leben. Ist er immer noch, auch wenn er inzwischen einen der jungen Burschen im Dorf bezahlt, um schwierige Arbeit und lange Wege zu erledigen.

Was meinst du? Ah, die Sau? Ja, die lebt immer noch, aber nicht mehr im Stall, oh nein! Sie teilt das Haus mit Pjotr, ist mehr Hund als Schwein, schläft neben seinem Bett am Boden. Vielleicht auch manchmal darinnen, wer weiß. Aber eines ist gewiss – der alte Pjotr hat seit jenem Tag keinen Bissen Schweinefleisch mehr gegessen.

8 Landwirtschaft & Tierzucht

8.1 Felder bewirtschaften

Die Landwirtschaft versorgt dich zuverlässig mit Nahrung und Rohstoffen (Stroh und Flachshalme), allerdings ist dafür auch etwas Aufwand nötig:

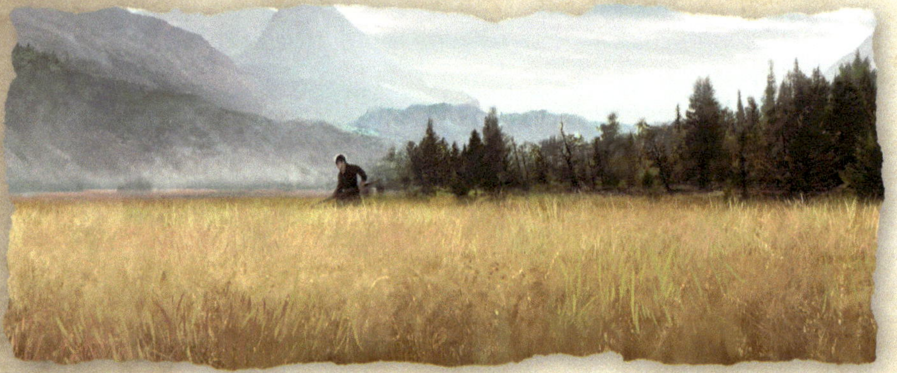

Du selbst kannst von Beginn des Spiels an Felder erstellen und bewirtschaften. Eine Scheune ist dafür nicht unbedingt notwendig.

Soll ein Dorfbewohner die Feldarbeit für dich übernehmen, so musst du zuerst einen ***Feldschuppen*** errichten und ihn dort als ***Landwirt*** einstellen.

Aussaat und Ernte sind nur zu bestimmten Jahreszeiten möglich, abhängig von der jeweiligen Pflanze. Es ist nicht möglich, eine Pflanze in der falschen Jahreszeit anzubauen.

Geerntetes Gemüse kann sofort von dir verwendet werden (z. B. essen oder kochen). Getreide musst du zuerst dreschen, um die Körner und Stroh zu erhalten. Dies kannst du wiederum nur an den ***Craftingstationen*** in einer ***Scheune*** erledigen! Dort kannst du die Körner auch zu Mehl weiterverarbeiten.

Benötigte Ressourcen & Werkzeuge

Folgendes benötigst du, um ein Feld erfolgreich selbst bestellen zu können:

Hacke	Zum Pflügen des Feldes nach dem Anlegen und nach dem Düngen.
einfaches Säckchen	Für das Ausbringen von Dünger und Samen auf das Feld.
Säckchen	Die haltbarere Alternative zum einfachen Säckchen.
Dünger	Vor dem Säen musst du Dünger auf dem Feld ausbringen und ihn mit der Hacke einackern.
Samen	Samen der jeweiligen Feldfrucht. Zum Anpflanzen mit einem Beutel oder Säckchen aussäen.
Setzling	Ein junges Bäumchen für deine Plantage.
Sichel	Zum Ernten von Getreide.
Sense	Die größere und effektivere Alternative zur Sichel.

Landwirte, die in einem Feldschuppen arbeiten, benötigen diese Sachen im ***Materiallager*** oder in der ***Truhe*** des Feldschuppens, um erfolgreich Landwirtschaften zu können!

Samen musst du das erste Mal kaufen, stehlen oder evtl. als Belohnung durch Quests bekommen. Samen erhältst du bei der Ernte dann genug für eine neue Aussaat.

Dünger kannst du an der ***Werkbank*** der ***Scheune*** aus verdorbenen Lebensmittel (***Verdorbenes***) oder aus dem ***Dung*** von Tieren (Tierzucht) selbst herstellen.

Felder bestellen

Um ein Feld zu bewirtschaften, gehst du wie folgt vor (Voraussetzung: Die benötigten Ressourcen hast du bereits im Inventar und die Werkzeuge sind bereit zum Verwenden):

» Öffne das Baumenü (Taste **Q** / RB / R1) und wähle Gebäude - Landwirtschaft - Feld.

» Du siehst einen grünen Pfosten. Platziere den ersten Pfosten mit einem **Linksklick** / A / ✕. Dies ist der erste Eckpunkt deines Feldes. Bewege dich nun diagonal in die Richtung, in die du das Feld erstellen möchtest. Du siehst, wie sich mehrere Parzellen bilden. Die Anzahl der Parzellen siehst du unten in der Bildschirmmitte (z. B. 4x5 bedeutet 4 Parzellen lang, 5 Parzellen breit = 20 Parzellen insgesamt in diesem Feld).

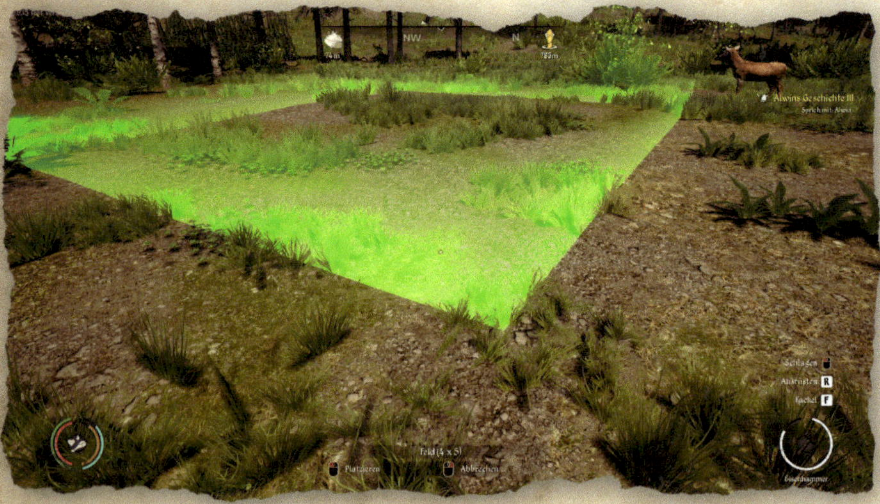

» Wird der Bereich rot dargestellt, behindert dort etwas das Bauen (z. B. ein Baum, ein Weg oder zu unebenes Gelände).

» Anschließend musst du jede Parzelle mit der **Hacke** roden. Dies muss nur einmal beim ersten Erstellen des Felds gemacht werden.

» Benutze das ***Säckchen*** und wähle mit der ***rechten Maustaste*** / LT / L2 den ***Dünger*** aus. Mit der ***linken Maustaste*** / RT / R2 verteilst du den Dünger auf die gerodeten (oder später abgeernteten) Parzellen.

» Die gedüngten Parzellen musst du dann erneut mit der ***Hacke*** umpflügen.

» Nun benutzt du wieder das ***Säckchen*** und wählst mit der ***rechten Maustaste*** / LT / L2 den gewünschten ***Samen*** aus. Mit der ***linken Maustaste*** / RT / R2 verteilst du den Samen auf dem gepflügten Feld.

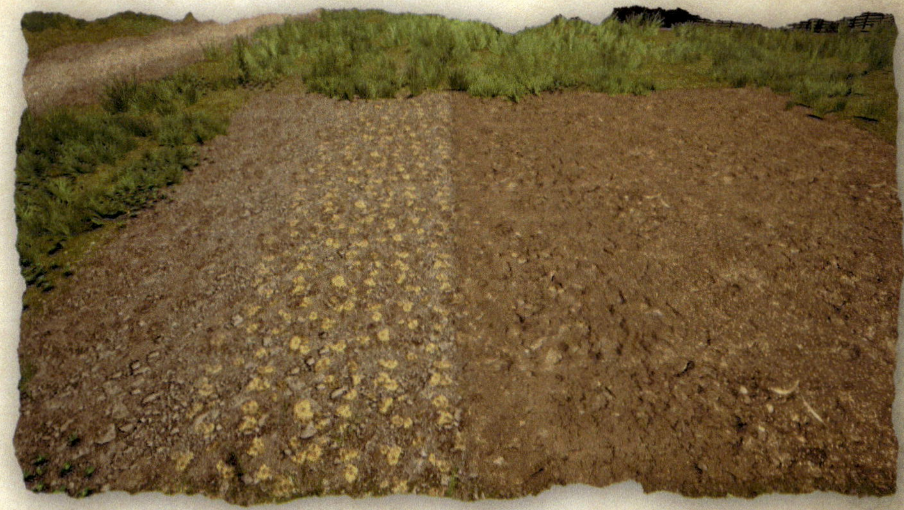

Von links nach rechts: gerodet, gedüngt, gepflügt, ausgesät.

» Nun musst du nur noch bis zur Erntesaison warten.

» Reifes Gemüse (wie Kohl oder Zwiebeln) erntest du mit der leeren Hand. Für Getreide benutzt du eine Sichel oder eine Sense.

» Danach musst du das Feld erneut düngen und mit der Hacke pflügen und dann kannst du wieder neuen Samen anpflanzen.

Arbeiter in der Landwirtschaft

Es gibt zwei Arten von Gebäuden mit zugehörigen Arbeitern, die unterschiedlichen Aufgaben erfüllen:

Feldschuppen und Landwirte: Sie bewirtschaften deine Felder. Sie roden, düngen, ackern, sähen und ernten. Sie ernten auch Plantagen ab.

Scheune und Scheunenknechte: Sie stellen in der Scheune Produkte aus den geernteten Feldfrüchten her: Sie dreschen Getreide zu ***Körnern*** und ***Stroh***, mahlen Körner zu ***Mehl*** und stellen ***Dünger*** oder ***Tierfutter*** her.

In der ***Gebäudeansicht*** des ***Verwaltungsbildschirms*** kannst du im jeweiligen Gebäude Arbeiter zuweisen und in der ***Warenherstellungsansicht*** kannst du festlegen, welche Produkte die Scheunenarbeiter herstellen sollen.

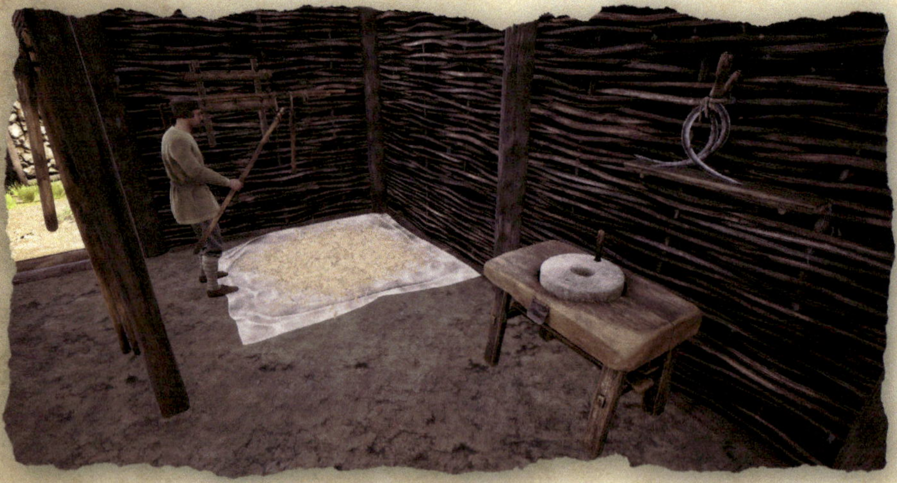

Auf der folgenden Seite siehst du die Stadien der Landwirtschaft: Aussaat, Wachstum und Ernte. Im Frühjahr wurde Weizen gesät, im Sommer wächst dieser schön grün, im Herbst ist er zur Ernte bereit:

Feldmanagement

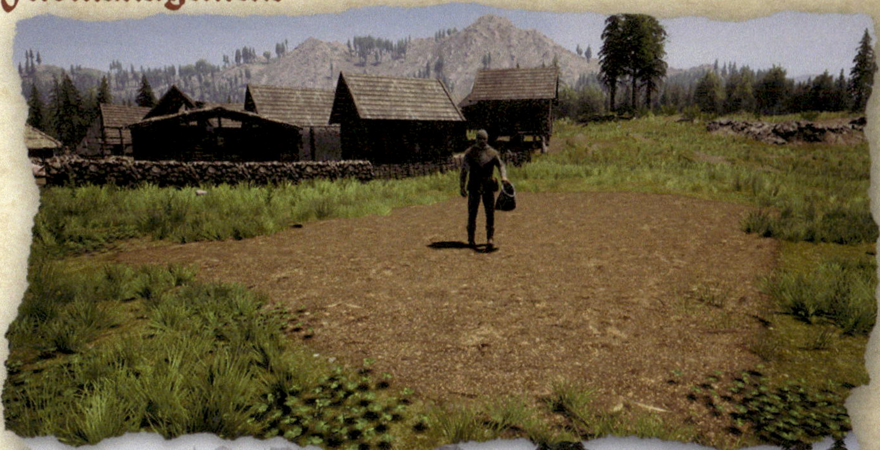

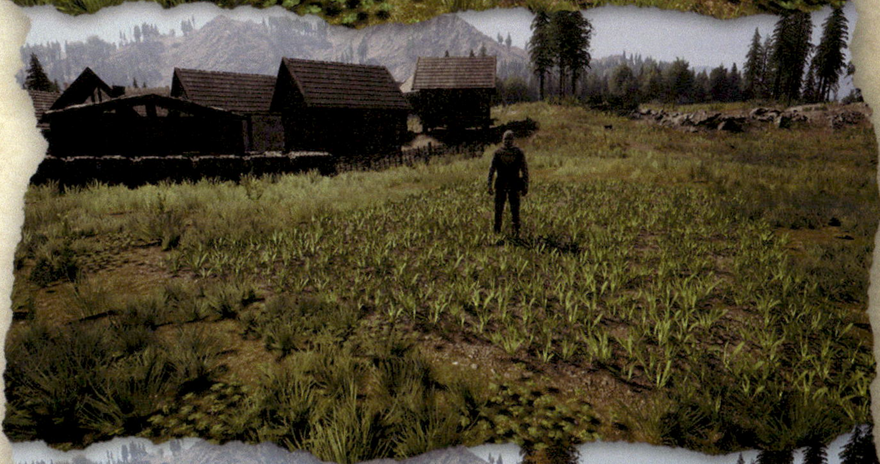

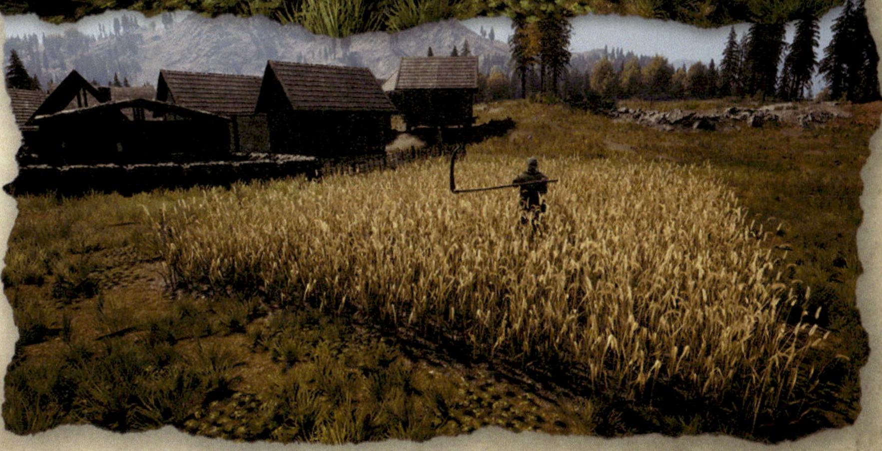

Du kannst in der ***Verwaltungsansicht*** festlegen, was von deinen Landwirten auf den Feldern angebaut werden soll.

» Öffne die Ansicht mit der Taste ***N*** / / und wähle auf der linken Seite oben ***Nutzpflanzen*** aus 1.

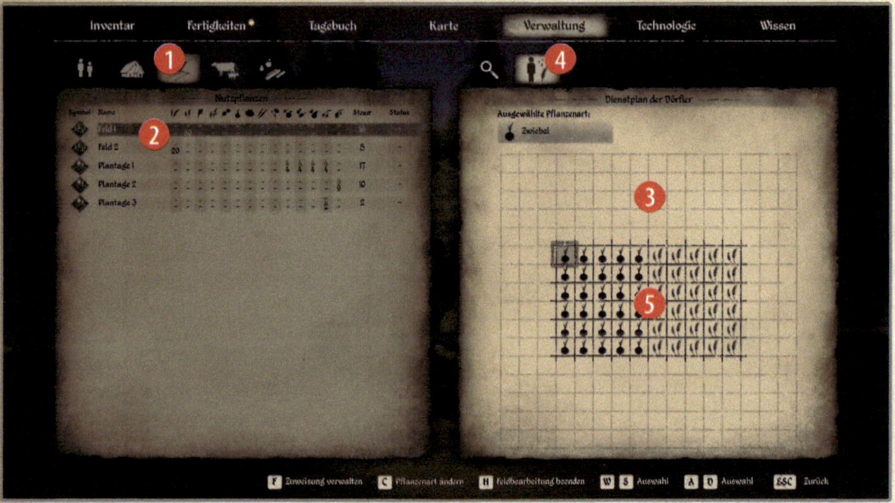

» Öffne ein Feld 2 mit einem ***Doppelklick*** / / . Hier kannst du jedem Feld außerdem einen eigenen Namen geben.

» Auf der rechten Seite siehst du die Größe des Feldes 3 und den aktuellen Status.

» Wechsle rechts oben auf die Dienstplanansicht 4 und drücke die Taste ***C*** / / , um neue Feldfrüchte zum Anbau auszuwählen. (Denk daran, dass genug Samen und Dünger im Materiallager oder der Truhe der Scheune vorhanden sein müssen!)

» Wähle die Feldfrucht auf der linken Seite aus und markiere rechts 5, wo diese angebaut werden soll. Du kannst auf einem Feld auch mehrere verschiedene Feldfrüchte anbauen!

Mikromanagement

- Ein Arbeiter kann ein Feld mit einer Größe von ca. 45 bis 50 Parzellen in einer Jahreszeit bearbeiten (düngen, ackern und säen).
- Ebenso ist wichtig, wie weit die Strecke vom Wohnhaus zum Feldschuppen und zum Feld ist. Diese Wege sollten möglichst kurz gehalten werden, während der Zeit auf dem Weg wird nämlich nicht gearbeitet!
- Wenn viel zu tun ist, kannst du auch kurzzeitig weitere Dorfbewohner zu Landwirten machen. Du selbst kannst deine Landwirte natürlich auch unterstützen, falls sie in der Jahreszeit nicht fertig werden. Achte die ersten Male darauf, ob deine Landwirte auch wirklich alles schaffen oder ob einige Parzellen der Felder ungenutzt bleiben! Nicht geerntete Feldfrüchte gehen beim Saisonwechsel verloren!
- Du kannst Landwirte im Wechsel als Scheunenarbeiter beschäftigen. Beispiel: Im Frühling ist er Landwirt für Aussaat von Getreide. Im Sommer wächst das Getreide und der Landwirt hat vielleicht nichts zu tun - weise ihn dann der Scheune zu und stelle Dünger, Körner und Mehl her. Im Herbst stellst du ihn dann für die Ernte wieder auf Landwirt um. Im Winter mit nur wenig Arbeit auf dem Feld können wir wieder Scheunenknechte gebrauchen.

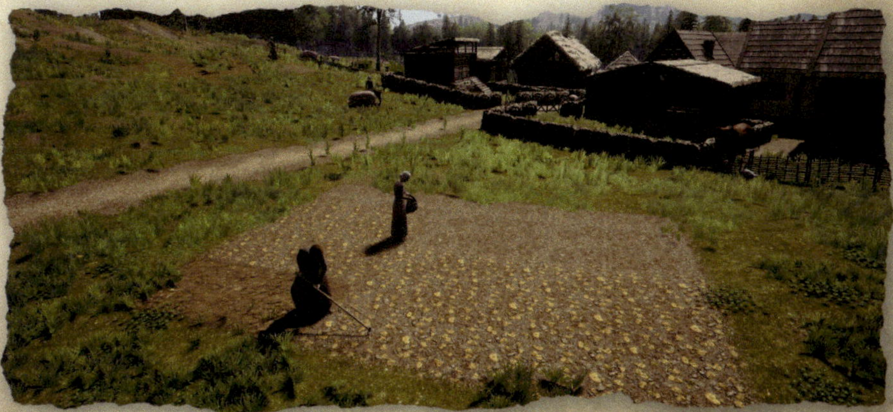

Plantagen

Plantagen funktionieren wie Felder, nur deutlich einfacher:

- Du musst eine Plantage wie ein Feld im Baumenü (**Q** / RB / R1) erstellen.
- Du (oder ein Landwirt) musst den Garten mit der **Hacke** nun ein Mal roden.

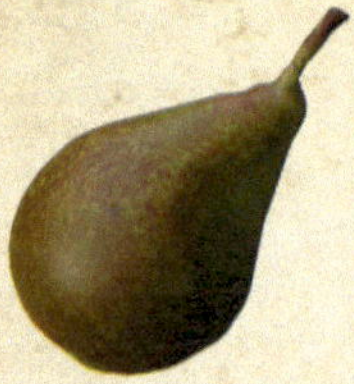

- Es ist kein weiteres Düngen oder Pflügen notwendig.
- Du pflanzt mithilfe eines **Säckchens** die **Setzlinge** (mit **rechter Maustaste** / LT / L2 auswählen und mit **linker Taste** / RT / R2 platzieren.)
- Nach etwa 3 Jahreszeiten werden die Setzlinge so weit gewachsen sein, dass sie das erste Mal Früchte tragen. Ausgewachsen sind sie erst nach etwa 3 Jahren. Sie werden jedes Jahr mehr Früchte tragen, bis sie vollständig ausgewachsen sind. Jeden Sommer kannst du mit der bloßen Hand das reife Obst pflücken oder lässt einen Landwirt diese Arbeit für dich machen. Hopfen ist im Herbst zur Ernte bereit.

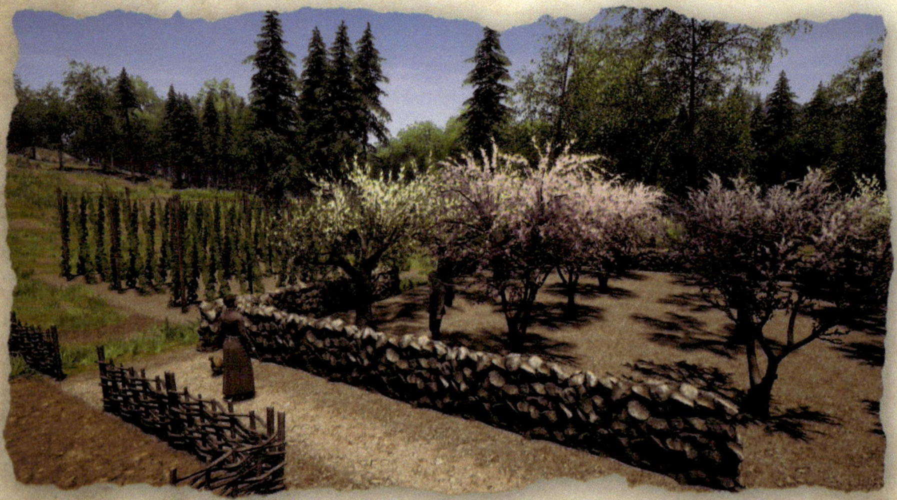

Im Frühling blüht die Plantage (rechts) und links sieht man den Hopfen.

Aussaat & Ernte

Samen	Aussaat	Ernte
Weizen	Frühling Herbst	Herbst Sommer
Hafer	Frühling	Herbst
Roggen	Herbst	Frühling
Leinsamen (Flachs)	Frühling	Sommer
Karotten	Frühling Winter	Herbst Sommer
Kohl	Frühling Sommer	Sommer Herbst
Rote Bete	Frühling	Herbst
Zwiebeln	Frühling	Sommer
Mohn	Frühling	Herbst

» Wann Obstbäume und Hopfen gepflanzt werden, ist egal. Sie benötigen drei Jahreszeiten, um zu wachsen. Im darauffolgenden Sommer oder Herbst tragen sie dann Früchte und müssen nicht erneut angepflanzt werden.

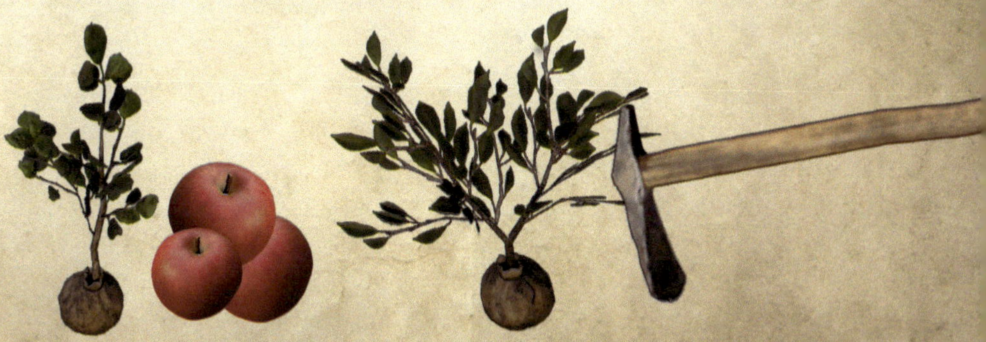

8.2 Tierhaltung

Sobald du in Landwirtschaftstechnik genügend Erfahrung gesammelt hast, kannst du Tierställe bauen und eine Tierzucht starten.

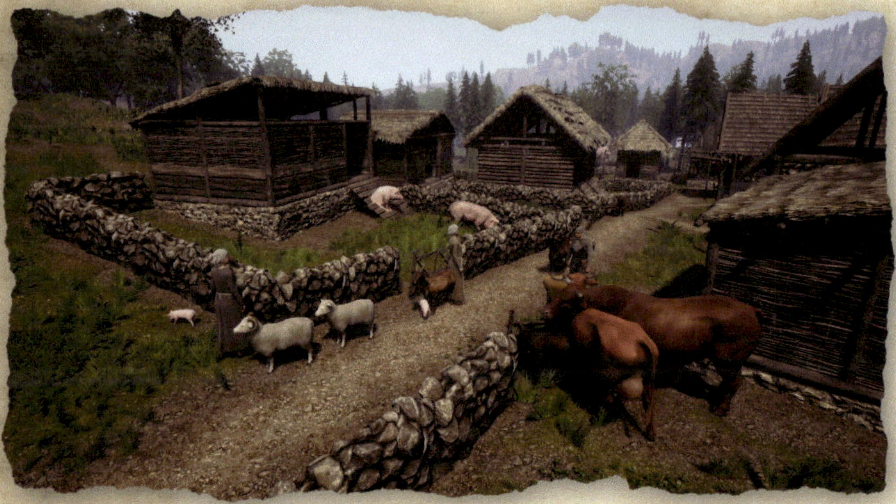

- Baue zuerst den entsprechenden ***Stall*** für das gewünschte Tier (siehe Liste der Tiere auf den folgenden Seiten). Ohne den entsprechenden Stall kannst du kein Tier kaufen!
- Gehe in das Dorf mit dem jeweiligen ***Tierhändler*** (siehe ebenfalls die folgende Tierliste). Du kaufst ein Tier nicht beim Händler selbst (manchmal gibt es gar keinen NPC), sondern du gehst einfach in den Stall und wählst das Tier aus, um es zu kaufen. Den Preis bekommst du am Bildschirm angezeigt. Du wählst deinen Stall aus und das Tier wandert dann selbstständig dort hin.
- Hast du keinen Arbeiter im Stall beschäftigt, musst du selbst Tiernahrung in den Futtertrog geben. Dafür solltest du diese im Inventar haben. Halte dann einfach die angezeigte Taste gedrückt, während du auf die Futterkrippe oder den Trog schaust, und der Futtervorrat wird aufgefüllt.

- Tierfutter kannst du bei Tierhändlern kaufen oder in der Scheune aus Stroh, Roggenkorn und Haferkorn herstellen.
- Sobald du ein männliches und mindestens ein weibliches Tier hast, vermehren sie sich selbstständig, bis der Stall voll ist.
- Alle Tiere produzieren Dung, den du selbst im Stall einsammeln kannst. Jedoch nur im Schweinestall sammelt auch der Arbeiter.
- Du kannst jederzeit deine Tiere töten und dann häuten, um Fleisch und je nach Tier Leder oder Federn von ihnen zu erhalten. Es ist recht rentabel.
- Tierische Produkte wie Eier oder Dung können sowohl die Arbeiter als auch du im Stall einsammeln. Was und wie viel produziert werden soll, stellst du im ***Verwaltungsbildschirm*** ein. Am besten ist es, einen Züchter zu beauftragen und einmal pro Saison selbst vor Ort zu sein.
- Tiere kannst du im ***Verwaltungsbildschirm*** zum Verkauf markieren (halte die Taste ***X*** /Ⓧ/▢ gedrückt). Die Tiere werden sofort verkauft und du erhältst das Geld.
- Die Tiere halten sich am Tag in der weiteren Umgebung des Stalls auf und kehren nachts in den Stall zurück. Keine Sorge, sie laufen nicht weg, auch wenn sie manchmal quer durch das ganze Dorf wandern! Einsperren kannst du sie mit einem geschlossenen Zaun. Gatter lassen dich und deine Arbeiter durch, halten Tiere aber zurück.

Feldarbeit oder Tierzucht?

Tierzucht bringt bei Weitem nicht so viel Nahrung und Rohstoffe ein wie eine groß angelegte Felderwirtschaft. Allerdings erhältst du in der Tierzucht Rohstoffe, die du sonst nur kaufen kannst (z. B. Eier, Wolle, Eimer mit Milch, Dung).

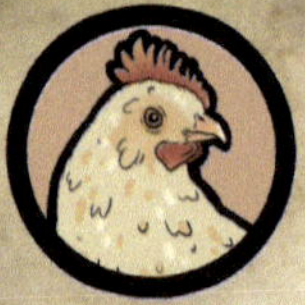

Huhn

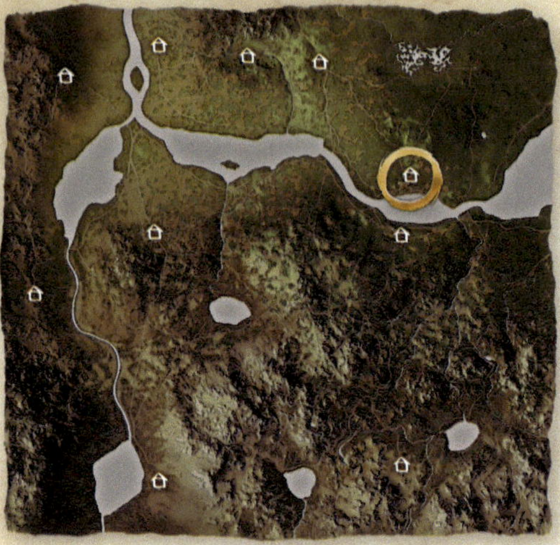

Zu kaufen in:	Borowo Rolnica Skauki
Tier männlich:	45
Tier weiblich:	98
Jungtier männl.:	23
Jungtier weiblich:	23
Erfahrung in LW:	50
Lebenserwartung:	6,25 Jhr.

Beschreibung:

Mit einem Dorfbewohner als Tierzüchter erzeugst du im ***Hühnerstall*** hauptsächlich ***Eier*** aber auch Federn. Hühner reproduzieren sich relativ schnell und sie sind auch schnell ausgewachsen. Willst du Geld sparen, dann kaufe bei der Anschaffung Jungtiere (Küken). Du kannst auch selbst Eier und Federn aus den Nestern holen.

Hast du zu viele Hühner (oder Hähne!), dann kannst du sie schlachten und erhältst von ihnen je 26 Federn und 4 Fleisch, oder du verkaufst sie. Jungtiere Bringen Nur 1 Fleisch.

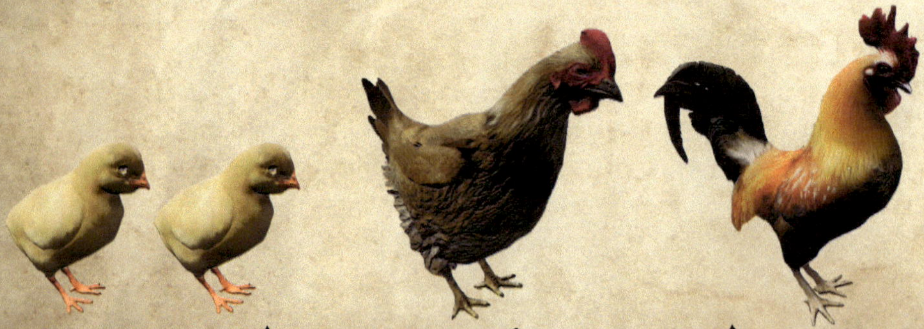

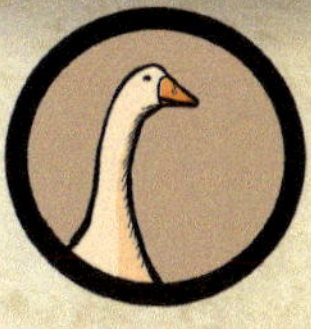

Gans

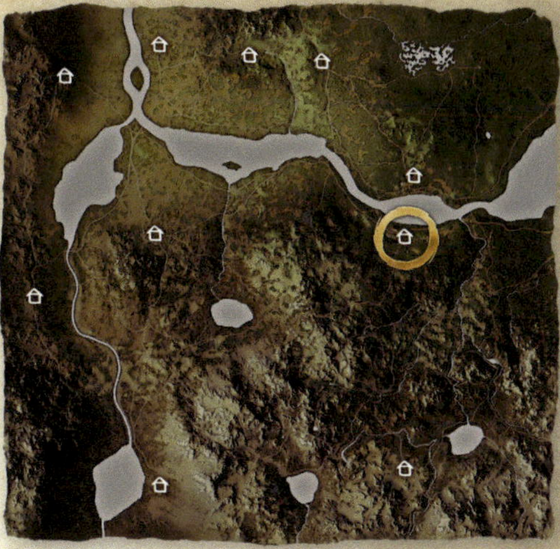

Zu kaufen in:	Gostovia Piastovia
Tier männlich:	69
Tier weiblich:	105
Jungtier männl.:	23
Jungtier weiblich:	23
Erfahrung in LW:	500
Lebenserwartung:	12,5 Jhr.

Beschreibung:

Gänse werden im ***Gänsehaus*** untergebracht und erzeugen, im Gegensatz zu den Hühner mehr ***Federn*** und weniger Eier, die du dir auch selbst aus den Nestern holen kannst. Gänse vermehren sich so schnell wie Hühner und haben eine höhere Lebenserwartung.

Schlachtest du eine Gans, erhältst du 13 Fleisch und 32 Federn.

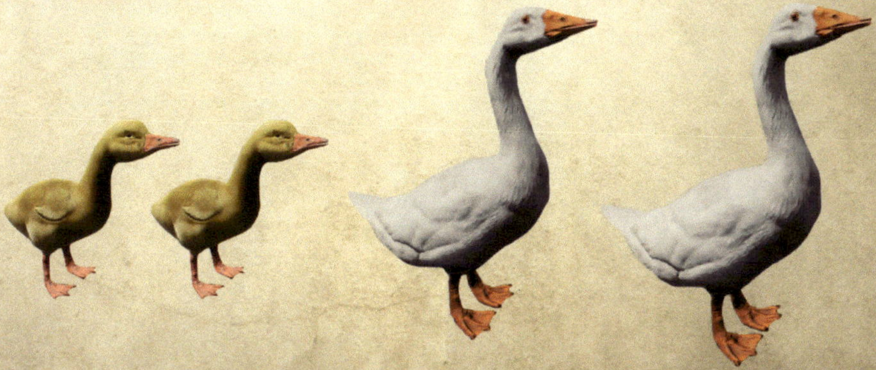

Ziege

Zu kaufen in:	Denica Ostoya
Tier männlich:	375
Tier weiblich:	600
Jungtier männl.:	75
Jungtier weiblich:	75
Erfahrung in LW:	2500
Lebenserwartung:	15 Jhr.

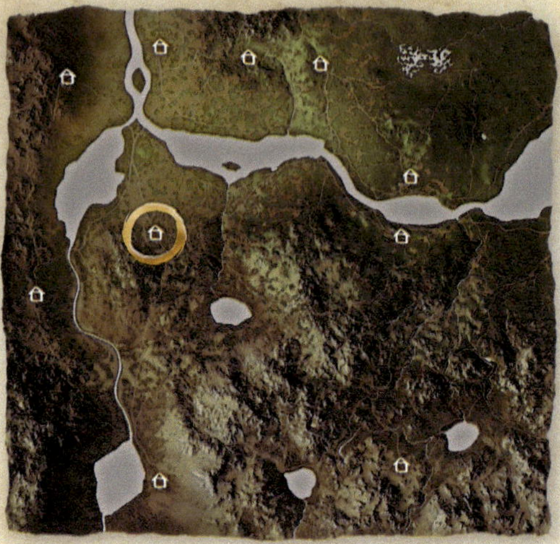

Beschreibung:

Ein Tierzüchter oder auch du selbst können im ***Pferch*** mit Ziegen ***Eimer mit Milch*** produzieren, die du zum Backen benötigst. Ziegen und Schafe teilen sich den Pferch. Je nachdem wie viele Ziegen oder Schafe du halten möchtest, kann es sinnvoll sein, für jede Tierart einen eigenen Pferch zu bauen.

Eine tote erwachsene Ziege liefert dir 25 Fleisch und 5 Leder.

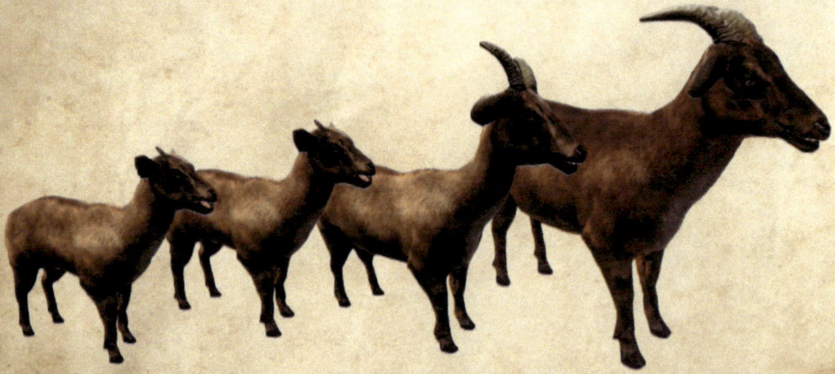

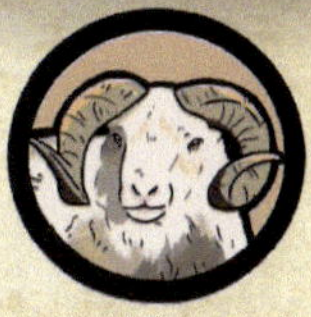

Schaf

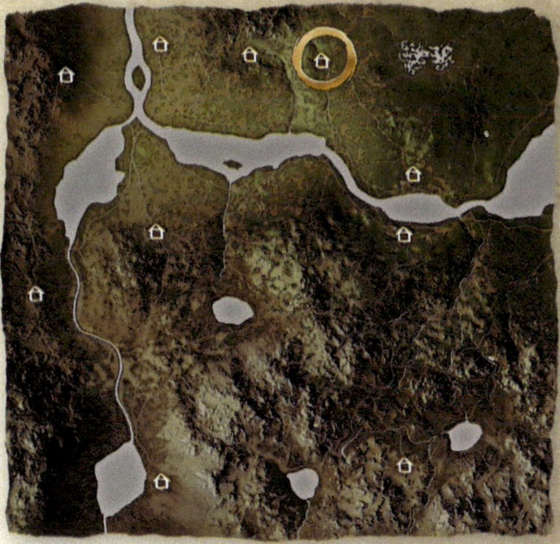

Zu kaufen in:	Baranica Ostoya
Tier männlich:	1125
Tier weiblich:	1125
Jungtier männl.:	300
Jungtier weiblich:	300
Erfahrung in LW:	2500
Lebenserwartung:	12,5 Jhr.

Beschreibung:

Mit Schafen lässt sich im ***Pferch*** Wolle produzieren, aus der du in der Näherei Wollgarn und Wollstoffe fertigen kannst.

Schlachtest du ein Schaf, erhältst du 29 Leder, 40 Fleisch und 40 Wolle.

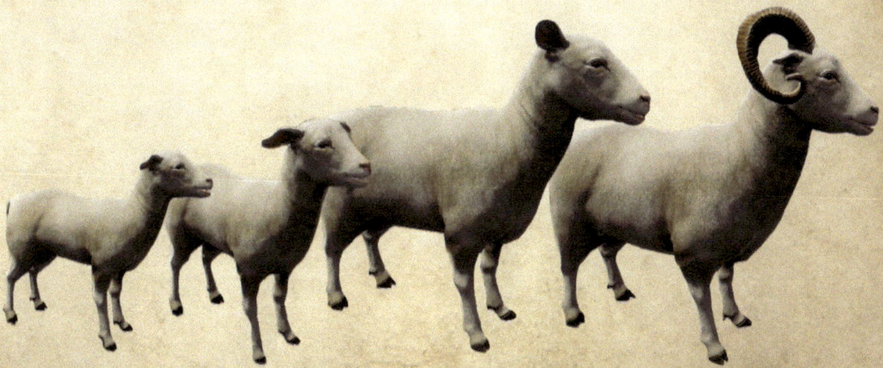

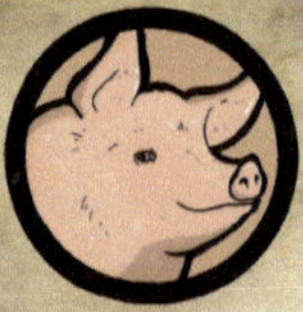

Schwein

Zu kaufen in:	Rolnica Klonica
Tier männlich:	750
Tier weiblich:	750
Jungtier männl.:	150
Jungtier weiblich:	150
Erfahrung in LW:	100
Lebenserwartung:	18,75 Jhr.

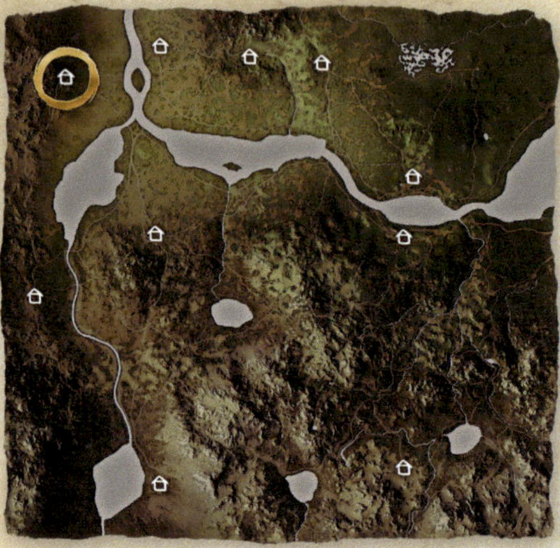

Beschreibung:

Schweine produzieren ***Dung***. Diesen kannst du in der Werkbank der Scheune zu Dünger für deine Felder verarbeiten. Wenn du Ackerbau im großen Stil betreiben möchtest, dann liefert der ***Schweinestall*** den benötigten Dünger dafür. Den Dung kannst du, wie in jedem Stall, vom Boden selbst sammeln. Aber nur im Schweinestall kann man auch einem Arbeiter diese Aufgabe überlassen.

Für ein geschlachtetes Schwein erhältst du 25 Leder und 105 Fleisch.

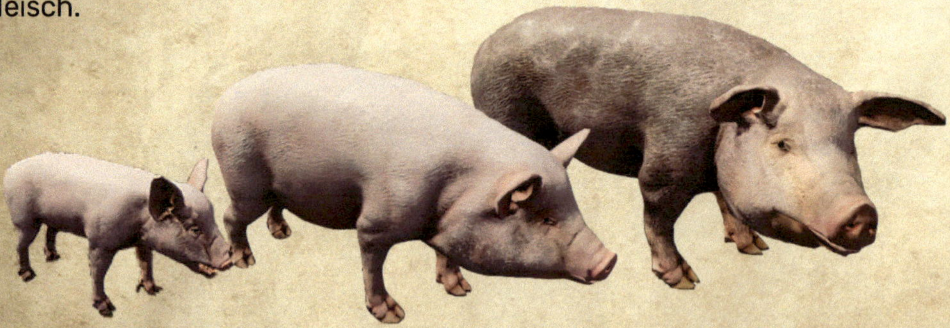

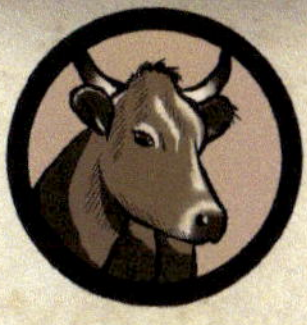

Rind

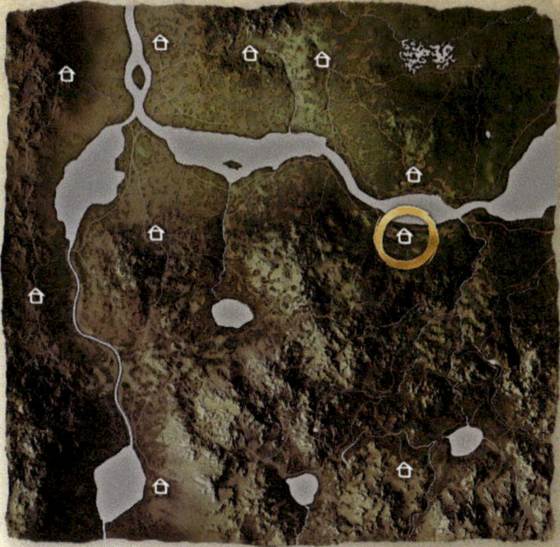

Zu kaufen in:	Gostovia Piastovia
Tier männlich:	1350
Tier weiblich:	1425
Jungtier männl.:	375
Jungtier weiblich:	375
Erfahrung in LW:	3500
Lebenserwartung:	22,5 Jhr.

Beschreibung:

Im ***Kuhstall*** produzieren Tierzüchter mit Kühen ***Eimer mit Milch***, die beim Kochen und Backen in der Küche benötigt werden. Rinder sind nach den Pferden die teuersten Tiere in der Anschaffung und liefern nur Milch. Allerdings bekommst du Milch sonst nur durch Ziegen oder du kaufst sie.

Eine Schlachtung liefert dir 34 Leder und 100 Fleisch.

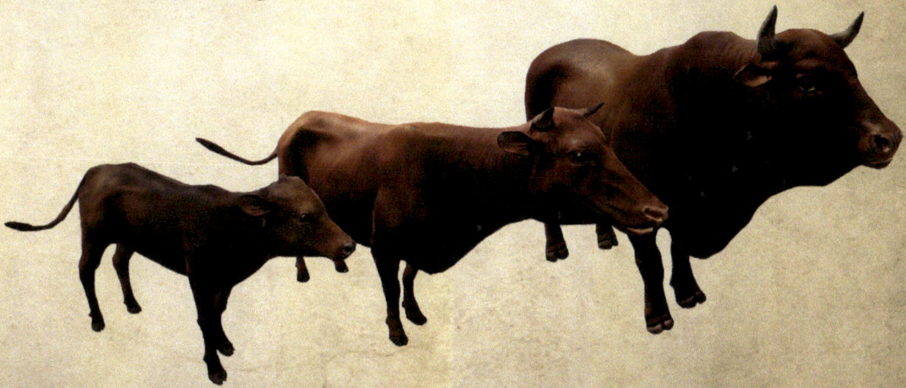

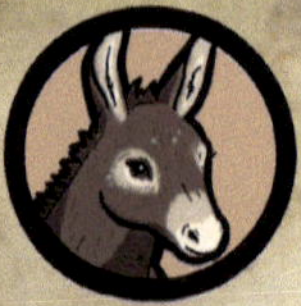

Esel

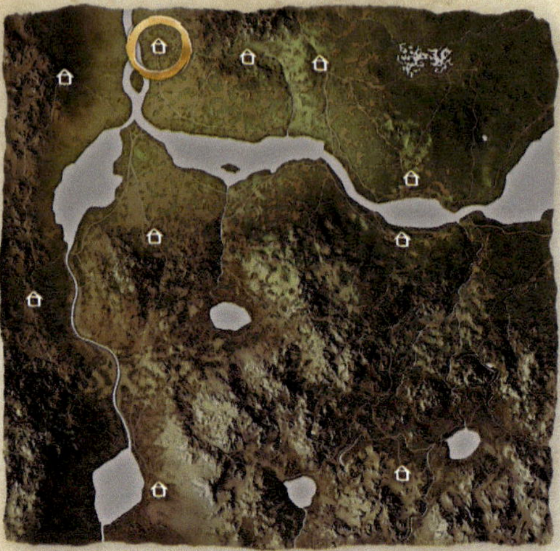

Zu kaufen in:	Tutki Skauki
Tier männlich:	600
Tier weiblich:	600
Jungtier männl.:	405
Jungtier weiblich:	405
Erfahrung in LW:	2000
Lebenserwartung:	31,25 Jhr.

Beschreibung:

Esel leben im ***Eselunterstand***. Ein Tierzüchter dient nur der automatischen Versorgung der Tiere, es wird nichts produziert.

Esel sind mit einem Sattel als Reittiere nutzbar. Satteltaschen vergrößern ihre Traglast. Esel sind zwar langsamer als Pferde, können dafür aber mehr tragen. Außerdem kann man einen Eselunterstand viel früher als ein Stall bauen.

Hufeisen senken den Ausdauerverbrauch.

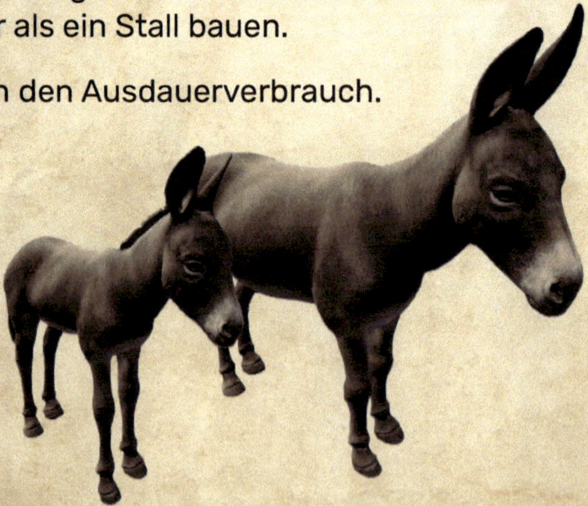

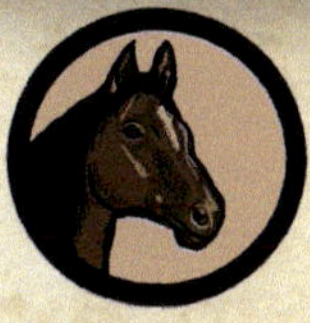

Pferd

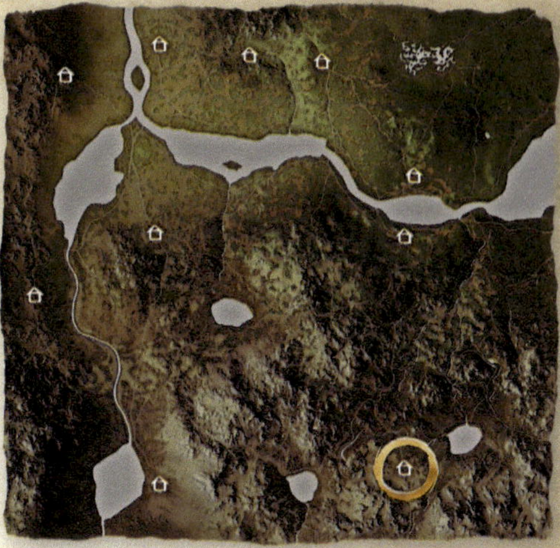

Zu kaufen in:	Hornica Piastovia
Tier männlich:	4350
Tier weiblich:	4350
Jungtier männl.:	3525
Jungtier weiblich:	3525
Erfahrung in LW:	2000
Lebenserwartung:	31,25 Jhr.

Beschreibung:

Pferde leben im ***Stall***, sowie mit Eseln lässt sich mit ihnen nichts produzieren. Sie dienen rein als Reittiere, von denen sie die schnellsten sind.

Pferde kannst du erst spät im Spiel kriegen und sie haben etwas weniger Tragekapazität als Esel, aber auch bei Pferden kannst du die Traglast mit Satteltaschen erhöhen. Der Hauptgrund Pferde zu besitzen ist, dass du schneller von einem Ort in den andren kommst. Hufeisen senken den Ausdauerverbrauch.

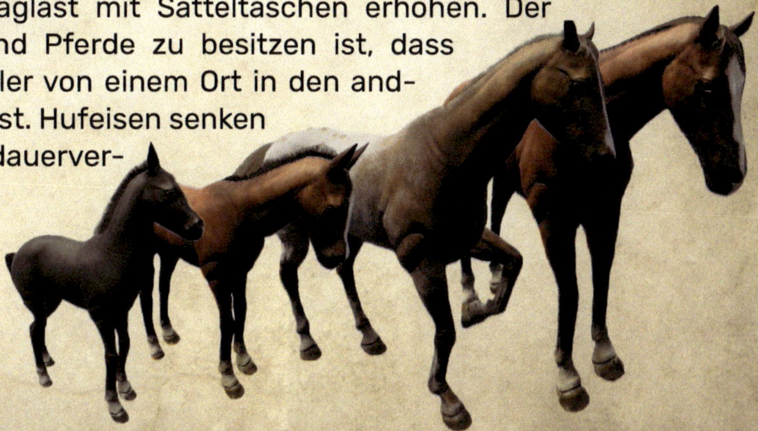

Bienenstock

Der ***Bienenstock*** zählt ebenfalls zur Tierzucht, auch wenn du keine Tiere kaufen musst. Es genügt, wenn du einen Bienenstock baust und einen Arbeiter dem Gebäude zuweist.

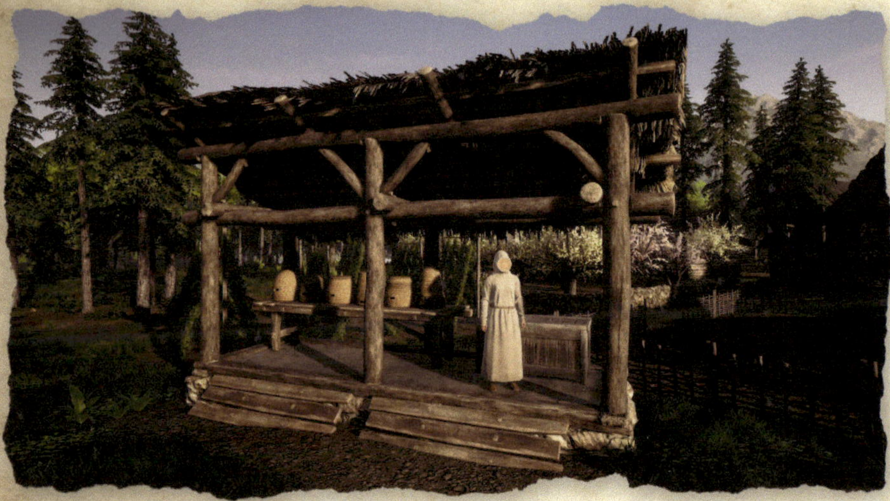

Der Imker produziert dann ***Honigwaben*** (also eigentlich Honig), die du entweder essen oder in der ***Schenke*** zu ***Met*** weiterverarbeiten kannst. Die Honigwabenproduktion ist im Frühling und Sommer am höchsten. Im Winter ist sie am niedrigsten. Du kannst Bienenwaben auch selbst aus Bienstöcke holen.

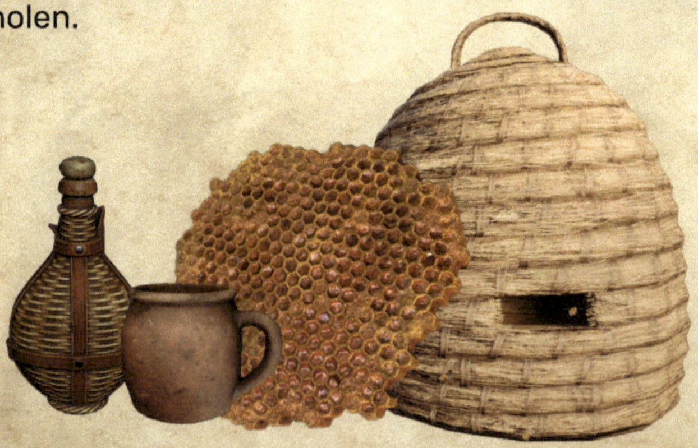

8.3 Reittiere

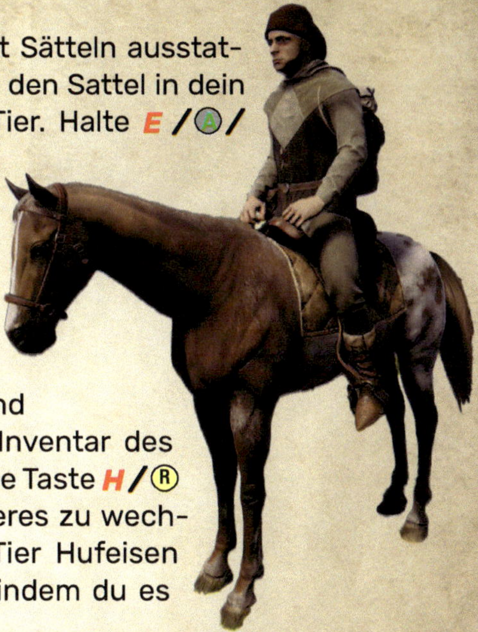

Esel und Pferde kannst du mit Sätteln ausstatten und auf ihnen reiten. Lege den Sattel in dein Inventar und blicke auf das Tier. Halte E / Ⓐ / ⊗ gedrückt, um den Sattel aufzulegen.

Um Satteltaschen und Hufeisen auszurüsten, öffne dein Inventar. Mit gedrückt gehaltener F / Ⓐ / ⊗ -Taste kannst du einen Gegenstand von deinem Inventar in das Inventar des Tieres transferieren. Drücke die Taste H / Ⓡ / R3, um zum Inventar des Tieres zu wechseln. Jetzt kannst du dem Tier Hufeisen oder Satteltaschen anlegen, indem du es im Inventar auswählst.

Wirst du von einem fallendem Baum getroffen oder stirbt dein Tier während du reitest, fällst du herunter.

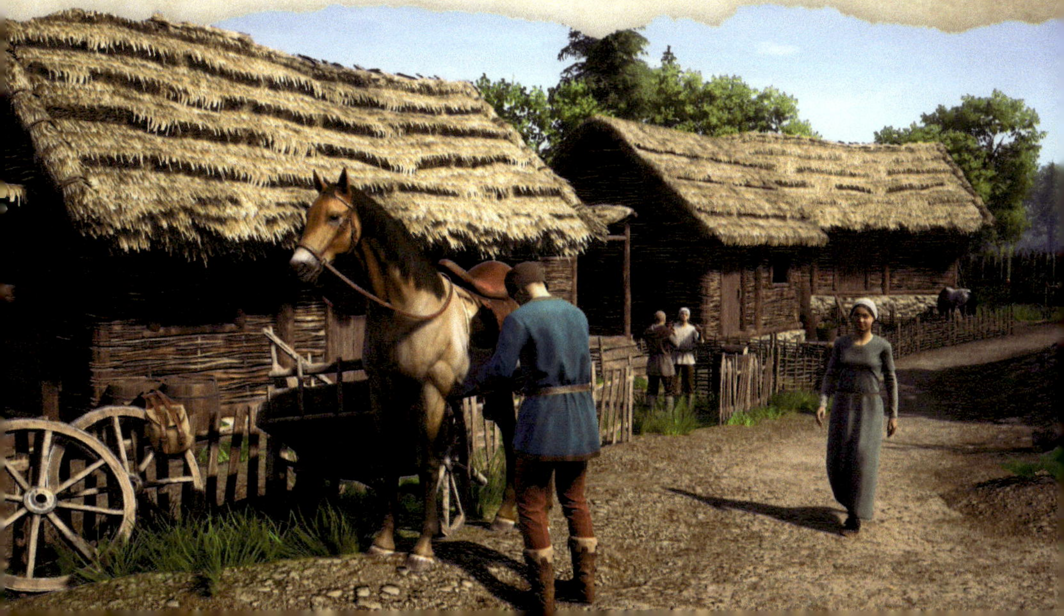

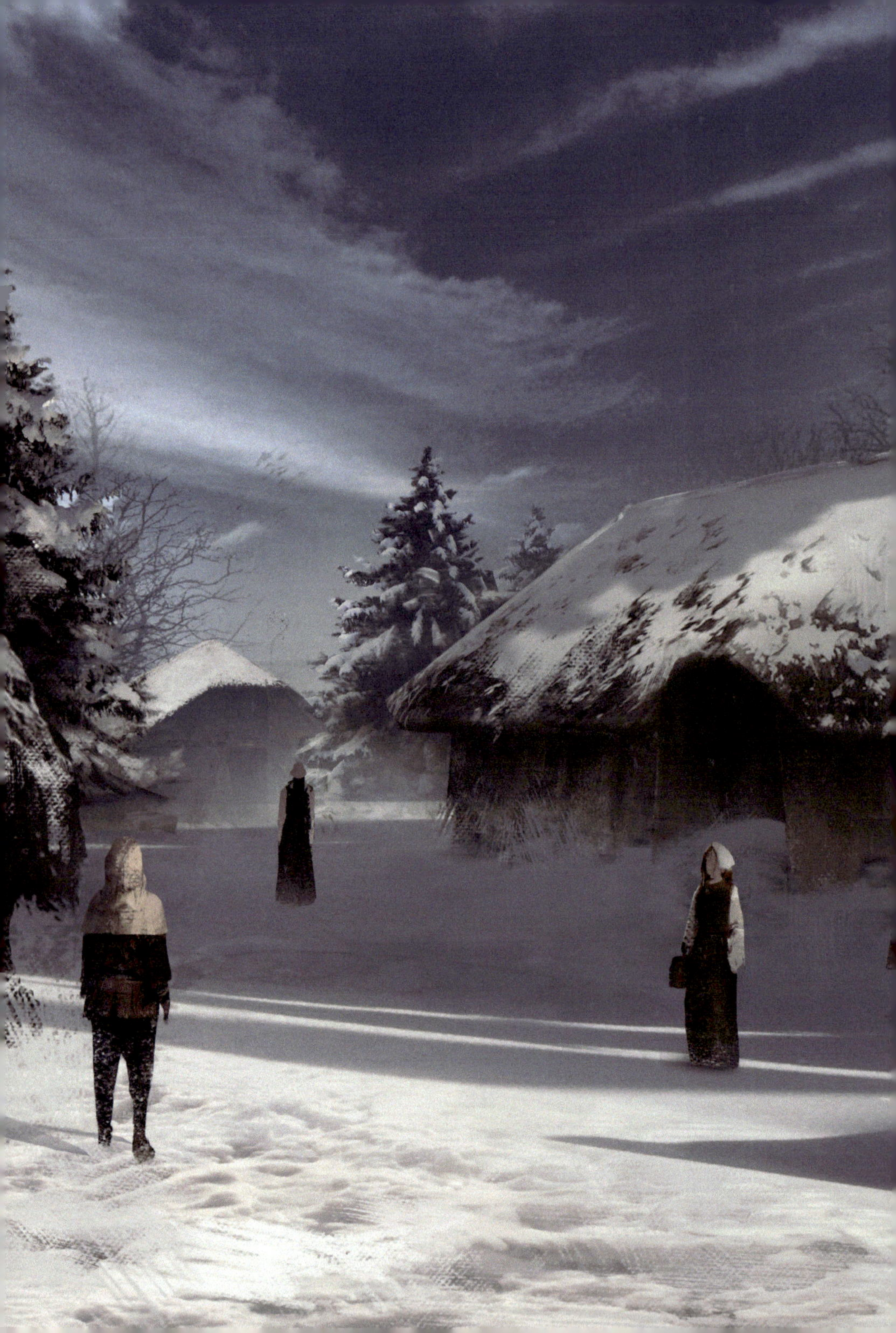

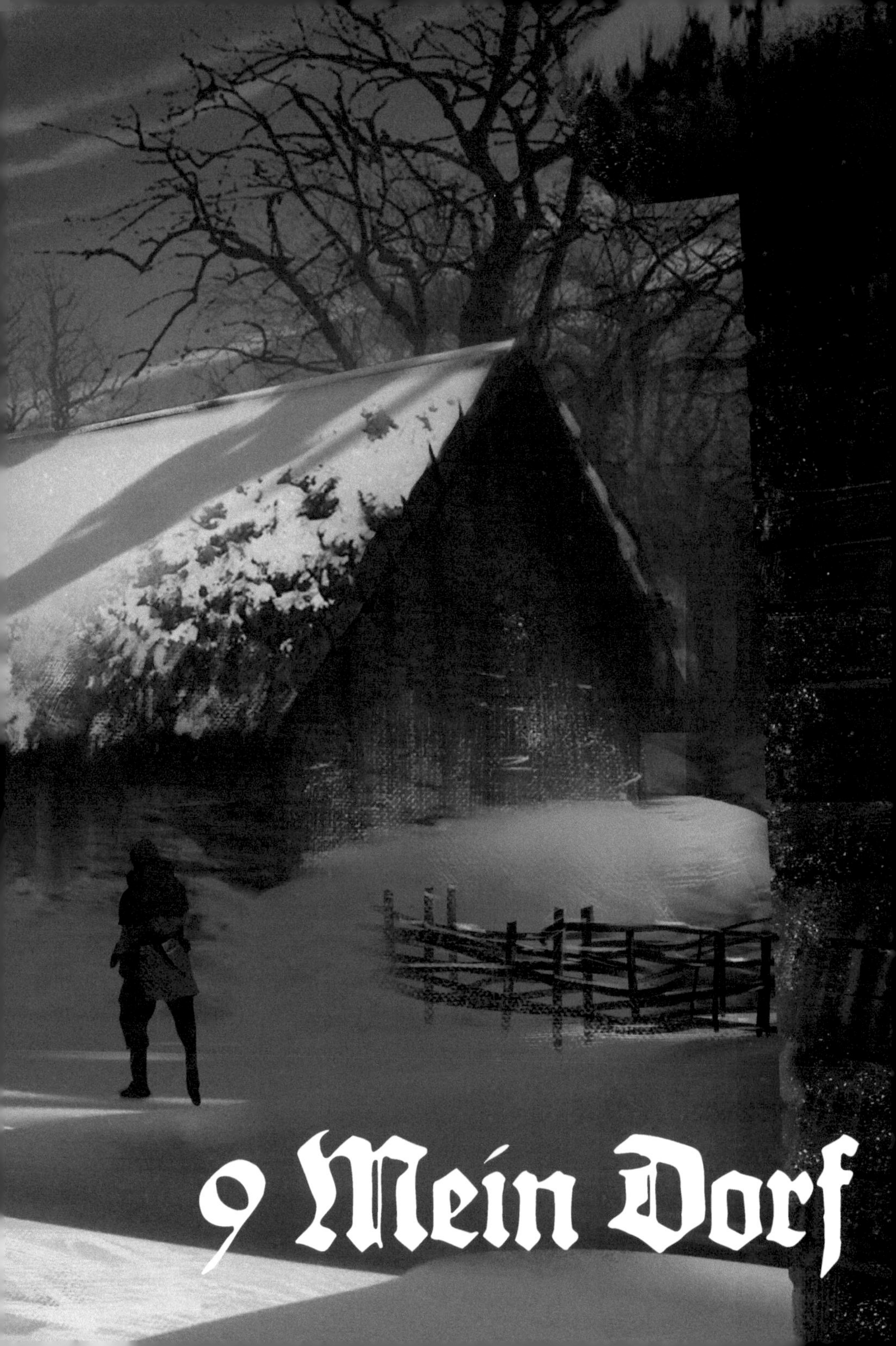

9 Mein Dorf

Tatendrang ist eine schöne Sache. Sehr nützlich. Ich kann mich noch gut daran erinnern, als ich jung war und dachte, ich könnte alles alleine schaffen. Aber das ist ein Trugschluss – jeder von uns braucht eine ausgestreckte Hand, die einem aufhilft, wenn man strauchelt. Niemand von uns schafft es alleine, ein ganzes Dorf aufzubauen.

Dorf! Immer wieder reden Menschen von Dörfern, wenn sie eigentlich nur Weiler meinen. Drei, vier Wohnhäuser, einige Ställe für das Vieh – und schon glauben sie, es Dorf nennen zu können. Welch Trugschluss! Es gehört viel mehr dazu, das kann ich dir verraten. Natürlich sind die Wohnhäuser wichtig, keine Frage – ein Herdfeuer, ein Dach, unter dem manchmal drei Generationen einer Familie schlafen, Zuflucht vor Wind und Wetter finden. Und ein Heim, zu dem es einen immer wieder zurück zieht.

Aber ein Dorf? Das braucht Handel, Menschen, die so viel Ware so geschickt und schnell herstellen, dass sie den Überschuss verkaufen, davon leben und ihre Familie ernähren können. Und, nicht zuletzt, Wagenladungen über die Pässe schicken, in die größeren Dörfer und gar die Städte. Wo glaubst du denn, kommen die Münzen her, die wir in unseren Beuteln tragen? Denkst du wirklich, dass wir unser eigenes Gold prägen und Brakteaten aus Silber schlagen? Nein – alles Geld, das hier im Umlauf ist, kommt von außen in unser Tal. Oh, natürlich könnten wir tauschen, du weißt schon, ich gebe dir drei Töpfe Honig, und du mir ein neues Messer – ja, das geht eine Zeit lang gut. Vielleicht sogar länger. Aber es gibt Waren, die wir *aus der Ferne beziehen, manchmal müssen wir Söldner bezahlen und dann ist da noch die Steuer!*

Also, Händler und Geld, das ist der erste wichtige Punkt, aber nicht der wichtigste. Das Herz und die Seele eines Dorfes ist der Ort, an dem es ausgegeben wird. Ich weiß nicht, wie man es dort nennt, wo du herkommst, egal ob Schenke, Taverne, Herberge oder Speisstube – aber ohne dem, ohne einem Gasthaus als Ort der Gemeinschaft fehlt einfach etwas. Die alten Römer und Rabensänger wussten schon: In taberna quando sumus, non curamus quid sit humus – und sie hatten recht damit! Dort, wo Wein und Bier kredenzt werden, wo die Würfel fallen, und die Singstimmen betrunken ertönen, wo köstliche Speisen auf den Tisch kommen und gelegentlich auch dem Tanz gefrönt wird, ja, da erwacht das Dorf zum Leben!

Hach, deine Jugend und das Geld eines Fürsten würde ich gern haben, nur um einmal noch durch die Welt zu ziehen und in jeder Spelunke einzukehren, die ich passiere! Gut, an Geld mangelt es mir nicht – aber das Alter, das Alter! Komm, steh auf und geh zu der Truhe dort in der Ecke. Bring mit meine Flöte, bring mir den Würfelbecher! Und wenn du schon stehst – dort oben auf dem Regal ist eine Flasche Schnaps. Lass uns anstoßen! Kennst du ein gutes Lied? Ha, mir fällt da eines ein …

Under der linden, an der heide dâ unser zweier bette was. Dâ mugent ir vinden, schône beide, gebrochen bluomen unde gras. Vor dem walde in einem tal – Tandaradei! – Schône sanc diu nahtegal …

9 Mein Dorf

9.1 Dorfgröße & Wachstum

Anzahl Häuser

Die Menge an Gebäuden, die du im ***Tal*** errichten darfst, ist abhängig von den erfüllten Kapitelquests (siehe Tabelle). Wenn du alle Kapitel abgeschlossen hast, kannst du eine Stadt mit 70 Gebäuden bauen. In „***The Oxbow***“ kannst du 70 Gebäude bauen, sobald du die Anfangsquest in Piastovia abgeschlossen hast.

Du kannst die erlaubte Anzahl der Häuser jederzeit unter ***Anpassen*** einstellen (bei 200 % darfst du in der Stadt nach Kapitel 10 dann 140 Gebäude errichten).

Kapitel	Name	Beschreibung	# Gebäude
Kapitel 1	Neuanfang	Reisender	0
Kapitel 2	Überlebenskünstler	Einsiedelei	1
Kapitel 3	Guten Morgen, liebe Nachbarn	Lager	5
Kapitel 4	Auf in die Wildnis!	Kleiner Bauernhof	10
Kapitel 5	Das Leben ist ein Bauernhof	Bauernhof	20
Kapitel 6	Guter Vorrat ist teuer	Weiler	30
Kapitel 7	Der Beginn einer Gemeinde	Siedlung	40
Kapitel 8	Groß und Wild	Dorf	50
Kapitel 9	Neuankömmlinge	Kleinstadt	60
Kapitel 10	Die Dynastie lebt fort	Stadt	70

Dorfbewohner

Die mögliche Anzahl an Dorfbewohnern ist von deiner ***Dynastie Reputation*** abhängig. Je höher dein Wert, desto mehr Dorfbewohner kannst du anwerben. Verlierst du Reputation und hast die derzeit maximale Anzahl an Bewohnern vorher bereits erreicht, verlassen die nun überzähligen Bewohner dich nicht, aber du kannst keine neuen anwerben!

Um deine Reputation zu steigern, erledige ***Quests***, ***Herausforderungen***, ***töte Banditen*** oder ***schenke Kindern Spielzeug***.

Bewohner verheiraten

In einem Wohnhaus kannst du jeweils einen Mann und eine Frau unterbringen. Die ein bis zwei weiteren Betten sind für eventuelle Kinder reserviert.

Haben die beiden Hausbewohner nicht mehr als 20 Jahre Altersunterschied, dann werden sie nach einigen Jahreszeiten ein Paar, was du anhand der Steigerung ihrer beider Zufriedenheit erkennst. Sie können nun jederzeit Kinder bekommen. Je geringer der Altersunterschied ist, desto schneller geht die Vermählung!

Sobald ein Kind geboren wird, beendet die Mutter ihre derzeitige Aufgabe und widmet sich für zwei Jahre nur ihrem Kind, danach ist sie wieder für Zuweisungen an einen Arbeitsplatz verfügbar - bis sie evtl. ein zweites Kind bekommt.

Keine Arbeitsplatzgarantie im Mittelalter

Achtung: die Mutter nimmt nach den 2 Kinderjahren nicht automatisch ihren vorherigen Arbeitsplatz ein!

Geburtenkontrolle

Da eine Mutter für zwei Jahre für die Produktion ausfällt, hast du mehrere Möglichkeiten zur Geburtenkontrolle:

- Weise nur eine einzelne Frau oder nur einen einzelnen Mann einem Wohnhaus zu. Nachteil ist der große Bedarf an Wohnhäusern!
- Im späteren Spiel bringst du einen Mann und eine Frau mit einem Altersunterschied von mehr als 20 Jahren in einem Haus unter.
- Lasse volljährige Kinder weiter in ihrem Elternhaus wohnen.

Aufwachsen

Erreichen die Kinder das 18. Lebensjahr, kannst du sie aus dem Elternhaus in ein anderes Wohnhaus umsiedeln und sie so auch wieder verheiraten. Lässt du sie in ihrem elterlichen Wohnhaus, können sie sich nicht verheiraten und Kinder bekommen!

Außerdem kannst du sie ab 14 in eine Lehre schicken und ihnen ab 18 auch Arbeiten im Dorf zuweisen.

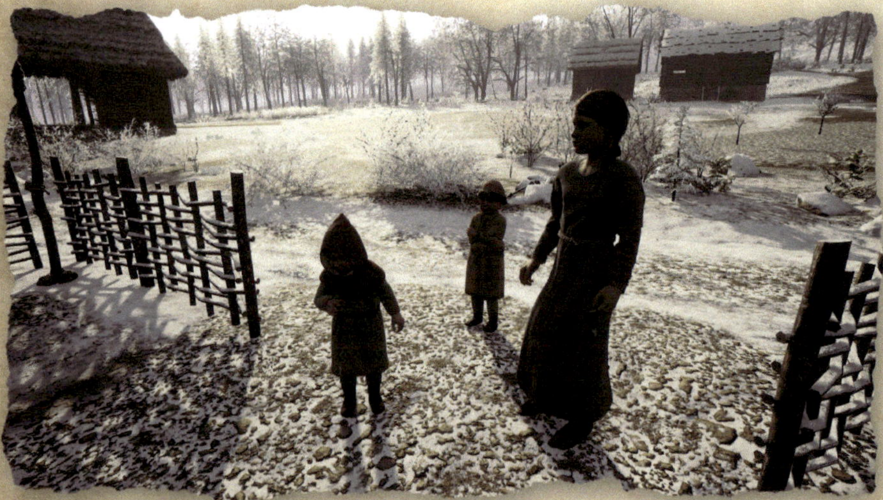

Tod

Ab dem 60. Lebensjahr kann jeder Dorfbewohner sterben. Sorge daher für eine möglichst gut durchmischte Altersstruktur. Sind viele Dorfbewohner gleich alt, dann können mit einem Mal viele Dorfbewohner in wenigen Jahreszeiten sterben und für einen Arbeitskräftemangel sorgen!

Zufriedenheit der Dorfbewohner

Die Zufriedenheit eines Bewohners kannst du im ***Verwaltungsbildschirm*** (***N*** / ⊗ / Cr) einsehen.

Wenn die Zufriedenheit eines Dorfbewohners auf -100 % sinkt, dann verlässt er oder sie dein Dorf. Außerdem beeinflusst die Zufriedenheit auch die Arbeitsleistung deiner Dorfbewohner:

Die Geschwindigkeit, mit der Waren produziert oder verkauft werden und mit der Gebäude repariert werden ist von der Zufriedenheit abhängig und reicht von -20% bei -100% Zufriedenheit bis zu +20% bei +100% Zufriedenheit.

Folgende Faktoren erhöhen die Zufriedenheit:

- größeres Wohnhaus aus gutem Material (Stein) und verputzt
- genügend Wasser vorhanden
- genügend Essen vorhanden
- genügend Holz zum Heizen vorhanden
- verheiratet
- Kinder unter 18 im Haus
- Arbeitsplatz, in dem ein hoher Talentwert vorhanden ist
- gute Ereignisse
- erfolgreiche Herausforderungen für einen guten König

Folgende Faktoren senken die Zufriedenheit:

- keine Wohnung
- fehlendes Wasser, Essen und Holz zum Heizen
- Wohnhaus beschädigt
- keine Arbeit
- Kinder über 18 im Wohnhaus
- schlechte Ereignisse (nur im Tal)
- erfolgreiche Herausforderungen für einen schlechten König (nur im Tal)

Anwerben & Wohnhaus zuweisen!

Denke daran, möglichst gleich nach der Anwerbung einem neuen Dorfbewohner sein Wohnhaus und die Arbeitsstätte zuzuweisen, dann sinkt seine Zufriedenheit nicht sofort!

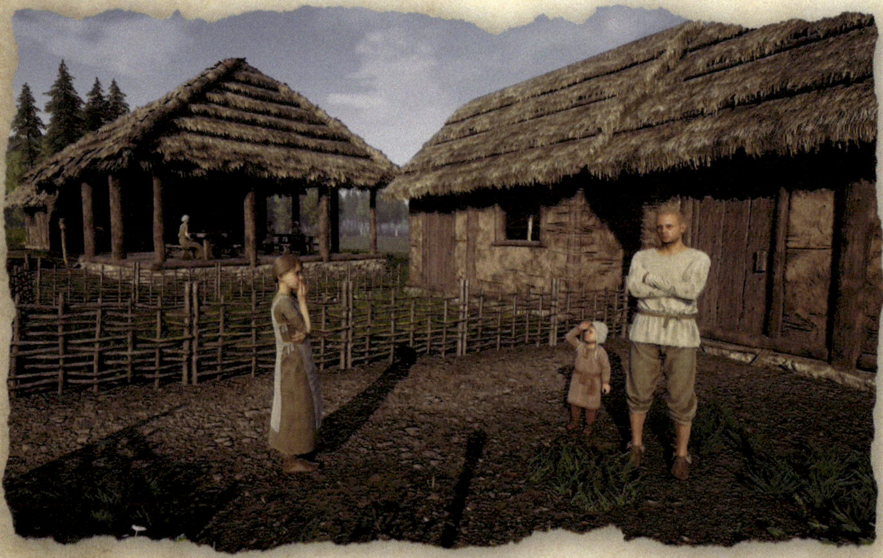

9.2 Dorfverwaltung

Der Dreh- und Angelpunkt deiner Dorfverwaltung ist der ***Verwaltungsbildschirm*** (Taste ***N*** / ◎ / Cr). Du kannst dort deine Dorfbewohner, Gebäude, Felder, Tiere und die Bedürfnisse deiner Dorfbewohner kontrollieren und bearbeiten.

Dorfbewohner

Im Dorfbewohner-Bildschirm (1) siehst du eine Übersicht deiner Bewohner:

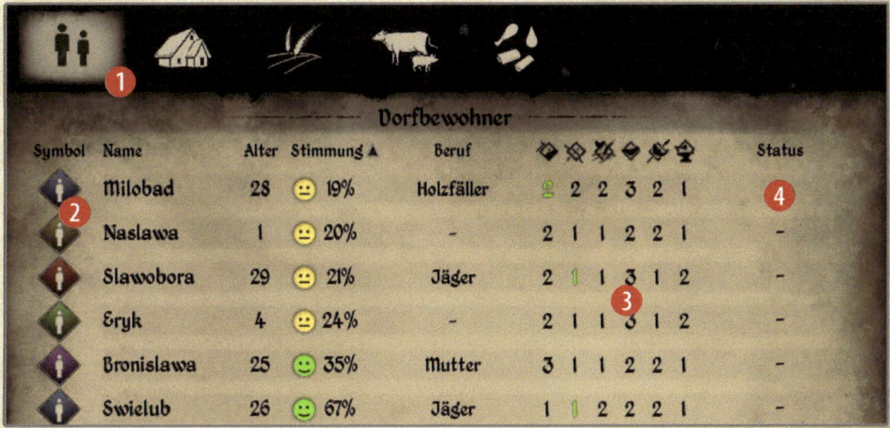

Dorfbewohner

Symbol	Name	Alter	Stimmung ▲	Beruf							Status
	Milobad	28	19%	Holzfäller	2	2	2	3	2	1	
	Naslawa	1	20%	-	2	1	1	2	2	1	-
	Slawobora	29	21%	Jäger	2	1	1	3	1	2	-
	Eryk	4	24%	-	2	1	1	3	1	2	-
	Bronislawa	25	35%	Mutter	3	1	1	2	2	1	-
	Swielub	26	67%	Jäger	1	1	2	2	2	1	-

Das Symbol (2) zeigt dir an, um wen es sich handelt:

- Deine Ehefrau
- Mann
- Kind
- Dein Sohn
- Frau

Du siehst neben vielen Spalten auch die Talente (3) der jeweiligen Person. Grüne Talente werden im derzeitigen Beruf benötigt. Rote Symbole unter Status (4) bedeuten eine Beeinträchtigung wie ***kein Essen*** oder ***Wasser***. Ein grünes Symbol in der Status Leiste bedeutet ***schwanger*** oder, wenn du als Frau spielst ***Vater***.

Du kannst dir Detailinformationen zu einer ausgewählten Person im rechten Bereich anzeigen lassen. Du kannst sie dort außerdem einem neuen Wohnhaus und einer anderen Arbeitsstelle zuweisen.

Gebäudeansicht

In der Gebäudeansicht 1 werden alle deine gebauten Häuser aufgelistet:

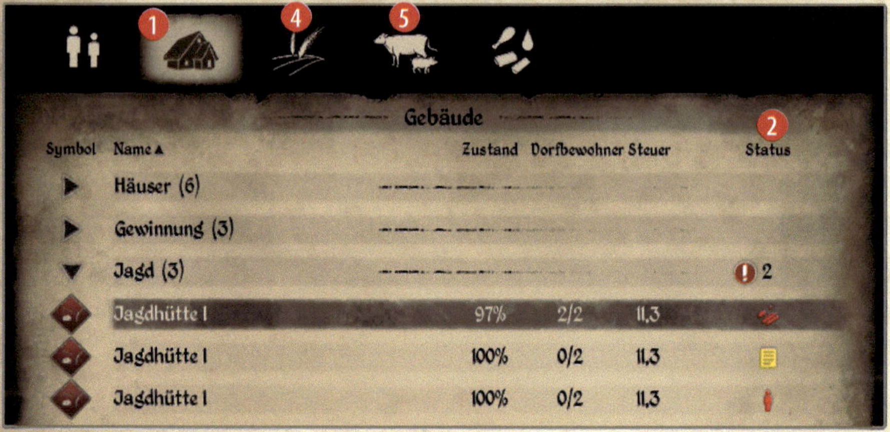

Neben dem Namen, dem Zustand, den beschäftigten Personen (Leute) und den Steuerkosten (Steuer) findest du ganz rechts den Status 2. Hier zeigen dir die Symbole etwaige Mängel an:

Symbol	Bezeichnung	Bedeutung
	Gruppenwarnung	In dieser Gruppe gibt es Warnmeldungen.
	Beschädigung	Das Gebäude ist beschädigt.
	fehlender Arbeiter	Dem Gebäude wurde kein Arbeiter zugewiesen.
	kein Arbeitsauftrag	Es wurde nicht festgelegt, welche Waren der Arbeiter herstellen oder verkaufen soll.
	fehlendes Werkzeug	Es fehlt das entsprechende Werkzeug.
	fehlendes Material	Es fehlen diesem Gebäude für die Produktion benötigte Materialien.
	kein Tier im Stall	Dieser Stall ist leer.

Durch das Betätigen der Pfeile kannst du die Gebäudegruppen (z. B. Häuser, Gewinnung oder Jagd) öffnen und schließen. Wählst du mit ***Doppelklick*** /Ⓐ/Ⓧ ein Gebäude aus, öffnen sich im rechten Bereich Detailinformationen.

Wähle oben eines der vier Symbole rechts der Lupe aus ③ und du öffnest die Warenherstellungsseite. Wähle ***Zuweisung bearbeiten*** aus, um festzulegen, was die Arbeiter in den jeweiligen Jahreszeiten im Gebäude produzieren sollen. Unter ***Aufgaben*** kannst du jetzt für jedes Produkt entscheiden, wie viele davon pro Tag produziert werden sollen und somit die Intensität der Arbeit bestimmen.

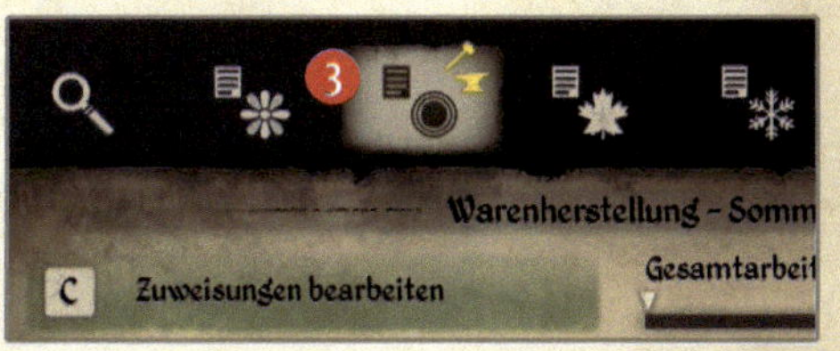

Eine nähere Beschreibung zur Warenherstellung findest du in **Kapitel 5 Bauen & Herstellung.**

Nutzpflanzen & Tiere

Auf der linken Seite des Verwaltungsbildschirms findest du in den Reitern Nutzpflanzen ④ und Tiere ⑤ (siehe Bild linke Seite) eine Übersicht über deine bewirtschafteten Felder, Obstgärten und deine Tierzucht.

Wie auch schon bei den vorherigen Übersichten ist vor allem die Statusspalte interessant. Hier werden wieder rote Warnsymbole angezeigt, falls Probleme vorliegen.

Wählst du mit ***Doppelklick*** /Ⓐ/Ⓧ ein Feld oder ein Tier aus, erhältst du im rechten Bereich weitere Informationen.

Weitere Hinweise zum Verwalten von Feldern und Tieren findest du in **Kapitel 8 Landwirtschaft & Tierzucht.**

Ansicht Bedürfnisse Dorfbewohner

Die letzte Ansicht auf der linken Seite des Verwaltungsbildschirms ist die ***Kontrolle der Bedürfnisse der Dorfbewohner*** (1):

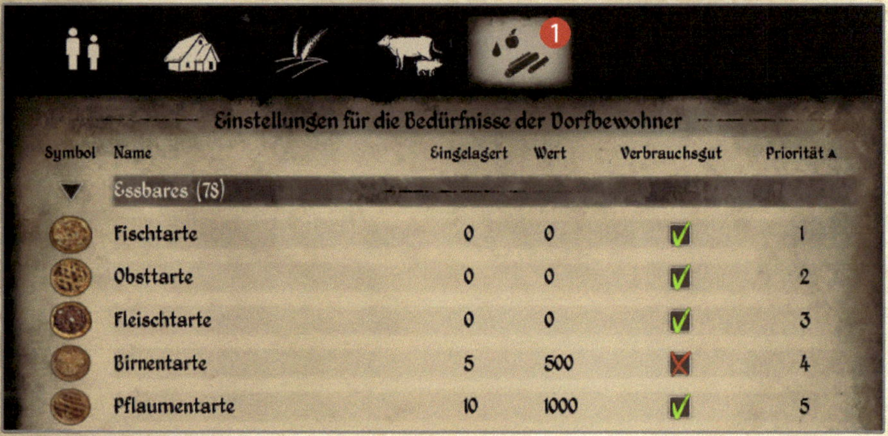

Hier siehst du, wie viele Lebensmittel, Getränke und mögliches Brennholz du in Material- und Nahrungsmittellagern gelagert hast.

Du hast extra Mohnkuchen gebacken, den du für eine Quest benötigst? Die vielen Birnentartes, die du gefertigt hast, sind besser für den Verkauf als für den Verzehr geeignet? Durch das Auswählen des Symbols in der Spalte ***Verbrauchsgut*** legst du fest, ob deine Dorfbewohner dieses Objekt aufbrauchen dürfen oder ob sie es ignorieren sollen. Ein rotes ***X*** bedeutet, dass deine Bewohner dieses Objekt nicht essen, trinken oder verbrennen werden.

So kannst du bestimmte Produkte schützen, die du für einen anderen Verwendungszweck vorgesehen hast.

Die Dorfbewohner bedienen sich immer an den Gerichten der höchstmöglichen Priorität. Im Bild oben würden sie eigentlich erst die Birnentartes essen, doch diese wurden von den Verbrauchsgütern ausgeschlossen, weshalb sie nun die Pflaumentartes als erstes essen werden.

Verschiedene Häuser

Auf den folgenden Seiten stellen wir dir alle Gebäude vor, die du im Spiel errichten kannst. Bei den Wohnhäusern zeigen wir jeweils nur eine Variante aus Flecht-, Holz- oder Steinwand.

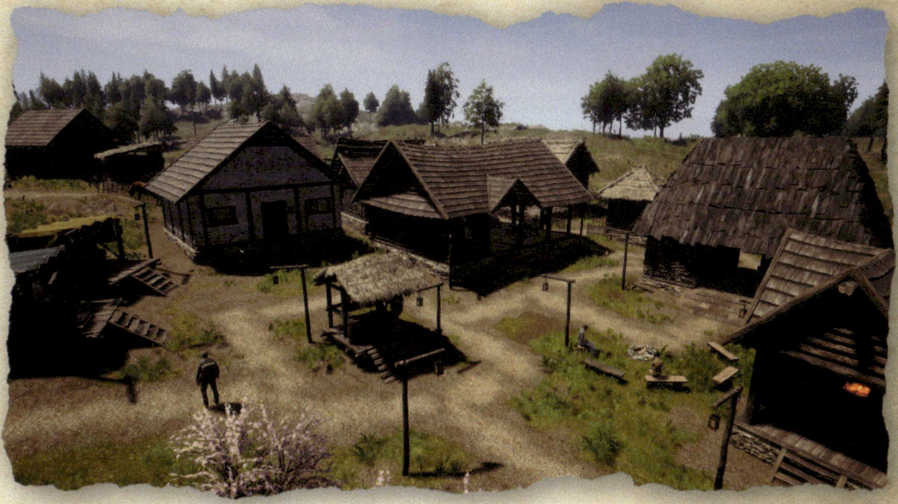

Bei den angegebenen Steuern pro Jahr bedenke, dass die Steuern im Spiel ansteigen, je mehr Häuser du gebaut und je mehr Dorfbewohner du hast. Die hier angegebenen Steuern sind die Maximalsteuern, wenn du in der letzten Entwicklungsstufe Stadt um die 60 - 70 Gebäude errichtet hast.

Zu Beginn des Spiels sind die Steuern für deine Gebäude deutlich niedriger. Diese kannst du in der Gebäudeübersicht im ***Verwaltungsbildschirm*** erfahren!

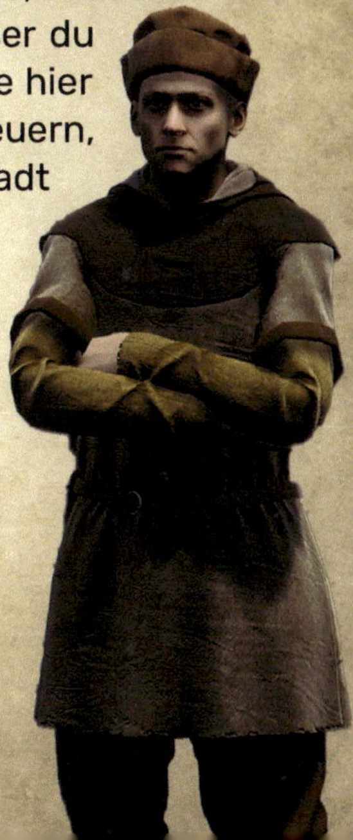

Einfaches kleines Haus

Technologie	–
Erfahrung:	–
Kosten Fundament (Stein)	10 Steine
Kosten Fundament (Holz)	8 Holzstämme
Kosten Rohbau	8 Holzstämme
Kosten Ausbau	15 Holzstämme 66 Stöcke 32 Stroh
Hölzerner Dachboden	2 Holzstämme
Truhenkapazität	50
Steuer pro Jahr	20
Max. Bewohner	3

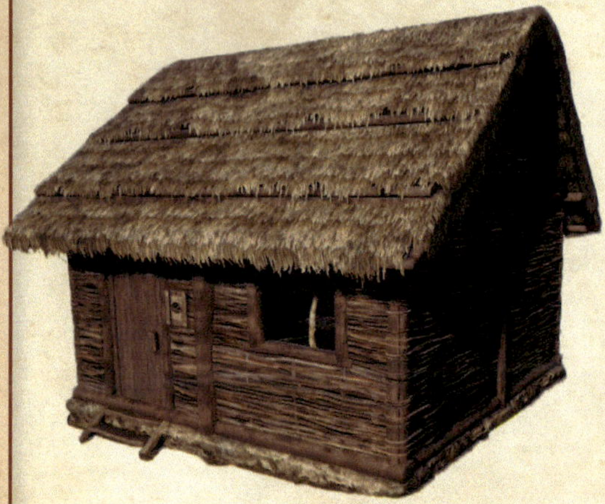

Craftingstationen

Kessel	Herstellung von Suppen, Brei und anderen Gerichten

Kaufbare Schemata

(keine)

Beschreibung:

Wohnhäuser können mit hinsichtlich Bauweise und Material drei verschiedenen Arten von Mauern und Dächern ausgestattet.

Da die Bewohner aufgrund der nur drei vorhandenen Betten nicht mehr als ein Kind haben können, eignet es sich für das spätere Spiel zur „Geburtenkontrolle".

Einfaches Haus

Technologie	Bautechnik
Erfahrung:	250
Kosten Fundament (Stein)	12 Steine
Kosten Fundament (Holz)	10 Holzstämme
Kosten Rohbau	10 Holzstämme
Kosten Ausbau	19 Holzstämme 80 Stöcke 48 Stroh
Hölzerner Dachboden	3 Holzstämme
Truhenkapazität	50
Steuer pro Jahr	40
Max. Bewohner	4

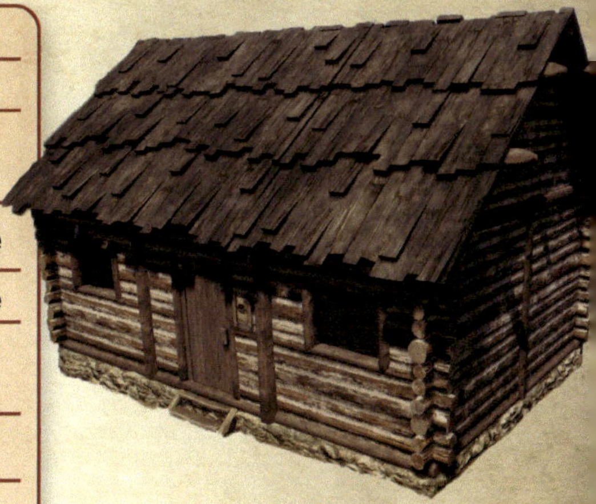

Craftingstationen

Kessel	Herstellung von Suppen, Brei und anderen Gerichten

Kaufbare Schemata

Baumstammhocker 500	Baumstammtisch 500	Baumstammbank 500
Offener Vorhang 500	Holzregal 150	Hakenleiste 100
Langer Doppelzaun 500	Langer Kreuzzaun 500	Einfacher weiter Torbogen 500

Beschreibung:

Wohnhäuser können mit drei verschiedenen Mauern und Dächern ausgestattet.

Größer und bequemer mit Platz für zwei Kinder.

Haus

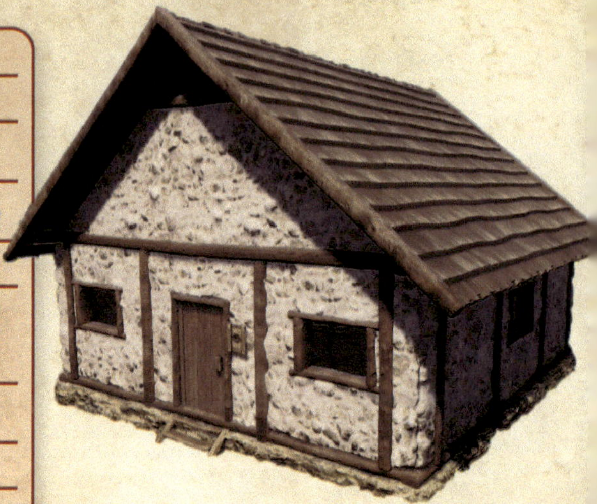

Technologie	Bautechnik
Erfahrung:	1500
Kosten Fundament (Stein)	14 Steine
Kosten Fundament (Holz)	12 Holzstämme
Kosten Rohbau	12 Holzstämme
Kosten Ausbau	21 Holzstämme 106 Stöcke 90 Stroh
Hölzerner Dachboden	3 Holzstämme
Truhenkapazität	50
Steuer pro Jahr	60
Max. Arbeiter	4

Craftingstationen

Kessel	Herstellung von Suppen, Brei und anderen Gerichten

Kaufbare Schemata

Einfacher Holzstuhl 750	Dekorative Holztür 1500	Verstärkte Holzfensterläden 750
Doppelregal aus Holz 750	Blumen-Himmeli 500	Einfache Holzbank mit Rückenlehne 750
Quadratsicher Blumentopf aus Stein 750	Großes Pflanzgefäß aus Holz 750	Niedriger Bretterzaun 800
Bretterzaun 900	Brettergatter 900	Langer Steg 900

Beschreibung:

Wohnhäuser können mit drei verschiedenen Mauern und Dächern ausgestattet. Noch einmal größer als die beiden vorherigen Wohnhäuser ist es damit die „Luxuswohnung". Allerdings bietet sie auch nur Schlafplätze für die Eltern und zwei Kinder bei deutlich mehr Platzbedarf!

Holzschuppen I

Technologie	Bautechnik
Erfahrung:	100
Kosten Fundament	8 Steine
Kosten Rohbau	6 Holzstämme
Kosten Ausbau	2 Holzstämme 8 Stroh
Truhenkapazität	250
Steuer pro Jahr	20
Max. Arbeiter	1

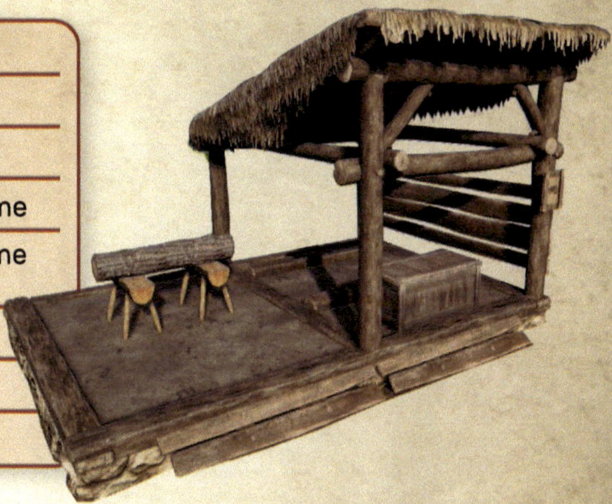

Craftingstationen

Sägebock	Zum Zerhacken von Holzstämmen zu Brettern oder Brennholz

Kaufbare Schemata

Flechtzaun 250	Flechtgatter 300	Blumentopf aus Holz 250
Einfache Holzarbeitsstation 200	Fass 300	Truhe 400
Brennholzstapel 200	Abtritt 400	Niedriger Flechtzaun 200

Beschreibung:

Nur im Holzschuppen kannst du Bretter selbst herstellen. Angestellte Holzfäller fällen Bäume und produzieren Stöcke, Holzstämme, Bretter oder Brennholz.

Holzschuppen II

Technologie	Bautechnik
Erfahrung:	2500
Kosten Fundament	8 Steine
Kosten Rohbau	6 Holzstämme
Kosten Ausbau	2 Holzstämme 6 Bretter
Truhenkapazität	500
Steuer pro Jahr	40
Max. Arbeiter	2

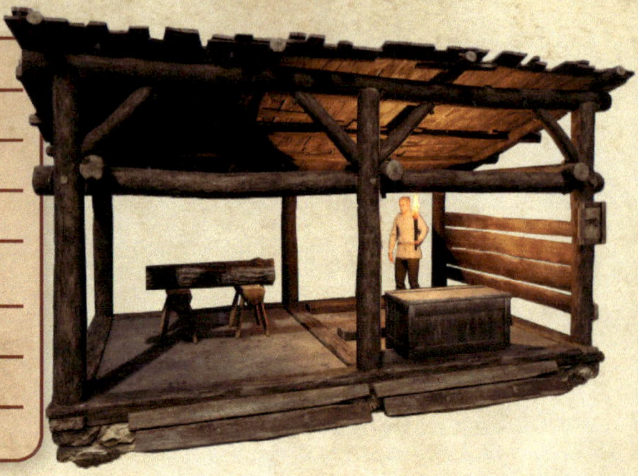

Craftingstationen

Sägebock	Zum Zerhacken von Holzstämmen zu Brettern oder Brennholz

Kaufbare Schemata

Einfacher Holzschemel 1000	Holztisch 500	Holzbank 1500
Palisade 1000	Dekorative Holzfensterläden 1000	Verstärktes Doppelregal aus Holz 1000
Kerzenhalter 500	Strohkranz-Himmeli 750	Einfacher Holzgartenzaun 1000
Rechteckiger Blumentopf aus Stein 750	Breite Brücke 1000	

Beschreibung:

Der verbesserte Holzschuppen, der nun zwei Holzfäller beschäftigen kann.

Grabungsschuppen

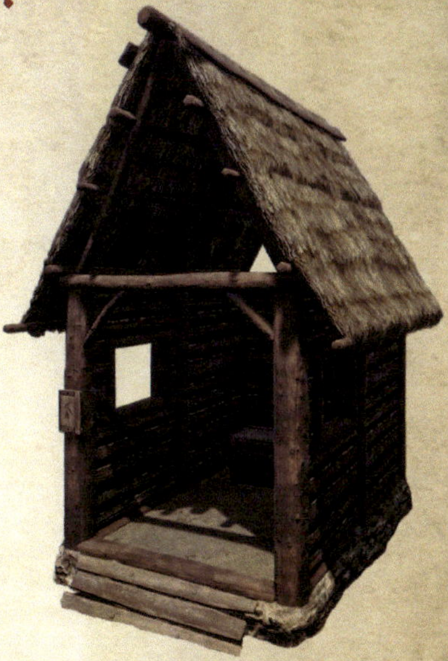

Technologie	Bautechnik
Erfahrung:	500
Kosten Fundament	8 Steine
Kosten Rohbau	6 Holzstämme
Kosten Ausbau	20 Holzstämme 32 Stroh
Truhenkapazität	250
Steuer pro Jahr	60
Max. Arbeiter	2

Craftingstationen

(keine)

Kaufbare Schemata

Standfackel 400	Lattenzaun 500	Lattenzaungatter 400
Einfacher Blumentopf aus Ton 500	Lattenholztür 500	Geschlossener Vorhang 1000
Langes Holzregal 250	Weiter Torbogen 750	Baumstammstuhl 500

Beschreibung:

Im Grabungsschuppen beschäftigte Bergarbeiter fördern Stein, Kalkstein, Kupfererz, Ton und Stroh.

Mine

Technologie	Bautechnik
Erfahrung:	5000
Kosten Fundament	4 Bretter
Kosten Rohbau	6 Holzstämme
Kosten Ausbau	10 Holzstämme 12 Bretter
Truhenkapazität	300
Steuer pro Jahr	180
Max. Arbeiter	6

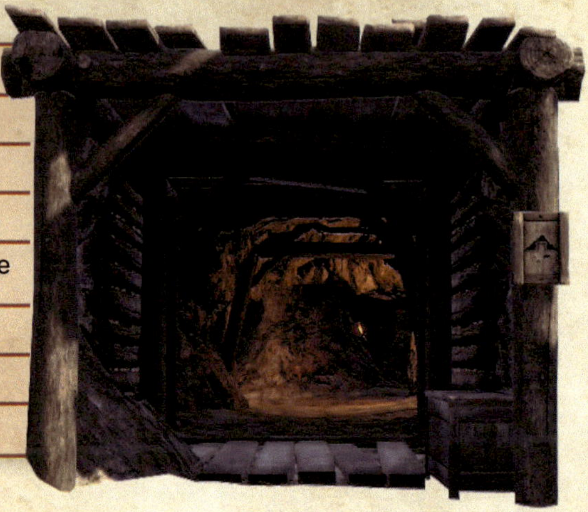

Craftingstationen

(keine)

Kaufbare Schemata

Laterne 2000	Steinmäuerchen 1500	Hängelaterne 1000
Blumenkranz-Himmeli 1000	Schmuckgartenzaun 1500	Holzstuhl 1500
Holzbank mit Rückenlehne 1500	Runder Steinblumentopf 1000	Holzsteg 1500

Beschreibung:

Eine Mine baut eine bereits vorhandene Höhle aus. Die Mine lässt sich nur auf dem Eingang zu einer der Höhlen errichten. Du erhältst durch die Mine folgende Vorteile: Die Höhle/Mine ist jetzt beleuchtet und sie hat im Inneren Wegweiser, die zum Ausgang führen. Im Gegensatz zu einer unausgebauten Höhle, die nur Kupfer- und Zinnerz bietet, findet man in der Mine auch Eisenerz.

Bergarbeiter fördern Stein, Salz, Kupfer-, Zinn- und Eisenerz.

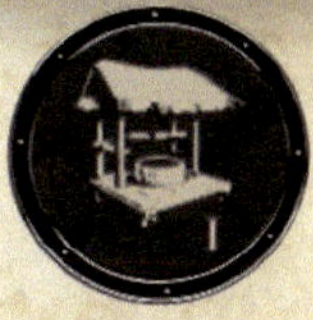

Brunnen

Technologie	Bautechnik
Erfahrung:	20
Kosten Fundament	4 Holzstämme
Kosten Rohbau	4 Holzstämme
Kosten Ausbau	2 Holzstämme 16 Stroh
Fass Kapazität	100
Steuer pro Jahr	20
Max. Arbeiter	1

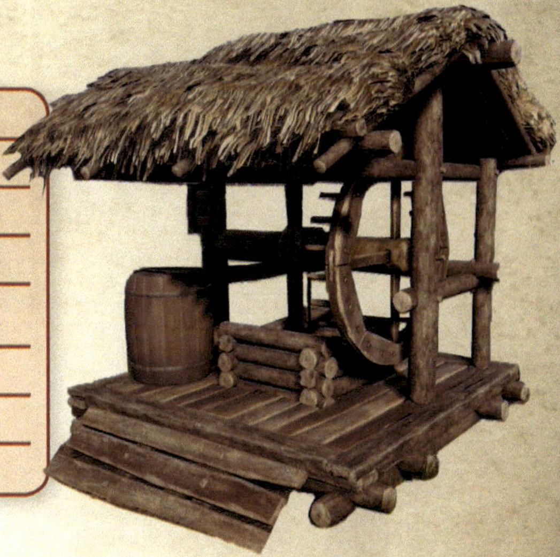

Craftingstationen

Brunnenschacht	Zum Auffüllen von Behältnissen mit Wasser

Kaufbare Schemata

(keine)

Beschreibung:

Mit dem Brunnen ist die Wasserversorgung auch in kargen Gegenden sichergestellt.

Ein Arbeiter kann Eimer und Trinkschläuche automatisch mit Wasser füllen, im Nahrungsmittellager einlagern und so die Versorgung mit Wasser für deine Bevölkerung sichern.

Kräuterhütte I

Technologie	Überleben
Erfahrung:	100
Kosten Fundament	6 Steine
Kosten Rohbau	6 Holzstämme
Kosten Ausbau	8 Holzstämme 38 Stock 16 Stroh
Truhenkapazität	50
Steuer pro Jahr	20
Max. Arbeiter	1

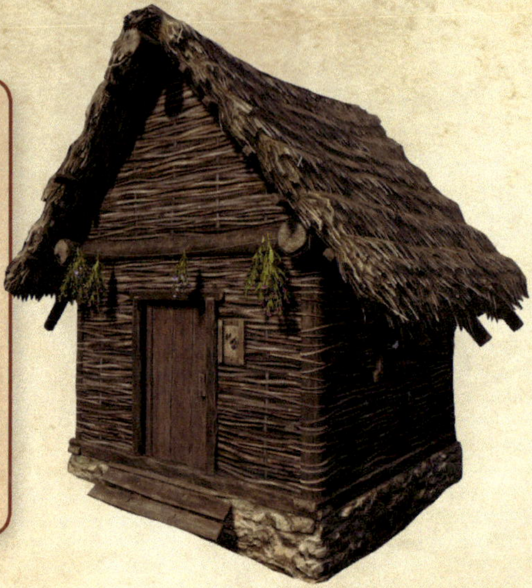

Craftingstationen

Kräutertisch	Herstellung verschiedener Tränke und vergifteter Munition

Kaufbare Schemata

Trank des schn. Heilens I 250	Heiltrank I 250	Ausdauertrank 250
Trinktrank 250	Gegengift 250	Gift 250
Gewichtstrank 250	Temperaturtrank 250	Stärketrank 250
Vergifteter Steinpfeil 150	Vergifteter Kupferpfeil 150	Vergifteter Bronzepfeil 150
Vergifteter Eisenpfeil 150	Vergifteter Holzbolzen 150	Vergifteter Kupferbolzen 150
Vergifteter Bronzebolzen 150	Vergifteter Eisenbolzen 150	Wildschweinfellteppich 100

Beschreibung:

Ein Kräuterkundler sammelt Kräuter, Beeren und Pilze für dich und kann Tränke und vergiftete Munitionen herstellen. Diese kannst du auch selbst an der Craftingstation des Hauses brauen.

Kräuterhütte II

Technologie	Überleben
Erfahrung:	2500
Kosten Fundament	6 Steine
Kosten Rohbau	6w Holzstämme
Kosten Ausbau	40 Holzstämme 24 Bretter
Truhenkapazität	100
Steuer pro Jahr	40
Max. Arbeiter	2

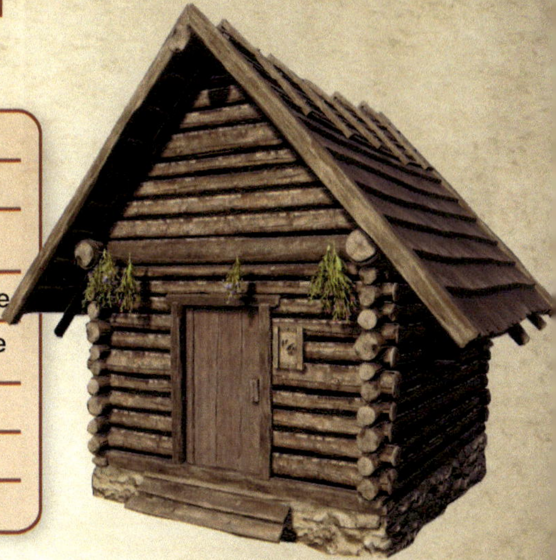

Craftingstationen

Kräutertisch	Herstellung verschiedener Tränke und vergifteter Munition

Kaufbare Schemata

Trank des schn. Heilens II 550	Heiltrank II 550	Gesundheitstrank 550
Sattmachertrank 550	Ausnüchterungstrank 550	Entgiftungstrank 550
Nachtsichttrank 550	Trank der unbegrenzten Möglichkeiten 550	Tarntrank 550
Wolffellteppich 1000		

Beschreibung:

In der verbesserten Kräuterhütte kannst du zwei Arbeiter gleichzeitig beschäftigen.

Jagdhütte I

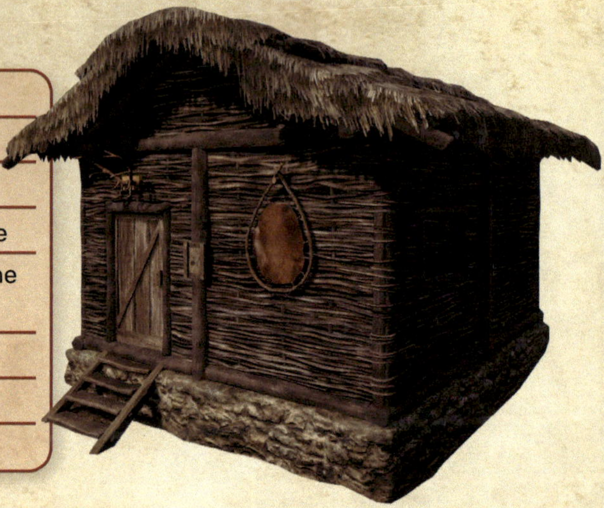

Technologie	Überleben
Erfahrung:	50
Kosten Fundament	8 Steine
Kosten Rohbau	8 Holzstämme
Kosten Ausbau	16 Holzstämme 66 Stöcke 32 Stroh
Truhenkapazität	100
Steuer pro Jahr	30
Max. Arbeiter	2

Craftingstationen

Werkbank	Herstellung von Bögen, Pfeilen und Bolzen
Trockengestell	Herstellung von Trockenfleisch und getrocknetem Fischfilet

Kaufbare Schemata

Steinspeer 50	Bogen 100	Steinpfeil 50
Vogelfalle 80	Holz-Lagerfeuer 30	Dachsfellteppich 50
Gerbstation 100	Gerbgestell (Ziegenleder) 100	Fackel 150

Beschreibung:

In der Jagdhütte kannst du an der Werkbank Bögen und Pfeile selbst herstellen.

Der angestellte Jäger besorgt dir Fleisch, Leder, Pelze und Federn; er kann Fleisch trocknen lassen. Er benötigt ein Messer als Werkzeug, das im Materiallager oder in der Truhe der Hütte liegen muss!

Jagdhütte II

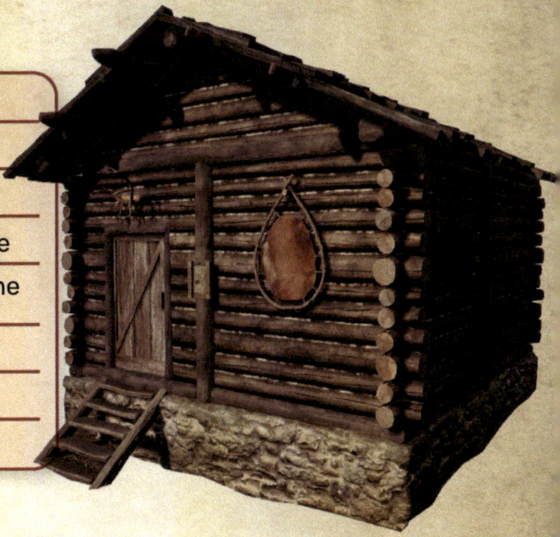

Technologie	Überleben
Erfahrung:	1000
Kosten Fundament	8 Steine
Kosten Rohbau	8 Holzstämme
Kosten Ausbau	41 Holzstämme 24 Bretter
Truhenkapazität	200
Steuer pro Jahr	60
Max. Arbeiter	4

Craftingstationen

Werkbank	Herstellung von Bögen, Pfeilen und Bolzen
Salzfass	Herstellung von Salzfleisch und gesalzenem Fischfilet
Trockengestell	Herstellung von Trockenfleisch und getrocknetem Fischfilet

Kaufbare Schemata

Recurvebogen 1500	Mittleres Fischernetz 750	Elch-Trophäe 1000
Schaffellteppich 500	Gerbgestell (Wolfsleder) 500	Gerbgestell (Bärenleder) 1000

Beschreibung:

In der verbesserten Jagdhütte haben jetzt vier Jäger Platz. Außerdem findest du hier auch ein Salzfass, mit dem du Fleisch einsalzen kannst.

Fischerhütte I

Technologie	Überleben
Erfahrung:	500
Kosten Fundament	4 Holzstämme 4 Bretter
Kosten Rohbau	6 Holzstämme
Kosten Ausbau	13 Holzstämme 58 Stöcke 48 Stroh
Truhenkapazität	100
Steuer pro Jahr	20
Max. Arbeiter	1

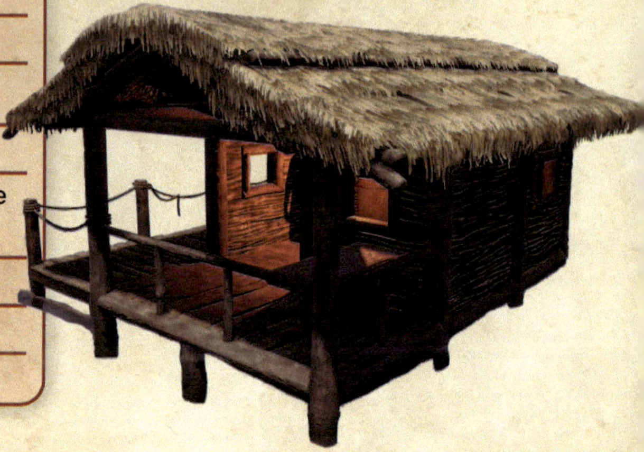

Craftingstationen

Werkbank	Herstellung von Filet aus den verschiedenen Fischarten
Trockengestell	Herstellung von Trockenfleisch und getrocknetem Fischfilet

Kaufbare Schemata

Langbogen 500	Steinumrandetes Lagerfeuer 150	Rattenfalle 200
Kleines Fischernetz 250	Hirsch-Trophäe 500	Ziegenfellteppich 200
Fischernetzdekoration 250		

Beschreibung:

Ein Fischer liefert dir Fischfilets und kann Fische am Trockengestell gleich trocknen. Außerdem kann er deine gefangenen Fische zerlegen.

Du selbst kannst an der Werkbank gefangene Fische (Rotaugen, Barsche und Hechte) zu Fischfilets zerlegen und auch Fisch und Fleisch trocknen.

Fischerhütte II

Technologie	Überleben
Erfahrung:	5000
Kosten Fundament	4 Holzstämme 4 Bretter
Kosten Rohbau	6 Holzstämme
Kosten Ausbau	38 Holzstämme 36 Bretter
Truhenkapazität	200
Steuer pro Jahr	40
Max. Arbeiter	2

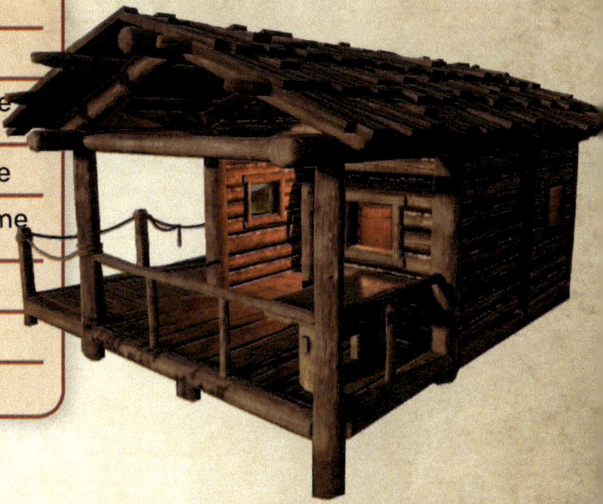

Craftingstationen

Werkbank	Herstellung von Filet aus den verschiedenen Fischarten
Salzfass	Herstellung von Salzfleisch und gesalzenem Fischfilet
Trockengestell	Herstellung von Trockenfleisch und getrocknetem Fischfilet

Kaufbare Schemata

Großes Fischernetz 1500 Wisent-Trophäe 1500 Bärenfellteppich 1500

Beschreibung:

Hier haben nun zwei Fischer Platz und es gibt ein zusätzliches Salzfass, in dem Fische eingesalzen werden können. Nur der Spieler kann dort zusätzlich auch Fleisch einsalzen.

Scheune I

Technologie	Landwirtschaft
Erfahrung:	10
Kosten Fundament (Stein)	12 Steine
Kosten Fundament (Holz)	8 Holzstämme
Kosten Rohbau	10 Holzstämme
Kosten Ausbau	17 Holzstämme 64 Stöcke 48 Stroh
Kosten Innenbereich	3 Holzstämme
Truhenkapazität	250
Steuer pro Jahr	60
Max. Arbeiter	2

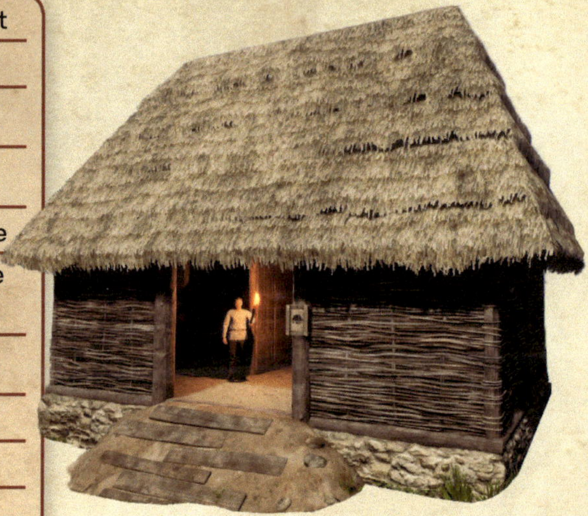

Craftingstationen

Werkbank	Herstellung von Tierfutter, Dünger, Tonbewurf und Mohnsamen
Mahlstein	Herstellung von Mehl
Dreschboden	Zum Dreschen von Getreide

Kaufbare Schemata

Mehl 50	Tonbewurf 50	Heuhaufen 50

Beschreibung:

Im Innenraum der Scheune ermöglichen gleich drei Craftingstationen die Weiterverarbeitung der Feldfrüchte (Dreschen und Mahlen) und die Herstellung von Tonbewurf, Tierfutter und Dünger. Diese Arbeiten können hier 2 Scheunenknechte übernehmen.

Seit der Version 1.5 können hier keine Landwirte mehr eingestellt werden.

Scheune II

Technologie	Landwirtschaft
Erfahrung:	1500
Kosten Fundament (Stein)	12 Steine
Kosten Fundament (Holz)	8 Holzstämme
Kosten Rohbau	10 Holzstämme
Kosten Ausbau	38 Holzstämme 48 Stroh
Kosten Innenbereich	3 Holzstämme
Truhenkapazität	500
Steuer pro Jahr	90
Max. Arbeiter	4

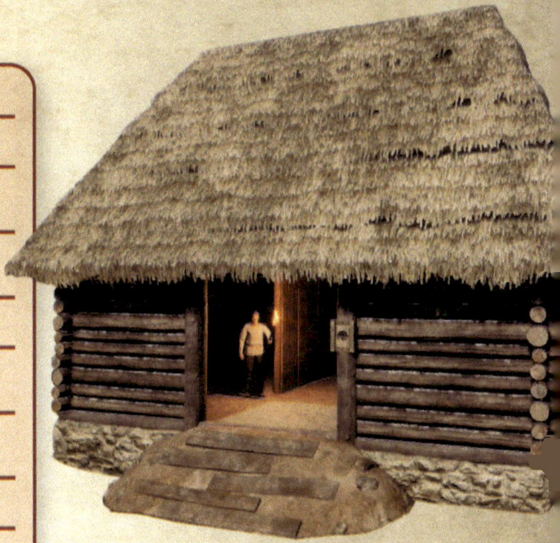

Craftingstationen

Werkbank	Herstellung von Tierfutter, Dünger, Tonbewurf und Mohnsamen
Mahlstein	Herstellung von Mehl
Dreschboden	Zum Dreschen von Getreide

Kaufbare Schemata

(keine)

Beschreibung:

2 weitere Dorfbewohner (4 insgesamt) können nun in der Scheune II arbeiten.

Scheune III

Technologie	Landwirtschaft
Erfahrung:	8000
Kosten Fundament (Stein)	12 Steine
Kosten Fundament (Holz)	8 Holzstämme
Kosten Rohbau	10 Holzstämme
Kosten Ausbau	14 Holzstämme 36 Bretter 64 Stein
Kosten Innenbereich	3 Holzstämme
Truhenkapazität	1000
Steuer pro Jahr	120
Max. Arbeiter	6

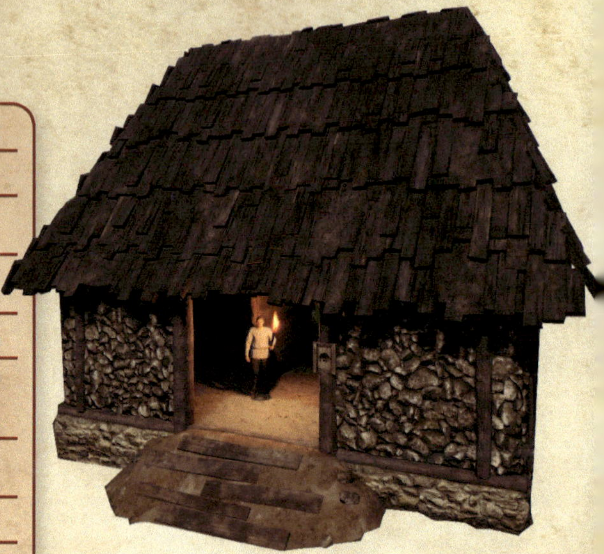

Craftingstationen

Werkbank	Herstellung von Tierfutter, Dünger, Tonbewurf und Mohnsamen
Mahlstein	Herstellung von Mehl
Dreschboden	Zum Dreschen von Getreide

Kaufbare Schemata

(keine)

Beschreibung:

Die letzte Ausbaustufe der Scheune hat nun Platz für sechs Arbeiter und ist deutlich haltbarer als ihre Vorgänger.

Feldschuppen

Technologie	Landwirtschaft
Erfahrung:	15
Kosten Fundament	8 Steine
Kosten Rohbau	6 Holzstämme
Kosten Ausbau	16 Stöcke 4 Holzstämme 16 Stroh
Truhenkapazität	150
Steuer pro Jahr	60
Max. Arbeiter	4

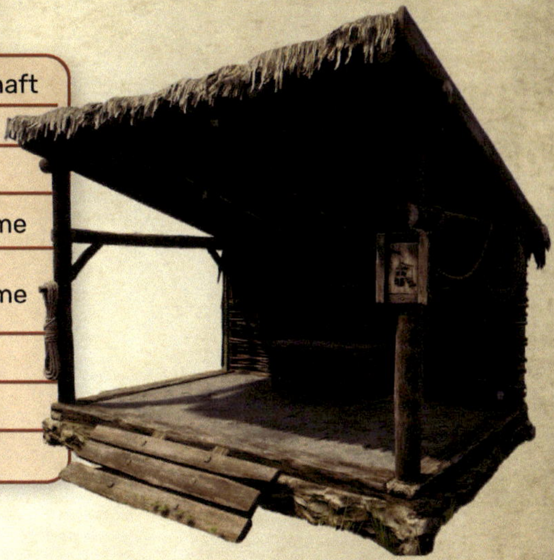

Craftingstationen

(keine)

Kaufbare Schemata

Vogelscheuche 50 | Taubenschlag 50

Beschreibung:

Bis zu 4 Landwirte können dem Feldschuppen zugeteilt werden. Sie sind für Arbeiten, wie die Pflege, Aussaat und Ernte der Felder und Plantagen zuständig.

Windmühle

Technologie	Landwirtschaft
Erfahrung:	10000
Kosten Fundament	4 Holzstämme 10 Bretter
Kosten Rohbau	8 Holzstämme
Kosten Ausbau	70 Holzstämme 10 Bretter
Truhenkapazität	2000
Steuer pro Jahr	120
Max. Arbeiter	1

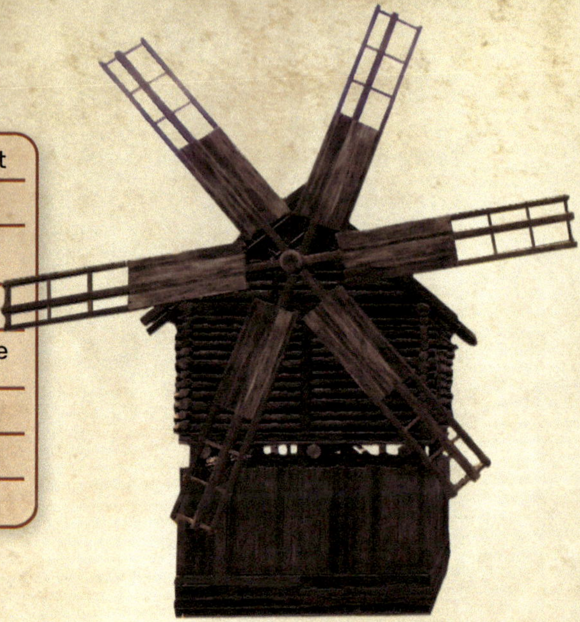

Craftingstationen

Mühlstein Herstellung von Mehl

Kaufbare Schemata

(keine)

Beschreibung:

Die lang ersehnte Mühle! Sie gibt deinem Dorf zusätzlichen Charme. Dort kannst du, sowie in der Scheune am Mahlstein, Mehl mahlen. Die Windmühle produziert, mit der gleichen Menge an Getreide, mehr als doppelt so viel Mehl wie die Scheune.

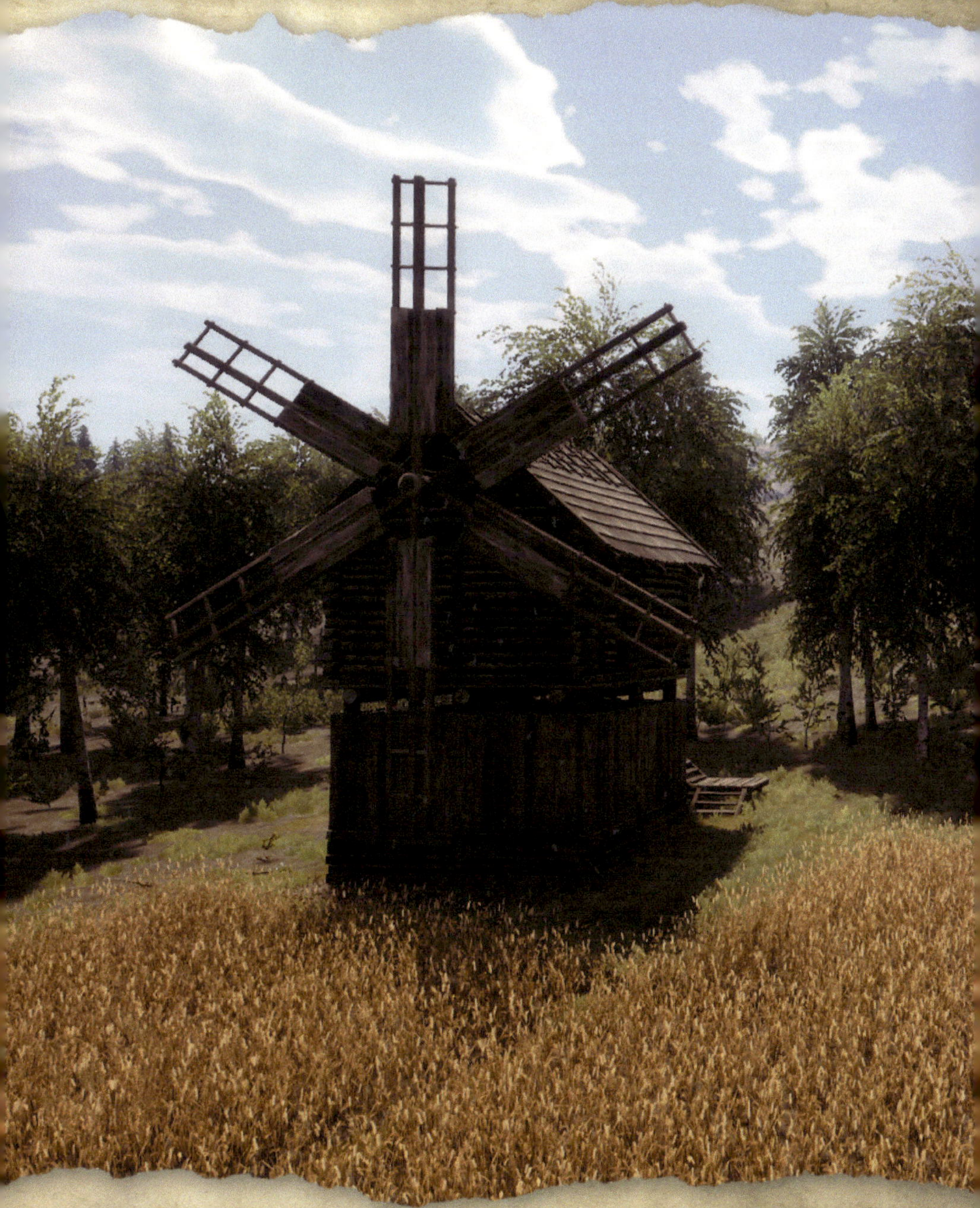

Hühnerstall

Technologie	Landwirtschaft
Erfahrung:	50
Kosten Fundament	6 Steine
Kosten Rohbau	4 Holzstämme
Kosten Ausbau	8 Holzstämme 30 Stöcke 24 Stroh
Sackkapazität	50
Steuer pro Jahr	30
Max. Arbeiter	1

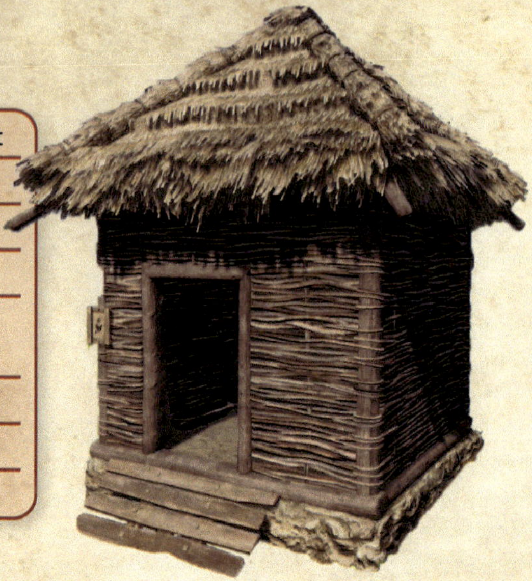

Craftingstationen

(keine)

Kaufbare Schemata

Tierfutter 50

Beschreibung:

Zehn Hühner und ein Tierzüchter finden im Hühnerstall Platz und produzieren Eier und Federn.

Schweinestall

Technologie	Landwirtschaft
Erfahrung:	100
Kosten Fundament	8 Steine
Kosten Rohbau	6 Holzstämme
Kosten Ausbau	12 Holzstämme 54 Stöcke 12 Stroh
Sackkapazität	50
Steuer pro Jahr	40
Max. Arbeiter	1

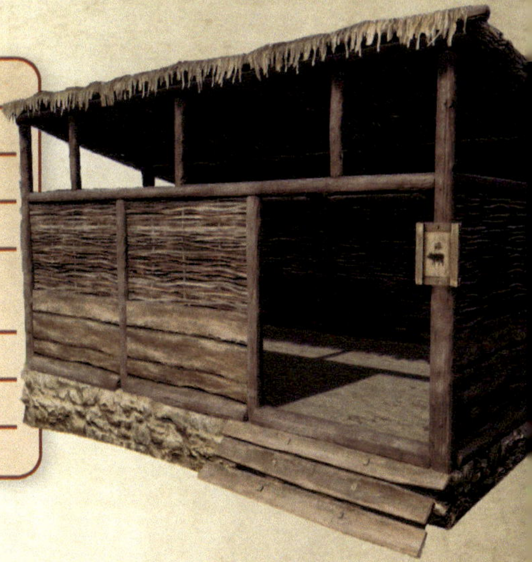

Craftingstationen

(keine)

Kaufbare Schemata

(keine)

Beschreibung:

Fünf Schweine und ein Tierzüchter finden im Schweinestall Platz und produzieren dort fleißig Dung.

Gänsehaus

Technologie	Landwirtschaft
Erfahrung:	500
Kosten Fundament	6 Steine
Kosten Rohbau	4 Holzstämme
Kosten Ausbau	9 Holzstämme 42 Stöcke 16 Stroh
Sackkapazität	50
Steuer pro Jahr	60
Max. Arbeiter	1

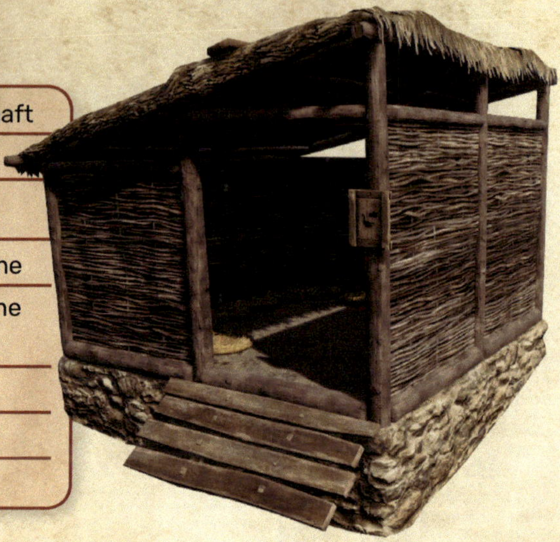

Craftingstationen

(keine)

Kaufbare Schemata

(keine)

Beschreibung:

Zehn Gänse und ein Tierzüchter finden im Gänsestall Platz und produzieren Eier und Federn.

Pferch

Technologie	Landwirtschaft
Erfahrung:	2500
Kosten Fundament	10 Steine
Kosten Rohbau	6 Holzstämme
Kosten Ausbau	13 Holzstämme 62 Stöcke 32 Stroh
Sackkapazität	50
Steuer pro Jahr	80
Max. Arbeiter	1

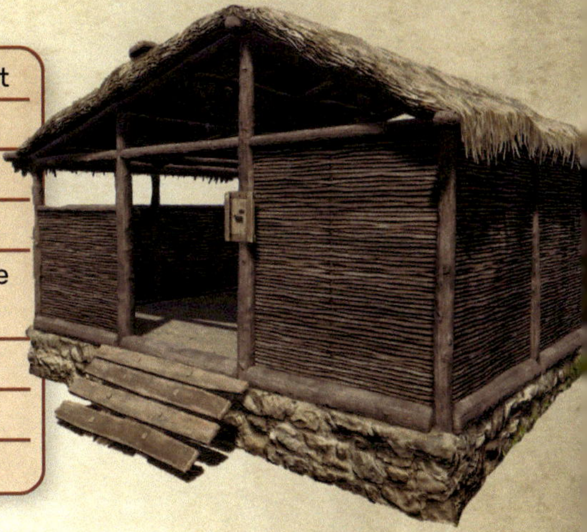

Craftingstationen

(keine)

Kaufbare Schemata

(keine)

Beschreibung:

Zwölf Ziegen oder Schafe (auch gemischt!) haben im Pferch Platz. Ziegen produzieren Milch und Schafe Wolle, wenn ein Tierzüchter dem Gebäude zugewiesen wurde.

Eimer für Milch und Scheren für die Wolle müssen im Materiallager vorhanden sein!

Auch du selbst kannst deine Schafe scheren und deine Ziegen melken.

Kuhstall

Technologie	Landwirtschaft
Erfahrung:	3500
Kosten Fundament	10 Steine
Kosten Rohbau	8 Holzstämme
Kosten Ausbau	18 Holzstämme 104 Stöcke 32 Stroh
Fass Kapazität	50
Steuer pro Jahr	100
Max. Arbeiter	1

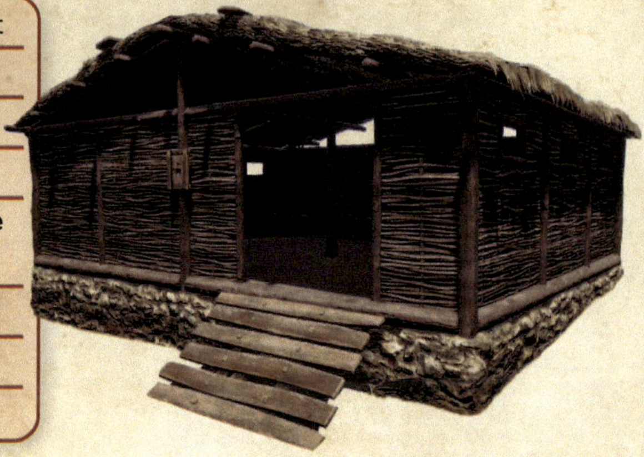

Craftingstationen

(keine)

Kaufbare Schemata

(keine)

Beschreibung:

Acht Kühe kommen in einem Kuhstall unter. Mit einem Tierzüchter produzieren sie Milch (Eimer mit Milch). Die Eimer müssen im Materiallager vorhanden sein!

Auch hier kannst du diese Arbeit selbst übernehmen.

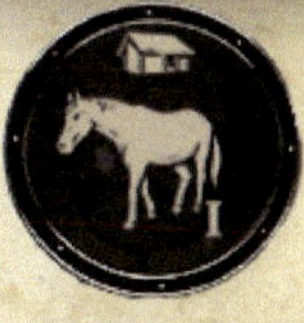

Eselstall

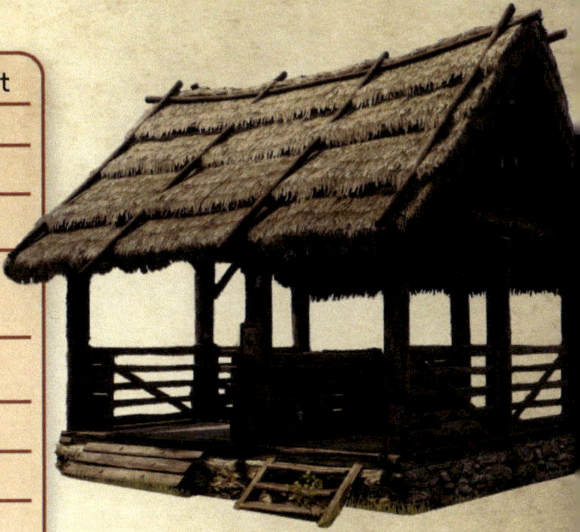

Technologie	Landwirtschaft
Erfahrung:	250
Kosten Fundament	8 Steine
Kosten Rohbau	6 Holzstämme
Kosten Ausbau	16 Bretter 4 Holzstämme 32 Stroh
Kosten Innenbereich	6 Bretter
Truhenkapazität	50
Steuer pro Jahr	60
Max. Arbeiter	1

Craftingstationen

(keine)

Kaufbare Schemata

Einfaches Spalier 500

Beschreibung:

Endlich haben Esel ihr eigenes Zuhause bekommen, den Eselsunterstand. Hier können 4 Esel untergebracht werden. Wie im Pferdestall auch, produziert hier ein angestellter Dorfbewohner nichts und dient bloß der Versorgung der Tiere.

Stall

Technologie	Landwirtschaft
Erfahrung:	2000
Kosten Fundament	12 Steine
Kosten Rohbau	10 Holzstämme
Kosten Ausbau	38 Holzstämme 48 Stroh
Kosten Innenbereich	16 Bretter
Truhenkapazität	100
Steuer pro Jahr	100
Max. Arbeiter	1

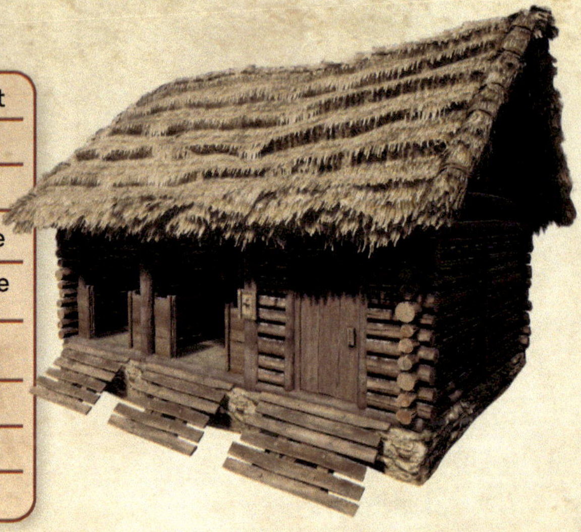

Craftingstationen

(keine)

Kaufbare Schemata

Laubenspalier 750

Beschreibung:

Insgesamt haben vier Pferde im Stall ihre Heimat. Seit der Version 1.4 können Esel nicht mehr dem Stall zugewiesen werden, da sie ihr eigenes Heim bekommen haben. Hast du in deinem alten Spielstand Esel im Stall stehen, bleiben sie dort, bis sie herausgeholt werden.

Der Tierzüchter übernimmt im Stall lediglich die Versorgung der Tiere und produziert nichts.

Bienenstock

Technologie	Landwirtschaft
Erfahrung:	5000
Kosten Fundament	6 Steine
Kosten Rohbau	4 Holzstämme
Kosten Ausbau	2 Holzstämme 16 Stroh 3 Bretter
Truhenkapazität	50
Steuer pro Jahr	40
Max. Arbeiter	1

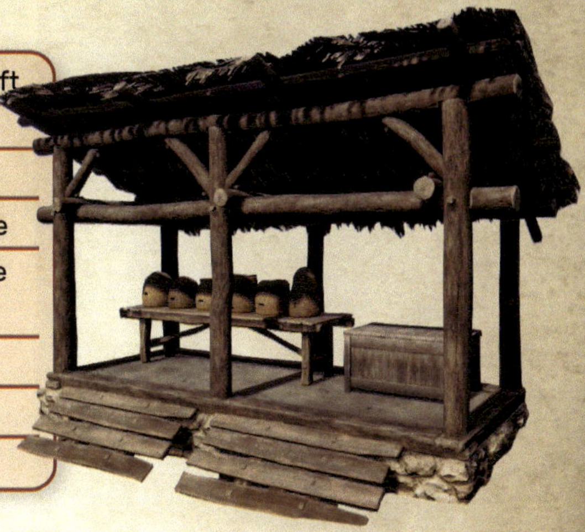

Craftingstationen

(keine)

Kaufbare Schemata

Bogenspalier 1000

Beschreibung:

Der Bienenstock produziert Honigwaben, wenn ein Imker zugewiesen wurde. Aus den Waben kannst du in der Schenke leckeren Met produzieren.

Du musst Bienen nicht extra kaufen, diese sind beim Bau des Gebäudes mit dabei.

Werkstatt I

Technologie	Produktion
Erfahrung:	5
Kosten Fundament (Stein)	10 Steine
Kosten Fundament (Holz)	8 Holzstämme
Kosten Rohbau	8 Holzstämme
Kosten Ausbau	4 Holzstämme 32 Stroh
Truhenkapazität	100
Steuer pro Jahr	40
Max. Arbeiter	1

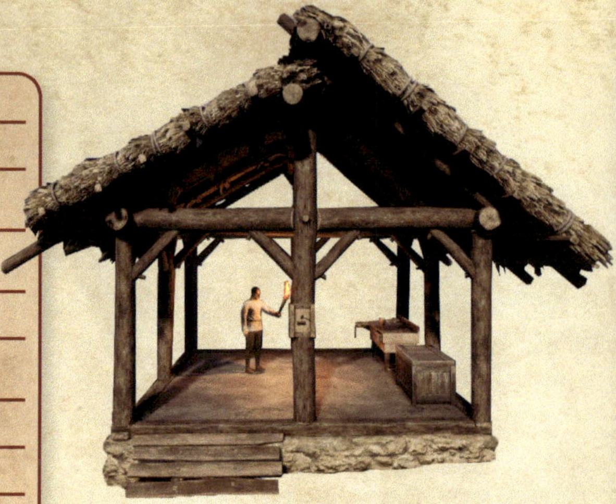

Craftingstationen

Werkbank	Herstellung hölzerner Alltagsgegenstände und Körbe

Kaufbare Schemata

Kleiner Weidenkorb 50	Holzschale 100	Holzbecher 100
Holzteller 100	Schöpfkelle 50	Holzlöffel 50
Eimer 100	Hölzerne Phiole 50	

Beschreibung:

An der hier vorhandenen Werkbank kannst du oder der angestellte Schreiner Gegenstände aus Holz fertigen.

Werkstatt II

Technologie	Produktion
Erfahrung:	250
Kosten Fundament (Stein)	10 Steine
Kosten Fundament (Holz)	8 Holzstämme
Kosten Rohbau	8 Holzstämme
Kosten Ausbau	32 Holzstämme 24 Bretter
Truhenkapazität	200
Steuer pro Jahr	80
Max. Arbeiter	2

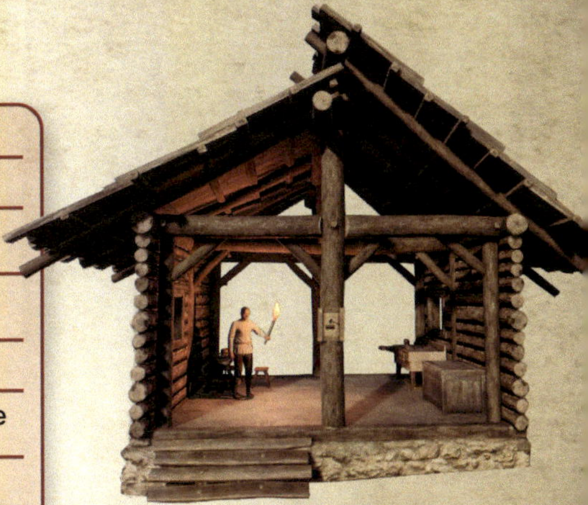

Craftingstationen

Werkbank	Herstellung hölzerner Alltagsgegenstände und Körbe
Töpferscheibe	Herstellung von Alltagsgegenständen aus Ton

Kaufbare Schemata

Tonvase mit Distel 100	Mittlerer Weidenkorb 200	Tonschale 300
Tonflasche 300	Tonkrug 300	Tonbecher 300
Tontasse 300	Flakon aus Ton 300	Tonvase 300
Tonvase mit Wegwarte 10	Tonvase mit Gänseblümchen 100	Tonvase mit Löwenzahn 100
Tonvase mit Bilsenkraut 100	Tonvase mit Johanniskraut 100	

Beschreibung:

In der verbesserten Werkstatt findest du nun auch eine zweite Craftingstation, die Töpferscheibe. Mit dieser lassen sich alle Tonwaren (Krüge, Flaschen und Becher) herstellen.
Außerdem findet ein zweiter Schreiner Platz.

Werkstatt III

Technologie	Produktion
Erfahrung:	3500
Kosten Fundament (Stein)	10 Steine
Kosten Fundament (Holz)	8 Holzstämme
Kosten Rohbau	8 Holzstämme
Kosten Ausbau	20 Holzstämme 56 Steine 48 Bretter
Truhenkapazität	300
Steuer pro Jahr	120
Max. Arbeiter	2

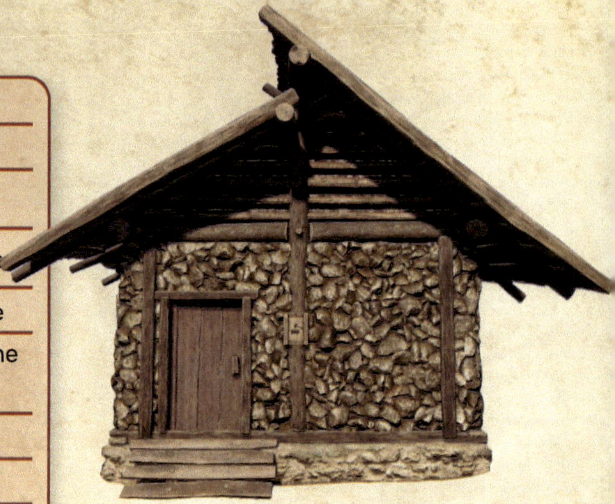

Craftingstationen

Werkbank	Herstellung hölzerner Alltagsgegenstände und Körbe
Töpferscheibe	Herstellung von Alltagsgegenständen aus Ton

Kaufbare Schemata

Großer Weidenkorb 350	Weidenkiste 500	Holzrad 500
Bierflasche 450	Metflasche 450	Weinflasche 450
Entfederungsstation 500	Hirsch-Relief 750	Tauben-Relief 750
Enten-Relief 750	Hecht-Relief 750	Hahn-Relief 750
Eichhörnchen-Relief 750	Wolfs-Relief 750	Karren 1000
Handlaterne 1000		

Beschreibung:

Die Werkstatt III hat zwar nicht mehr Platz oder Craftingstationen zu bieten, sie ist jetzt aber komplett geschlossen und aus stabilem Stein gebaut.

Schmiede I

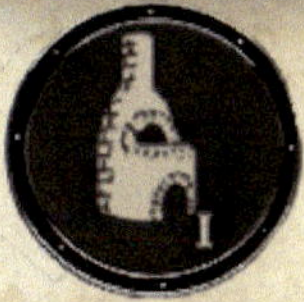

Technologie	Produktion
Erfahrung:	50
Kosten Fundament	8 Steine
Kosten Rohbau	8 Holzstämme
Kosten Ausbau	7 Holzstämme 24 Stöcke 32 Stroh
Truhenkapazität	100
Steuer pro Jahr	60
Max. Arbeiter	1

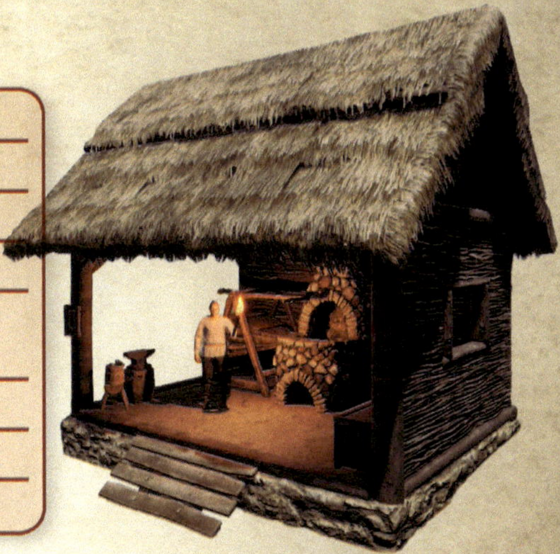

Craftingstationen

Amboss	Herstellung von allen Waffen und Werkzeugen aus Metall
Esse	Schmelze für Kupfer-, Zinn-, Bronze- und Eisenbarren
Werkbank	Herstellung von Stein- und Holzwerkzeugen und -waffen

Kaufbare Schemata

Holzbolzen 50	Knüppel 50	Steinsichel 100
Kupferhammer 100	Kupferaxt 150	Kupferhacke 150
Kupferschaufel 100	Kupfersichel 150	Kupfermesser 150
Kupferpfeil 100	Kupferbolzen 100	Kupferspeer 150

Beschreibung:

Das Schmelzen von Erzen und das Herstellen von Waffen und Werkzeugen ist die Aufgabe des Schmieds. Ein zugewiesener Schmied benötigt einen Hammer, damit er arbeiten kann.

Schmiede II

Technologie	Produktion
Erfahrung:	500
Kosten Fundament	8 Steine
Kosten Rohbau	8 Holzstämme
Kosten Ausbau	21 Holzstämme 24 Bretter
Truhenkapazität	200
Steuer pro Jahr	100
Max. Arbeiter	2

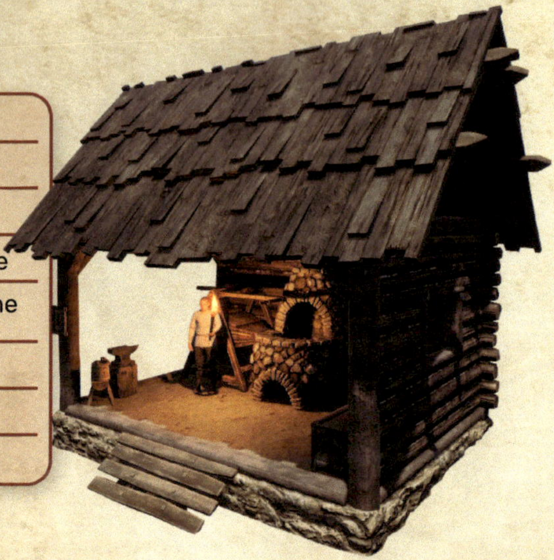

Craftingstationen

Amboss	Herstellung von allen Waffen und Werkzeugen aus Metall
Esse	Schmelze für Kupfer-, Zinn-, Bronze- und Eisenbarren
Werkbank	Herstellung von Stein- und Holzwerkzeugen und -waffen

Kaufbare Schemata

Bronzehammer 200	Bronzeaxt 250	Bronzespitzhacke 350
Bronzehacke 250	Bronzeschaufel 200	Bronzesichel 250
Bronzemesser 250	Bronzesense 350	Bronzepfeil 200
Bronzebolzen 200	Bronzespeer 250	Bronzeschurschere 200
Holzarmbrust 250		

Beschreibung:

Du kannst in der Schmiede II einen weiteren Schmied beschäftigen.

Schmiede III

Technologie	Produktion
Erfahrung:	5000
Kosten Fundament	8 Steine
Kosten Rohbau	8 Holzstämme
Kosten Ausbau	7 Holzstämme 22 Steine 48 Bretter
Truhenkapazität	300
Steuer pro Jahr	140
Max. Arbeiter	2

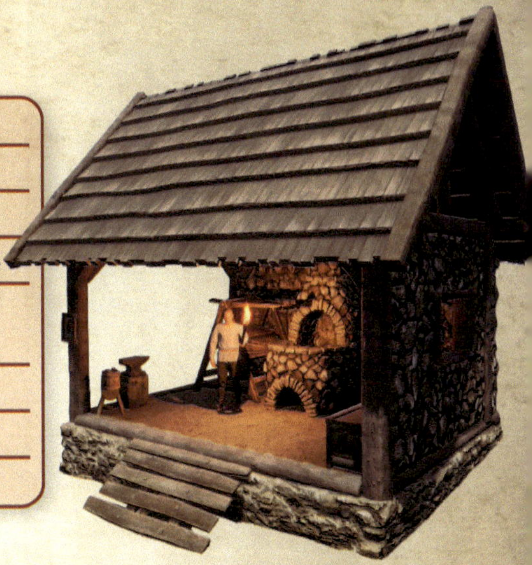

Craftingstationen

Amboss	Herstellung von allen Waffen und Werkzeugen aus Metall
Esse	Schmelze für Kupfer-, Zinn-, Bronze- und Eisenbarren
Werkbank	Herstellung von Stein- und Holzwerkzeugen und -waffen

Kaufbare Schemata

Eisenmesser 500	Eisenhacke 500	Eisenschaufel 400
Eisenspeer 500	Eisenarmbrust 1500	Eisenbolzen 500
Eisensense 750	Eisenaxt 500	Eisenspitzhacke 750
Eisenhammer 400	Eisenpfeil 250	Eisensichel 500
Hufeisen 200	Eisenschurschere 400	Stachelbesetzter Knüppel 500

Beschreibung:

Die Schmiede III ist nun stabil aus feuerfestem Stein gebaut (nein, die anderen Schmieden können nicht abbrennen!).

Näherei I

Technologie	Produktion
Erfahrung:	100
Kosten Fundament	8 Steine
Kosten Rohbau	8 Holzstämme
Kosten Ausbau	9 Holzstämme 24 Stöcke 40 Stroh
Truhenkapazität	50
Steuer pro Jahr	60
Max. Arbeiter	1

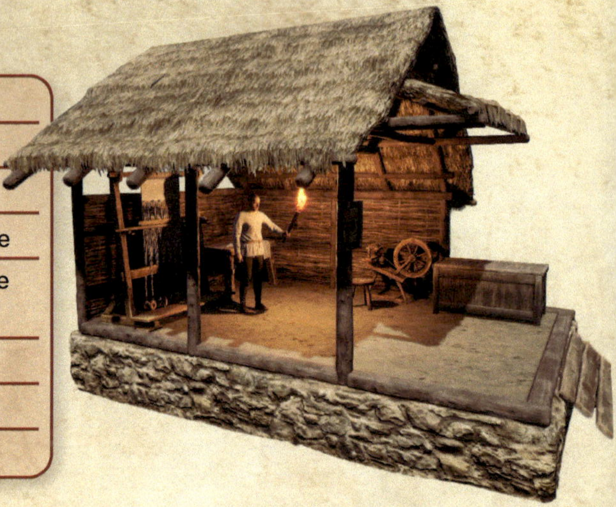

Craftingstationen

Schneidertisch	Herstellung von Kleidungsstücken, Schuhen und Zubehör
Spinnrad	Herstellung von Leinen- und Wollgarn
Webstuhl	Herstellung von Leinengewebe und Wollstoff

Kaufbare Schemata

Leinengarn 50	Säckchen 50	Leinengewebe 50
Einfaches Leinenhemd 200	Leinenhemd 250	Hose 200
Hose mit Manschetten 250	Pelzumhang 300	Bundhaube 100
Strohhut 50	Flacher Strohhut 100	Schuhe 200
Einfache Schuhe 100	Pelzschuhe 300	Dicke Lederhandschuhe 200
Kleine Gürteltasche 200	Einfacher kl. Rucksack 400	Sattel 500
Kleine Satteltasche 500	Bündel 100	Sack 150

Beschreibung:

Die Näherei bietet alles zur Herstellung von Stoffen und Gewändern.

Näherei II

Technologie	Produktion
Erfahrung:	750
Kosten Fundament	8 Steine
Kosten Rohbau	8 Holzstämme
Kosten Ausbau	57 Holzstämme 24 Bretter
Truhenkapazität	100
Steuer pro Jahr	100
Max. Arbeiter	1

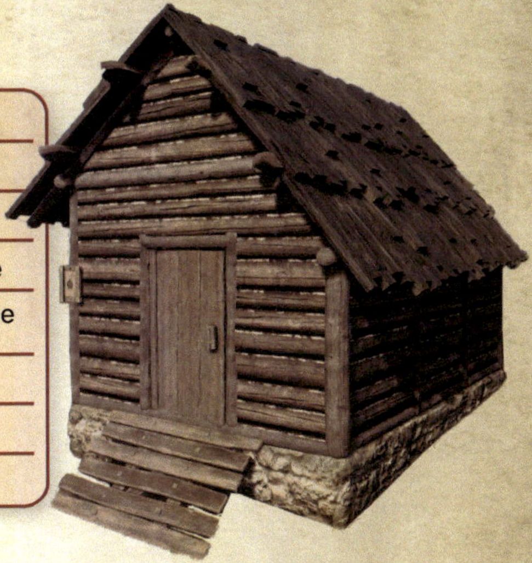

Craftingstationen

Schneidertisch	Herstellung von Kleidungsstücken, Schuhen und Zubehör
Spinnrad	Herstellung von Leinen- und Wollgarn
Webstuhl	Herstellung von Leinengewebe und Wollstoff

Kaufbare Schemata

Wollgarn 250	Einfache Tunika 500	Kniehose 300
Wollstoff 250	Kurzärmlige Tunika 500	Tunika 700
Wollstrumpfhose 400	Mütze 200	Kappe 150
Kappe mit Haube 200	Gugel 400	Gugel mit Pelzbesatz 600
Pelzstiefel 500	Stiefel 500	Gürteltasche 600
Einfacher Rucksack 1000	Satteltasche 1000	Waschstation 300
Wäscheleine 200		

Beschreibung:

Die Näherei II wurde wetterfest gebaut und hält nun mehr aus.

Näherei III

Technologie	Produktion
Erfahrung:	7500
Kosten Fundament	8 Steine
Kosten Rohbau	8 Holzstämme
Kosten Ausbau	15 Holzstämme 54 Steine 48 Bretter
Truhenkapazität	200
Steuer pro Jahr	140
Max. Arbeiter	2

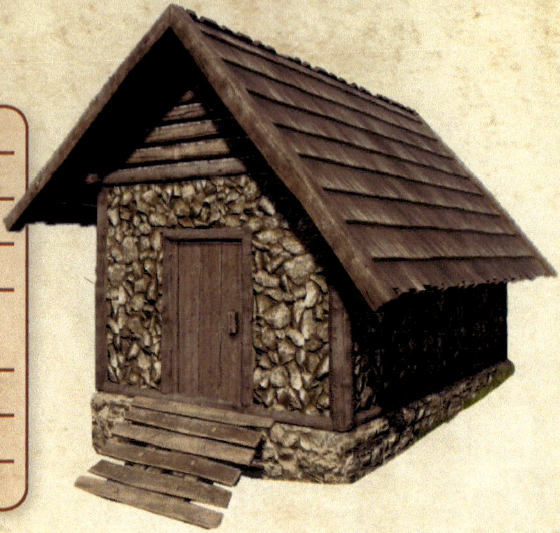

Craftingstationen

Schneidertisch	Herstellung von Kleidungsstücken, Schuhen und Zubehör
Spinnrad	Herstellung von Leinen- und Wollgarn
Webstuhl	Herstellung von Leinengewebe und Wollstoff

Kaufbare Schemata

Filzweste 1000	Gesteppte Weste 1500	Hut mit hoher Krempe 300
Filzhut 400	Schlauchmütze 500	Gugel mit langer Kapuze 500
Gugel mit langer Pelzkapuze 700	Schicke Schuhe 400	Edle Schuhe 500
Edle Stiefel 600	Große Gürteltasche 1000	Einfacher gr. Rucksack 2000
Große Satteltasche 2000		

Beschreibung:

In der Näherei III kannst du nun zwei Näher beschäftigen.

Küche I

Technologie	Produktion
Erfahrung:	25
Kosten Fundament	8 Steine
Kosten Rohbau	8 Holzstämme
Kosten Ausbau	10 Holzstämme 34 Stöcke 32 Stroh
Truhenkapazität	200
Steuer pro Jahr	40
Max. Arbeiter	1

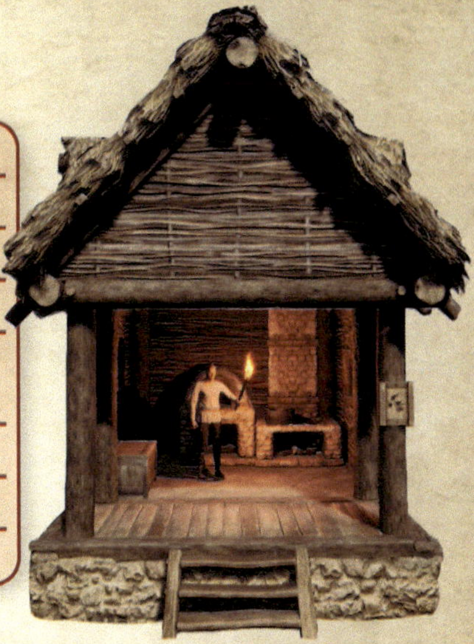

Craftingstationen

Backofen	Herstellung von Brot, Pastete, Tarte und Kuchen
Kessel	Herstellung von Brei, Suppen und anderen Gerichten
Grillrost	Braten von Fleisch und Fisch

Kaufbare Schemata

Haferbrei 50	Roggenbrei 50	Kohlsuppe 100
Eintopf 100	Rote Bete-Suppe 150	Fleisch mit Soße 150
Pilzsuppe 25	Rühreier 100	Quark 100
Butterungssation 100	Fladenbrot 100	Fladenbrot mit Zwiebeln 200

Beschreibung:

In der Küche werden alle zubereiteten Speisen hergestellt: Suppen aus dem Kessel, Brot und Kuchen aus dem Backofen und gegrilltes vom Steingitter. Die Zutaten und evtl. Gefäße müssen nur im entsprechendem Lager vorhanden sein und der Koch kann loslegen.

Küche II

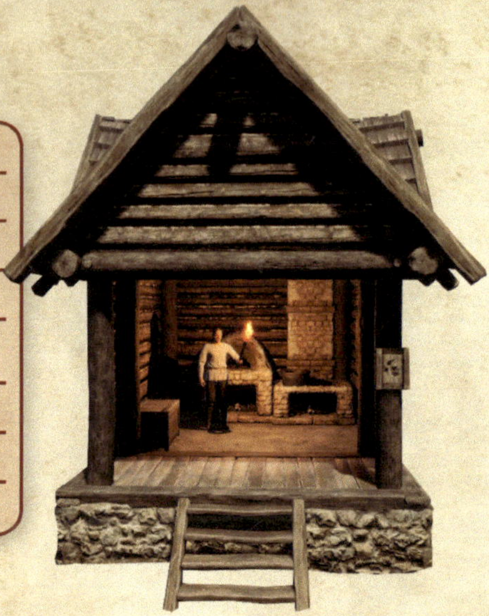

Technologie	Produktion
Erfahrung:	1500
Kosten Fundament	8 Steine
Kosten Rohbau	8 Holzstämme
Kosten Ausbau	38 Holzstämme 48 Bretter
Truhenkapazität	200
Steuer pro Jahr	80
Max. Arbeiter	2

Craftingstationen

Backofen	Herstellung von Brot, Pastete, Tarte und Kuchen
Kessel	Herstellung von Brei, Suppen und anderen Gerichten
Grillrost	Braten von Fleisch und Fisch

Kaufbare Schemata

Gemüsesuppe 200	Käse 300	Haferbrötchen 250
Roggenbrot 250	Weizenbrot 300	Mehrkornbrot 350
Weißbrot 350	Weizenbrötchen 300	Beerenbrei 100
Rühreier mit Pilzen 150		

Beschreibung:

Für die Versorgung großer Dörfer kannst du in der Küche II zwei Köche einstellen.

Schenke

Technologie	Produktion
Erfahrung:	10000
Kosten Fundament (Stein)	10 Steine
Kosten Fundament (Holz)	10 Holzstämme
Kosten Rohbau	10 Holzstämme
Kosten Ausbau	60 Holzstämme 96 Bretter
Truhenkapazität	300
Steuer pro Jahr	140
Max. Arbeiter	2

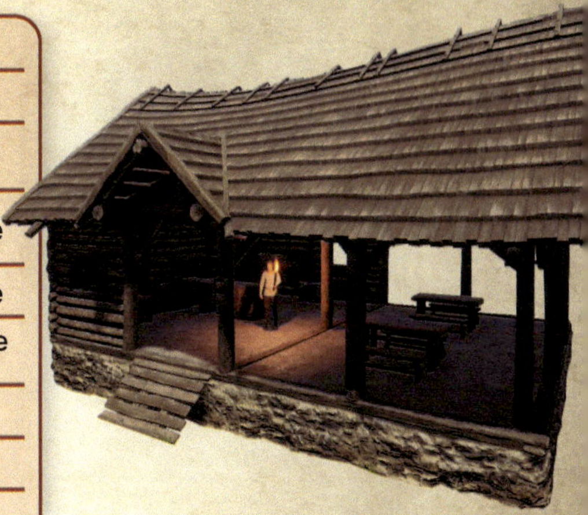

Craftingstationen

Braukessel	Herstellung von Ale, Bier und Met
Saftpresse	Herstellung verschiedener Säfte
Weinfass	Herstellung verschiedener Weine

Kaufbare Schemata

Fischtarte 350	Obsttarte 400	Fleischtarte 450
Fleischpastete 450	Obstkuchen 450	Birnentarte 450
Pflaumentarte 450	Mohnkuchen 500	Kirschkuchen 500
Apfelbrei 200	Beerensaft 150	Apfelsaft 200
Kirschsaft 200	Birnensaft 200	Pflaumensaft 200
Beerenwein 450	Apfelwein 550	Kirschwein 500
Birnenwein 550	Pflaumenwein 600	Met 500
Haferale 400	Haferbier 450	Roggenbier 450
Weizenbier 500		

Beschreibung: Alle Getränke werden hier hergestellt.

Marktstand

Technologie	Produktion
Erfahrung:	2500
Kosten Fundament	4 Holzstämme 4 Bretter
Kosten Rohbau	4 Holzstämme
Kosten Ausbau	8 Leinengewebe
Kosten Innenbereich	4 Bretter
Truhenkapazität	keine
Steuer pro Jahr	60
Max. Arbeiter	1

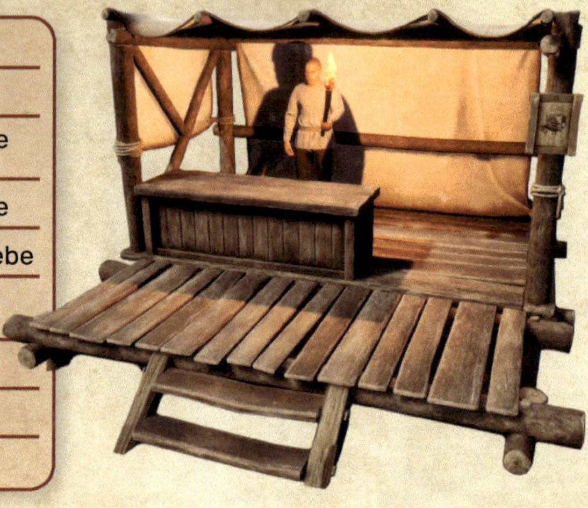

Craftingstationen

(keine)

Kaufbare Schemata

(keine)

Beschreibung:

Ein zugewiesener Händler verkauft die von dir eingestellten Waren. Öffne den ***Verwaltungsbildschirm***, um die Warengruppe des Verkaufstands und die verkauften Waren zu ändern.

Es gibt Marktstände für Werkzeuge (und Waffen), Kleidungsstücke, Material, Nahrung sowie Kräuter (und Tränke). Je nach Warengruppe verändert sich das Aussehen des Marktstandes.

Bauhütte

Technologie	Bautechnik
Erfahrung:	7500
Kosten Fundament	8 Steine
Kosten Rohbau	4 Holzstämme
Kosten Ausbau	12 Holzstämme 32 Stroh 60 Stöcke
Truhenkapazität	100
Steuer pro Jahr	100
Max. Arbeiter	1

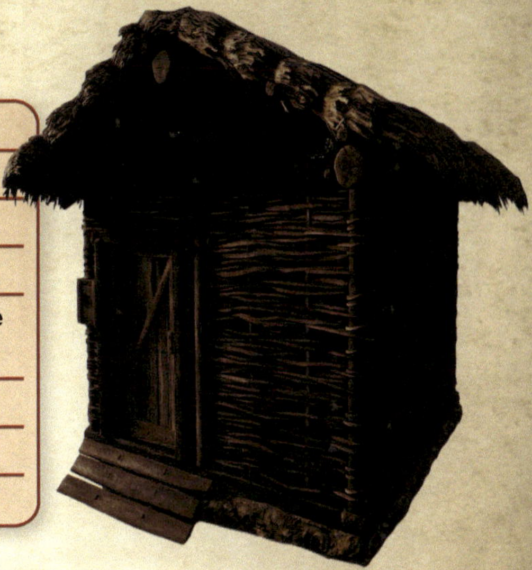

Craftingstationen

(keine)

Kaufbare Schemata

Großes Blumen-Himmeli 1500	Feuerschale 1500	Niedriger Blumentopf aus Stein 1500
Eisenzaun 1500	Eisengatter 1500	Holzsteg mit Geländer 1500

Beschreibung:

Ein Bauhandwerker in der Bauhütte produziert nichts. Allerdings repariert er selbstständig alle deine beschädigten Gebäude im Dorf, sofern die Materialien für die Reparatur im Materiallager vorhanden sind.

Materiallager I

Technologie	Bautechnik
Erfahrung:	50
Kosten Fundament (Stein)	12 Steine
Kosten Fundament (Holz)	10 Holzstämme
Kosten Rohbau	10 Holzstämme
Kosten Ausbau	20 Holzstämme 48 Stroh 64Stöcke
Kosten Innenbereich	4 Holzstämme
Truhenkapazität	1000
Steuer pro Jahr	60
Max. Arbeiter	keine

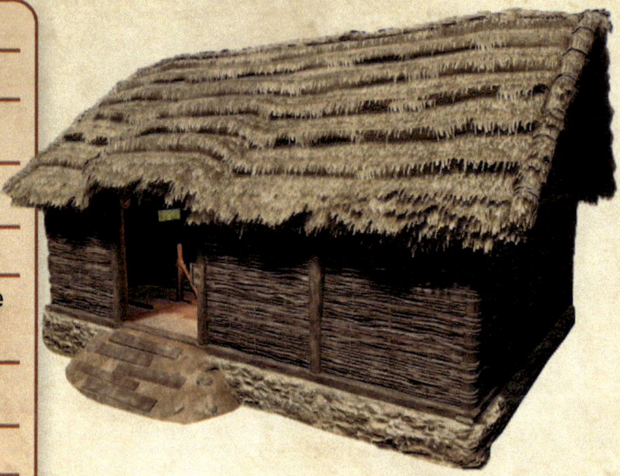

Craftingstationen

(keine)

Kaufbare Schemata

Sitzbaumstumpf 250	Stockzaun 150	Stockgatter 200
Niedriger Stockzaun 50		

Beschreibung:

Im Materiallager lagerst du alle Gegenstände, Ressourcen, Werkzeuge und Materialien außer Nahrungsmitteln ein.

Die Dorfbewohner und Arbeiter holen sich hier selbstständig benötigte Werkzeuge und Materialien (die Bewohner Feuerholz, ein Schmied Hammer und Erze, der Landwirt Samen, Dünger und Sense etc.).

Materiallager II

Technologie	Bautechnik
Erfahrung:	1000
Kosten Fundament (Stein)	12 Steine
Kosten Fundament (Holz)	10 Holzstämme
Kosten Rohbau	10 Holzstämme
Kosten Ausbau	78 Holzstämme 30 Bretter
Kosten Innenbereich	4 Holzstämme
Truhenkapazität	2000
Steuer pro Jahr	120
Max. Arbeiter	-

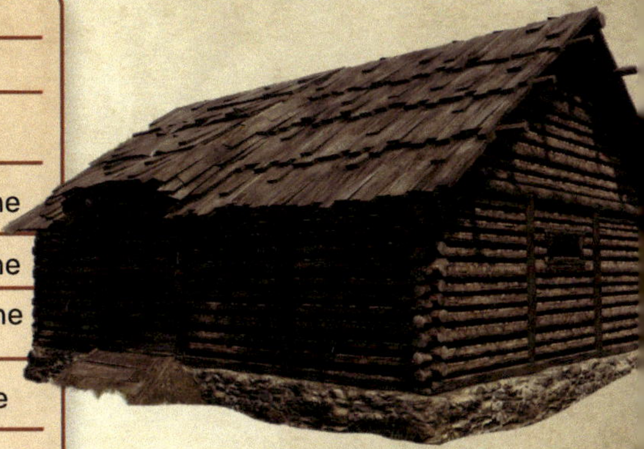

Craftingstationen

(keine)

Kaufbare Schemata

Holzzaun 800	Holzgatter 800	Verstärkte Holztür 1000
Holzfensterläden 500	Verstärktes Holzregal 500	Doppelte Hakenleiste 500
Stroh-Himmeli 250	Einfache Holzbank 500	Einfacher Holztisch 500
Blumentopf aus Ton 500	Stehende Feuerschale 500	Kl. Pflanzgefäß aus Holz 500
Überdachter Torbogen 1000		

Beschreibung:

Das Materiallager II bietet mehr Speicherkapazität.
Hast du mehrere Materiallager, dann addieren sie ihr Inventar und ihre Kapazität. Du hast in einem Lager Zugriff auf den kompletten Inhalt aller Materiallager.

Materiallager III

Technologie	Bautechnik
Erfahrung:	10000
Kosten Fundament (Stein)	12 Steine
Kosten Fundament (Holz)	10 Holzstämme
Kosten Rohbau	10 Holzstämme
Kosten Ausbau	26 Holzstämme 60 Bretter 98 Steine
Kosten Innenbereich	4 Holzstämme
Truhenkapazität	4000
Steuer pro Jahr	180
Max. Arbeiter	-

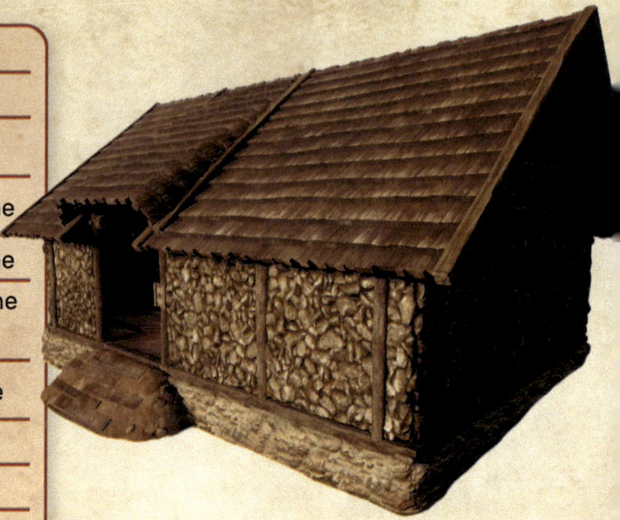

Craftingstationen

(keine)

Kaufbare Schemata

Großes Blumenkranz-Himmeli 2000 Glockenpfahl 2000 Bretterbrücke 2000

Beschreibung:

Im größten der drei Materiallager hast du 4000 kg Lagerkapazität. Außerdem ist es durch seine Steinbauweise auch das robusteste!

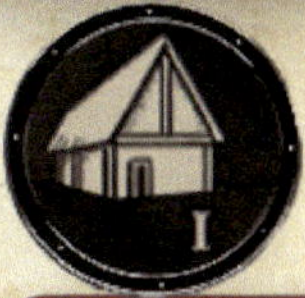

Nahrungsmittellager I

Technologie	Landwirtschaft
Erfahrung:	5
Kosten Fundament (Stein)	14 Steine
Kosten Fundament (Holz)	8 Holzstämme
Kosten Rohbau	10 Holzstämme
Kosten Ausbau	29 Holzstämme 32 Stroh 62 Stöcke
Kosten Innenbereich	3 Holzstämme
Truhenkapazität	500
Steuer pro Jahr	40
Max. Arbeiter	-

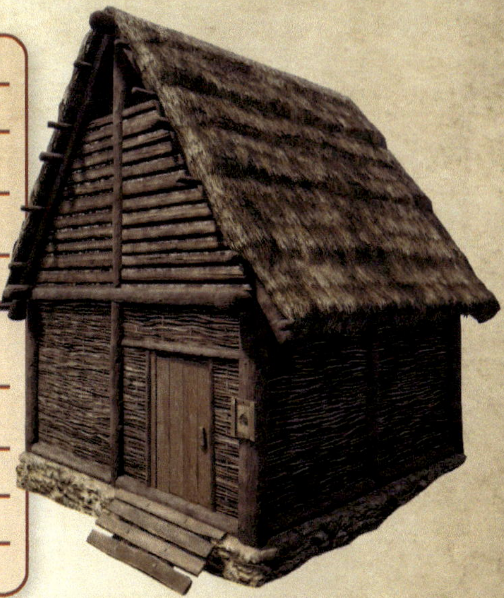

Craftingstationen

(keine)

Kaufbare Schemata

(keine)

Beschreibung:

Im Nahrungsmittellager werden alle verderblichen Nahrungsmittel, rohes, gesalzenes und getrocknetes Fleisch und Fisch sowie alle Speisen, Getränke und Pilze gelagert. Verdorbenes kann es auch lagern.

Alle Nahrungsmittellager erhöhen die Haltbarkeit der von in ihnen gelagerten Lebensmittel um das Vierfache des Spielerinventars.

Nahrungsmittellager II

Technologie	Landwirtschaft
Erfahrung:	1000
Kosten Fundament (Stein)	14 Steine
Kosten Fundament (Holz)	8 Holzstämme
Kosten Rohbau	10 Holzstämme
Kosten Ausbau	60 Holzstämme 24 Bretter
Kosten Innenbereich	3 Holzstämme
Truhenkapazität	1000
Steuer pro Jahr	80
Max. Arbeiter	-

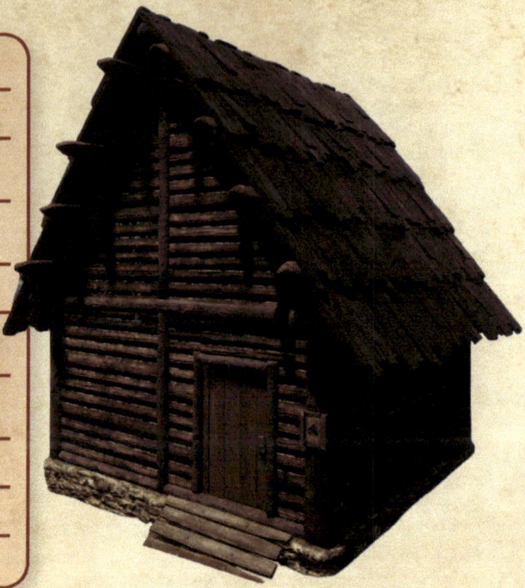

Craftingstationen

(keine)

Kaufbare Schemata

(keine)

Beschreibung:

Wie auch die Materiallager addieren alle Nahrungsmittellager ihre Kapazität untereinander und du hast von jedem Nahrungsmittellager aus auf den Inhalt aller Zugriff.

Nahrungsmittellager III

Technologie	Landwirtschaft
Erfahrung:	6500
Kosten Fundament (Stein)	14 Steine
Kosten Fundament (Holz)	8 Holzstämme
Kosten Rohbau	10 Holzstämme
Kosten Ausbau	28 Holzstämme 24 Bretter 64 Steine
Kosten Innenbereich	3 Holzstämme
Truhenkapazität	2000
Steuer pro Jahr	120
Max. Arbeiter	-

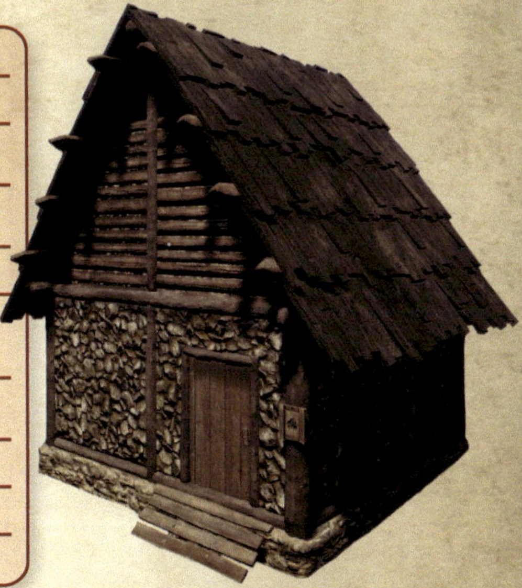

Craftingstationen

(keine)

Kaufbare Schemata

(keine)

Beschreibung:

Das stabilste Nahrungsmittellager mit der größten Kapazität.

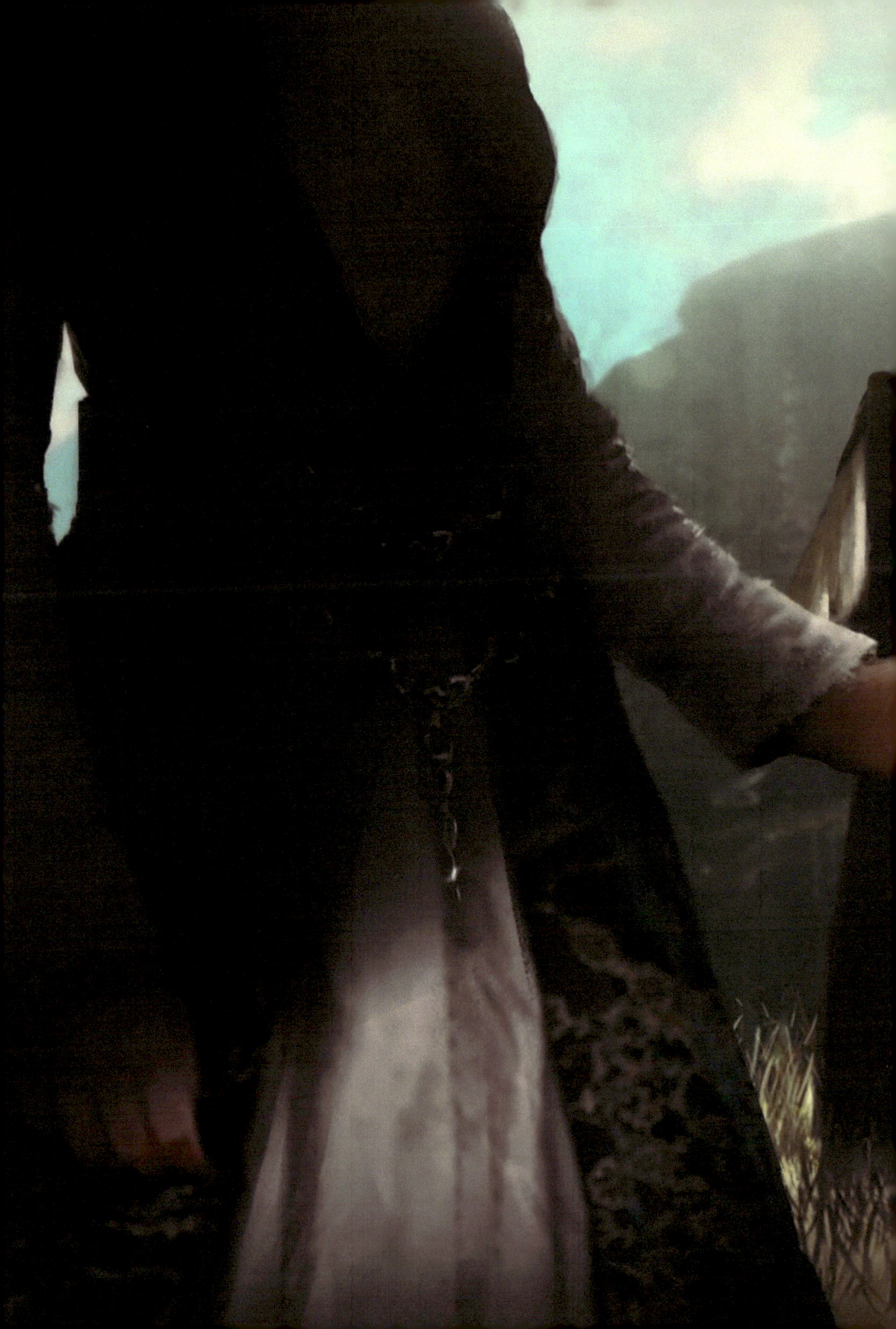

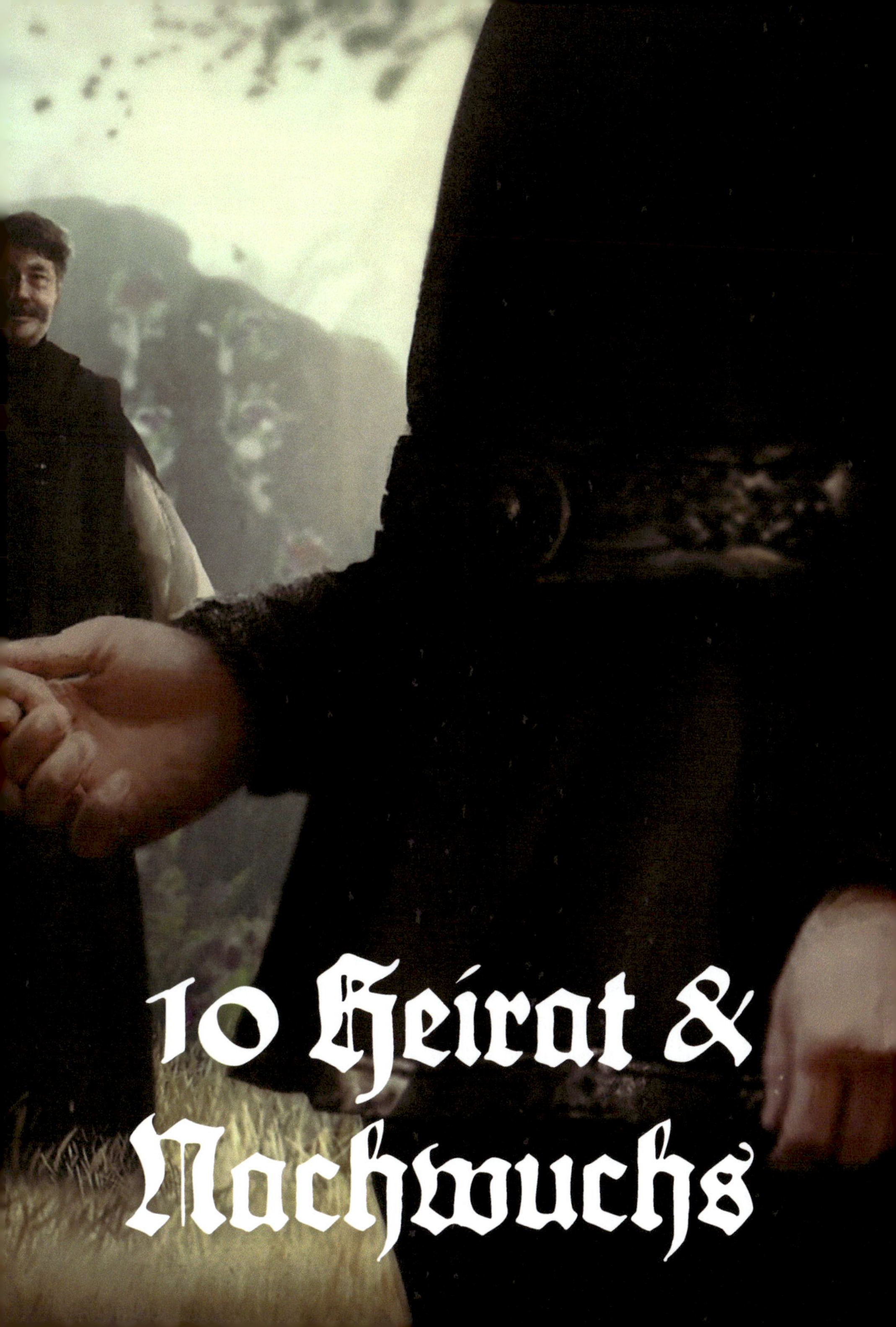

10 Heirat & Nachwuchs

Du siehst nicht aus, als wärst du unter der Haube – denn wenn, was tätest du hier denn ganz alleine? Wärst du nicht bei deinem Weib und deinen Kindern? Ah, kein Grund sich zu schämen, auch ich habe erst spät gefreit – aber dafür nie bereut! Ja, wohl überlegt will es sein, nicht nur mit dem Herzen, sondern auch mit dem Verstande beschlossen, wenn man den Sprung über das Feuer wagt.

Ah, ich vergaß, du wirst wahrscheinlich nicht wissen, was ich damit meine – es ist eine Tradition der Menschen hier, ein alter Brauch, den die Äbte und Mönche gar nicht so gerne sehen. Heidnisch nennen es die Höflichen, gotteslästerlich und einen Frevel die Verbissenen – aber alte Bräuche sterben ebenso langsam wie alte Götter. Du musst verstehen, in früheren Zeiten, und so lange sind die gar nicht her, war das mit der Heirat und Ehe hier im Slawenlande noch eine ganz andere Sache. Wenn zwei junge Menschen sich fanden, dann sprangen sie im Frühjahr gemeinsam über das Feuer, vor allen versammelten Freunden, Verwandten, dem ganzen Dorf!

Aber das war noch nicht die Heirat, kein Bündnis für immer. Das Mädchen nahm den Jungen für ein Jahr auf Probe, prüfte, ob er etwas taugte. Falls nicht, löste sie die Verbindung wieder auf – ja, genau das ist es, was den Betbrüdern so missfällt! Und wenn sie dann ein Kind unter dem Herzen trug, war das keine Schande, kein Grund zur Scham – im Gegenteil! Junge Frauen mit einem Kind waren begehrter als Jungfrauen, denn sie hatten gezeigt, dass ihr Schoß fruchtbar ist – und sie wählerisch sind.

Man munkelt, in manchen noch weiter abgelegenen Tälern gilt dies immer noch, ebenso weiter im Osten, dort wo die Rus leben. Aber hier haben sich die Zeiten geändert – ob zum Guten oder zum Schlechten, darob mag ich nicht richten. Wenn du mich fragst, hatten viele der alten Bräuche ihr gutes Recht, und wir sollten sie nicht achtlos beiseiteschieben.

Wie auch immer, hier wird nach neuer Sitte geheiratet, und das bedeutet keine Probezeit. Wer sich bindet, tut dies fürs Leben! Entsprechend musst du dich anstrengen, das Herz deiner Erwählten, und oft genug auch die Zustimmung ihres Vaters, zu erobern. Ein guter Ruf, ein tadelloser Stand bei den wichtigen Leuten des Dorfes, ist der erste Schritt dorthin! Wenn der alte Schmied voll des Lobes für deine Kraft, der Großbauer für deinen Fleiß und der Vogt für deine Ehrlichkeit ist, dann sticht dies immer hervor.

Und, natürlich, du musst deinem Weibe auch etwas bieten können! Ein armer Schlucker ohne ein Dach über dem Kopf wird für keines der hübschen Mädchen hier im Tal die erste Wahl sein – seien wir ehrlich, nicht einmal die zweite oder dritte.

Ein festes Haus, das den Herbststürmen trotzen kann, Geschick mit Pfeil und Bogen, ein Stück Land, das du fruchtbar und ertragreich bewirtschaftest, dazu genug klingende Kupferstücke und Silbermünzen in deinem Beutel – und natürlich ein gesundes Aussehen. Gesund und stark zu wirken, ist hier wichtiger als die Haare nach der Mode der Städter zu tragen. Und lass dir einen Bart wachsen! So wie meinen, nur nicht in Grau!

10 Heirat & Nachwuchs

10.1 Einen Partner finden

Nachdem eine Dynastie erst mit mehr als einer Generation beginnt, ist es eines der wichtigsten Ziele im Spiel, einen Erben in die Welt zu setzen. Das allerdings ist eine Herausforderung, die du nicht ganz alleine meistern kannst. Du brauchst einen Partner, und dann soll es vermutlich auch nicht einfach irgendeinen sein.

Aber beginnen wir am Anfang. Mögliche Heiratskandidatinnen findest du in NPC-Dörfern oder sogar in deinem eigenen Dorf. Du kannst um die Hand jeder Person des anderen Geschlechts anhalten, die du auch in dein Dorf einladen kannst oder vielleicht schon dorthin eingeladen hast. Mit zwei wichtigen Bedingungen:

- Sie dürfen noch nicht vergeben sein.
- Der Altersunterschied zwischen euch muss weniger als 10 Jahre sein.

Die festen Bewohner von NPC-Dörfern und die einzigartigen NPCs, die dir im Tal während Familien-Quests begegnen, können nicht geheiratet werden.

Indem du die angebetete Person sofort in dein Dorf einlädst, kannst du sicherstellen, dass sie nicht weiterzieht, bevor du die entscheidende Frage stellen kannst. Achte nur darauf, mit wem du sie in ein Haus ziehen lässt. Ist es ein passender NPC des anderen Geschlechts könnte sie ihm dir gegenüber den Vorzug geben.

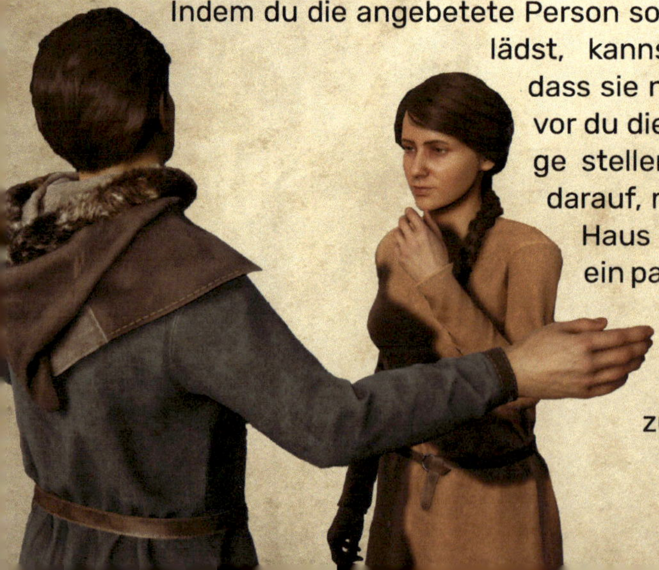

Persönlichkeiten der Partner

Als Dorfanführer kannst du dir deinen Lebenspartner aussuchen. Heirate nach reiflicher Überlegung oder einfach aus Liebe. Warte nur nicht zu lange und bedenke, dass jeder einmal sterben muss. Dein Erbe muss mindestens 18 Jahre alt sein, wenn das Unvermeidliche eintritt (jede Jahreszeit ab 60 kann die letzte sein).

Im Spiel werden dir verschiedene Frauen und Männer mit vier unterschiedlichen Persönlichkeitstypen begegnen. Dialoge und ihre Reaktionen auf Annäherungsversuche und Geschenke hängen maßgeblich von diesen Persönlichkeitstypen ab. Hier listen wir dir die Persönlichkeiten der Frauen, ihre Reaktionen auf alle Gesprächsthemen und was ihre Lieblingsgeschenke sind. Die männlichen Pendants zu den Persönlichkeiten der Frauen, findest du im Kapitel **Oxbow**.

Freigeist

Wild, frei und kreativ. Sie säuft dich unter den Tisch und sehnt sich nach den Abenteuern der weiten Welt. Auf geschmacklose Witze setzt sie noch einen obendrauf. Wenn der Rest der Welt sie nur nicht vor allem anderen am liebsten an einen Herd gefesselt sehen würde.

Positive Themen	Komplimente, Anmache, Morgensonne, Ehrlichkeit, fast alle Tiere, ihre Stimme, ihre Augen, Scheidung, Klugheit
Gleichgültige Themen	Medizin, Liebe, Fleiß, ihre Kleidung, ihre Sensibilität, Schmetterlinge
Negative Themen	Königsschloss, Mutter sein, Tod, öde Welt, des Königs Zukunft, athletische Figur
Beste Geschenke	Glasperlen (500), Flöte (500), getrocknete Datteln (750), getrocknete Feigen (750), Madeirawein (1000)

Fleißige Biene

Hart arbeitend und häuslich. Sie meistert alle praktischen Herausforderungen wie keine andere und packt ohne zu zögern überall mit an. Konzentriere dich auf das, was du vor dir hast, und verschwende keine Zeit mit Tagträumerei. Wenn der Rest der Welt nur so effizient wäre wie sie.

Positive Themen	Fleiß, Ehrlichkeit, Klugheit, fast alle Tiere, Scheidung, Mutterschaft, athletische Figur, Medizin, Witze
Gleichgültige Themen	Königsschloss, Vögel, Anmache, ihre Stimme, ihr Duft
Negative Themen	Liebe, Tod, Morgensonne, Komplimente, ihre Kleidung, ihre Augen, öde Welt, wie anspruchsvoll sie ist, des Königs Zukunft
Beste Geschenke	Bettdecke (500), Fingerhut (500), Glasflasche (750), Nadelbüchlein (750), Gewürzbeutel (1000)

Romantikerin

Voller Liebe und Sehnsucht. Sie ist eine empfindliche Seele, die ihrem Herzen folgt und sich danach sehnt, es dir und eurem zukünftigen Kind zu öffnen. Galant und nobel sollte der Mann ihrer Träume sein. Wenn der Rest der Welt nur etwas mehr wie eine romantische Ballade wäre.

Positive Themen	Des Königs Zukunft, Königsschloss, Ehrlichkeit, Liebe, Vögel und Schweine, Mutterschaft, ihre Augen, ihre Stimme, Komplimente, Tod, öde Welt, Morgensonne, ihre Kleidung
Gleichgültige Themen	ihr Geruch, Witze, Medizin, schlechte Dinge, Klugheit
Negative Themen	fast alle Tiere, Scheidung, Fleiß, Anmache, ihre athletische Figur
Beste Geschenke	Parfüm (500), Handfächer (500), Seidenschal (750), Kaptorga (1000)

Prinzessin

Stolz und selbstverliebt. Sie schätzt ihren Wert besonders hoch ein und eine Krone würde viel besser auf ihren Kopf passen als eine Hacke in ihre Hand. Ohne Frage ist sie die Schönste im ganzen Land. Wenn der Rest der Welt sie nur endlich über mehr herrschen lassen würde als ein paar Hühner.

Positive Themen	Des Königs Zukunft, Königsschloss, Komplimente, ihre Stimme, ihre Augen, ihr Geruch, Vögel, Morgensonne, Ehrlichkeit, ihre Schläue, Tod
Gleichgültige Themen	Liebe, Scheidung, Mutterschaft, Medizin, öde Welt, schlechte Dinge, fast alle Tiere, Fleiß
Negative Themen	Witze, Bienen, Anmache, ihre athletische Figur, ihre Kleidung
Beste Geschenke	Bernstein-Halskette (500), Silberne Ohrringe (500), Goldener Ring (750), Schmuckschachtel (1000), Lunula (750),

Zuneigung gewinnen

Die Persönlichkeit einer Person zu kennen, ist der Schlüssel zu ihrem Herzen. Die ***Empathie***-Fertigkeit (Diplomatie) kann dir dabei eine große Hilfe sein. Beim ersten Gespräch wird dir dann sofort die Persönlichkeit einer Person an.

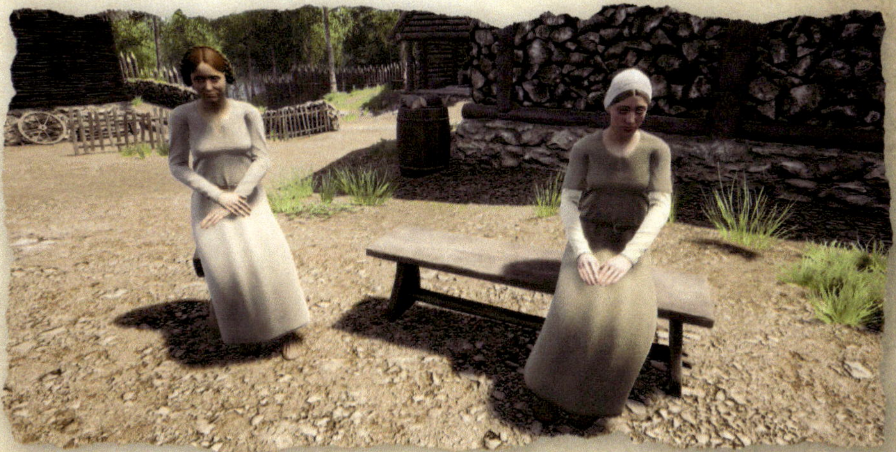

Praktischerweise reicht ein Blick auf das erste Fenster des Dialogmenüs aus, um dir zu zeigen, wie viel Zuneigung sie bereits für dich empfindet und wie sich diese deinen Entscheidungen entsprechend verändert, ganz ohne spezielle Fertigkeit. Fremde beginnen immer mit 0 % Zuneigung. Diese Prozentzahl steigert sich oder sinkt, je nachdem, welche romantischen Dialogoptionen du auswählst oder was für Geschenke du überreichst. Verwechsle hierbei nicht Stimmung und Zuneigung!

Keiner wird einer Heirat oder, später, einem gemeinsamen Kind zustimmen, wenn seine Zuneigung dir gegenüber nicht groß genug ist.

Zuneigung ist nicht nur entscheidend dafür, das Herz einer Person zu gewinnen, sondern auch dafür, es zu behalten. Bemühst du dich nach der Hochzeit nicht mehr um die Zuneigung deines Partners, wird diese sinken und er wird dich am Ende verlassen. Ist dein Erbe zu diesem Zeitpunkt noch jünger als 18 Jahre, kann dein Partner ihn mitnehmen. Seine eigene Zuneigung dir gegenüber ist dabei ausschlaggebend. Um eine solche Familientragödie zu verhindern, sprich hin und wieder mit deinem Partner, hilf bei Familien-Quests, wenn du im Tal spielst und auch Geschenke werden natürlich gern gesehen.

Wie bei anderen NPCs, verändert sich auch bei deinem Partner und deinem Kind die Stimmung, abhängig von ihren Lebensbedingungen. Und wie jeder andere Dorfbewohner werden auch sie dich verlassen, wenn ihre Stimmung auf minus 100 gesunken ist. Zuneigung spielt allerdings nur bei Heiratskandidatinnen und deiner Familie eine Rolle.

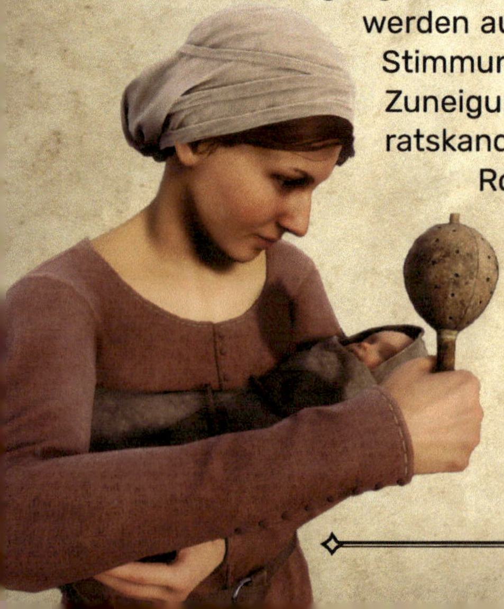

Schauen wir uns im Folgenden einmal genauer an, was es mit Gesprächen und Geschenken auf sich hat.

Gespräche

Manche Personen im Spiel verfügen über eine zusätzliche Dialog-Kategorie: die Option „Romantisch". Sind sie bereits verheiratet oder aus einem anderen Grund nicht interessiert, werden sie es dir höflich mitteilen, keine weitere Unterhaltung dieser Art anbieten und dich an andere, möglicherweise passendere Kandidaten verweisen.

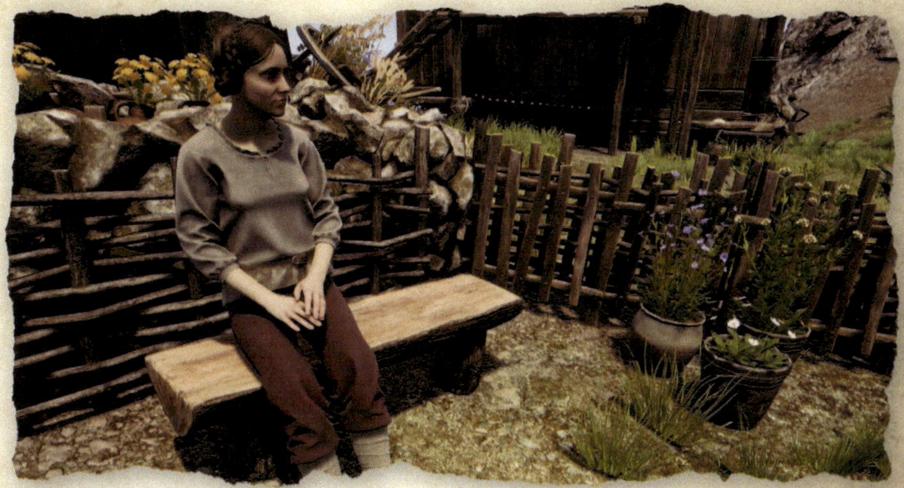

Die ersten 2 - 4 romantischen Gesprächsoptionen helfen dir, die Persönlichkeit einer Person zu verstehen und werden sie enthüllen, wenn du die ***Empathie***-Fertigkeit gelernt hast. Dieses erste Gespräch wird ihre Zuneigung grundsätzlich erhöhen.

Also, keine Sorge, du kannst gar nicht sofort einen schlechten Eindrucken machen. Es sei denn, du bist zu schmutzig oder betrunken. In diesem Fall wird sie sich erst wieder mit dir unterhalten, wenn du gewaschen bzw. ausgenüchtert bist.

Das Leben im Mittelalter ist geschäftig und nach einer kurzen Unterhaltung (2 - 4 Fragen oder Bemerkungen) wird die Person dir sagen, dass sie erst einmal über alles nachdenken muss. Besuche sie also am nächsten Tag wieder, um den Faden wieder aufzunehmen.

Nun behalte die Persönlichkeit der Person im Hinterkopf und wähle deine Dialogoptionen entsprechend aus. Die Fleißige Biene und der Pragmatiker, beispielsweise, arbeiten viel und hart. Sie lieben es, wenn man sie dafür lobt, können aber im Gegenzug nichts mit unwichtigen Nebensächlichkeiten und Intrigen am Königshofe anfangen. Die Prinzessin und der Erfinder sehen das Ganze genau andersherum.

Zwei der Diplomatie-Fertigkeiten helfen dir dabei, romantische Gespräche spielend leicht zu führen:

Romeo in Stufe 1: Je nach Abstufung erhältst du 10 %, 30 % oder 50 % mehr Zuneigung bei romantischem Geplänkel.

Empathie in Stufe 2: Du siehst du neben der %-Anzeige auch die Persönlichkeit einer Person.

Geschenke

Jeder liebt Geschenke. Besonders, wenn sie mit Sorgfalt ausgewählt wurden. Das ist bei den Heiratskandidaten in Medieval Dynasty nicht anders.

Zu jeder Jahreszeit lässt sich der Händler für exotische Waren in einer anderen Schenke im Tal nieder. Diese kann in einem NPC-Dorf stehen oder sogar in deinem eigenen. Das Händlersymbol wird auf deinem Kompass angezeigt, wenn du dich in der Nähe befindest, und alle NPC können dir verraten, in welchem Dorf er derzeit zu finden ist, wenn du sie danach fragst. Im Oxbow befindet sich der Händler am Marktplatz in Piastovia.

Exotische Waren sind die einzigen Geschenke, die du Angebeteten machen kannst. Sie sind teuer (gewöhnlich zwischen 750 und 1500 Münzen), aber wenn du sie während einem romantischen Gespräch überreichst, kannst du damit die Zuneigung deines Angebeteten oder Lebenspartner erheblich steigern.

Für höchstmöglichen Zuneigungsgewinn solltest du ein Geschenk aussuchen, das zur Persönlichkeit der Person passt. Unsere Listen werden dir dabei helfen, wenn du dir nicht ganz sicher bist.

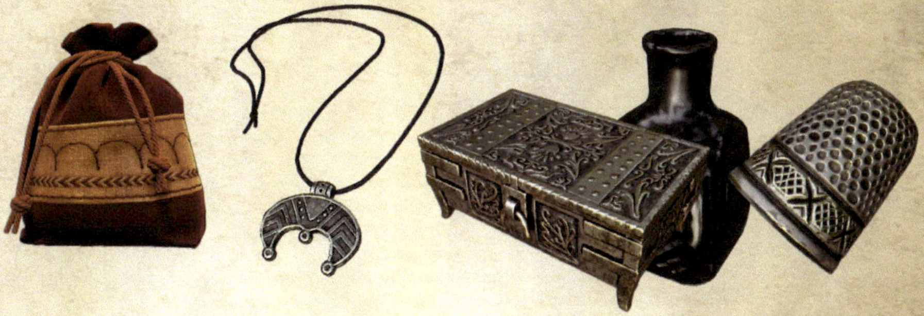

Auch Kinder lieben Geschenke. Du kannst Geschenke wie Holzschwerter und Puppen bei gewöhnlichen Händlern im Tal (z. B. Schmieden und Näherinnen) oder im Oxbow am Marktplatz in Piastovia kaufen. Diese Geschenke erhöhen die Zuneigung deines Erben, aber du kannst auch allen anderen Kindern in deinem Dorf etwas schenken. Sie werden diese Geschenke behalten und du wirst sie dabei beobachten können, wie sie fröhlich damit spielen.

Jeder wird nur ein Geschenk pro Jahreszeit annehmen.

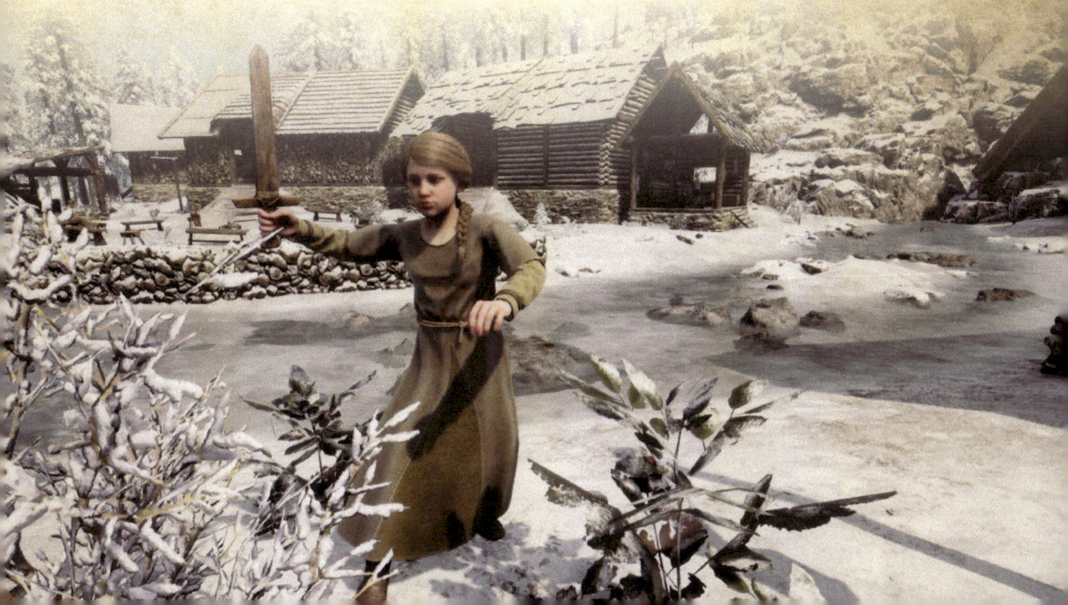

10.2 Ehepartner & Kind

Obwohl du mehreren Personen gleichzeitig schöne Augen machen kannst, kann nur eine am Ende deine Ehepartner werden.

Du kannst erneut heiraten und auch ein neues Kind mit dieser Person bekommen, wenn dein ehemaliger Partner dich verlassen hat oder du ihn aus deinem Dorf verbannt hast. Aber hoffen wir, dass es dazu nicht kommt.

Sobald du bei einem Angebeteten mindestens 90 % Zuneigung erreicht hast, besteht die Chance, dass er einen Heiratsantrag (eine der romantischen Gesprächsoptionen) von dir annimmt. Bei 100 % wird sie ihn immer annehmen.

Die Hochzeit findet sofort statt und wird dir in einer illustrierten Cut-Szene gezeigt. Danach zieht dein Ehepartner mit in dein Haus.

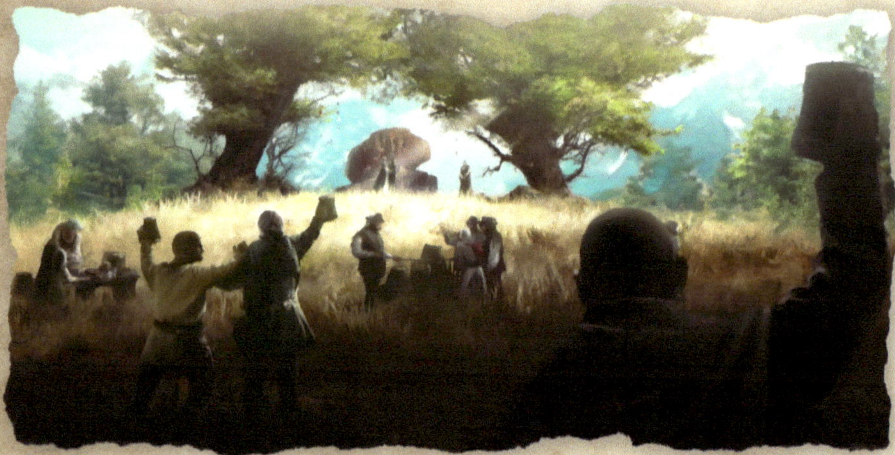

Wenn die Person zuvor noch keine Bewohnerin deines Dorfs war, kannst du ihr jetzt außerdem einen Arbeitsplatz zuweisen. Ansonsten behält sie ihren vorherigen Arbeitsplatz bei und wechselt nur das Wohnhaus, um bei dir sein zu können.

Nicht vergessen! Mit der Zeit lässt die Zuneigung deines Partners nach. Halte eure Liebe lebendig, indem du dich hin und wieder mit ihm unterhältst, im Tal Familien-Quests deiner Frau abschließt und ihm hin und wieder ein Geschenk machst. Solltest du dies versäumen und ihre Zuneigung sinkt auf 0 %, oder ihre Stimmung auf -100, wird sie dich verlassen und kann auch euer noch nicht volljähriges Kind mitnehmen. Unterhältst du dich mit deinem Partner, wird er dir gegebenenfalls seinen wachsenden Unmut mitteilen. Verlässt er dich, weil seine Zuneigung ganz verloren ist, besteht die Möglichkeit, dass dein Kind bei dir im Dorf bleibt, solange du es nicht ebenfalls vernachlässigt hast.

Unterstützung durch deinen Partner

Die Ehe ist ein Geben und Nehmen. Natürlich hat dein Partner nicht nur Ansprüche, er kann dich im Gegenzug auch unterstützen. Nicht nur arbeitet er wie jeder anderer Dorfbewohner fleißig mit, er kann dir auch in der Verwaltung des Dorfs zur Hand gehen:

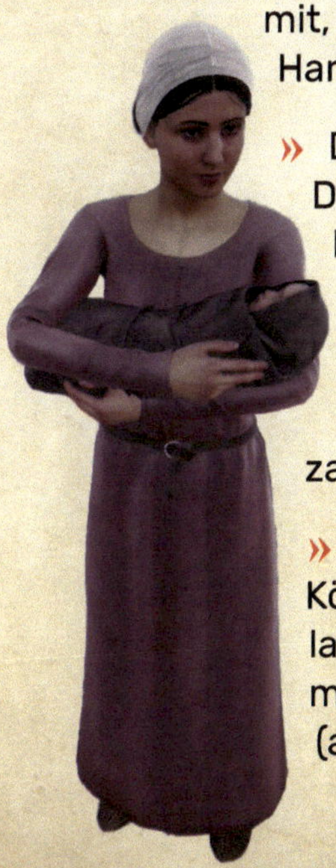

- Du kannst ihn nach Details über den Zustand des Dorfs fragen und sie wird dich auf etwaige Probleme hinweisen (z. B. beschädigte Gebäude oder Nahrungsmangel).
- Du kannst ihn darum bitten, die Steuern (oder mögliche Schulden) beim Kastellan zu bezahlen. So musst du nicht selbst hinreisen.
- Du kannst ihn darum bitten, den Herold des Königs darüber zu informieren, dass sich alle verlangten Gegenstände im Material- oder Nahrungsmittellager befinden. Auch das erspart dir den Weg (aktuell nur im Tal).

Zudem hält er ein Auge auf deine eigenen Bedürfnisse:

- Bist du dreckig, wäscht er dich.
- Trägst du unpassende Kleidung für eine Jahreszeit, erinnert er dich daran, diese zu wechseln.
- Bist du betrunken, bemerkt er es sofort.
- Bist du hungrig oder durstig, gibt er dir möglicherweise etwas zu essen oder zu trinken.
- Bist du verletzt, heilt er dich.

Dein Erbe

Bisher kann der Spielercharakter nur ein einziges Kind bekommen und es wird im Tal immer ein Sohn sein. Im Oxbow wird das Geschlecht zufällig bestimmt.

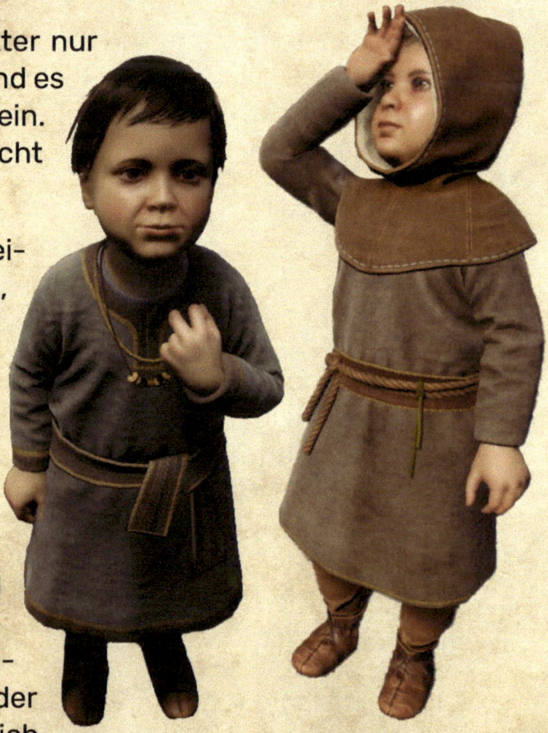

Nach der Hochzeit kannst du deinen Partner jederzeit fragen, ob er sich bereit dazu fühlt, ein Elternteil zu werden. Solange alle Grundvoraussetzungen erfüllt sind (ihr habt ein Haus, Essen, Wasser, Brennholz) und er noch genug Zuneigung dir gegenüber empfindet, wird er einem gemeinsamen Kind zustimmen und dich dazu einladen, am Abend zu ihm zu kommen (19:00 Uhr). Finde ihn zu der angegebenen Zeit und sprich noch einmal mit ihm, um euren Plan in die Tat umzusetzen. Dieses Mal gibt es keine Cut-Szene aber am nächsten Tag wird dein Partner schwanger sein. Im Oxbow wird dein Ehemann als „Vater“ bezeichnet, wenn du einen weiblichen charkter spielst.

Drei Jahreszeiten später (vergleichbar mit 9 Monaten mit drei „Tagen“ entsprechend Monaten pro Jahreszeit) wirst du oder deine Frau euer Kind zur Welt bringen. Eine Cut-Szene wird dieses wichtige Ereignis illustrieren und du kannst aus einer Liste einen passenden Namen für ihn auswählen.

Wie alle weiblichen Dorfbewohner wird auch dein Partner 2 Jahre lang nicht arbeiten und sich dafür um euer Kind kümmern.

Dessen Fertigkeiten werden von deinen und denen deiner Frau beeinflusst, aber sie lassen sich verbessern, indem du es in die Lehre schickst. Wie die aller anderen Kinder, die in deinem Dorf geboren werden, verbessern sich auch die Fertigkeiten deines Erben mit jedem Altersabschnitt.

Wie deine Frau wird dir auch im Tal dein Sohn hin und wieder Quests anbieten. Seine Dialoge entsprechen hierbei seiner Persönlichkeit, und er wird ebenfalls gerne ein Geschenk pro Jahreszeit annehmen. Manchmal hat sogar er eine Kleinigkeit für dich.

Sobald du deinen Erben als Spielercharakter übernimmst, wirst du mit zusätzlichen Punkten belohnt werden, die du in seinem Fertigkeitsbaum ausgeben kannst. Die Menge dieser Punkte hängt von der Zuneigung ab, die er für dich an seinem 18. Geburtstag empfindet.

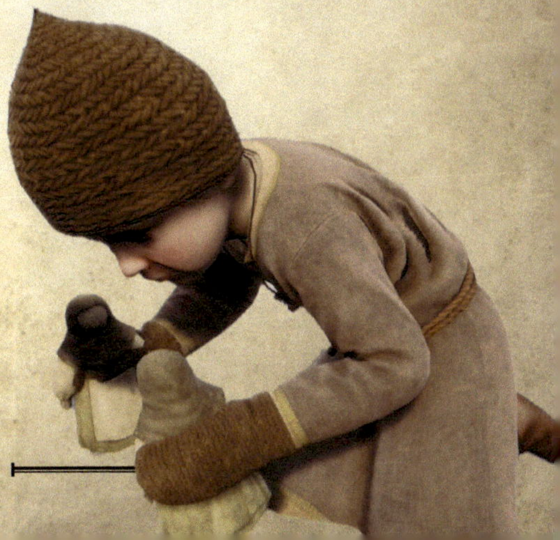

Je höher also seine Zuneigung zu dir als Kind, desto mehr Extrapunkte erhältst du, wenn er erwachsen wird. Ein Bonuspunkt bedeutet natürlich einen je Fertigkeit. Der höchstmögliche Bonus beträgt dabei 4 Punkte und ist schwer zu erreichen!

Sobald dein Kind 14 Jahre alt ist, kannst du ihn wie alle anderen als Lehrling einem Arbeitsplatz zuweisen.

Mit 18 kann er dann in sein eigenes Haus ziehen und eine richtige Arbeit aufnehmen. Teilt er sich sein Haus mit einem Dorfbewohner des anderen Geschlechts, kann es passieren, dass er ihn heiratet und Kinder mit ihm bekommt, bevor du ihn als Spielercharakter übernehmen kannst. Ist dir also daran gelegen, diese wichtigen Ereignisse selbst zu spielen, solltest du vorsichtig sein, mit wem du ihn zusammenziehen lässt!

Ab 18 kannst du ihn im Tal als Spielercharakter anstelle seines Vaters übernehmen. Anlass dafür kann der Tod seines Vaters sein, etwa durch einen Unfall oder hohes Alter (ab 60), oder du entscheidest ganz einfach, den alten Herrn in den verdienten Ruhestand zu schicken. Im Oxbow allerdings, muss dein Spielcharakter sterben, um als Erbe spielen zu können.

Fertigkeiten der Kinder

Die Fertigkeiten aller Kinder, die in deinem Dorf geboren werden, werden anhand einer Formel bestimmt, die sich am Mittelwert der Eltern orientiert.

Worauf du dich allerdings verlassen kannst, ist, dass sich alle Fertigkeiten des Kindes mit jedem Altersabschnitt verbessern. Beobachtest du die Kleinen über die Jahre, wirst du erkennen, wenn sie wieder etwas größer geworden sind: Sie sehen deutlich anders aus. Aber du kannst auch einfach diese Zahlen im Kopf behalten: Säugling (0 - 1), Kleinkind (2 - 6), Kind (7 - 13) und Jugendlicher (14 - 17).

Das heißt also, dass sich die Fertigkeiten des Kindes drei Mal von selbst verbessern, bevor es erwachsen wird.

Zusätzlich kannst du deinen Dorfnachwuchs bei erwachsenen Arbeitern in die ***Lehre*** schicken (ab 14 Jahren). Außerdem lernen natürlich auch erwachsene Arbeiter (ab 18) weiter dazu.

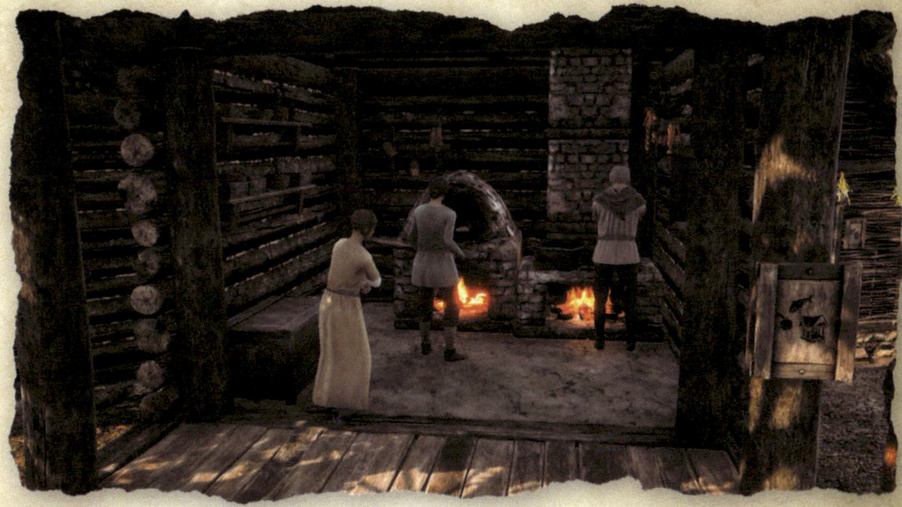

Alles in allem bedeuten das Aufwachsen und die Ausbildung deiner eigenen Dörfler natürlich, dass ihre Mütter für zwei Jahre als Arbeiter ausfallen. Dafür gewinnst du allerdings hoch qualifizierte Arbeiter, die du so nirgendwo sonst finden kannst und die du nicht erst rekrutieren musst.

Letzteres ist schließlich auch immer an die Höhe deiner Dynastie-Reputation gebunden. Ist diese zu niedrig, kannst du keine weiteren NPCs in dein Dorf einladen, und je mehr Erwachsene bereits bei dir leben, umso mehr Reputation wird von Neuzugängen erwartet.

Die Anzahl der Kinder ist dabei nur durch die Menge der freien Betten in ihrem Elternhaus begrenzt. Selbst ältere Dörfler können noch Kinder bekommen, wenn ihre älteren Sprösslinge von Zuhause ausgezogen sind.

Persönlichkeiten des Erben

Genau wie dein Partner kann auch dein Kind von einem von vier unterschiedlichen Persönlichkeitstypen geprägt sein, die seine Interaktionen mit dir bestimmen. In den ersten Jahren seines Lebens im Tal kommt er ganz nach deiner Frau.

Zu seinem 7. Geburtstag gibt es allerdings eine besondere Quest, den zeremoniellen Haarschnitt, der dir die Möglichkeit gibt, selbst Einfluss auf seine zukünftige Persönlichkeit zu nehmen.

Im Oxbow hingegen gibt es keine solche Tradition; dein Kind hat schon bei der Geburt eine eigene Persönlichkeit.

Die dabei möglichen Persönlichkeitstypen sind diese:

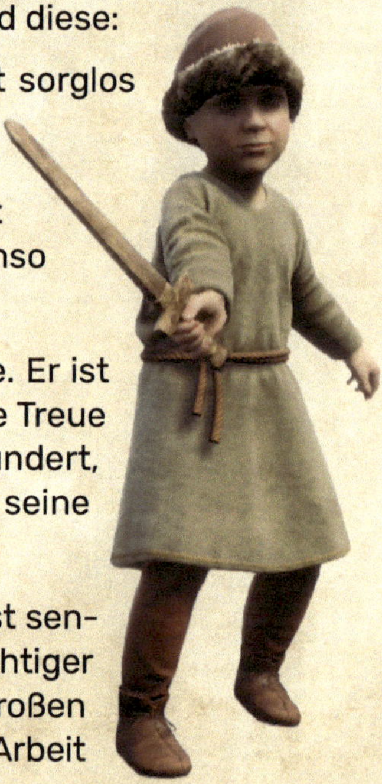

» **Draufgänger**: Analog zum Freigeist. Er ist sorglos und ungezähmt, und nur seine Klugheit bewahrt ihn davor, in ernsthaftere Probleme zu geraten. Sein Enthusiasmus lässt sich leicht entfachen, verfliegt aber ebenso schnell wieder.

» **Hans im Glück**: Analog zur Fleißigen Biene. Er ist ausdauernd, geduldig und gehorsam. Seine Treue gegenüber seinem Vater, den er sehr bewundert, ist ehrlich und bedingungslos, ebenso wie seine Begeisterung für harte Arbeit.

» **Tagträumer**: Analog zur Romantikerin. Er ist sensibel und schüchtern, ein zarter und vorsichtiger Junge. Sein sanftes Herz hat Platz für alle großen und kleinen Geschöpfe, nur nicht für harte Arbeit und langweilige alltägliche Aufgaben.

» **Einsamer Wolf**: Analog zur Prinzessin. Er ist still und zurückgezogen, manchmal sogar distanziert und barsch. Seine Tage verbringt er mit der Planung und Vorbereitung einer Zukunft, in der er stark und unabhängig leben will.

Zeremonieller Haarschnitt

Am 7. Geburtstag deines Erben im Tal wird es Zeit für eine alte Familientradition, die den ersten Schritt ins Erwachsenenleben markiert: der zeremonielle Haarschnitt.

Bis zu diesem Punkt in seinem Leben hat euer Junge die meiste Zeit mit seiner Mutter verbracht, doch nun wird auch sein Vater eine größere Rolle in seinem Leben einnehmen. Dabei werden nicht nur seine Haare geschnitten, ihr begebt euch auch auf ein gemeinsames Abenteuer.

Bisher hat sich die Persönlichkeit deines Erben nach deiner Frau gerichtet. Jetzt hast du die Möglichkeit, sie durch deine Entscheidungen für die Zukunft zu verändern.

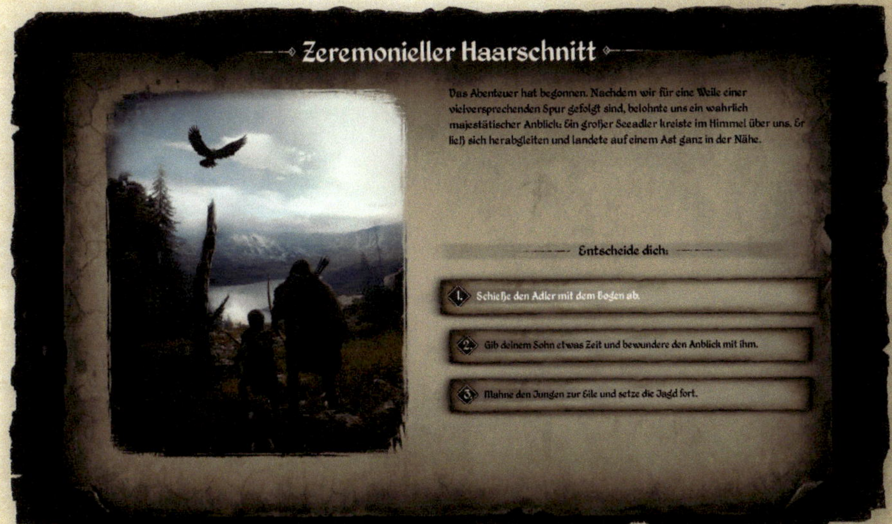

Während wir dir ans Herz legen möchten, dich hier von deinem Gefühl führen zu lassen, kannst du hier natürlich auch die genauen Ergebnisse nachlesen:

Draufgänger	**Hans im Glück**	**Tagträumer**	**Einsamer Wolf**
Schneide deinem Sohn die Haare.	Lass ihn sie sich selbst schneiden.	Schneide deinem Sohn die Haare.	Lass ihn sie sich selbst schneiden.
Ermutige ihn, Spaß auf der Jagd zu haben.	Erkläre deinem Sohn, welche Gefahren ihn erwarten.	Mache ihm Angst, damit er gehorcht.	Sage nichts.
Gib deinem Sohn etwas Zeit und bewundere den Anblick mit ihm.	Mahne den Jungen zur Eile und setze die Jagd fort.	Gib deinem Sohn etwas Zeit und bewundere den Anblick mit ihm.	Schieße den Adler mit dem Bogen ab.
Halte ihn vom Essen ab und erkläre ihm, warum es ein Fehler wäre.	Halte ihn vom Essen ab und erkläre ihm, warum es ein Fehler wäre.	Halte ihn vom Essen ab und schreie ihn an, vorsichtiger zu sein.	Lass ihn die Pilze essen und seine eigene Lektion lernen.
Verscheuche das Schweinchen. Es sollte zurück zu seiner Mutter laufen.	Man darf die Geschenke der Natur nicht einfach ignorieren. Töte das Schweinchen für sein Fleisch.	Erlaube deinem Sohn, näher heranzugehen und das Schweinchen zu streicheln.	Kleine Ziele sind eine gute Übung. Töte das Schweinchen, wo es steht.
Sage deinem Sohn, er soll wegschauen, und beende das Leiden des Hirsches.	Beende das Leiden des Hirsches, aber sage dem Jungen, er soll zuschauen.	Lass den Hirsch, wo er ist. Die Natur wird sich von selbst darum kümmern.	Verlange, dass der Junge den Hirsch tötet.
Sich bestehlen zu lassen, ist ein Zeichen der Schwäche. Wir lassen uns nicht abschrecken.	Sich bestehlen zu lassen, ist ein Zeichen der Schwäche. Wir lassen uns nicht abschrecken.	Das könnte zu gefährlich für ein Kind werden. Wir gehen besser zurück. [Mit dieser Option überspringst du die nächste und siehst gleich das Ende.]	Das könnte zu gefährlich für ein Kind werden. Wir gehen besser zurück. [Mit dieser Option überspringst du die nächste und siehst gleich das Ende.]
Lenke ihn ab und flieh. Das ist nicht ehrenhaft, aber es funktioniert.	Greife den Räuber an, entwaffne ihn und lass ihn gehen. Wir sind besser als er.	Leiste seinen Anweisungen ruhig Folge. Das ist es nicht wert, sein Leben zu riskieren.	Greife den Räuber an, entwaffne und töte ihn. Natürliche Auslese.

Dein Sohn wird nun eine der folgenden Persönlichkeiten haben.

Draufgänger	**Hans im Glück**	**Tagträumer**	**Einsamer Wolf**
Kaum dass wir zuhause angekommen waren, lief er los und erzählte allen Erwachsenen von unserer Jagd. Er hielt sich auch nicht zurück, was seinen Mut und seine Tapferkeit anging. Er muss noch viel lernen, aber mir gefällt diese Einstellung. Selbstbewusst, offen und gesellig. Ich bin sicher, er wird es weit bringen.	Als wir nach Hause zurückkehrten, hielt er sich für den ganzen Rest des Tages dicht an meiner Seite. Ich bemerkte, wie er sich jede meiner Bewegungen einprägte. Es gibt kein größeres Kompliment für einen Vater. Ich hoffe, er verliert niemals seinen Fokus, seinen Ehrgeiz und seine Entschlossenheit. Ich bewundere das an ihm.	Sobald wir nach Hause zurückkehrten, rannte er los und zu seinen Freunden. Ich hörte, wie er von seiner Mutter erzählte. Das kann ich ihm nicht verübeln, sie stehen sich sehr nahe. Trotzdem bin ich stolz darauf, wie er den Tag heute gemeistert hat. Er fand sich ein wenig außerhalb seines Elements, aber er blieb ruhig, mitfühlend und sich selbst treu. Ich habe ihn so lieb.	Als wir nach Hause zurückkehrten, verließ er meine Seite und kümmerte sich wieder um seine eigenen Angelegenheiten. Mir ist aufgefallen, dass er gerne alleine ist. Am Anfang hat mir das Sorgen bereitet, doch mittlerweile tut es das nicht mehr. Nicht nach heute. Was ich nun in ihm sehen kann, ist ein junger Mann, der seinen eigenen Wert kennt und nicht von der Zustimmung anderer abhängig ist. Ich wünsche ihm das Beste.

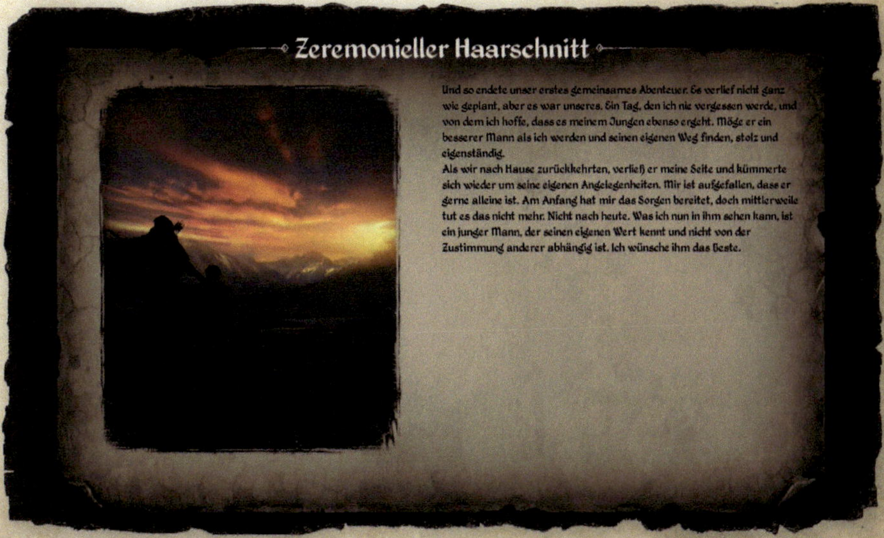

Familien-Quests

Neben dem zeremoniellen Haarschnitt hat das „Erbe-Update" dem Spiel im Tal noch einige weitere Quests hinzugefügt, bei denen die Familie im Mittelpunkt steht.

Diese Familien-Quests beginnen, sobald du geheiratet hast. Danach stellen euch Schwangerschaft und jede Altersstufe eures Sohnes vor neue Herausforderungen, zu denen dir deine Frau oder dein Sohn neue Quests anbieten.

Diese Stufen sind: Nach der Hochzeit (jederzeit), Schwangerschaft (0 - 3 Jahreszeiten nach Empfängnis), Säugling (0 - 1 Jahre alt), Kleinkind (2 - 6), Kind (7 - 13) und Jugendlicher (14 - 17).

Die Dialoge unterscheiden sich hierbei je nach der Persönlichkeit deiner Frau und deines Sohnes.

Indem du diese Quests erfolgreich abschließt, steigerst du deine Dynastie-Reputation und die Zuneigung deiner Frau und deines Erben. (Behalte im Hinterkopf, dass die Zuneigung deines Sohnes die Bonuspunkte im Fertigkeitsbaum bestimmt, die er erhält, sobald er erwachsen wird!) Zusätzlich wirst du besondere Belohnungen erhalten und du kannst einzigartige NPCs treffen, die du in dein Dorf einladen kannst. Letztere haben einen eigenen Namen, ein eigenes Aussehen und eine Geschichte. Außerdem sind ihre Fertigkeitspunkte besonders hoch.

Du kannst keinen von ihnen heiraten.

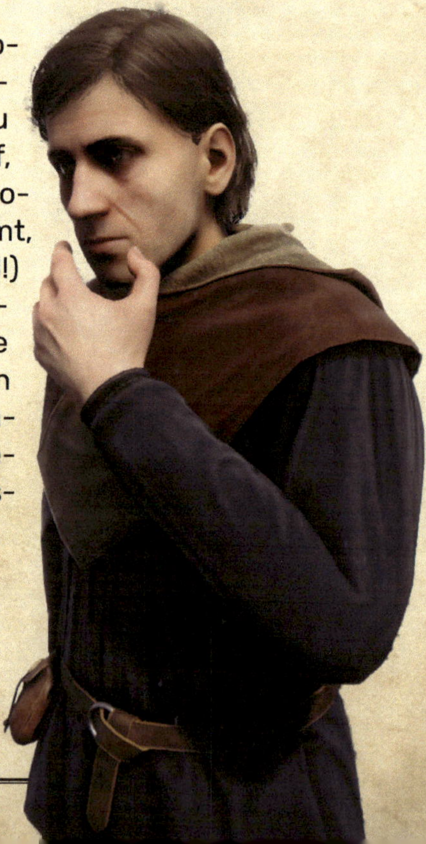

Nimmst du eine Familien-Quest nicht an oder ignorierst sie ganz, besteht die Chance, dass sie in der nächsten Generation erneut angeboten wird. Schließt du sie ab oder scheitert sie, gibt es in diesem Spieldurchgang keine weitere Gelegenheit.

Die folgenden NPCs kannst du nur während Familien-Quests treffen und rekrutieren:

Einzigartige NPCs

Name	Quest	Besonders begabt in:
Amerigo	Der Fremde	Diplomatie
Nimrod	Verschollen	Jagd
Astrid	Die Maid aus dem Norden	Gewinnung
Roland	Der Meisterfischer	Überleben
Nikola	Die Mutter der Erfindungen	Produktion
Georgiana	Ein schmutziges Geschäft	Landwirtschaft

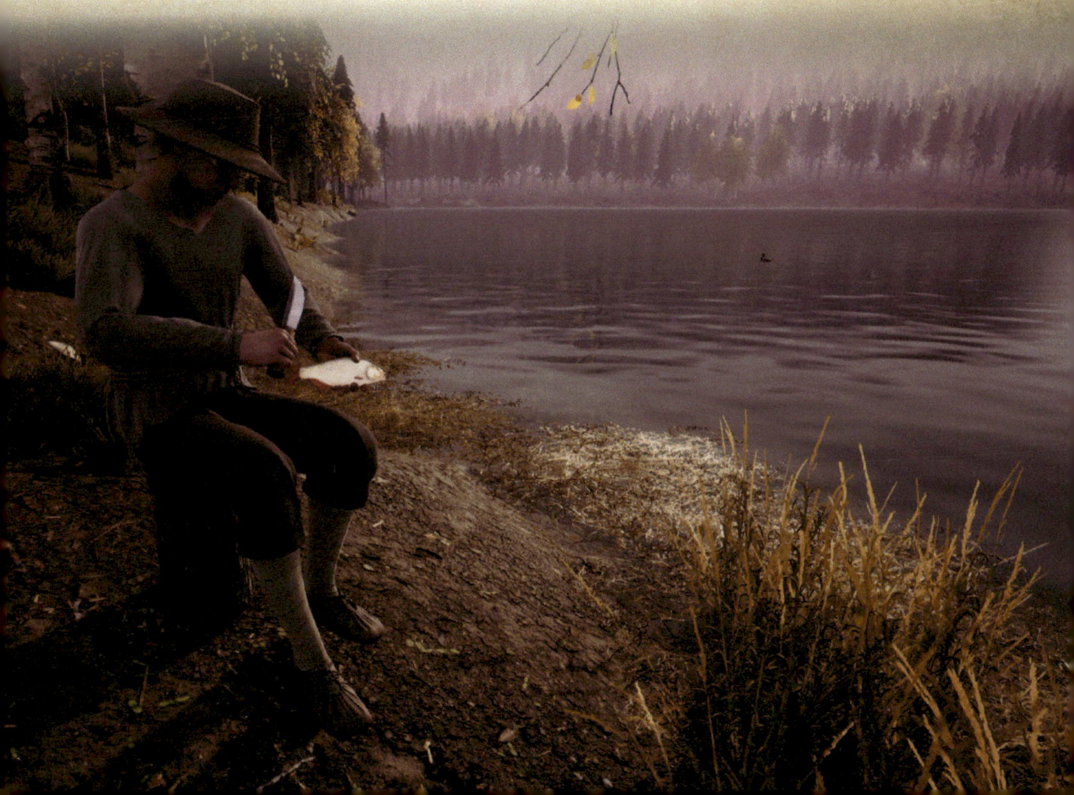

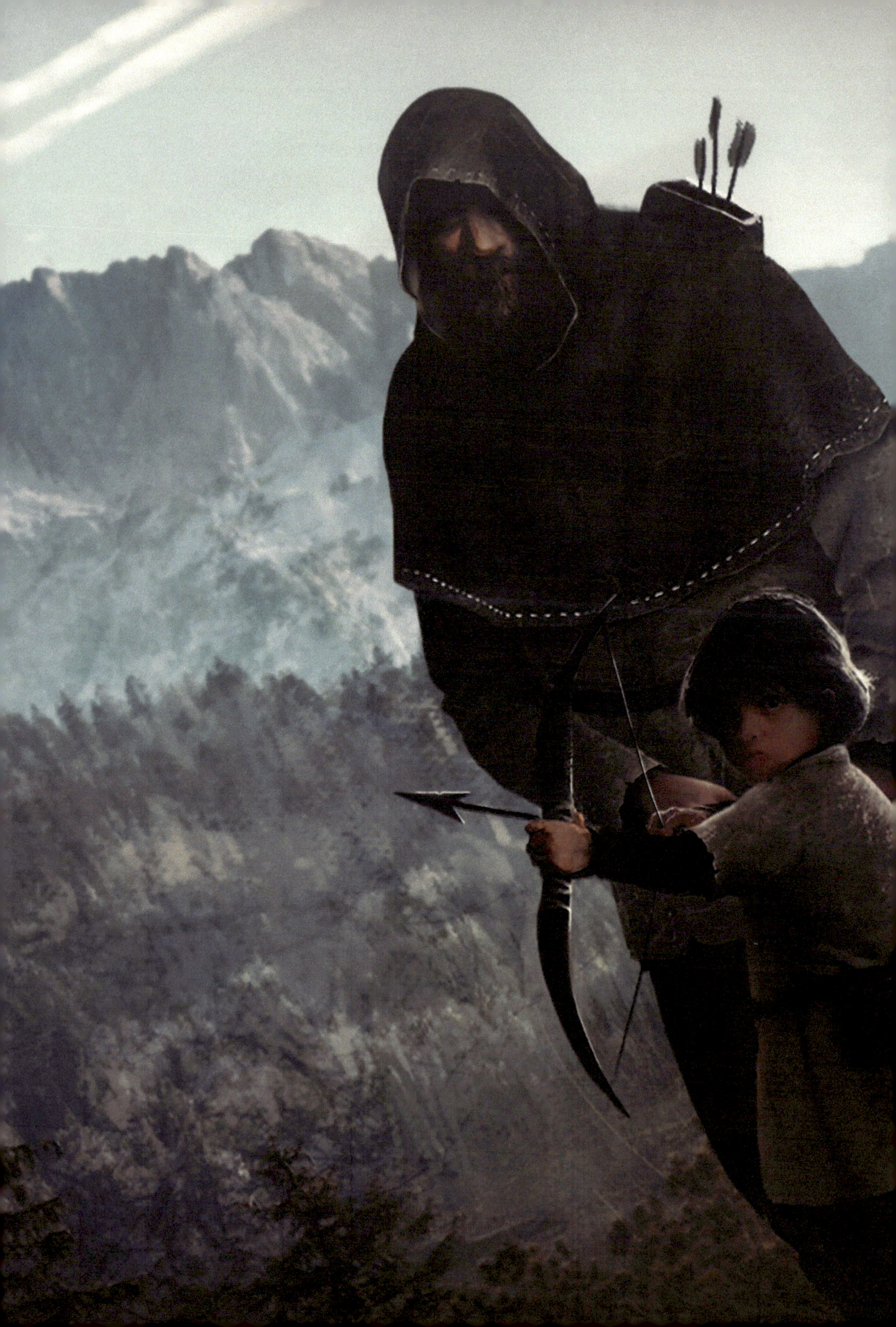

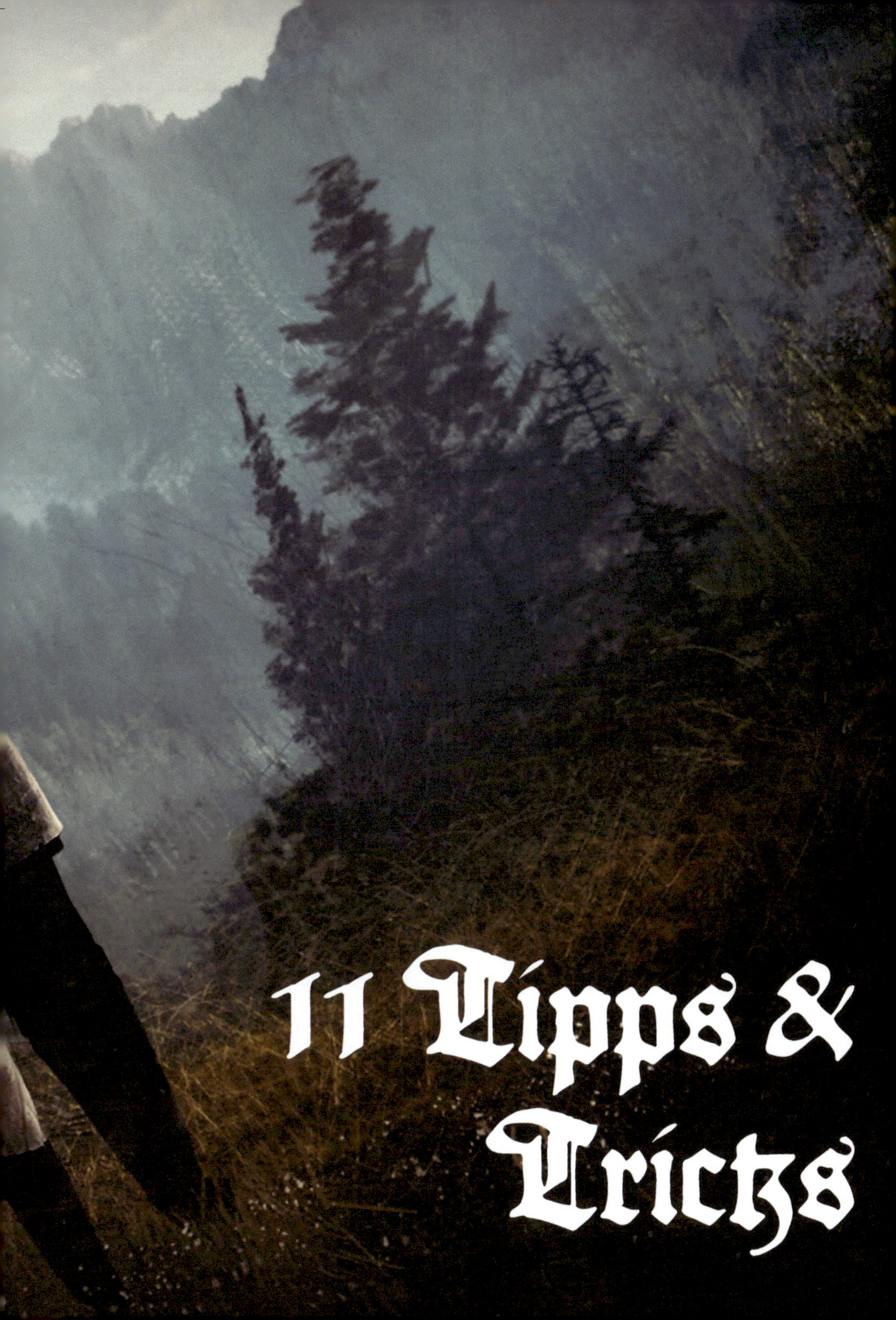
11 Tipps &
Tricks

Es freut mich, dass du hier bei uns im Tal bleiben willst – ich hätte dir ja eine meiner alten Hütten angeboten, dort oben am Waldrand, aber wenn du unbedingt auf eigenen Beinen stehen willst, warum nicht! Du hast mehr Münzen als ich damals, und meinen Rat gibt es kostenlos, jedes Mal, wenn du an meine Türe klopfst. Hier, trink noch einen Becher, der Apfelbrand ist heuer wirklich hervorragend geworden. Der wärmt von innen, hehe! Also, wie gesagt, komm einfach vorbei, wenn du Fragen hast. Ich freue mich immer über Besucher – naja, sagen wir lieber, fast immer.

Wenn du deine Karten richtig ausspielst, wirst du hier bei uns ein wunderbares, glückliches und erfüllendes Leben finden. Wir richten uns nicht nach dem Lärm der Städte, der Krieg ist weit entfernt von unserem Tal, und wir beten, zum neuen Gott und zu den alten, dass dies auch so bleiben möge. Uns leiten die Jahreszeiten, und du wirst sehen, was das bedeutet – arbeite hart im Frühjahr, sorgfältig im Sommer und dankbar in den ersten Wochen des Herbstes. Glaub mir, das Land wird es dir reichlich vergelten. Du wirst Zeit finden, im Herbst und im Winter, um dein Haus zu vergrößern und zu verschönern, und um neue Handwerksfähigkeiten zu lernen.

Du wirst Menschen begegnen, scheuen und offenherzigen, guten und vielleicht auch weniger guten – aber viele Freundschaften werden sich ergeben, und Herzen sich dir öffnen. Vielleicht findest du im Frühjahr schon ein Weib, vielleicht auch erst in Jahren – aber alles, was du begehrst, kannst du hier finden. Außer samtgepolsterte Möbel und goldene Kronen, haha!

Aber wenn du auf dein Geld achtest, es redlich und ehrlich vermehrst, dann wird nach Jahren deiner Arbeit genug da sein, um andere in deine Dienste zu nehmen. Oh, verstehe mich nicht falsch – eine tüchtige Frau und fleißige Kinder sind schon Hilfe genug, aber mit einigen starken Armen an deiner Seite kommst du schneller voran. Und es gibt genug kräftige junge Männer und geschickte Frauen hier im Tal, die dir helfen werden, deinen eigenen Weiler aufzubauen – vielleicht sogar ein ganzes Dorf! Mit einer eigenen Taverne, in die ich dann gerne auf meine noch älteren Tage humple, um den einen oder anderen Krug auf dein Wohl zu trinken. Und auf meines!

Deine Zukunft liegt hier im Tal, mein Freund – also, worauf wartest du noch? Hier, ich packe dir noch einen frischen Laib Brot ein, erst heute Morgen von meiner Tochter gebacken und …

… was ist das?

Hörst du das auch?

Nein, ich weiß auch nicht, es klingt wie …

… ein Hilferuf! Nein, Hilferufe! Ein Überfall!

Das muss von den Bergen kommen, der Wind trägt die Schreie bis hierher. Banditen? Was? Banditen hier in unserem Tal? NEIN! Nicht mit mir!

Komm, nimm meinen alten Jagdspeer dort aus der Ecke, und die Öllampe! Wo habe ich nur – ah, hier ist sie! Meine Armbrust, und Bolzen habe ich noch genug. Nun zittere nicht so, ich zeige dir schon, wie wir uns hier im Tal verteidigen, egal ob alt oder jung! Auf in die Berge, und auf in den Kampf!

11 Tipps & Tricks

In diesem letzten Kapitel wollen wir die wichtigsten Tipps zum Spiel zusammenfassen. Einige von ihnen hast du vielleicht schon in den anderen Kapiteln gelesen, doch hier sollen alle noch einmal kompakt aufgelistet werden.

11.1 Die Übersicht behalten

Sammeln

Gras und Laub können das Suchen und Sammeln erschweren. Im Winter gibt es kein störendes Gras und du siehst viele kleine und auch größere sammelbare Gegenstände schneller am Boden liegen. (So z. B. auch zurückgelassene Gegenstände oder vergrabene Schätze.)

Zusätzlich kannst du in den Grafikoptionen ***Laub und Bodenwuchs*** auf ***Niedrig*** stellen, das erleichtert die Suche gleich noch einmal.

Suchmodus verwenden

Auch wenn es schon oft gesagt wurde: Lerne bei deinen Fähigkeiten ***Überleben Stufe 2: Überlebenssinn*** und ***Jagd Stufe 2: Fährtenleser***. Dann kannst du mit gedrückter ***Alt*** / LB / L1-Taste so ziemlich jedes Tier, Kraut sowie jeden Gegenstand und Pilz aufspüren.

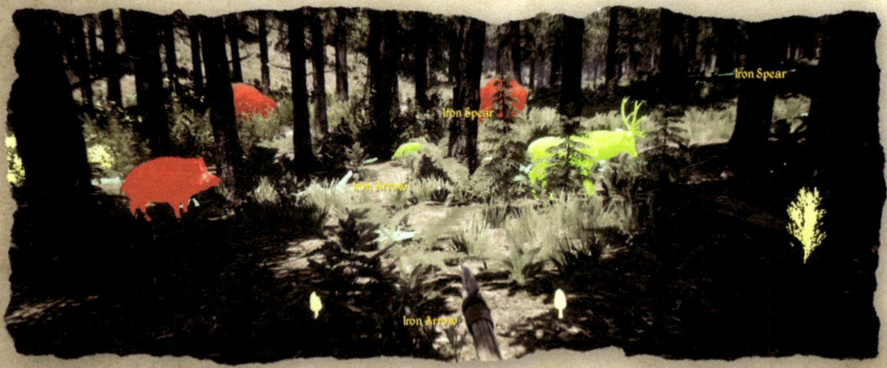

Dorfbewohner und Häuser im Überblick

Im ***Verwaltungsbildschirm*** erhältst du Informationen zu allen Bewohnern, Häusern, Tieren und Feldern. Wirf nur immer wieder einen Blick auf die ***Statusspalte*** im linken Fenster. Siehst du dort rote Warnsymbole, stimmt etwas nicht, und du solltest genauer hinschauen. Mit einem ***Doppelklick*** / A / X öffnest du die ***Detailansicht*** im rechten Fenster!

Außerdem hast du im ***Verwaltungsfenster*** rechts unten eine ***Karte***. Wählst du eine Person oder ein Haus in der linken Liste aus, siehst du in der Karte ihren derzeitigen Standort! Gebäuden und Feldern können außerdem Namen gegeben werden. So findet man sie ebenfalls leichter.

Auch deinen Ehepartner kannst du fragen. Sie sagt dir, ob etwas im Dorf nicht rund läuft!

Durchblick mit Nachtsicht

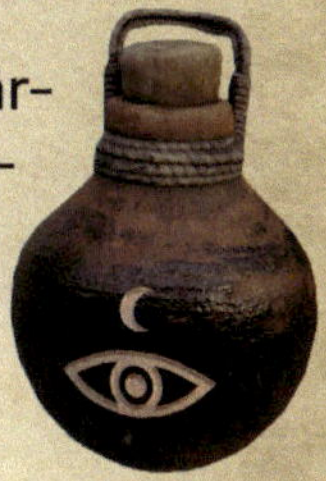

Der ***Nachtsichttrank*** wirkt wie ein Restlichtverstärker. Er bietet dir auch an bewölkten Tagen, in finsteren Wäldern und in dunklen Höhlen eine gute Sichthilfe – nicht nur nachts! Verwende zusätzlich eine ***Fackel***, um den Effekt zu steigern (vor allem in Höhlen sinnvoll!).

Kartenfilter

Benutze in der Karte (Taste ***M*** / ◎ / Cr) die verschiedenen Filter (Taste ***A*** / ◀✚ / ◀⬬ und ***D*** / ✚▶ / ⬬▶ schalten durch die Filter!), um Quests oder deine Gebäude zu finden.

Blickwinkel ändern

Dir ist die sichtbare Fläche zu gering? In den Einstellungen kannst du deinen Blickwinkel (***Sichtbares Feld***) von 90° auf bis zu 110° erhöhen!

11.2 Die besten Bautipps für das Tal

Baue, wo es dir gefällt!

Du kannst überall bauen, wo es dir gefällt und es möglichst ebene Flächen gibt. Bäume kannst du fällen, mit dem Spaten die Stümpfe ausgraben und so Platz für Häuser schaffen! Einen wirklich schlechten Ort zum Bauen gibt es nicht. Hier ein paar Tipps:

- Für Anfänger ist es hilfreich, im Tal nahe Gostovia zu bauen, da du zu Beginn des Spiels hier öfter sein wirst.
- Ried (Schilf) in der Nähe zu haben, vermindert nur am Spielanfang die Zeit, die du für Material unterwegs bist (Stroh für Dächer).
- Eine Höhle in zumindest mittlerer Entfernung wäre praktisch für spätere Erzgewinnung.
- Ebene Flächen zum Errichten der Häuser und Felder.

Wie sollte ich bauen?

Baue für Landwirte die Wohngebäude und Produktionsstätten nahe zusammen, damit die Wege kurz bleiben:

  - Errichte neben einem Feld den Feldschuppen und gegenüber die Unterkünfte für Landwirte.
  - Nur für die Animation und den Flair wichtig: Holzschuppen nahe am Wald und Jagdhütte nicht weit von Wild entfernt.

Obstgärten sind unkompliziert!

Plantagen (Obstgärten) benötigen wenig Aufwand – du musst nur im Sommer ernten und die Bäume sonst nicht pflegen. Außerdem sind einzelne Obstbäume auch eine schöner Blickfang. Baue sie also möglichst bald. Selbst wenn du die Früchte nicht benötigst, kannst du sie immer noch verkaufen! Wein und Säfte bringen außerdem ordentlich Münzen in die Kasse.

Karte mit guten Bauplätzen

In der folgenden Karte vom Tal sind einige Orte markiert, die gut zum Errichten von Dörfern geeignet sind. Meist sind sie nahe am Wasser, Tonvorkommen sind nicht weit weg, auch die meisten Höhlen liegen in zumindest mittlerer Entfernung und es gibt einige schöne szenische Orte mit ausreichend Platz:

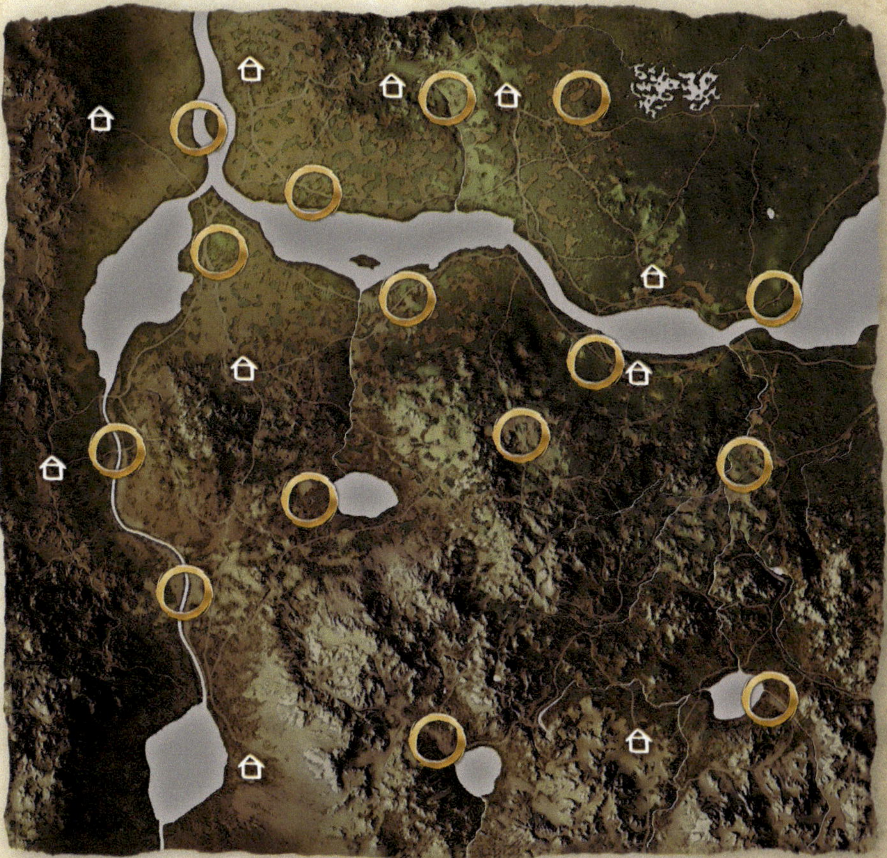

Dekoration – Bauen mit Gegenständen

Du kannst jeden Gegenstand auf den Boden werfen. Blicke ihn an, halte die Taste E / Ⓐ / ⨂ gedrückt und ziehe ihn mit gedrückter Taste an die gewünschte Position. So kannst du z. B. mit Brettern oder Holzstämmen eine Brücke über einen kleinen Bach realisieren oder andere Dekorationen bauen.

Schmücke dein Dorf mit Gegenständen, wie herumstehenden Eimern, Wagenräder, Werkzeug auf Tischen usw.

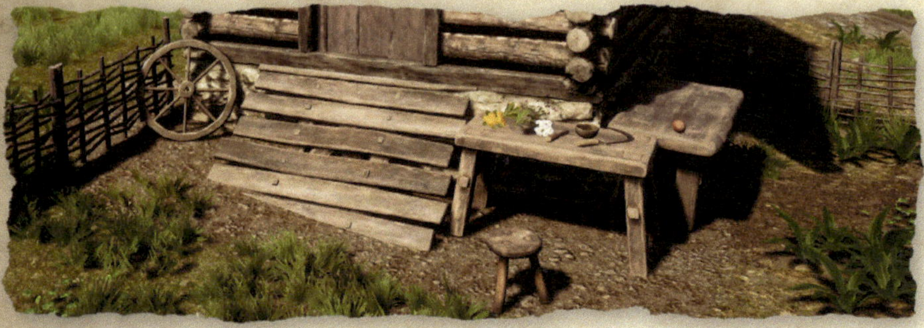

Für Essen solltest du die Option ***Fallengelassene Lebensmittel verderben nicht*** in den Spieleinstellungen aktivieren. Alle Gegenstände bleiben an Ort und Stelle liegen und verschwinden nie.

Zu viel Gewicht?

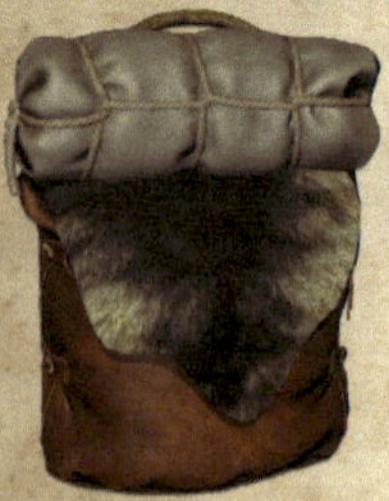

Du willst einige Gebäude bauen, aber schon das Gewicht der Holzstämme für alle Rohbauten überschreitet deine Traglast?

Sammle die Materialien vorher und wirf sie nahe der Baustelle auf den Boden. Dann nimm nur, so viel du tragen kannst, und leg mit dem Bauen los. Für Nachschub hebst du einfach das Material aus der Nähe vom Boden auf. So ersparst du dir weite Wege.

Diese Methode ist auch praktisch, wenn du zu Spielbeginn viele Steine und Stöcke für Werkzeuge für den Verkauf benötigst. Sammle das Material und lege es dann z. B. mitten auf dem Weg ab, wo du es leicht wiederfindest. So kannst du erst einmal eine gehörige Menge sammeln, ehe du mit der Herstellung beginnst – und das ohne überladen und damit langsam zu sein!

Qualität für Wohnhäuser

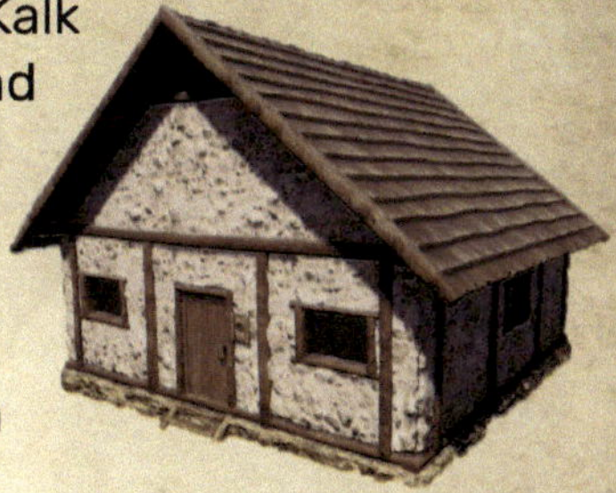

Auf lange Sicht rentieren sich nur mit Kalk verputzte Steinhäuser. Die Flecht- und Holzwände gehen schnell kaputt. Du musst sie immer wieder reparieren, was sehr lästig sein kann, trotz Hilfe durch eine Bauhütte. Außerdem sparst du Heizkosten und die Bewohner sind in hochwertigen Häusern zufriedener!

Nervige Stalltiere?

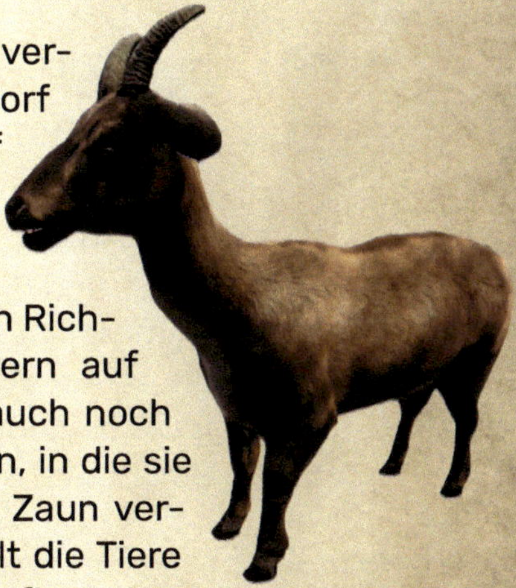

Die Tiere kommen aus dem Stall und verstopfen mal wieder deine Straße im Dorf (von der Vorstellung von Kuhmist auf dem Eingang zum Wirtshaus reden wir hier nicht einmal!)?

Errichte die Ställe nicht mit Eingang in Richtung deiner (Haupt-) Straße, sondern auf der abgewandten Seite. Du kannst auch noch mit Zäunen die Richtungen absperren, in die sie nicht gehen sollen. Eine Öffnung im Zaun verschließt du mit einem Gatter. Das hält die Tiere drinnen und lässt dich und deine Dorfbewohner durch.

Die meisten Tiere werden dann nicht mehr auf deiner Hauptstraße rumlungern und das ein oder andere Hühnchen, das sich durchmogeln konnte, gibt doch ein malerisches Bild ab.

11.3 Geld investieren oder sparen

Schnelles Geld zu Spielbeginn?

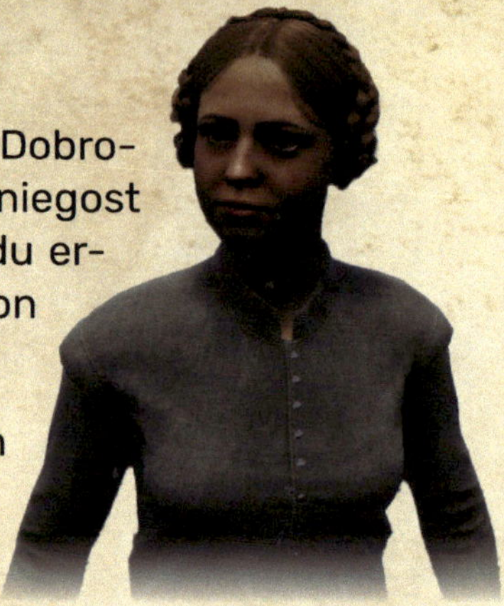

- Schließe im Tal die Geschichtsquest von Dobroniega (Wirtin in Gostovia und Frau von Uniegost – Roggenlieferung aus Rolnica) ab und du erhältst bis zu 500 Münzen – das ist schon einmal ein guter Start.
- Klaue nachts Gegenstände (lass dich nicht erwischen) und verkaufe sie in einem anderen Ort. Das ist für unehrliche Charaktere eine Möglichkeit!
- Durch Werkzeuge oder gebratenes Fleisch. Sammle Stöcke, Stämme und Steine (beachte den ***Sammeltipp*** am Anfang des Kapitels und den Tipp zu ***Zu viel Gewicht?***!). Stelle Werkzeuge her und verkaufe sie (Hämmer haben ein gutes Preisverhältnis, Messer benötigen am wenigsten Rohstoffe). Sobald du gut Jagen kannst ist auch gebratenes Fleisch eine Quelle, um deinen mageren Geldbeutel etwas zu füllen.

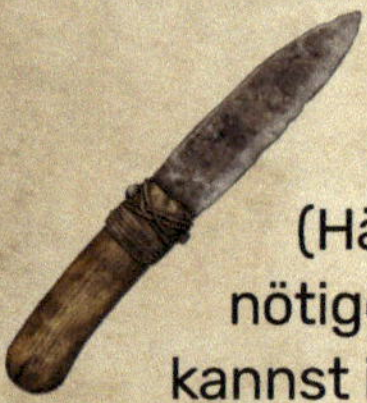

Geld im weiteren Spielverlauf

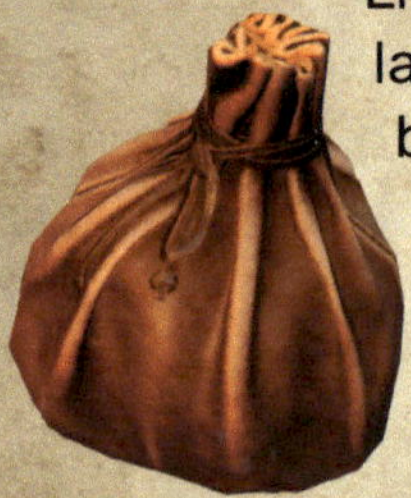

Liegengebliebene Karren, vergrabene Schätze, verlassene Lagerplätze und vergessene Gegenstände bieten dir die Möglichkeit, einige Münzen nebenbei zu verdienen. Entweder findest du direkt Geld oder du kannst die gefundenen Gegenstände verkaufen. Denk daran: Diese Fundorte sind an festen Plätzen, aber ihr Erscheinen wird zufällig bei jedem Jahreszeitenwechsel bestimmt!

Wenn du einige Dorfbewohner hast, die etwas produzieren, dann hast du bald den ein oder anderen Überschuss. Schnapp ihn dir und verkauf ihn, damit solltest du genügend Geld bekommen! Flachssamen und Getränke sind beliebte Einnahmequellen.

Du hast einen enormen Überschuss? Baue, sobald du kannst, einen Marktstand, setze einen Händler ein und verkaufe die Waren. Du musst nicht einmal selber etwas machen und das Geld kommt täglich herein, solange du Waren hast!

Geld sparen?

Du solltest immer zum Jahreszeitenwechsel eine Geldreserve von 500 bis 1500 Münzen haben, damit du bei eventuellen Ereignissen auch Geld zur Verfügung hast.

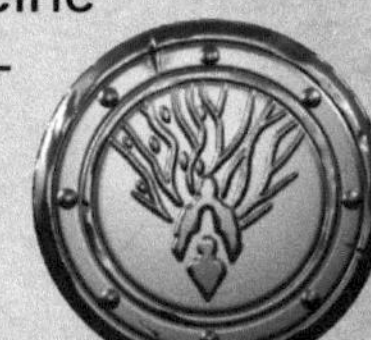

Versuche immer, im Frühjahr deine Steuern bezahlen zu können, sonst verlierst du Reputation. Sie ist schneller verloren als gewonnen!

Geld investieren?

Bist du (so wie der Autor) ein ungeduldiger Spieler? Dann rentiert es sich durchaus, zu Spielbeginn sein schwer verdientes Geld in ausgewählte Metallwaffen und -werkzeuge zu stecken. Sie beschleunigen das Sammeln, Bauen und machen die Jagd deutlich einfacher!

Bist du geduldig, dann kommst du auch mit Steinaxt, Steinmesser und Holzspeer weiter und kannst dein Geld für andere Sachen sparen (dem Autor lief bei diesem Satz ein kalter Schauer über den Rücken).

Du wirst die Samen und den Dünger für deine ersten Felder im Tal kaufen müssen (außer dir genügen 20 Zwiebelsamen aus Alwins Questreihe und du wartest geduldig auf verdorbenes Essen, aus dem du in der Scheune Dünger herstellen kannst). Im Oxbow kannst du Samen auch in verlassenen Häusern finden.

Einige Ereignisse bieten dir die Möglichkeit, viel Erfahrung für eine deiner Fertigkeiten im Austausch für Münzen zu bekommen. Diese Münzen sind gut investiertes Geld, da du für die Erfahrung, die du hier erhältst, deutlich länger arbeiten müsstest als für die Münzen!

11.4 Kampf und Jagd

Banditen

Banditen erledigst du am besten mit dem Bogen oder der Armbrust. Warum in gefährliche Nahkampfdistanz gehen und zigmal zustechen oder hauen, wenn ein einziger Kopftreffer genügt?

Achte auf feindliche Bogen- und Armbrustschützen. Das sind meist die Räuber, die weiter hinten zurückbleiben. Erledige sie unbedingt zuerst!

Tiere jagen

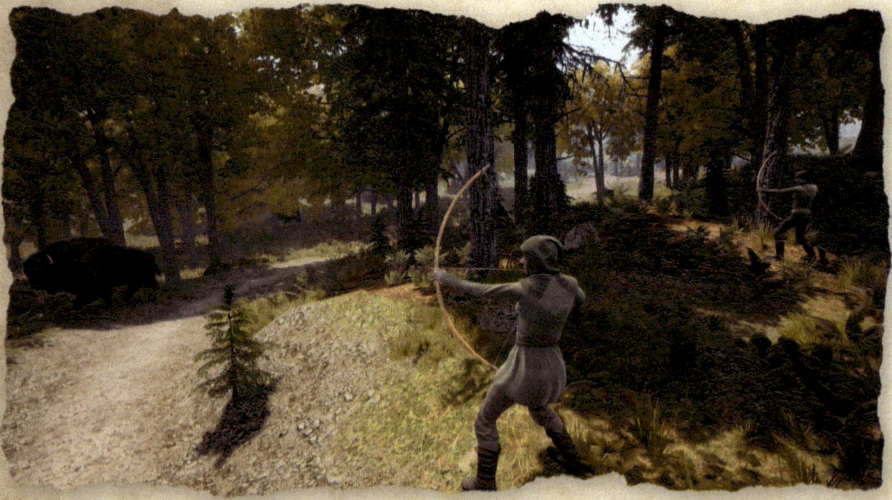

Benutze gute Waffen (z. B. Langbogen und Metallpfeile) und schleiche dich mit gedrückter ***Strg*** / Ⓡ / R3 -Taste an. Ein Kopftreffer und die meisten Tiere sind erledigt.

Aggressive Tiere starren dich an und geben Warnlaute ab, sobald sie dich bemerken – der perfekte Moment für den sicheren Kopfschuss!

Große Wisente und Bären können eine Herausforderung sein, wenn du nur mit einem Bogen bewaffnet bist. Der abgebrühte Jäger benutzt zwei bis drei Bronze- oder Eisenspeere und erledigt die Tiere mit ein bis zwei Kopftreffern. (Der dritte Speer ist zur Sicherheit – man weiß ja nie!)

Wie? Du kannst dir keine Metallwaffen leisten, du bist ja noch am Anfang? Schau dir den ersten Tipp in **Kapitel 11.3** mal genauer an!

11.5 Weitere Tipps

Eine schnelle Tastenübersicht

Taste	Effekt	Taste	Effekt
1-0 / ✚ / ✚	Auswahl Werkzeug/ Waffe	R / Y / △	aktuelle Waffe/Werkzeug ausrüsten/ wegstecken
W A S D / L	Steuerung	⇆ / ⊜ / Cr	letzten Bildschirm öffnen
Q / RB / R1	Baumenü	I / ⊜ / Cr	Inventarbildschirm
E / A / ✕	Benutzen	K / ⊜ / Cr	Fertigkeitenbildschirm
F / X / □	Fackel	J / ⊜ / Cr	Tagebuchbildschirm
P / ✚ / ✚	Wechsel 1st-Person- / 3rd-Person-Ansicht	M / ⊜ / Cr	Kartenbildschirm
H / ✚ / ✚	HUD ein-/ ausschalten	N / ⊜ / Cr	Verwaltungsbildschirm
Alt / LB / L1	Prüfmodus (halten)	T / ⊜ / Cr	Technologiebildschirm
Strg / R / R3	Schleichen (halten)	L / ⊜ / Cr	Wissenbildschirm

Denke daran, dass du bei einem ausgewählten Werkzeug oder einer Waffe die benutzbaren Tasten und Befehle am rechten unteren Eck des Bildschirms angezeigt bekommst!

Welche Feldfrüchte anbauen?

Baue das an, was du für deine weitere Produktion benötigst. Früh im Spiel ist eine Kombination aus Kohl und Roggen eine gute Möglichkeit, ein Feld über das Jahr hinweg maximal zu nutzen:

Frühling: Ernte Roggen / Anbau Kohl

Sommer: Ernte Kohl / Anbau Kohl

Herbst: Ernte Kohl/ Anbau Roggen

Winter: Roggen wächst und im nächsten Jahr wiederhole alles

So erntest du auf diesem Feld dreimal im Jahr. Mit Kohl und Fleisch kannst du eine Kohlsuppe zur Ernährung des Dorfs oder für den Verkauf herstellen und aus dem Roggen erhältst du Stroh und Roggenkörner, die du zu Mehl weiterverarbeiten kannst.

Unser Kohlfeld wird im Herbst von einer Landwirtin abgeerntet, während die zweite schon düngt, ackert und den Roggen säht:

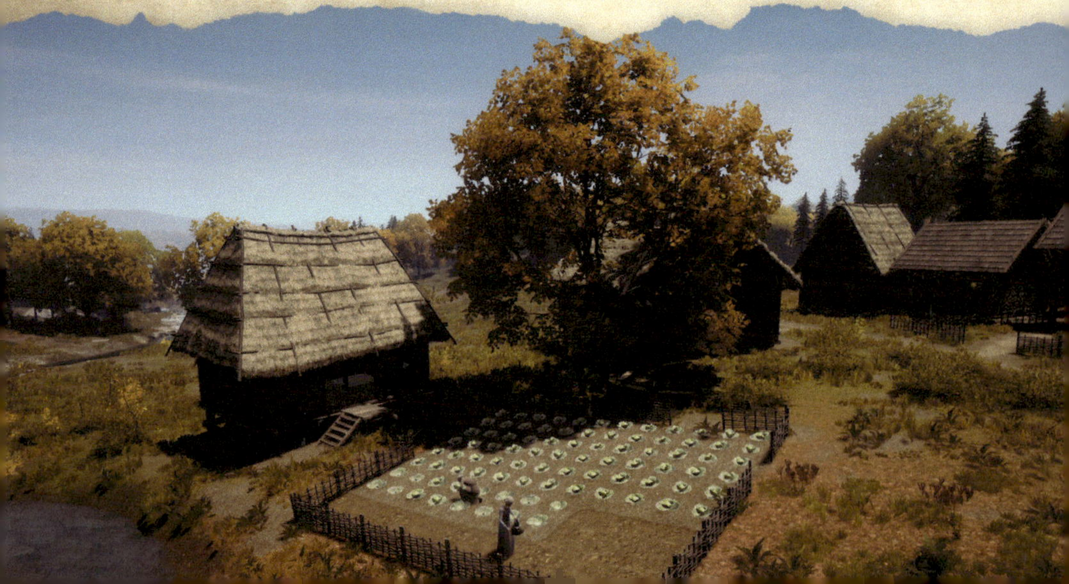

Rattenfänger

Mit Rattenfallen wirst du überall Erfolg haben und die zusätzliche Ration Fleisch ist auch immer willkommen! Mit der Jagdfertigkeit ***Fallenmeister*** kannst du auch zusätzliche Rattenfallen bauen!

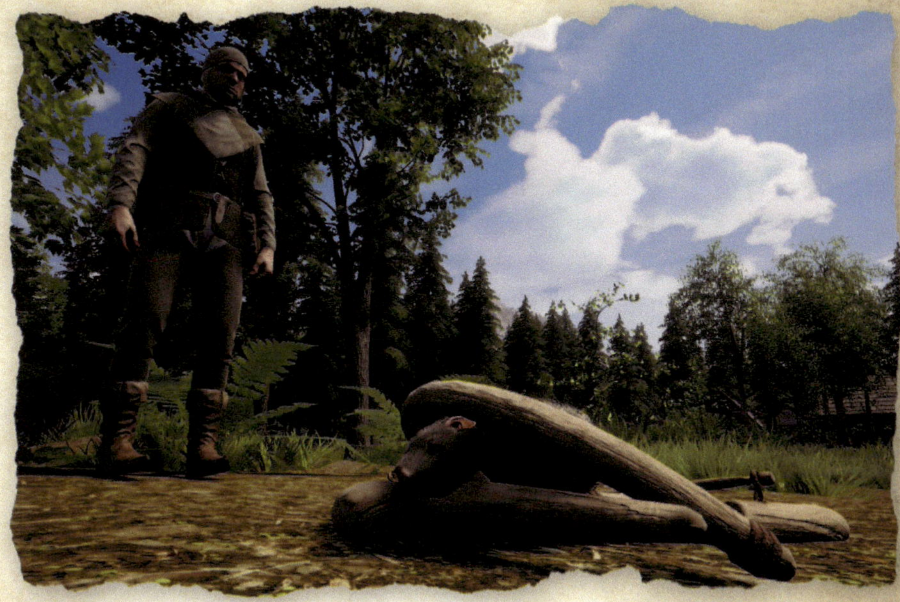

Schnellspeicherfunktion nutzen! (Nur für PC)

Der letzte, aber ungemein wichtige Tipp: Nutze die Schnellspeicherfunktion!

F5 = Schnellspeichern

F9 = Schnellladen

Damit kannst du vor wichtigen Entscheidungen, Bauvorhaben oder Abenteuern jederzeit speichern und wenn etwas nicht nach deinen Vorstellungen verläuft, auch gleich wieder laden, ohne lange in den Speicherbildschirm wechseln zu müssen!

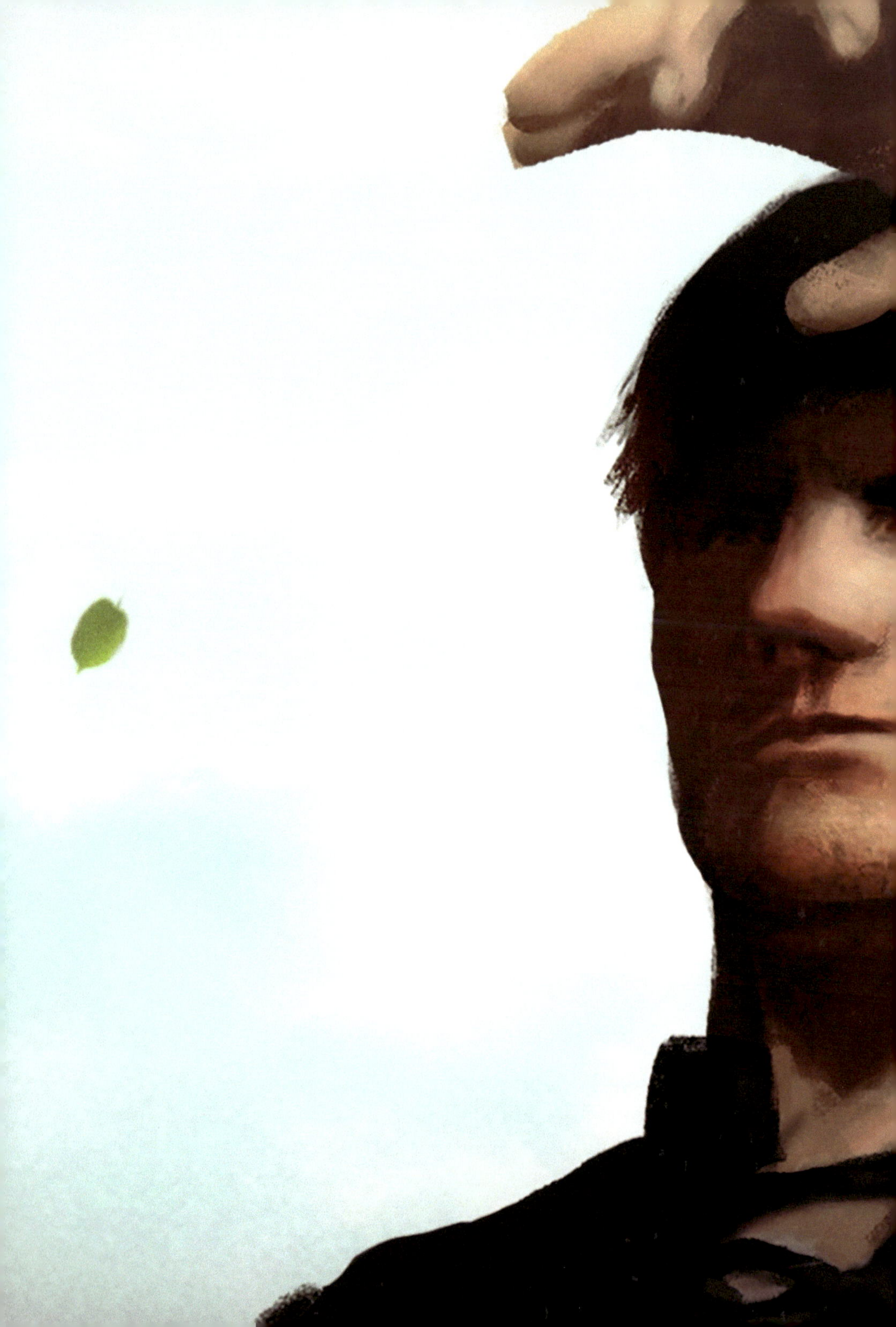

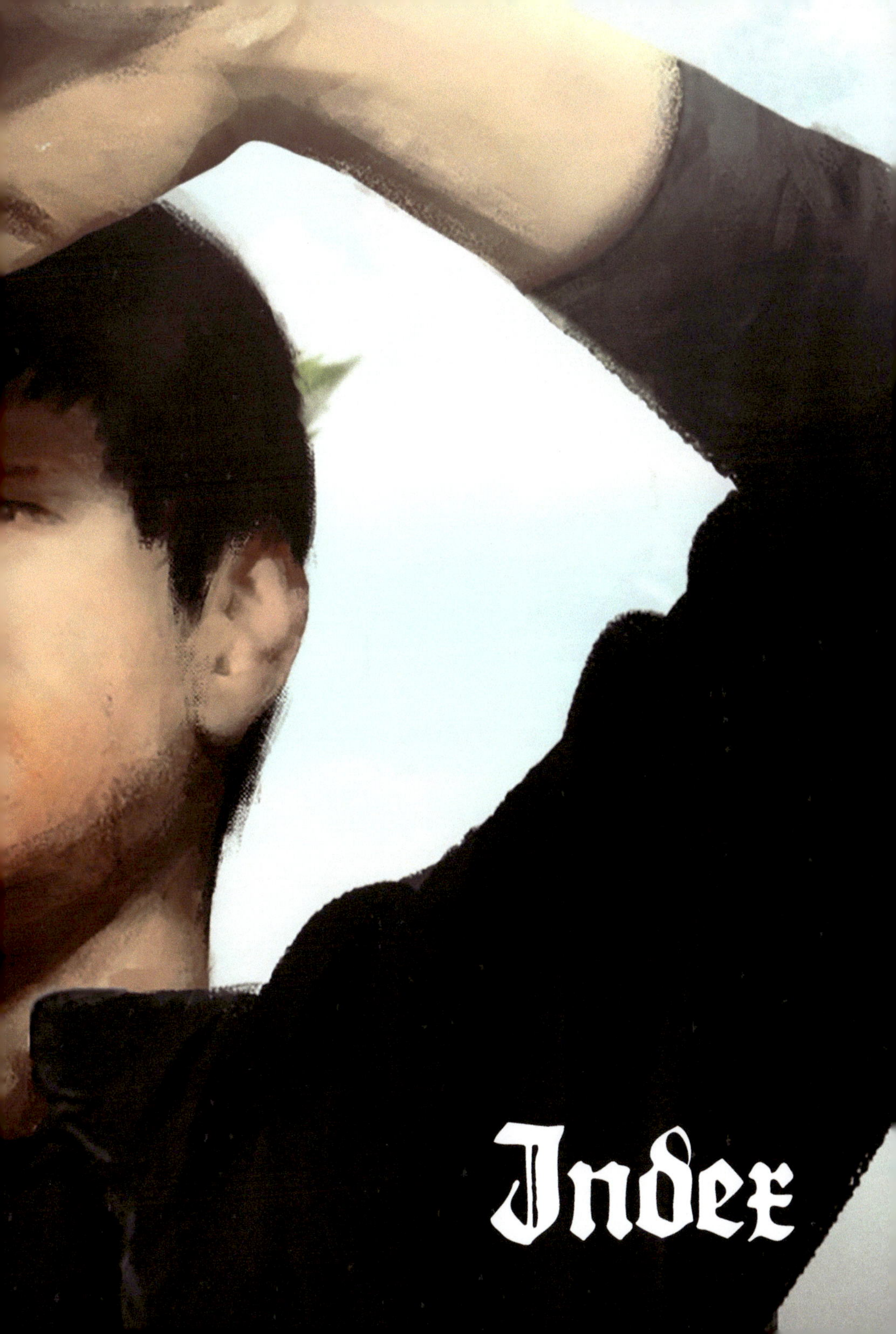
Index

Index

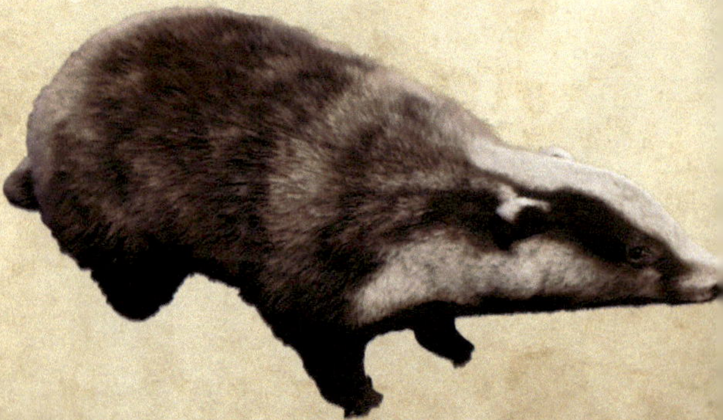

E

F

G

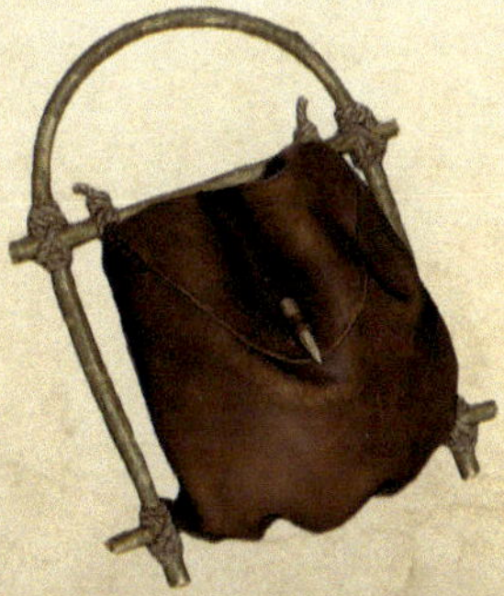

L

M

N

O

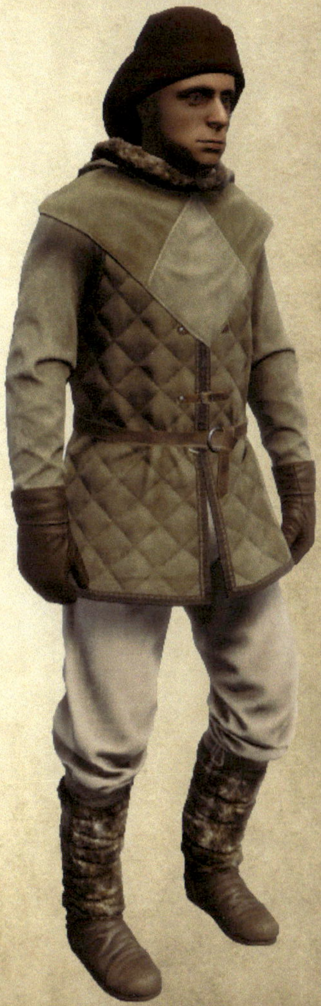

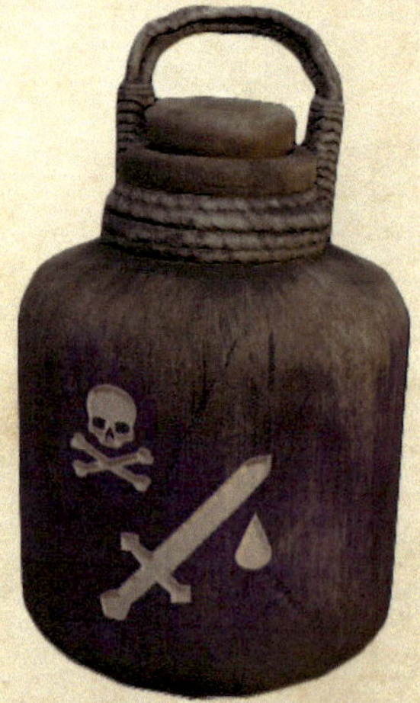

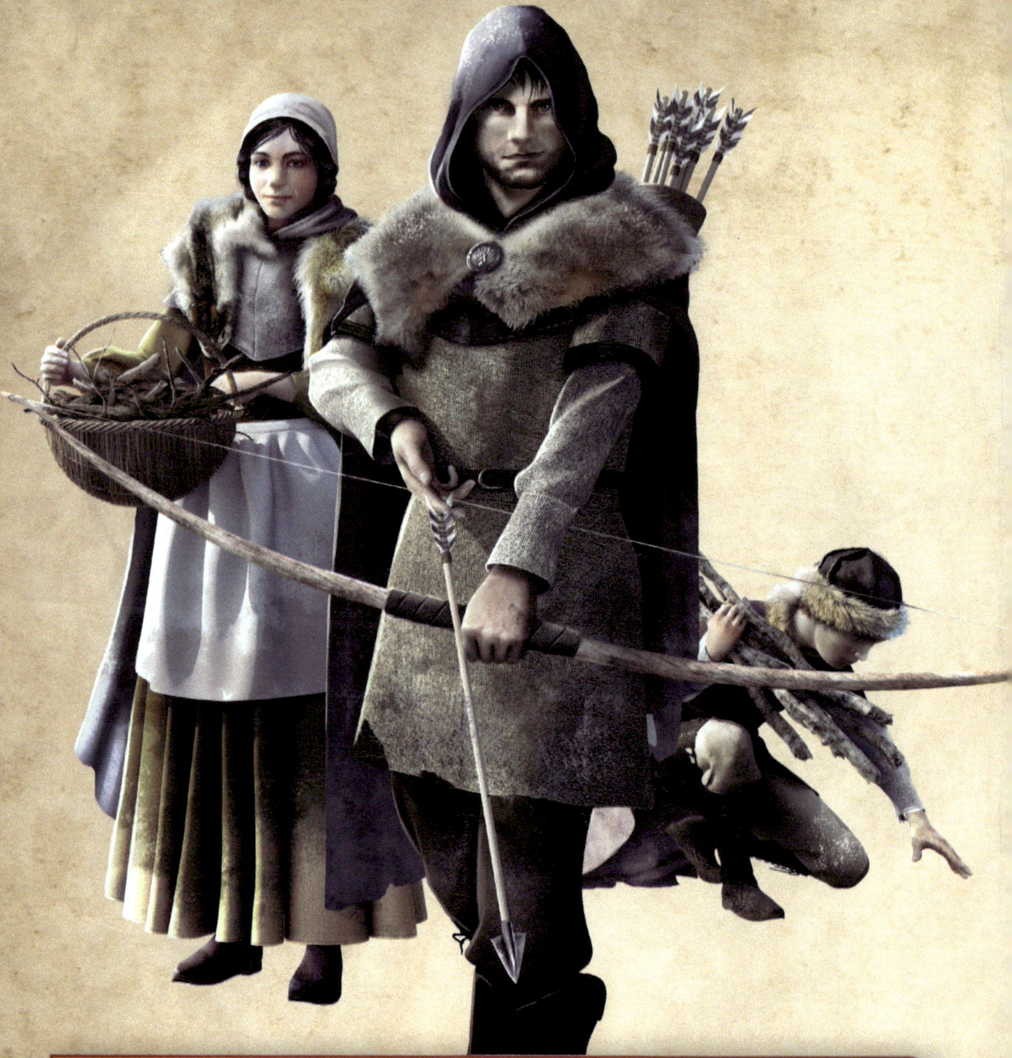

Interaktive Karte im Web

Auf unserer Onlinekarte zu Medieval Dynasty findest du alle Fundorte: Wildtiere, Zuchttiere, liegengebliebenen Wägen, vergrabenen Schätze, Banditenlager und noch viel mehr.

Du findest die interaktive Karte im Web unter:

www.bildnerverlag.de/medieval-dynasty